中国文论读本丛书
主编 党圣元 张云鹏

中国古代文论读本

第一册 （先秦两汉卷）

肖锋◎编著

河南大学出版社
·郑州·

图书在版编目(CIP)数据

中国古代文论读本.第一册,先秦两汉卷/肖锋编著.—郑州:河南大学出版社,2019.7
(中国文论读本丛书/党圣元,张云鹏主编)
ISBN 978-7-5649-2649-6

Ⅰ.①中… Ⅱ.①肖… Ⅲ.①中国文学－古代文论－先秦时代 ②中国文学－古代文论－汉代 Ⅳ.①I206.2

中国版本图书馆 CIP 数据核字(2017)第 003858 号

责任编辑:李　云
责任校对:胡玲霞
封面设计:马　龙

出　版	河南大学出版社
	地址:郑州市郑东新区商务外环中华大厦2401号　邮编:450046
	电话:0371－86059701(营销部)　网址:www.hupress.com
排　版	郑州市今日文教印制有限公司
印　刷	开封智圣印务有限公司
版　次	2019 年 9 月第 1 版　　印　次　2019 年 9 月第 1 次印刷
开　本	787mm×1092mm　1/16　印　张　27.25
字　数	473 千字　　定　价　82.00 元

(本书如有印装质量问题,请与河南大学出版社营销部联系调换)

说　　明

一、本《读本》之定位

首先是关于中国古代文学理论批评文献中最具精义、最具节点性意义之经典名篇之辑要，及其精神义理之叙要性、疏解性阐释，目的是向读者提供了解、研习中国古代文学理论批评的入门性质的读物。其次，本《读本》也可为大学中文系本科、研究生的中国古代文论教学提供具有原典精读意义与作用的教材，基于这一点，在编撰理念和宗旨方面，我们根据自己的构想作了一些新的尝试。我们根据当下高校中文系本科、研究生中国古代文论教学出现的新特点，结合近年来古代文论研究在学术理念、方法方面出现的新特点，增强创新意识，重新思考、探索中国古代文论选的编撰理念，力求为古代文论教学、研究提供一个具有学术创新性的、超越以往的"文论选"范式的"读本范式"，努力尝试提供一种"读本范式"的别样的批评史言说、书写类型。

二、本《读本》之内容结构与板块设计以及体例

为了充分体现上言之编撰理念，在《读本》的框架结构上，我们设计涵括作者介绍、原文、题解、注释、讲疏、关键词诠解、相关知识链接、延伸阅读、思考题九个方面的内容。我们意欲通过经审慎筛选出的每篇选文，及其诠释、考辨、概说中包含的内容，来联结文论经典名篇、文论家、文论概念范畴系统、文论术语和命题、理论内涵和思想意义、传统文论批评言说方式、古代文论发展演进过程及其特点、文学史和思想文化史及学术史语境、批评史史料学（包括文献、版本、考辨和训诂等）等传统文论的构成因素，以便读者可以更加全面地理解把握每篇所选文论经典名篇的方方面面。

在全书的编排方面，我们以每篇选文为一个小单元，以每一个朝代为一个大单元，同时又根据中国古代文学理论批评发展演进的历史阶段性，将全书厘分为四编四卷，分别为：先秦两汉卷、魏晋南北朝卷、隋唐五代宋金元卷、明清卷,每卷40余万字左右,总计约180万字。全书的开篇有说明、导论,导论内容包括中国古代文论的一个总概述,以及选本与中国古代文论教学方面的思考。在每编前面,我们加一个系统而又极其简要地介绍这一阶段文论发展演变的概述性文字。这样做的目的是为了有点有面,点面结合,力求在充分的"国学"和"大文论"视野中来了解、认识传统文论,从而实现为读者还原中国传统文论"大文论"特点之生成及其批评言说方式等的理论风貌,以使学生通过学习该《读本》,达到对中国古代文论的深度理解和系统的知识把握。

三、本《读本》的总体要求和撰写风格

通过选篇,以及注释、讲疏、关键词诠解、知识链接等,来极力体现一种在国学视野和文化通识眼光导引下的努力发掘、建构中国古代文论知识体系的"大文论"内涵品格。撰写风格方面的要求是该详则详,该略则略,行文务求省净、典雅、简洁、明快,要有文史味道和行家风范,要有理论穿透力。我们期盼通过对每篇原文的7个方面的介绍、讲述、诠释等,将选、笺注、疏证、评析(可以姑且言为理论批评方面的"正义")等等置于一炉而共炼之。

四、本《读本》其他方面的一些必要说明

关于选文来源:本《读本》主要选辑中国历代典籍中的经典文论作品并解读阐释之,以总集、别集中的可视为文论文献的篇什以及文论专著之节录为主,兼录经、史、子、笔记等相关典籍中的具有代表性的文论文献。

关于选文标题:总集、别集中的书信序跋等专文直列篇名,经、史、子及文论专著中的选文列书名加篇名。

关于作者介绍:主要介绍作者生卒年、字号、籍贯、家世、师承、仕履、成就、著作等。

关于选文排列顺序:本书按先秦两汉、魏晋南北朝、隋唐五代宋金元、明清四个版块厘分为四卷,入选作品依此朝代顺序并按作者生年编次,生卒年不详者、作者不详者以及朝代更替之际的作者,依作者主要仕宦事迹、文学活动及文学史、批评史、学术史的惯例排列顺序。

关于文献选录:以选取经典文论为主,遇有文章过长或文中与文论无关的文字部分则适当节录。选文末标出具体的文献出处和所据版本。

关于注释:尽量讲求简洁明了,直指要害,并且文字雅驯,不啰嗦,不阐述。必要的释义、书证、典章制度、地名以及其他的诸如典故、疑难字句

等,凡需要注出的,均注出。原文中生僻的、认读和理解起来难度大的古汉语字词,注释之外,个别的在括号内注出了汉语拼音读音,但是一般不出书证。

关于题解:对所选文论典籍之题旨进行解读阐释,包括作品所产生的社会时代背景、主要内容结构、作品真伪考辨、版本源流沿革等。

关于讲疏:主要分析、阐发每篇选文所体现的作者的文学理论批评方面的内涵,此部分与题解、关键词解读、相关知识链接部分的关系既相对独立、自成一个理论板块,又相互组合在一起构成一个不可分割、有机联系的整体。相关理论观点,凡遇到学界存在有不同见解的,一般的、无关痛痒的,忽略不管,而重要的、有学术价值的,作简要介绍。

关键词解读:历代文论中重要概念、范畴、术语、命题等文论关键词,是中国古代文学理论批评思想与知识形态及理论言说方式的核心和基础,对此我们在编写过程中格外予以重视。所选文论关键词前后选篇不重复出现,诠解时则力求文字简洁,理论阐释力度强。书中从每篇选文中选择提炼出来的文论关键词及其解读,分则反映了文论家及时代文论的主要特征,合则体现出以重要概念、范畴、术语、命题等文论关键词为纽带链接而成的中国古代文论理论概念、批评术语的发展状况。

关于相关知识链接:相关知识链接所述,大体上是该篇原文的理论批评所涉及的文论史、文学史、思想史、政治史、社会史、史学史、学术史(包括经学史)等方面的背景知识,以及其他的整体思想文化语境方面的必须予以叙说的相关内容。

关于延伸阅读:属于正选文论的附录文论资料,目的是起到进一步了解领会正选原文的理论观点及其作者文学思想体系的重要作用。在选录延伸阅读文献前,对这些文献加以简要说明,重点介绍这些文论文献的主要意涵,以及与该文论家前面所选的原文的关联性,我们认为,这些作为延伸阅读而辑录的文论文献,对于了解该文论家的文论思想,具有不可或缺的作用。所选延伸阅读文献,原则上是选录该文论作家自己的文论资料;但个别文论家只有一篇经典文论,此时便酌情选录同时代其他学者的相关文论加以对照解读,如李清照只有《论词》一篇,则延伸阅读选录了胡寅《题酒边词序》等,钟嗣成只有《录鬼簿》一篇,则延伸阅读选录了杨维桢《优戏录序》等。

关于思考题:针对该篇的核心要旨及范畴命题,每篇列出1~2个思考题,以引发或引导读者在阅读了该篇文论经典以及我们所作的解释和讲疏等之后,作进一步深入的深入思考,形成问题意识和自己的见解。

五、本《读本》编撰者及分工方面的说明

该《读本》由党圣元、张云鹏共同担任主编,在商定总体规划、主要内容及编辑出版要求的基础上,由党圣元具体主持、组织、实施编撰工作。首先,由党圣元具体设计出全书的编撰宗旨与定位、编写原则和要求、内容框架与结构、选编与撰写体例,以及在选目、辑录、版本、注释、解说、评析等等方面的具体要求。然后,由夏静根据以上所述的要求与体例,撰写了样稿,以供集体讨论之用。其后,党圣元(中国社会科学院大学人文学院)、夏静(首都师范大学文学院)、陈志扬(华南师范大学文学院)、肖锋(中国传媒大学文学院)、任竞泽(陕西师范大学文学院)、李斌(广东外语外贸大学文学院)、杨新平(西北大学文学院)七人多次集体讨论,充分切磋,正式确定了《读本》的编写体例和工作流程,正式开始了编撰工作。成稿之后,党圣元在夏静、任竞泽、陈志扬、肖锋的协助下,对全部书稿进行了审读、统合、修改,而为能发现更多编撰过程中的错讹,几位编写者还对书稿进行了交换阅读。在定稿并交付出版社之前,党圣元又对全部书稿进行了审定,对各卷编撰者提出了一些具体的修改定稿意见。本《读本》的作者,都长期在高校文学院从事古代文论研究与教学工作,均具有较为突出的研究实绩和丰厚的教学实践经验。《读本》具体分工如下:

内容框架和体例设计等:党圣元(中国社会科学院大学人文学院教授)

导论:党圣元(中国社会科学院大学人文学院教授)

先秦两汉卷:肖锋(中国传媒大学副教授)

魏晋南北朝卷:夏静(首都师范大学教授)

隋唐五代宋金元卷:任竞泽(陕西师范大学教授)、杨新平(西北大学副教授)

明清卷:陈志扬(华南师范大学教授)、李斌(广东外语外贸大学教授)

在《读本》的编写和修改定稿过程中,河南大学出版社社长、总编辑张云鹏教授也参与讨论,提供了一些很好的编撰意见与建议,如果说本《读本》的编撰和出版能够顺利进行,与张云鹏教授和河南大学出版社的大力支持是分不开的,这里一并致以诚挚的谢意!在编撰过程中,我们参考和吸收了不少同行专家、学者的研究成果,但是由于该《读本》系编著性质,与学术论文、专著有所不同,因体例所限,难以对其中参借同行专家们的观点、见解一一作出注释,在此特予说明,并致谢意。由于我们学识有限,缺点错误之处,在所难免,敬请专家和读者批评指正。

目 录

导论 …………………………………………………………（ 1 ）

先 秦 卷

导言　先秦文学理论概述 ………………………………（ 3 ）
尚书 ………………………………………………………（ 13 ）
　尧典（节录） ……………………………………………（ 13 ）
　皋陶谟（节录） …………………………………………（ 14 ）
　　大禹谟（节录） ………………………………………（ 20 ）
　　五子之歌 ………………………………………………（ 21 ）
　　洪范（节录） …………………………………………（ 21 ）
　　旅獒（节录） …………………………………………（ 21 ）
　　金縢（节录） …………………………………………（ 21 ）
　　毕命（节录） …………………………………………（ 22 ）
诗经 ………………………………………………………（ 23 ）
　国风（节录） ……………………………………………（ 23 ）
　小雅（节录） ……………………………………………（ 24 ）
　大雅（节录） ……………………………………………（ 24 ）
　　小雅（节录） …………………………………………（ 28 ）
　　大雅（节录） …………………………………………（ 28 ）
　　论诗六·刺诗之由（节录） …………………………（ 29 ）
左丘明　春秋左传 ………………………………………（ 31 ）
　成公十四年（节录） ……………………………………（ 31 ）
　襄公十四年（节录） ……………………………………（ 32 ）
　襄公二十七年（节录） …………………………………（ 32 ）
　襄公二十九年（节录） …………………………………（ 33 ）
　襄公三十一年（节录） …………………………………（ 34 ）
　昭公二十年（节录） ……………………………………（ 34 ）

桓公二年(节录)……………………………………………（43）
　　庄公二十三年(节录)………………………………………（43）
　　文公十三年(节录)…………………………………………（43）
　　宣公二年(节录)……………………………………………（43）
　　襄公十六年(节录)…………………………………………（44）
　　襄公二十四年(节录)………………………………………（44）
　　襄公二十八年(节录)………………………………………（44）
　　昭公三十一年(节录)………………………………………（45）

国语……………………………………………………………（46）
　　周语下(节录)………………………………………………（46）
　　郑语(节录)…………………………………………………（49）
　　　周语上(节录)……………………………………………（58）
　　　周语中(节录)……………………………………………（58）
　　　鲁语下(节录)……………………………………………（59）
　　　晋语六(节录)……………………………………………（59）
　　　楚语上(节录)……………………………………………（60）

李耳　老子……………………………………………………（63）
　　一章…………………………………………………………（63）
　　二章…………………………………………………………（63）
　　十一章………………………………………………………（64）
　　十二章………………………………………………………（64）
　　十六章………………………………………………………（64）
　　四十五章……………………………………………………（64）
　　五十六章……………………………………………………（64）
　　八十一章……………………………………………………（65）
　　　五章………………………………………………………（72）
　　　十章………………………………………………………（72）
　　　十四章……………………………………………………（72）
　　　十七章……………………………………………………（72）
　　　十八章……………………………………………………（73）
　　　十九章……………………………………………………（73）
　　　二十一章…………………………………………………（73）
　　　二十三章…………………………………………………（73）
　　　二十四章…………………………………………………（73）

二十五章	(73)
三十五章	(74)
四十章	(74)
四十一章	(74)
四十三章	(74)
四十九章	(74)
五十五章	(75)
六十二章	(75)

孔子　论语 (76)

学而(节录)	(76)
为政(节录)	(76)
八佾(节录)	(77)
雍也(节录)	(77)
泰伯(节录)	(77)
子路(节录)	(78)
宪问(节录)	(78)
卫灵公(节录)	(78)
阳货(节录)	(78)
公冶长(节录)	(86)
述而(节录)	(87)
子罕(节录)	(87)
先进(节录)	(87)
颜渊(节录)	(88)
子路(节录)	(88)
季氏(节录)	(89)
尧曰(节录)	(89)

上海博物馆藏战国竹简　孔子诗论 (90)

孔丛子·嘉言(节录)	(95)
孔丛子·论书(节录)	(95)
孔丛子·记义(节录)	(95)

郭店楚墓竹简　性(上) (97)

性(上)(节录)	(97)
性(上)(节录)	(99)
教(成之闻之)(节录)	(100)

墨翟　墨子 …… (101)
- 非乐(节录) …… (101)
- 非命上(节录) …… (104)
  - 三辩(节录) …… (109)
  - 天志中(节录) …… (109)
  - 非命中(节录) …… (110)
  - 小取(节录) …… (110)
  - 公孟(节录) …… (112)

管仲　管子 …… (113)
- 五辅(节录) …… (113)
- 心术上(节录) …… (113)
- 心术下(节录) …… (114)
  - 宙合(节录) …… (119)
  - 法法(节录) …… (120)
  - 小称(节录) …… (120)
  - 侈靡(节录) …… (121)
  - 内业 …… (121)
  - 七臣七主(节录) …… (123)

晏婴　晏子春秋 …… (126)
- 内篇谏上(节录) …… (126)
- 内篇谏下(节录) …… (127)
- 内篇问上(节录) …… (127)
  - 外篇第七(节录) …… (130)
  - 外篇第八(节录) …… (130)

商鞅　商君书 …… (132)
- 农战(节录) …… (132)
- 靳令(节录) …… (133)
- 赏刑(节录) …… (134)
  - 靳令(节录) …… (139)
  - 君臣(节录) …… (139)

孟轲　孟子 …… (141)
- 梁惠王上(节录) …… (141)
- 公孙丑上(节录) …… (142)
- 离娄下(节录) …… (143)

万章上(节录) …………………………………… (143)
万章下(节录) …………………………………… (144)
告子下(节录) …………………………………… (144)
尽心上(节录) …………………………………… (145)
尽心下(节录) …………………………………… (145)
 梁惠王上(节录) ……………………………… (153)
 滕文公下(节录) ……………………………… (154)
 离娄下(节录) ………………………………… (155)
庄周　庄子 ……………………………………… (156)
 齐物论(节录) ………………………………… (156)
 养生主(节录) ………………………………… (157)
 人间世(节录) ………………………………… (157)
 德充符(节录) ………………………………… (158)
 天道(节录) …………………………………… (158)
 达生(节录) …………………………………… (159)
 外物(节录) …………………………………… (159)
 渔父(节录) …………………………………… (159)
 天下(节录) …………………………………… (160)
  逍遥游(节录) ……………………………… (169)
  养生主(节录) ……………………………… (169)
  胠箧(节录) ………………………………… (170)
  知北游(节录) ……………………………… (171)
  寓言(节录) ………………………………… (171)
屈原　离骚 ……………………………………… (172)
 离骚(节录) …………………………………… (172)
 九章·惜诵(节录) …………………………… (175)
 九章·抽思(节录) …………………………… (175)
 九章·思美人(节录) ………………………… (176)
荀况　荀子 ……………………………………… (177)
 非相(节录) …………………………………… (177)
 儒效(节录) …………………………………… (177)
 乐论(节录) …………………………………… (178)
 解蔽(节录) …………………………………… (178)
 正名(节录) …………………………………… (179)

法行(节录) ……………………………………………… (179)
　　　　劝学(节录) …………………………………………… (185)
　　　　非十二子(节录) ……………………………………… (186)
　　　　解蔽(节录) …………………………………………… (188)
　　　　大略(节录) …………………………………………… (189)
韩非　韩非子 ……………………………………………… (190)
　　难言(节录) ……………………………………………… (190)
　　外储说左上(节录) ……………………………………… (191)
　　五蠹(节录) ……………………………………………… (191)
　　　　二柄(节录) …………………………………………… (195)
　　　　十过(节录) …………………………………………… (195)
　　　　问辩(节录) …………………………………………… (196)
易传 ………………………………………………………… (198)
　　系辞上(节录) …………………………………………… (198)
　　系辞下(节录) …………………………………………… (199)
　　　　易经·乾卦 …………………………………………… (204)
　　　　易经·贲卦 …………………………………………… (204)
　　　　乾卦·文言 …………………………………………… (204)
　　　　说卦 …………………………………………………… (205)
吕不韦　吕氏春秋 ………………………………………… (207)
　　适音(节录) ……………………………………………… (207)
　　音初(节录) ……………………………………………… (208)
　　　　本生(节录) …………………………………………… (211)
　　　　适音(节录) …………………………………………… (211)
　　　　音初(节录) …………………………………………… (211)

两　汉　卷

导言　秦汉文学理论概述 ………………………………… (215)
周礼 ………………………………………………………… (224)
　　地官·大司徒(节录) …………………………………… (224)
　　地官·鼓人 ……………………………………………… (225)
　　地官·舞师 ……………………………………………… (225)
　　春官·大司乐(节录) …………………………………… (225)
　　春官·乐师 ……………………………………………… (226)

春官·大师 …………………………………………… (227)
　　　春官·大胥 …………………………………………… (235)
　　　春官·小胥 …………………………………………… (235)
　　　春官·瞽矇 …………………………………………… (235)
　　　春官·典同 …………………………………………… (235)
　　　冬官·考工记·画缋 …………………………………… (235)
礼记 ………………………………………………………… (237)
　　乐记 …………………………………………………… (237)
　　经解 …………………………………………………… (246)
　　孔子闲居(节录) ……………………………………… (247)
　　　礼运(节录) ………………………………………… (259)
　　　郊特性(节录) ……………………………………… (260)
　　　祭统(节录) ………………………………………… (260)
　　　中庸(节录) ………………………………………… (261)
　　　大戴礼记·文王官人 ………………………………… (262)
毛诗序 ……………………………………………………… (264)
　　诗大序 ………………………………………………… (264)
　　　诗小序(节录) ……………………………………… (269)
　　　经学通论·论班固云"《关雎》哀周道而不伤为哀而不伤"之确解
　　　　………………………………………………………… (269)
韩婴　韩诗外传 …………………………………………… (272)
　　第一卷第十六章 ……………………………………… (272)
　　　第三卷　第二十五章 ……………………………… (275)
　　　第三卷　第二十六章 ……………………………… (275)
　　　第四卷　第三十一章 ……………………………… (276)
　　　第五卷　第六章 …………………………………… (276)
　　　第七卷　第二十六章 ……………………………… (276)
刘安　淮南子 ……………………………………………… (277)
　　原道训(节录) ………………………………………… (277)
　　齐俗训(节录) ………………………………………… (278)
　　诠言训(节录) ………………………………………… (278)
　　修务训(节录) ………………………………………… (278)
　　泰族训(节录) ………………………………………… (280)
　　　俶真训(节录) ……………………………………… (286)

氾论训(节录) …………………………………………………… (286)
董仲舒　春秋繁露 ………………………………………………… (289)
　　玉杯(节录) ……………………………………………………… (289)
　　精华(节录) ……………………………………………………… (290)
　　同类相动 ………………………………………………………… (290)
　　　楚庄王(节录) ………………………………………………… (296)
　　　正贯(节录) …………………………………………………… (296)
　　　立元神(节录) ………………………………………………… (297)
　　　为人者天(节录) ……………………………………………… (298)
　　　天辨在人(节录) ……………………………………………… (299)
司马迁　太史公自序 ……………………………………………… (300)
　　太史公自序(节录) ……………………………………………… (300)
　　报任安书(节录) ………………………………………………… (301)
　　　十二诸侯年表序(节录) ……………………………………… (306)
　　　礼书(节录) …………………………………………………… (307)
　　　乐书(节录) …………………………………………………… (309)
　　　屈原贾生列传(节录) ………………………………………… (311)
桓宽　盐铁论 ……………………………………………………… (312)
　　相刺(节录) ……………………………………………………… (312)
　　殊路(节录) ……………………………………………………… (317)
　　杂论(节录) ……………………………………………………… (317)
刘向　说苑 ………………………………………………………… (319)
　　　贵德(节录) …………………………………………………… (319)
　　　尊贤(节录) …………………………………………………… (322)
刘向　新序 ………………………………………………………… (323)
　　杂事(节录) ……………………………………………………… (323)
　　　节士(节录) …………………………………………………… (326)
扬雄　法言 ………………………………………………………… (328)
　　吾子(节录) ……………………………………………………… (328)
　　问道(节录) ……………………………………………………… (330)
　　问神(节录) ……………………………………………………… (331)
　　寡见(节录) ……………………………………………………… (331)
　　君子(节录) ……………………………………………………… (332)
　　　汉书·扬雄传 ………………………………………………… (338)

诗纬 ………………………………………………………………………… (342)
    含神雾 ……………………………………………………………… (342)
        乐纬·动声仪(节录) ……………………………………………… (344)
        管锥编·毛诗正义·诗谱序 ……………………………………… (344)
王充　论衡 ………………………………………………………………… (346)
    艺增(节录) ………………………………………………………… (346)
    超奇(节录) ………………………………………………………… (348)
    书解(节录) ………………………………………………………… (350)
    对作(节录) ………………………………………………………… (352)
    自纪(节录) ………………………………………………………… (354)
        书虚(节录) ……………………………………………………… (366)
        佚文(节录) ……………………………………………………… (367)
班固　汉书 ………………………………………………………………… (370)
    艺文志(节录) ……………………………………………………… (370)
    诗赋略 ……………………………………………………………… (374)
    司马相如列传 ……………………………………………………… (375)
    司马迁传(节录) …………………………………………………… (375)
    叙传(节录) ………………………………………………………… (376)
        后汉书·班彪传(节录) …………………………………………… (381)
王逸　楚辞章句叙 ………………………………………………………… (383)
    楚辞章句叙 ………………………………………………………… (383)
    离骚赞序 …………………………………………………………… (387)
郑玄　诗谱序 ……………………………………………………………… (389)
    诗谱序 ……………………………………………………………… (389)
        诗谱·周南·召南谱 ……………………………………………… (394)
        经学通论·论《郑谱》《郑笺》之义,知声音之道与政通 ……… (395)
应劭　风俗通义序 ………………………………………………………… (397)
    风俗通义序 ………………………………………………………… (397)
        声音(节录) ……………………………………………………… (400)

导 论

党圣元

中国古代文学理论批评,历史悠久,源远流长,意蕴丰厚,精义迭出,形式灵活,体式多样,光彩夺目,辉耀千秋。中国古代文学理论批评,植根于中华思想文化的沃土之中,集中呈现了中华文化的诗性智慧,展示了中华文化的文道风采,延绵了中华文脉,滋养了民族心灵,丰富了世界文学思想。中国古代文论具有重要的资源价值,尤其是对于中国当代文学理论批评而言,中华传统文论确实是永远无法割断、无法舍弃的"文化乡愁",因而具有极其重要的当代价值意义。当前,通过创造性阐释和创新性转化而传承发展中华优秀传统文化,业已成为一个具有时代特征的思想文化主题,并且成为中华文化复兴的一个有机组成部分。全面系统地了解和把握中国古代文论深邃的思想义理,深刻领会中国古代文论经典的原创精神和美学风范,讲述好中国古代文论的"故事",或曰讲述好文学理论批评的"中国故事",是从事中国古代文论研究的学人们所应该承担的一项义不容辞的学术、文化使命。因此,以"读本"的形式,通过文论经典名篇向喜爱传统文学、文论的广大读者们提供一种学习、了解中国古代文论基本思想内容与美学风貌的读物,便成为我们编撰此《中国古代文论读本》之初衷。

同时,大学中文系的古代文论课程,承担着传承弘扬中华优秀传统文化与中华文脉和中华文学经典精神的重要使命,而我国历史悠久、内涵丰富、形态多样的文学理论批评历史以及文论名篇,为这门课程提供了丰厚的资源。中国古代文论是一个内容丰富、形态复杂、话语形式多样的思想和知识系统,其作为一门学科与课程的形成,情况同样复杂。因此,简要地了解中国古代文学理论批评的发展梗概,以及传统诗文评在中国现代大学教育体制形成过程中如何转化为"文学批评史"或"古代文论"并成为一门学科,了解中国古代文论作为学科与课程形成的过程,了解一下百年来中国古代文论研究与教学的历史,了解当下古代文论教学中所存在的一些需要加以改进的问题,以及知晓在这一过程中所出现的一些观念和方法层面的现象,对于学习这门课程是不无益处的。这同样也是我们编撰此《中国古代文论读本》之初衷。

一

中国文学理论批评的演进过程与历史分期,与中国古代社会发展包括政治和思想文化背景及其影响下的文学发展历史密切关联,大体分为先秦两汉、魏晋南北朝、隋唐五代宋金元和明清四个时期,据此我们将该《中国古代文论读本》亦分为四卷。中国文学理论批评历史悠久,内涵丰富,特色突出,文献典籍更是汗牛充栋,这里仅对中国古代文论的发展历程和各个阶段的特征作一梗概式的介绍。

先秦两汉是中国古代文论的发生发展期。先秦至两汉是中华民族精神的形成时期,是中国文学史的奠基期,也是中国古代文学理论批评萌芽、逐步发展的时期。先秦两汉时期的文学观念与理论批评,伴随着社会思想文化的演进、文学活动场域的拓展、诗文作品的增多、文体种类的繁衍,开始生发并且逐渐发展,为中国古代文学思想价值观念体系奠定了基础,绘就了底色。因此,先秦两汉时期是中国古代文学理论批评的筑基阶段。但是,我们又不得不说,先秦两汉阶段的文学理论批评是与先秦诸子思想、两汉经学以及其他两汉思想理论同体共生、一体多面、相伴而行的。先秦时期,中国社会经历了由奴隶制向封建制转变的过程,社会结构的剧烈变化造成这一阶段思想学说的繁荣,代表不同王侯政权、不同利益阶层的诸子各家竞相发声,学派林立,相互之间思想激荡,形成了百家争鸣、话语腾跃的局面,儒、墨、道、法、阴阳、兵等各家争相言说自己的政治主张,种种思想学说之间碰撞激烈。所以,中国思想文化史上、文艺思想史上的许多体现了早期形态的哲学和文学思想观的重要的元概念、元范畴、元命题,都是在此时得以出现,散见于各家的著述之中。先秦诸子百家涉及文学、美学的言说,在当时并不是自觉地作为文学理论批评话语而出现的,而是他们的社会认识、政治思想言说的组成部分,当然其中也有许多来自对一些自然现象的观察感悟及工匠技艺的经验哲理总结。由于先秦时期思想文化中礼乐文化共同体的存在、诗乐舞一体化的文艺式样、诸子阐发道理时广泛使用的"象喻"言说方式之影响,以及文学、美学与其他精神式样之间存在着的相通之处,因此我们在今天便可以将他们的这些言说视为中国古代文学理论批评言说的早期形态呈现,也正因为如此,诸子的关于"文""诗乐"的言说在后世便逐渐被吸收,用之于文学理论批评,并且成为后世文学价值思想、艺术理念体系构建的原点、内核。因此,可以这么讲,中国传统文学观念及文学理论批评之参天大树正是从先秦思想文化之根脉生长起来的,正是以先秦思想文化为内核而滚雪球般地逐渐壮大起来的。先秦时期的儒家思想家们已经充分认识到诗乐文艺的社会政治伦理教化作用,除了"诗言志"这一经典命题,还提出了诸如"兴观群怨""温柔敦厚""文质彬彬""以意逆志""知人论世""中和"之文学与美学观念,对后世的中国文论产生了深远影响。老庄道家所提出的自然、无为、朴素、体道、虚静、心斋、坐忘、言意关系等观点则对中国传统文学创作论和审美精神的形成产生了巨大影响。秦朝短祚,文学、文论的发展也未成气候。汉代建立大一统的王朝,经过一段时期的休养生息之后,帝国政局统一、国力强盛、经济发达,繁荣的经济促进了文学的发展,而随着大一统国家意识形态的创建和强化,以及选择以儒学为统领的核心价值观的构筑,促进了文学理论批评意识的进步,出现了更加多样的文学批评活动与批评话语生产,文学思想和理论形态逐渐丰富起来。先秦时期的以诗乐论为主要内容的文论,都散见于各家的思想理论著作之中,关于文学评论方面的内容大多属于只言片语。两汉时期,则有了较大的进步,具体的文学批评著作开始出现,如《毛诗序》和"三家诗"、《诗谱序》、《楚辞章句序》等,构建起了儒家文学价值思想体系,并且在文学创作现象、文体批评、理论批评等方面进行了对后世影响较大的讨论与建说。由于儒家经学思想居于统治地位,这时期的文论也未能摆脱经学思想附庸的地位,《毛诗序》成为以儒家诗教原则为导向的中国正统文学价值思想体系得以构建起来的标识,其他经学著述及许多思想著作也都贯穿着儒家经义的思想,其时关于楚辞、汉大赋所发生的争论也大体上围绕儒家诗教原则展开而评说高下。因此,汉代文学理论批评最为突出的思想成果就是儒家文学价值观念话语体系的构建,以及在此基础上形成了明道、征圣、宗经三位一体的传统文学观念,其后经过刘勰的发扬光大而成为具有思想共同体性质的后世传统文学价值观念体系的基本范式。

魏晋南北朝是中国文论发展的自觉成熟期。魏晋南北朝是中国历史上最为动荡的一个时期,其时的社会政治、思想文化经历了儒学式微、庄老流行、玄学清谈、佛学炽盛以及三教合流的历史过程。思想的分化裂变和多元格局的形成,打破了汉代以来独尊儒术的正统思想体系,由此而对这一时期的文学创作、文学理论批评产生了重大影响。正所谓"诗家不幸文家幸",在这样一个社会、政治极度分裂动荡、文学艺术空前繁荣的历史时期,按照通行的说法,不仅出现了人的自觉,也出现了文学的自觉,包括文学理论批评的自觉,批评家首次将"文"作为独立的对象进行全面的审视,覆盖了创作论、文体论、风格论、批评论等众多文学根本问题,中国古代的文学批评由此也开始全面发展。曹丕的《典论·论文》是中国古代文学批评史上第一篇专门的文学理论论文。曹丕的理论与实践,使得人们重新审视文学的地位和作用,曹氏父子及邺下文人集体的文学活动,为文学批评自觉时代的到来创造了良好的条件。其后,陆机的《文赋》继《典论·论文》之后着重探讨文学创作方法与规律,第一次全面系统地阐述了文学创作的基本理论,为后来南北朝的理论批评发展提供了借鉴。南朝时期最引人瞩目的是出现了两部极其重要的文学理论批评专著,即刘勰的《文心雕龙》和钟嵘的《诗品》,俱是传统文学理论批评史上里程碑式的经典,它们不仅具有较为完整的体系,诸如创作论、文体论、风格论、批评论、通变论等问题,也得到了更为系统深入的阐发。

隋唐五代宋金元是中国文论发展的深化拓展期。隋唐五代是中国古代文论发展的一个重要时期,这一时期的文学理论批评形式丰富多彩,呈现出多样化发展的趋势。又大致可以分为三个阶段:第一阶段为隋及初、盛唐时期,这一阶段文学理论批评的主要特点是在批判、矫正南朝文风的基础之上,革弊立新,重构适合唐帝国发展兴盛的文学价值观和文统、文风,逐步确立了文学创作和批评方面导向鲜明、多元一体的新标准,其中之重点是追求风骨和兴寄,而所谓"盛唐气象"则是该阶段文学在思想与艺术两个方面的最高美学成就。第二阶段为中唐时期,这一阶段出现了元稹、白居易倡导的"新乐府运动"和韩愈、柳宗元倡导的"古文运动",他们的共同倾向是强调诗文要为现实政治服务;此外,还有皎然专论诗艺的重要言论。第三阶段为晚唐五代时期,这一阶段既有杜牧、皮日休等人要求诗文为现实政治服务的理论主张,还有司空图有关"象外之象""味外之旨"的诗歌理论,这种要求景物描写具有悠远韵味的艺术见解,在传统"意境"说形成过程中具有重要意义。在中国文学批评发展史上,宋金元文论在继承魏晋南北朝及隋唐五代文学理论的基础上,又得到了很大的拓展、深化,成为中国古代文论史上的一个重要发展阶段。此中缘由,一方面是因为宋代思想、文化学术的空前繁荣,具有"宋趣"鲜明特点的文人精神世界与审美情趣的确立与标举,促进了文学创作与理论批评的更加多样化、多元化发展。另一方面也是由文学自身的发展变化所带来的,如传统诗文中,宋诗在唐诗达到极盛而难以为继的态势下,另辟蹊径,通过苏轼、黄庭坚等优秀作家的创作实绩,确立了"宋诗"的美学风范,形成了与唐诗迥然不同的艺术风貌。而这也同时从某种意义上引发并带来了宋代诗学的争鸣和繁荣,如唐宋诗之争和南宋以至金元批评家对"苏黄"及江西诗派的批评和争议,便是这一文学创作实践在理论上的集中反映。关于散文创作,从宋代古文家柳开、石介等人到欧阳修、王安石、苏轼等,在继承唐代韩愈、柳宗元古文运动的基础上,根据新的时代语境特点,针对晚唐五代时期文风弊端,通过诗文复古革新运动,进行文统与文风重建,在古文理论上取得了巨大成就。宋代理学对于宋代文学理论批评的影响是全方位的,理学家们围绕文道关系所进行的建说和争论,虽然后世尤其是现代新文学观引进以来诟病者多有,但在思想史和文论史两个方面的意义实不应简单弃之于不顾。宋金元时期的文评形式多种多样,诗话、文话、论诗诗、序跋、书信等等均是当时运用广泛的批评文体或体式,而如真德秀的《文章正宗》总集类典籍及其他选本、类书也具有并且产生了独特的批评功能。这一时期的诗话、文话、论诗诗类诗文评,以严羽《沧浪诗话》、张戒《岁寒堂诗话》、陈骙《文则》、李涂《文章精义》、元好问《论诗绝句三十首》等更具理论价值,影响更为广泛。词学理论批评从宋代起也得以开始,这是由于词创作自晚唐五代以来出现了繁盛的局面,成为一种"新诗体",并在宋代蔚为大观,被誉为"一代之文学";由于在词创作方面出现了豪放、婉约两种创作流派,并且引发了理论批评方面关于"别是一家""以诗为词"两种风格之争,促进了词创作与批评的发展。

明清时期是中国古代文论发展的繁荣、新变、集成时期。明代文论的发展与程朱理学、阳明心学两种思想学说有着密切的关系。明初文论从批评"台阁体"发端,茶陵派李东阳在文学思想上崇唐抑宋,这对李梦阳、何景明的"复古"思想有明显的先导作用。明代从弘治、正德之交到隆庆、万历之际的近百年间,以前、后七子为代表的诗文"复古"思潮占据文坛的主要地位,这是元明易代之际及明初以来文学思想演变发展的必然结果,也是传统文学创作、理论批评"质文代变""通变"规律的具体使然。阳明心学的出现为明代文艺新思潮的产生提供了思想的催化剂,李贽的童心说、公安派的性灵说、汤显祖的至情说等文论思想就是在这样的情况下产生的。这股文艺新思潮在晚明一度发展为时代思想的主潮。与时代风气和社会思潮密切关联的各种文学思想流派的理论批评的产生与蓬勃发展,是明代文学理论批评的一个显著特征。在众多思潮流派中,"茶陵派""前七子""唐宋派""后七子""公安派""竟陵派",是其中理论主张之尤著者。作为中国封建社会的最后一个王朝,清代的文化、学术以及文艺思想,具有集大成的性质,并且在各体文学理论批评方面多有建树。清代文学与批评的此种特征既有客观的政治时代因素和统治者文化政策的深刻影响，也是文学本身发展演进的结果。清初政局稳定后，为了巩固和维护社会安定和政权稳固，统治者相应地制定了一系列文化、文学政策，形成了乾嘉考据学兴盛的学术文化局面，进而对文学创作和理论批评都产生了重大影响。清代中期的诗歌理论以"神韵说""格调说""肌理说""性灵说"为代表，几大流派同时并起，互相辩难，创作和理论批评呈现一派繁荣景象。在散文创作和理论批评方面，桐城派古文在有清一代流传最久、最具影响。桐城派在兴起之时就遭到了来自汉学家、骈文家及史学家等各方面的批评和非议，引发了一系列争论，从而丰富了清代散文理论批评。明清时期，小说、戏剧创作空前繁盛，由此也带动了小说、戏曲批评的蓬勃开展，并且在理论方面多有建树。小说理论批评方面，围绕着《金瓶梅》《聊斋志异》《红楼梦》《儒林外史》等小说的评点之学，而戏曲批评方面则有《南词叙录》《曲律》《花部农谭》等论著，都具有重要的理论批评价值。从鸦片战争起至辛亥革命爆发为止，这一时期可归为晚清近代。近代中国社会政治经历了从地主阶级改良、资产阶级改良到旧民主主义革命的一系列斗争，掀起了"诗界革命""文界革命""小说革命"等文学运动。晚清文学理论批评是在上述社会文化的背景下，接受了欧美和日本的文艺美学思想的影响，在中国古代传统文论的基础上发展变化而形成的。

以上就中国古代文论史的发展梗概，以及各个阶段的特征，做了一些极其简要的介绍。关于中国古代文论在每个历史阶段发展的基本状况、特点，以及具体的文论经典、文论家、重要理论批评现象等，在本《读本》中都有概述性的讲解，因此这里便讲得非常简扼，而没有展开来说。

二

了解一下百年来的中国古代文论研究和学科发展历史，梳理和反思百年来中国古代文论研究的学术史进程，对于学习和加深理解中国古代文论经典名篇和重要理论内涵，不无裨益，值得我们充分重视。

按照时下学界较为普遍的看法，中国古代文论学科从创建到现在，大体上经历了三个发展阶段：从二十世纪初学科草创至四十年代末为第一阶段，从二十世纪五十年代至六十年代中期为第二阶段，从二十世纪七十年代末至今为第三阶段。中国古代文论学科在它的这三个发展阶段中既显示出不同的发展特点，又存在着历史的承传性，而总的发展趋势则是由浅到深，由疏到密，愈来愈成熟，学科化程度也越来越高。在中国现代文学理论学科创建和发展的过程中,中国古代文论似乎是一直处于边缘化的位置,但是即便如此,一个世纪以来的中国古代文论研究与教学也对现代中国文论的发展演变产生了不可低估的影响和制衡作用,而且这种作用还将继续发挥下去。

中国古代文论学科之诞生,是二十世纪初期中国文化、文学、学术新变之产物,无论是这一学科创建本身还是它的学科结构模式、方法系统之形成,均与当时的社会、文化、教育、学术思潮密切相关。从传统的诗文评到中国古代文论学科,其中存在着必不可免的历史因缘,这就是人们对文学之义界的重新认同,新的认识工具和研究方法之掌握,以及在新的文学观念支配下,利用新工具、新方法重新发现、认识、评价、阐述和建构传统文学理论批评话语体系之意愿。而这里所言之"意愿",首先是现代大学教育专业门类和课程体系建构之需要,其次是学科创建者们努力使传统诗文评之"旧学"在现代文学观念、文学史意识之"新知"烛照下得以彰显的文化担当意识。中国古代文论学科之诞生是"五四"运动以后的事。朱自清认为:"中国文学批评史的出现,却得等到五四运动以后,人们确求种种新意念新评价的时候。这时候人们对文学取了严肃的态度,因而对文学批评也取了郑重的态度,这就提高了在中国的文学批评——诗文评——的地位。……这也许因为我们正在开始一个新的批评时代,一个重新估定一切价值的时代,就得认识传统里的种种价值,以及种种评价的标准;于是乎研究中国文学的人就有些将兴趣和精力放在文学批评史上。"①中国古代文论在传统文学、传统文化的怀抱中并没有获得独立意义上的学科地位,反而在"五四"运动对传统思想文化、传统文学作了全面批判乃至否定之后,却在现代学术体制中取得了相对独立的学科位置,事情往往就是这样复杂。因此,二十世纪以来的中国古代文论史学科建构以及研究与教学,便不可避免地受影响于学科创建之时之文化学术思想、思潮,同时又因学者们的文化认同差异而形成不同的研究与教学模式。"五四"新文化运动以来,在新旧文化、文学激烈冲突、对抗的情况下,必欲取代传统的新文化、新文学迫切需要西方理论的支持与滋养,所以文学界出现了一种极其重视文艺理论的氛围,译介、引进域外文艺理论,在学界成为一种风气,以致一时出现了"文艺理论热"。在当时,有影响、有建树的文学家几乎都在译介、评述西方文艺理论方面留下了自己的足迹。别的不说,仅

---

① 朱自清:《诗文评的发展》,《朱自清古典文学论文集》(下),上海古籍出版社1981年版,第544页。

举后来成为中国古代文论学科泰斗的郭绍虞而言，就可看出当时之情形。从1920年开始，郭氏在《晨报》副刊《艺术谈》栏目中总共发表了98篇计10余万言介绍西方文艺理论的文章，内容广泛，涉及了西方艺术和美学思潮中的主要流派、人物及其观点。他同时还在《小说月报》上介绍了别林斯基、车尔尼雪夫斯基、杜勃罗留波夫以及皮萨列夫等俄国文艺批评家的文艺理论和美学观点。其后，郭绍虞便进入了中国文学批评史研究这一领域，并且成为继陈钟凡之后中国古代文论研究以及学科发展的主要开拓者、推动者。郭绍虞对于中国文学理论批评史书写话语体系建构、理论意识之进一步自觉与阐释空间之拓展、范畴和概念系统之梳理和确认、方法论之建立等等，与他当时所掌握的西方文艺理论观念和方法有密切的关联。

在时代风气影响下，人们自觉地或非自觉地接受西方文学观念，来重新建构自己的文学观，它者不说，单就对文学的定义这一点而言，便产生了极大的变革，与传统文学观念比较出现了大的位移，其特点是杂糅古今，中西掺半。比如陈钟凡，他在《中国文学批评史》开头，采取"以远西学说，持较诸夏"的方法，先是引证德国批评家维尼、英国批评家安诺德、美国批评家亨德等人的文学定义，并且比较了中西文学理论之异同，指出各自的特点为："知彼所言感情、想象、思想、兴趣者，注重内涵。此之所谓采藻、声律者，注重法式。实则文贵情深而采丽，故感情、采藻二者，两方皆所并重。特中国鲜纯粹记事之诗歌，故不言及想象；远西非单节语，不能准声遣字，使其修短适宜，故声律非所专尚。此东西文学义界之所以殊科也。"然后，他便顺理成章地给文学下了这样一个中西糅合的定义："今以文学之内涵，莫要于想象、情感、思想，而其法式则必藉辞藻、声律以组纂之也，故妄定文学之义界曰：'文学者，抒写人类之想象、感情、思想，整之以辞藻、声律，使读者感其兴趣洋溢之作品也。'"①同样，刘永济在撰写《文学论》时也对文学下过一个定义："概而言之，则文学者，乃作者具先觉之才，慨然于人类幸福有所贡献，而以精妙之法表现之，使人类自入于温柔敦厚之域之事也。"这样给文学下定义，在今天系统接受了西方文学理论教育和规训的读者看来，似乎有些不伦不类，会不会忍俊不住笑出一两声来？但这正反映了当时学人们的一种眼光，一种糅合中西的理论视野。刘永济在"自序"中所说的一段话正可代表之："其有参稽外籍，比附旧说

---

① 陈钟凡：《中国文学批评史》，上海中华书局1927年版，第9页。

者,以见翰藻之事,时地虽囿,心理玄同,未可是彼非此也。"①

翻译、介绍西方文艺理论之热潮一过,一些学人的兴趣又立即转向中国古代文论。前者体现了当时的文学理论批评学者们意欲通过对西方文艺思想的汲纳,掌握新的认识工具和理论武器,后者则体现了在新的认识条件下重新发现、评价传统文学理论遗产,使中国自己的文学理论批评话语在新的文学、思想、学术语境中得以延伸,尽管这一延伸主要是在西方文学理论的规训下进行的。所以,朱自清在评郭绍虞《中国文学批评史》上卷时这样评说:"现在学术的趋势,往往以西方观念(如文学批评)为范围去选择中国的问题;姑无论将来是好是坏,这已经是不可避免的事实。"②

作为一门新兴的学科,中国古代文论学科产生于新旧思想、文化、学术交替、更新的背景之下,其最为突出的特点之一,就是突破了传统诗文评的疆域,使传统学术中许多关于文学艺术的见解得以汇聚在"文学批评"或"文学理论批评"这一题目之下,进入了研究者的视域。而之所以如此,其中一个必不可少的条件就是在检讨传统文学批评观之基础上,重新建构"文学理论""文学批评"的概念,同时将合乎新的文学观、新的文学理论和文学批评观念的中国古典文学批评的史料重新加以选择与剪裁,在此基础上进行具体的研究和文学理论批评史书写。从诗文评到文学批评史,不仅仅是一个称谓的改变,同时还意味着传统诗文评的现代转化。传统诗文评最早是附骥于集部之尾的。《隋书·经籍志》将《文章流别志论》《翰林论》《文心雕龙》《诗品》诸书附列总集之后,《旧唐书》因之。《新唐书·艺文志》始立文史类,附于总集之后,凡诗文评方面的专书,皆归文史类,《宋史》《明史》等又因之。因此,朱自清在《诗文评的发展》中曾说:"老名字(指诗文评)诗文评在目录里只是集部的尾巴。原来诗文本身就有些人看作雕虫小技,那么,诗文的评更是小中之小,不足深论。"③《四库全书》始别有诗文评类,与别集、总集、词曲类并列,朱自清阐说《四库全书》之所以别立此类,是因其"讨论瑕瑜,别裁真伪,博参广考,亦有裨于文

---

① 刘永济:《文学论》,上海商务印书馆1934年版,第21、1页。
② 朱自清:《评郭绍虞〈中国文学批评史〉上卷》,《朱自清古典文学论文集》(下),上海古籍出版社1981年版,第541页。
③ 朱自清:《诗文评的发展》,《朱自清古典文学论文集》(下),上海古籍出版社1981年版,第543页。

章"①而已。这也可以说是对诗文评之功能的一种认识。更值得一提的是,作为四库全书总纂的纪晓岚在嘉庆丙辰、壬戌两科会试中,曾以文学批评史策士,在当时确属创格。关于纪晓岚与传统诗文评,朱东润曾经指出:"晓岚论析诗文源流正伪,语极精,今见于《四库全书提要》,自古论者对于批评用力之勤,盖无过于纪氏者。"及"晓岚对于文学批评之贡献,最大者在其对于此科,独具史的概念,故上下千古,磊磊如贯珠,其语见于嘉庆丙辰、壬戌两科会试策问……以文学批评策士,在当时自属创格。"②但是,这并不意味着中国古代文论学科就此而建立起来了。事实上,纪晓岚关于"文学批评"的观念还非常狭窄,虽然《四库全书总目提要》对所收诗文评论著之提要大都鉴裁分明,批评也较为合度,但对一些有独特创见、理论思辨较强的论著却往往贬多于褒,如对于叶燮的《原诗》,仅列为存目,并且评曰:"虽极纵横博辩之致,是作论之体,非评诗之体也,亦多英雄欺人之语。"③说明其观念中之"文学批评"还仅是诗文评,尚容不下过多的文学理论。

三

文学观念、文学批评观、文学史观的变革,以及在一批对新知与旧学持兼容并包态度的学者们对中国古典文论专著的研究,使在现代学术语境中开展中国古代文论研究以及中国文学理论批评史的书写成为可能。陈钟凡自1923年起在《文哲学报》上发表《中国文学演进之趋势》,并于1927年出版我国第一部《中国文学批评史》,大体勾勒出了中国文学批评从周秦到晚清的演进线索,并且初步触及了传统文学批评史中的一些基本概念和范畴,如"文学""文""笔""文气""神""味"等等。陈的草创之功不可抹杀,尤其是直接启发了郭绍虞,后者毕生致力于批评史研究,将中国文学批评史推进到现代学科意义上的成熟水平。尽管郭绍虞的专著出

---

① 《四库全书总目》卷一百九十五、集部四十八诗文评类一,中华书局影印本1965年版,第1779页。
② 朱东润:《中国文学批评史大纲》,上海古籍出版社1983年版,第301—302页。
③ 《四库全书总目》卷一九七、集部五十诗文评类存目,中华书局影印本1965年版,第1808页。

版于三四十年代,但他在二十年代末便已经具有了比较自觉的中国文学批评史学科意识,而且奠定了中国文学批评史研究的方向。1926年,郭绍虞在《文艺杂志》上发表《中国文学演化概述》一文,又在《小说月报》上发表《中国文学演进之趋势》一文,尝试对我国文学的源头"风谣"的三个要素"语言(辞)、音乐(调)、动作(容)"进行综合性理论剖析,并以此为线索,分析三者在两千年来的变迁,从而得出结论:"无论何种文体,实在都有三个共同的倾向,即(1)自由化,(2)散文化,(3)语体化。中国文学演进的趋势无论如何曲折迂回,都总是向着这三个目标以进行。"①这些结论也许会随着研究的深化逐渐受到讨论或质疑,但他开创、拓展的以理论辨析去整理和研究古代文论遗产的新方法,已成为中国古代文论研究和学科建设的风向标。

我们认为,现代中国学者研究古代文论的始点,应该从王国维算起。王氏之《人间词话》发表于1908年12月《国粹学报》4卷12期,该著实际上是运用西方美学观念和现代学术眼光有针对性的、有选择性的来阐释传统诗文评。因此,《人间词话》其实是处于传统文论与现代文论分水岭上的一道风景线,这样说并不妨害其重要性。另外,据佛雏考证,发表于《教育世界》1904年第1期未署名之《孔子之美育主义》一文,实为王氏所作②,该文所体现的学术眼光和知识工具,更属于现代的了。此外,如发表于1910年4月《南风》1卷2期陈受颐的《文学批评发端》,发表于1913年2月《中国学报》4期廖平的《论诗序》,1916年1月《中国学报》1期刘师培的《文笔辞笔诗笔考》,等等,均可作如是观。

在前辈学者们的努力下,传统文论遗产才逐渐地进入中国现代学术研究的场域,并且呈现出了其固有的然而却又是在现代文学、学术眼光下被重新发现、重新评估的理论价值以及思维和话语言说方面的独特之处,而早期中国古代文论研究之实绩正由此而获致。二十世纪早期的一些古代文论研究者们大都有着欧美文论这样一个参照系,所以,在他们的研究之中,诸如中西比较、以西观中、以西解中、援西入中这些方法之运用,便比较普遍。按照陈寅恪的说法,王国维即是"取外来之观念与固有之材料互相参证,凡属于文艺批评及小说戏曲之作,如《红楼梦》及《宋元戏曲

---

① 《小说月报》1926年第11卷。
② 佛雏:《介绍王国维的美学佚文——〈孔子之美育主义〉》,《江海学刊》1987年第4期。

考》等是也"①。而刘永济之《文学论》,其特点也是"以中国传统的文艺观为主干,时时参照着域外的文艺观念。作者的哲学意识颇强,重视把中国的文艺思想放在一个总体的文化背景中来考察的"②。杨鸿烈在《中国诗学大纲·自序》中,则称自己"最崇拜摩尔顿在《文学的近代研究》所说的:普通的研究——不分国界、种族,归纳的研究,进化的研究",并且说:"我这本书是把中国各时代所有论诗的文章,用严密的科学方法归纳排比起来,并援引欧美诗学家研究所得的一般诗学原理解决中国诗里的许多困难问题,如诗的起源的时代,分类,和功用等项。"杨氏甚至还在书中这样讲道:"所以我们现时绝对的要把欧美诗学书里所有的一般'诗学原理'拿来做说明或整理我们中国所有丰富的论诗的材料的根据。"③方孝岳亦十分推崇"中西思想之互照"的"比较文艺批评学",他这样讲道:"百年以来,一切社会上思想或制度的变迁,都不是单纯的任何一国的问题,而且来自文学批评家的眼光,或广或狭,或伸或缩,都似乎和文学作品的范围互为因果,眼中所看到的作品愈多,范围愈广,他的眼光,也从而推广。所以,'海通以还',中西思想之互照,成为必然的结果。"方孝岳在谈到他所提出的"比较文学批评学"概念时,还说道:"'五四'运动(民国八年)里的文学革命运动,当然也是起于思想上的借照。譬如因西人的文言一致,而提倡国语文学,因西人的阶级思想,而提倡平民社会文学,这种错综至颐的眼光,已经不是循着一个国家的思想线索所能讨论。'比较文学批评学',正是我们此后工作上应该转身的方向。"④钱钟书则主张在研究中要探讨古今中外共同的"文心",这是因为他认为"东海西海,心理攸同;南学北学,道术未裂",所以在《谈艺录》中,他"颇采'二西'之书,以供三隅之反"⑤,正因为如此,《谈艺录》在沟通中西文论方面取得了巨大成就,对后来的研究产生了深远的影响。朱光潜、梁宗岱、宗白华等在这方面同样作出了卓越贡献。朱光潜说自己的《诗论》是运用文艺心理学的基本原理,来讨论诗的问题,"对于中国诗作一种学理的研究"⑥。在他看来,"一切

---

① 陈寅恪:《王静安先生遗书序》,《金明馆丛稿二编》,上海古籍出版社1980年版,第219页。
② 陆海明:《古代文论的现代思考》,北岳文艺出版社1988年版,第12页。
③ 杨鸿烈:《中国诗学大纲》,商务印书馆1928年版,第31页。
④ 方孝岳:《中国文学批评》,三联书店1986年版,第227页。
⑤ 钱钟书:《谈艺录·序》,中华书局1984年版,第2页。
⑥ 朱光潜:《文艺心理学·作者自白》,《朱光潜美学文集》第一卷,上海文艺出版社1982年版,第6页。

价值都由比较得来,无比较无由见长短优劣。现在西方诗作品与诗理论开始流传到中国来,我们的比较材料比从前丰富得多,我们应该利用这个机会,研究我们以往在诗创作与理论两方面的长短究竟何在,西方人的成就究竟可否借鉴"①。上述诸家之言所体现的对于中国古代文论研究的学术理念和方法论,成为一直延伸至今的中国古代文论研究和中国古代文学理论批评史书写的一般通例。

关于古代文论研究之目的,民国时期的学者们也有清楚的阐述。杨鸿烈在其《中国诗学大纲·自序》中说自己研究中国诗学之目的,是为了解决诗的起源的时代、分类和功用等问题。郭绍虞则表示他写《中国文学批评史》之目的是"从文学批评史以印证文学史,以解决文学史上的许多问题,因为这——文学批评,是与文学之演变有最密切的关系的"②。罗根泽在讲到研究中国文学批评史之目的时说:"我们研究文学批评的目的,就批评而言,固在了解批评者的批评,尤在获得批评的原理;就文学而言,固在借批评者的批评,以透视过去的文学,而尤在获得批评原理与文学原理,以指导未来文学。所以我们不能只着眼于狭义的文学批评的文学裁判,而必需着眼于广义的文学批评的文学裁判及批评理论与文学原理。"同时他也认为研究文学批评史于文学史关系密切:"欲彻底地了解文学创作,必借助于文学批评;欲彻底地了解文学史,必借助于文学批评史。"③前辈学者们的这些言说,至今犹有重要的参鉴意义。

当我们回首二十世纪前半叶的中国文学批评史研究时,不会忘记王国维、陈钟凡、郭绍虞、罗根泽、方孝岳、朱自清、钱钟书、朱光潜等现代中国学术史上的学者。在民族文化危难之时,他们以自己的旧学新知和民族文化信念开辟了中国文学批评史研究的新境界。他们将西方的思想和方法创造性地运用于对中国古代文论的研究之中,并且在研究中通过自己的创造性阐释和建构,一定程度上使中国固有的文学理论批评在中国现代学术版图中占有了一席之地,并且使传统文论思想在现代文学理论格局中得到了一定程度的存留和延伸,为其在中国现代文学理论话语体系中找到了新的立足点、生长点,尽管其立足和生长的空间还是非常狭窄

---

① 朱光潜:《诗论·序》,《朱光潜美学文集》第二卷,上海文艺出版社1982年版,第136—137页。
② 郭绍虞:《中国文学批评史·自序》,《中国文学批评史》,商务印书馆1934年版,第1页。
③ 罗根泽:《中国文学批评史·绪论》,上海古籍出版社1984年版,第7、11页。

的,在现实的文学批评中几乎没有得到多少实际的运用。他们对传统文论所作的现代阐释,以及对传统文论作的现代文学理论批评话语转化,发现、赋予了传统文论新的生命力,当然也发现了其所具有的诸多不称意之处。

四

百年来的中国古代文论研究和教学取得了丰硕的成果。1949年之前的成果,除了前面已经谈到的如陈钟凡、郭绍虞、罗根泽、朱东润、方孝岳等所撰写的具有标志性意义的批评史著作,以及许多学者所撰写的专题性研究著作和论文而外,这一时期的研究,在古代文论的材料收集、整理、考订、选编、释译等方面,亦有所开展,并且取得了一定的成绩。如1934年神州国光社出版了李华卿的《中国历代文学理论》,1936年正中书局出版了王焕镳的《中国文学批评文集》,1937年正中书局出版了许文雨的《文论讲疏》,等等,它们都是较早出现的古代文论资料选本。其中李氏选本,据作者自称是一部"加以相当精密的选择的中国历代的许多人们对于文学之见解与理论的辑集"①,然而就书中的实际情况而言,在我们今天看来,显然并没有达到选编者所要达到的标准,然而从选编者的这一言说中,我们可以看出至少选编者在主观上是相当注重历代文论中关于文学观念和文学理论的资料收集的,而这在一定程度上正代表了当时研究者们在理论方面的自觉追求。许氏选本有一《例略》,其中说道:"本编收载中国历代各体文论,颇以自然英旨之作为主,借觇纯粹文学之真谛。其他基于社会观点立论者,少录;基于伦理观点立论者,不录。又但凭意兴,片语自赏;或出以吟咏,徒矜词致;并乖论体,概不录载。"②应该说,许氏的这一选编意向所体现出来的旨趣,无不与当时的学术思潮、文学观念、美学趣味息息相通,说明选编者已经秉持西方近现代文学观念为选录标准了,而传统文学价值观中的那些以"社会观点立论""伦理观点立论"的主流话语,对于选编者而言,已经不在选编者的视野范围了。此外,选编者格外重视在传统诗文评中并不占正宗地位的"论体",也体现出一种重视文学理论的研究目光和选编原则,而这一点与"五四"以来受西学影响

---

① 李华卿:《中国历代文学理论·序》,神州国光社1934年版,第1页。
② 许文雨:《文论讲疏·例略》,正中书局1937年版,第1页。

而推崇理论、体系的学术风气是相互一致的。许文雨的《文论讲疏》同时亦是对所选编的历代文论篇章之译注本,其中多采近人、今人的文学观念来阐释古人之见,或者援引西方文学观点与古人之说相互印证。由此,我们可以看出,当时的学者们在新文学观念影响下对传统文论原典所做的译释,实际上就是对传统文论作话语方式转换、甚至不排除"意义植入"的工作。这一时期,对于传统文学批评史料的考订、辑佚工作,亦有所开展,其中又以诗话、词话的考订、辑佚成就最为突出。在古代文论研究中,文献资料的整理与研究是一项基础性的工作,研究者对资料的掌握充分与否,以及整理和训诂水准的高低,势必影响到他理论分析的深度;如果文献学工夫不到位,便往往导致研究中的理论阐释或结论性判断出现偏误。所以,这一时期以郭绍虞为代表的几位学者各自撰写的几种中国文学批评史著作所取得的学术成就,与他们在文献收集、甄别方面的国学功底密不可分。当然,以今天的眼光来看,这个时期的古代文论研究也还存在着诸多缺陷,如对于传统小说与戏曲批评便关注得严重不足,则说明其时对于文学批评史范围的认识还更多地局限在诗文批评方面,反映出在文学观念方面还存在着一定的偏颇,等等,不一而足。

1949年10月1日新中国建立以后,尤其是1978年新时期以来,古代文论的研究和教学出现了全面展开和推进的局面。在上个世纪的五六十年代,郭绍虞、罗根泽、朱东润等的批评史著作得到重印或修订再版,七十年代末以来,郭绍虞主编的《中国历代文论选》分四卷本和一卷本两种不同版本先后出版,既满足了学生精读和教师参考的不同需要,也为深入研究古代文论的具体问题提供了初步的资料和线索。从1964年到1985年,复旦大学中文系集体编写的《中国文学批评史》(三卷本)陆续出版。从此,复旦大学中文系便成为中国文学批评史研究和教学的一个重镇。在上个世纪九十年代,王运熙、顾易生等学者又编写出了资料更加翔实、线索更加清晰、内容更加丰富的七卷本《中国文学批评通史》系列丛书,从而使中国文学批评史这一学科的发展达到了相当完备的程度。与此同时,其他许多学者也为这门学科的发展做出了贡献,1981年敏泽著《中国文学理论批评史》(上下两册)由人民文学出版社出版,该著甫一问世即产生了广泛的社会影响,对一九八十年代出现的"古代文论热"产生了积极的推动作用。到了1990年代初期,作者又对该著进行了大幅度的修订和内容扩充、订正,克服了原来书中存在的由于受写作时代的政治意识形态限制而产生的一些认识和评价方面的局限,于1993年由吉林教育出版社出版。其后,又有蔡钟翔等人的五卷本《中国文学理论史》以及张少康、刘三富的《中国文学理论批评发展史》出版,如果再加上1990年代以来许多高校自编的古代文论教材,以及种类繁多的电大、自考教材,可以说蔚为大观,满足了古代文论教学不同层次的需求,同时也反映出新时期以来我国高校古代文论教学和研究之兴盛局面。

新时期以来,古代文论的研究在学术方面取得了长足的进步,上世纪八十年代还曾经出现过持续时间相当不短的"古代文论热"。1979年中国古代文学理论学会成立,1983年中国《文心雕龙》学会成立,所创办的《古代文学理论研究》和《文心雕龙学刊》两种会刊,一直坚持出版至今,对于古代文论研究起到了积极的推进作用。新时期以来的古代文论研究,可以从《文心雕龙》的研究情况得到生动的展现。中国古代文学理论著作中最富有体系性的著作《文心雕龙》,在新时期受到了前所未有的重视,自1979年王元化出版《文心雕龙创作论》始,"龙学热"持续升温,詹锳《刘勰与〈文心雕龙〉》、周振甫《文心雕龙注译》、陆侃如和牟世金《文心雕龙译注》、王利器《文心雕龙校注》、郭晋稀《文心雕龙注释》、赵仲邑《文心雕龙译注》、杨明照《文心雕龙校注拾遗》等相继出版。此外,还有如詹锳《文心雕龙的风格学》、牟世金《雕龙集》、张文勋《文心雕龙简论》等等众多的《文心雕龙》研究著作相继出版,体现出新时期以来《文心雕龙》研究的兴盛局面。

关于二十世纪初以来的百年古代文论研究之盛景和学术成就,李春青等所著《20世纪中国古代文论研究史》,以及蒋述卓等所著《二十世纪中国古代文论学术研究史》,均作出了较为详尽且颇富分析眼光的梳理、阐述、评价,可参阅。因为篇幅的原因,这里难以一一列叙。

五

我国的现代大学教育体制建立以来,在高校中文系的课程系统设置中,中国古代文论课程得到相当程度的重视,因而对于高校中文系学生的文学理论批评、中国文学史专业知识培养和人文素质养成方面,始终扮演着重要的角色。尤其需要特别指出的是当前的中国古代文论教学与研究,与传承发展中华优秀传统文化有着密切的内在关联性,当代中国文学理论批评话语体系和核心价值理念的建构,需要我们更多地从传统文论资源中汲取思想的营养成分。因此,在中国古代文论的课程设置和教学实践中,加强对于古代文论经典名篇的讲述、精读、思考,便可以使我们更好地理解与把握中国古代文学的元典精神,重新发展和重视中国古代文论的当代价值意义,以及可以更加有效地促进我们通过创造性阐释而传承发展中华优秀文学思想传统,并且在文化自信、美学自信、学术自信的基础上增强文学理论批评方面的文化自为意识,使中国古代文论成为当代中国文学理论批评学科建设和话语体系建构的重要思想和理论资源,从而使具有几千年发展历史的中华文脉更好地得到传承,得以重新焕发生机活力。中国古代文论课程设置以及教学实践,应该具有这一文化担当意识。

在中国现代大学教育体系演变过程中,古代文论教材、教学模式也逐步形成了自己的内容与结构特点,并且随着大学教育体制的发展进步而调整变化。据孟登迎的考证①,1926年,清华大学部中始设正式的中文系,受研究院国学研究的影响,经过杨振声、朱自清、闻一多、冯友兰(时任文学院院长)等杰出学者的努力,清华中文系从一开始就在本科文学教学中渗透了比较自觉的研究意识和学科规范意识。朱自清在1929—1930年度《国立清华大学本科学程一览》中对课程设置的宗旨和次序有详尽说明:中文系的目的在于借外国的艺术"创造我们这个时代的新文学",所以"一方面注重研究我们自己的旧文学,另一方面再参考外国的新文学。……课程依着年纪分配,第一年是普通科学,及历史的根底,特别是中国文学史,先给大家开一个路径。第二年第三年是滥泛于各体的研究,如上古文,汉魏六朝文,唐宋至近代文,诗、赋、词、曲、小说以至新文学都于此二年中养成普通知识。文字学、音韵学列在二年之始,是为必须有了这类工具,才能研究诗赋词曲及韵文,到了第四年,大家对于文学的各体都经亲炙了,再实之以中国文学批评史。对于中外文学都造成相当的概念了,再继之以文学专家研究。这就是排列次第的根据"②。从中可以看出,当时的清华大学中文系对于包括文学批评史在内的整个中国文学教学的思路是非常清楚的,就是重视对中国文学各体作品的研读和对文体流变的梳理,而对纯粹的文学理论问题并无太多的注意,相比之下,似乎更注重具体的文学批评。在当时,清华大学较早在中文系开设中国文学批评史课程,并且由亲历新文学运动并参与其中的郭绍虞和朱自清讲授,这种

---

① 此节关于中国现代以来大学中文系课程设置,尤其是文学理论批评方面的课程设置情况叙述,参考、援用了中国社会科学院大学人文学院孟登迎先生的研究成果,特此说明并致谢。

② 《国立清华大学本科学程一览》(1929—1930),北京师范大学图书馆藏。

注重新旧文学贯通与中外文学融合的课程设置,正体现了对民族传统文化的系统化创新姿态。

在随后的发展中,清华的中文课程又有较多的调整,尤其是渗入了更多的用新方法研究文学的内容。1936年,朱自清指出,"研究中国文学又可分为考据、鉴赏及批评等",并认为做文学考据,"自当借镜于西方,只不要忘记本来面目"。他还为学生开列出了"基本科目"和"国学要籍",十分重视对文字基本功与国学典籍的教学。《学程说明》要求"中国文学批评"(朱自清讲授)"以讨论中国文学批评中之问题为主;并编诗文评钞,作为参考资料"。"文艺心理学"(朱光潜讲授)"从心理学的见地分析美感经验,说明美丑与自然之关系,及艺术起源及艺术创造之理。取材以文学为主;尤注重中国作品,企图以新方法说明之"。同时,邓以蛰在哲学系所开"中国美学史""西洋美学史""中国美术史""西洋美术史"等课程也对中文系的文学研究提供了一定的理论帮助。① 尤其是这种以中西美学史为线索的理论阐发,可以与中文系注重国学、文学史原始资料的长处相结合,为研究者展现出更为高远和阔大的学术境界。当时清华大学中文系的专业课设置内容相当丰富,文学理论为选修课之一,其中包括文学概论(杨振声、李广田)、中国文学批评研究(刘文典、朱自清)、文辞研究(朱自清)、散文研究(朱自清)等等,从中可以看出,中文系的文学理论课包括了中国古代文论和"五四"新文学观念和文体研究的内容。李广田和杨振声所开的课程,主要着眼于新文学的评论与研究,尝试以比较的角度沟通中西文学,并希望从比较中建立起现代的批评标准,从而促进新文学的研究和发展。朱自清的古典文论研究则特别注意对关键范畴进行语义梳理,着眼于对文化脉络流变的把握。

新中国成立以来,高校中文系的古代文论课程教学更是受到重视与加强,教学目的、教学内容与教学方法等也不断得到调整与优化,形成了自身的体系与结构特点。多年来,我国高校中文系本科的中国古代文论教学,基本上是以中国古代文学理论批评史概述、文论选以及专题课(分体理论批评、重要文论专书、重要文论家、文论著作、重要理论专题等等)等形式进行,而其中文论选最接近于读本形式,是属于古代文论经典名篇精读性质的教学模式。

以文论选的形式进行的古代文论教学模式,点与面兼及,史料与理论

---

① 清华大学校史研究室:《清华大学史料选编》(三),清华大学出版社1991年版,第295—296、309、335—336页。

评析并至,方式简明扼要,其长处不言而喻。但是,这种形式,也易于流于平面罗列、结构单一。同时,如果由于所选篇目随意性大,选篇之间缺乏应有的结构性联系的话,便不能很好地通过选篇来展示中国古代文论发展演进的过程、环节,以及每个环节之间的有机联系;如果当今选家不具备古时选家那样的专业眼光,以及如果对于传统文学批评史细节相当隔绝的话,便会出现从选篇到注解、讲疏俱粗糙化的情形。此外,客观而言,文论选由于形式方面的制约,在对于传统文论的范畴、概念、术语等进行"关键词"研究层面的提示和理论诠释方面,确实存在着一定的局限性,而对于选篇所涉及的文论史上的重要理论问题,也不能进行突出而有效的列示。凡此种种表明,既有的形式单一化的文论选教学模式,已经不能很好地适应当下高校文学院古代文论课程的教学需要,由此有必要根据当下高校中文系本科、研究生教学出现的新特点,以及结合近年来古代文论研究在学术理念、方法方面出现的新特点,增强创新意识,重新思考、探索中国古代文论选的编撰理念,从而为古代文论教学、研究提供一个具有学术创新性的、超越以往的"文论选"范式的"读本范式"。同时,我们也应该努力尝试提供一种"读本范式"的别样的批评史言说、书写类型。

本教材以"读本范式"来实践"文论选"编著和教学模式方面的创新理念。为了充分体现这一理念,内容结构包括了作者简介、原文、题解、注释、讲疏、关键词解读、相关知识链接、延伸阅读、思考题九个方面。我们意欲通过经审慎筛选出的每篇选文,及其诠释、考辨、概说中包含的内容,来联结文论经典名篇、文论家、文论概念范畴系统、文论术语和命题、理论内涵和思想意义、传统文论批评言说方式、古代文论发展演进过程及其特点、文学史和思想文化史及学术史语境、批评史史料学(包括文献、版本、考辨和训诂等)等传统文论的构成因素,以每篇选文为一个小单元,以每一个朝代为一个大单元,同时又根据中国古代文学理论批评发展演进的历史阶段性,将全书厘分为四编,并且在每编前面加一个系统而又极其简要地介绍这一阶段文论发展演变的概述性文字,凡此种种,目的是为了有点有面,点面结合,力求在充分的"国学"和"大文论"视野中来了解、认识传统文论,从而实现为读者还原中国传统文论"大文论"特点之生成及其批评言说方式等的理论风貌,以使读者通过学习该《读本》,达到对中国古代文论的深度理解。

先秦卷

导言　先秦文学理论概述

先秦至两汉是中华民族精神形成的时期,也是中国古代文学理论萌芽、逐步发展的时期。文学随着语言和文字的出现和人类社会的发展而发轫,它是记载上古文明进程的载体,是灿烂的中华文明史中不可或缺的重要组成部分。文学理论伴随着文学的发展出现,与先秦哲学理论、两汉经学理论相伴相生,并蓄积力量,在魏晋时完成自觉转变。

先秦时期,中国社会经历了由奴隶制向封建制转变的过程,社会结构的剧烈变化造成思想的繁荣,代表不同阶层利益的诸子各家形成了百家争鸣的局面,儒、墨、道、法、阴阳等思想碰撞激烈,许多重要的文学理论在此时得以出现,散见于各家的理论著作中。其中有些并不仅仅是作为文学理论出现,更多是来自对一些自然现象的感悟及工匠技艺的经验哲理总结。由于文学与这些技艺经验有相通之处,于是渐渐被吸收为文学方面的理论或方法。"非儒即墨"体现出当时儒家和墨家理论的显性特征,儒家的文学观念体现"入世"的特点,更多关注社会系统中的个人伦理和道德修养,并且随着社会的转型和发展,开始关心社会政治,所以儒家的诗乐理论更多见于政治话语系统之中。墨家则代表小生产阶级的利益,一切以"功利"为评判标准,形成一套相应的诗乐审美理论。道家则自成一派,逍遥于诸家纷争之外。总之,各家的理论主张有同有异,浓缩着当时整个社会的真实面貌与人们对世界的把握方式,构成了先秦时期文学理论的基本样态。

一、重真情——文艺创作的前提

先秦时期虽然诸子各家文论思想各有主张,但相同的一点是,他们都比较注重文艺作品中对真实感情的表达,这成为文质之辨、言意之辨及中和之美等理论的逻辑基础。

发轫于《尚书》的"诗言志"要求诗歌要表达人们内心的真实情意,"诗言志"传统及发展是古代文学创作求"真情"的理论根源。上世纪末发现的,一批现藏于上海博物馆的先秦竹简(简称上博简)中的一些篇目,如《孔子诗论》等对先秦时期文论的"主情说"提供了有力的证据。《孔子诗论》作为孔子在当时讲授《诗经》的笔记手稿,虽然作者是谁各家意见不一,但不可否认的是,当中出现的一些论点都清晰地体现出孔子"重情"的诗教思想,如评《关雎》"以色喻礼",以及著名的"诗亡隐志,乐亡隐情,文亡隐意"更可看作孔子文艺思想纲领之一,与孔子"兴于诗,立于礼,成于乐"的思想互相生发,"志"、"情"、"意"在诗乐文中的互见也体现出孔子对文艺作品中真情的重视。

荀子也有"情文具尽"一说,他从"情性"角度出发,要求艺术作品有真情实感,"夫乐者,乐也,人情之所必不免也,故人不能无乐"(《荀子·乐论》),荀子认为乐(包括诗)的产生都来自于人的本性,即人的喜怒哀乐等自然感情,只不过他从"性恶论"的角度看到人的性情有好坏之分,为了抑恶扬善,需要"伪"之,才能成为"中和"之声。

庄子则提出了"法天贵真","故圣人法天贵真,不拘于俗。愚者反此。不能法天而恤于人,不知贵真,禄禄而受变于俗,故不足。"(《庄子·渔父》)"法天贵真"强调真实情感的自然流露,不受任何外在规矩的约束,即保持自然形态,崇尚自然,效法自然,完全追随自己的本真意愿,不拘于世俗,不为外物所动,抒发自己的真实情感,只有做到这样,才会不庸碌,不随波逐流。而那些"不精不诚者",则不能动人。"法天贵真"的目的是为了达到"道"的境界,人只有在精神上保持自然天真,才能体悟"道"的境界:"天地与我并生,万物与我为一。"反映到文学创作领域,庄子认为要从自己的真情实感出发进行全身心的创作,摆脱外在权力的压迫或其他形式的束缚,将自己的主观精神与客观对象高度融合在一起,坚持不懈的努力,就能最大限度的对对象描述,读者也能从中体会到其中的精诚之处,容易被感动。浑然天成的文学艺术,天然的才是美的,任何掺杂人工创作的都不是好作品。这一主张"自然"和"真"的创作方法在后世一直不断发展,至明清时思想解放,李贽"童心说",袁宏道"性灵说"等均可视为重视创作中人自然本性的延续。

二、兴观群怨——诗的功用解读

先秦时期的哲学家们已经充分认识到诗乐等文艺对人社会活动方面

产生的重要作用,除了"诗言志",孔子还提出了著名的"兴观群怨"说。孔子说"兴于诗,立于礼,成于乐"即是因为充分认识到诗的作用,"兴观群怨",即诗可以感染情绪,观察风俗,合群交友,怨刺上政,系统表达了孔子诗教的观点。兴,感发之意,意在表示诗歌可以使人精神振奋。观,指诗歌的认识作用,通过诗歌可以观察风俗之盛衰,社会之变迁。群,指诗歌的凝聚作用,可以使人们互相交往,交流感情。怨,朱熹解释为"怨刺上政",可以对现实进行批判。这四个方面的作用同时又是互相联系的,使人们在思想上引起共鸣后,感发意志,开启心智,增加认识作用,从而得以交流识友,由此往上,升至政治层面,又可以"迩之事父,远之事君",最后更有一句"多识于草木鸟兽之名",都是对于《诗经》作用的认识,充分体现出孔子"诗教"的观点。朱熹《集注》:"学《诗》之法,此章尽之,读是经者所宜尽心也。"在诗的四种作用中,孔子认为"兴"是关键,先要对人们进行感发意志,使人们在思想上有所感悟,才有可能完成其他几方面的作用,可见"兴"是基础。孔子"不学诗,无以言"等言论也强调了《诗》的感发作用。

三、文质关系——形式与内容的辩证

文学既是语言的艺术,但又是超于语言的存在,所以对由语言构成的文学作品来说,永远包含着"能指"与"所指"两部分,具体而言也就是形式与内容的区分。在先秦文学萌芽并发展的时期,有关形式与内容的问题便出现在古人的讨论范围之内。诸子各家都对"文"(形式)和"质"(内容)关系做出了自己的解读。

"文质彬彬"是孔子所提倡的文质关系,"质胜文则野,文胜质则史。文质彬彬,然后君子。"(《论语·雍也》)文采和质朴要相得益彰,这才是君子的表现。质朴多于文采就不免粗鄙,文采多于质朴又流于浮华,只有两方面都不过分,互相搭配得当,才能达到最高境界。运用在文学方面,则要求内容与形式要有机统一、不可偏废。所谓"质胜文则野,文胜质则史",原本是对人格修养方面的论述,质指的是内在道德,文指道德外化的礼仪修养。而对一个人的自我修养来说,文与质是缺一不可的,内在道德要通过外在修养来体现和修饰,必须要文质彬彬才行,彬彬,朱熹解释为:"犹斑斑,物相杂而适均之貌。"想成为君子,必须内外兼修。后世将其运用于文学方面时,作为主体论的一个批评标准,认为文学创作主体应该自身具有高尚的品德修养,作品规格的高低与作者的德行高低是相辅相成的,有德,文才能出彩,这与文质关系的原意是一致的。这种文质并重的要求为后世文人提供了一种追求内外兼修的人格标准范式,成为文人在自身修养方面的一种高雅追求。后世将文质关系运用到文学作品中,由创作论引入作品论,成为文学方面的重要理论。质为内在思想内容,文为外在文采形式。"文质彬彬"的意思即变成了在创作作品时,既要注重思想内容的深度,又要注意外在文采形式的高度,内容与形式二者不可偏废,文章才有价值。这与对创作主体的要求是一致的,不论是人或作品,都应从两方面入手,去达到一种"文质彬彬"的高度。"尽善尽美"论也可看作是对作品论中"文质关系"的另一种表述。

墨子从小生产者利益出发,则提出了"先质而后文"的观点。墨子认为在"饥者不得食,寒者不得衣"的社会中,统治者沉溺于声色犬马,会变得骄奢淫逸,不利于治理国家,所以提出"非乐"的主张,反映到文艺方面则是"先质后文",反对空言无物,华而不实,否定音乐作为艺术的审美作用。他认为音乐活动既不能创造劳动产品以为民利,又不能除害,反而是在浪费资源,挥霍农民的劳动成果,所以坚决抵制音乐。但墨子并不完全否定文艺的娱乐作用,其首先注重的是文艺的功利作用,文艺首先要对社会有功利作用,其娱乐作用才值得被肯定。墨子从小生产阶级的利益出发,批判贵族阶级不顾百姓疾苦,对百姓的三患"饥者不得食,寒者不得衣,老者不得息"视而不见的现象。贵族阶级将音乐作为享乐工具,而音乐"不中万民之利",不能解决百姓"三患",所以必然受到墨子的批判。由此出发,墨子提出了"非乐"的重要命题,墨子主张"非乐",即认为音乐有害,会使统治者沉迷其中,而疏于治国,从而排斥音乐,但墨子在论述音乐的害处时恰恰又是通过歌舞的形式表现出来,可见墨子认为正确的音乐形式可以为"国家邑里万民刑政"服务。

荀子作为儒家学派中继孔子之后具有代表性的一支,与孟子的"性善论"不同,他主张"性恶论"。荀子认为人是有自然情性的,如果不加限制便会发生争执混乱,所以他强调情性的发挥一定要遵守礼的节制,即所谓"节用以礼"。在对礼的把握上,他和孔子一样,认为"质"和"文"都要重视,但更强调对文的重视,礼必须要有文饰,这样可以使人得到愉悦,"文理情用,相为内外表里,并行而亲,是礼之中流也",也就是说"质"和"文"互为表里,都要重视,这样的礼才是最全备的礼。

四、中和——人伦社会的审美标准

"中和"也是先秦时期的一个重要文论思想。最具代表性的是孔子，他在多个地方都有提及。《论语》中孔子用一句话总结《诗经》为"思无邪"（《论语·为政》），从艺术角度看即认为其有"中和"之美，并评价《关雎》，乐而不淫，哀而不伤"（《论语·八佾》），这些都体现出他的"中和"思想，无论是个人修养还是治理国家，都要求要适度，恰如其分。反映到文学作品中就成为了孔子，也即儒家的文艺美学原则，要求从思想内容到语言形式都不要太直露，而是婉转表达为好，由此确立了儒家文艺批评的标准。而他提出的"美善"论也是对"中和"思想的贯穿："子谓《韶》：'尽美矣，又尽善也。'谓《武》：'尽美矣，未尽善也。'"（《论语·八佾》）他认为《韶》既尽善又尽美，而《武》则尽美不尽善，他以美和善作为文学批评的标准，并且认为既尽善又尽美是文学作品的最高标准。这里涉及文学作品的思想和艺术的关系，按照孔子的"中和"思想，既具有较高思想性又具有较好艺术性的作品才是上乘之作。《韶》尽善尽美是因为符合儒家伦理道德主张，而《武》缺乏思想性就是因为缺少"德"，不符合"礼"，可见孔子的文艺思想也是围绕着"仁"与"礼"的思想核心进行的，"礼"是其他个人修养方面的基础。君民以礼相待，上行下效，和谐社会就会建立。

孔子以后，孟子和荀子的思想中也都有"中和"，孟子主张"与民同乐"，荀子则从"性恶论"看到了人性之中"恶"的部分，认为如若不加限制便会造成混乱，所以他主张用"伪"来克制自然本性中的恶，礼仪是用来维持社会秩序的规则。而诗乐作为社会礼仪的辅助，需要自然之性与圣人之"伪"的结合，"故乐者，天下之大齐也，中和之纪也，人情之所不免也"（《荀子·乐论》），诗和音乐一样，都能使纷乱或无章的声音与语言和谐地组合在一起，也能够对社会人际关系作出调和，使社会各个阶层安定地持续下去。

五、虚静——体"道"之道与文学接受

上古时期的人们相信"天人合一"的观点，认为人和自然宇宙是紧密联系的，所以文学上也体现出一种"天文"观念。先秦时老子在提出"道"

这一概念时也提出了"虚"的概念。"致虚极,守静笃","虚静"成为人体认和接近"道"的唯一方式,而"体道"是人生修养的必备之点。到庄子则有"虚静恬淡","心斋"、"坐忘"等主张。管子由"虚"引出静、精、独、明、神等概念,"虚者,万物之始也","天之道,虚无其形"(《管子·心术上》),强调了"虚"在精神修养方面的重要作用。"虚"要求作为认识主体的人内心澄澈无物,没有成见,不为外物所蒙蔽,这样才能真正认识客体,认识"道"。"气"充满于人的身体,是人生命的原始因素,又影响着人的精神面貌。人要通过一定方法才能使气凝于自身,首先即是形要正,内心要保持宁静,不为外物所动,这样自身有"气"后,对个人来说可内心和谐,统治者也能更好治政。虚静是庄子认为的体"道"的前提,也就是个人修养的方法,同时也是艺术创造应有的状态。老子虽然已经提到"致虚极,守静笃",但对如何做到没有细言,庄子对如何做到"虚静"深化了自己的认知,为了达到并保持这一状态,必须无情无为和绝圣弃智,"无情"的"情"并不是儒家所说的人伦范围内的感情,而是指人不能因为好恶而损害内在的身心,要重视形体生命之外更高层次的东西。而绝圣弃智则是要反对外在道理见闻的束缚,达到"吾丧我"的状态。"吾丧我"的境界实际就是不要有以"我"为中心的成见,达到物我为一的状态。在方法上,还要做到"心斋"与"坐忘"。"心斋",即内心斋戒,心斋的三个阶段,需要先用耳听,进而用内心去听,最后达到用"气"去听,因为气是虚空而包容万物的,所以内心就能达到一种虚静状态,用这种虚静状态去和对象融为一体,即"物我合一",达到一种忘我境界。而心斋的主体是人,人要在精神上努力达到虚静的境界才能达到物化的程度,绝圣弃智,才能体悟到万事万物变化的规律,强调了主体的能动作用。但这种能动作用却是为了把认知与社会实践相分离,认为人们必须要抛弃已有实践经验,才能把握事物最高规律"道",否定了实践训练的意义。"虚静"被引用到文学创作中,成为文学创作的一种必备精神状态,而到后世又成为文学接受的理论之一,老子的"涤除玄览",庄子的"心斋"、"坐忘"被宋代理学家陆九渊,二程和朱熹加以发挥,创造出一种"涵泳"的读书方式,强调阅读时去除外在道理的蒙蔽,用本心去优游涵泳,体会书中本意。

六、言意关系——表达与接受之间

　　文学说到底是语言的艺术,读者在接触文学作品时,首先要接触的是构成文学作品的语言,如果不能首先理解语言的意思,那么理解文学作品就是空谈。先秦时期的文学创作或理论家已经看到了语言对于文学作品的重要作用,他们深感有必要将对宇宙、天地、自然和社会的感知与内心的感情都通过语言文字的方式记录下来,以获得永久的保存。早在周朝时《尚书·尧典》中就有"诗言志,歌咏言"之说,孔子也曾言:"言以足志,文以足言……言之无文,行而不远。"(《左传·襄公二十五年》)汉代时《毛诗序》更是发展"诗言志"之说:"诗者,志之所之也,在心为志,发言为诗。"这些都表明先秦时期的文人们就已经懂得语言是抒发感情和心志的重要方式。但同时他们也意识到了语言的局限性,语言毕竟是思维的产物,是一种表达工具,无法对人们内心丰富又难以捉摸的思维进行全面的把握,只能呈现事物一部分的性质,其他部分的性质则可能会被遮蔽,他们在看到语言的表达作用时,也看到了文学的超语言性。老子在解释"道"时就有言:"道可道,非常道。名可名,非常名。"还有"知者不言,言者不知"的论述,孔子也言:"天言何哉!"(《论语·阳货》)庄子更是直接指出:"言者所以在意,得意而忘言"(《庄子·外物》),他认为道是至大又无形的,即便做到虚静的状态,也不能完全体认。同理,"言"的作用是为了表达"意",但又不能完全表达,意是虚无缥缈,悬而未决,极为抽象的东西,深存于人们思想深处,很难捕捉。而"言"是实在的,有形的,它只是用以表意的工具,言可以表意,但不能尽意。为了更好的表意,需要使言尽可能的生动形象,使用多种技巧如比喻、夸张、寓言、象征等,用具象的事物启发人们进行联想,转换成抽象思维。"言意"关系在后世文论中有更充分的发展,王弼就提出了著名的"言象意"理论:"言者,所以明象,得象而忘言;象者,所以存意,得意而忘象。犹蹄者所以在兔,得兔而忘蹄;筌者所以在鱼,得鱼而忘筌也。然则言者,象之蹄也,象者,意之筌也。是故存言者,非得象者也;存象者,非得意者也……忘象者,乃得意者也,忘言者,乃得象者也。得意在忘象,得象在忘言。"(《周易略例·明象》)增加了"象"的概念,从三个方面的递进来说明言意关系。这些关于言意关系的解读都提到了语言在表达上的局限性。在这种认识的基础上,古代文学家们便十分注重作为思维表达媒介的语言形式的锻造与运用,试图用各式各样的语言形式来抒发自己的生命体验与人生感悟。

七、人格修养——君子人格的养成

儒家思想注重伦理道德与人格修养,一些有关品格养成的理论也慢慢被运用到文学批评领域,成为创作、接受方面重要的概念。

知言养气

中国古代文学批评中有"文如其人"的说法,文艺作品与作者的人格修养、生平经历、所处时代都有着密不可分的关系,所以,在鉴赏作品时,有必要了解作者的相关信息。儒家关于人格修养的理论很多,孟子的"知言养气"、"知人论世"都是将作品与作者紧密联系的文论概念。

孟子主张"性善"论,孟子所养之"气"是"浩然之气",是人内心本身就有的善端,充塞于天地间,至大至刚。他认为"浩然之气"是养成的,即对本性之善端的培养生发,养气是对自身素质和境界的提升,对于如何培养"浩然之气",孟子提到要通过几个方面的努力:要心志专一,在养气的同时不断进行道的积累,更重要的是要坚持不懈。而根据孟子的"知人论世"说,人的思想品德修养势必会影响文章的气势,所以"气"不仅仅是判断人格修养的标准,也成为创作、批评文艺作品的标准,至后世专门出现了"文气"说的概念。

知人论世

这是孟子提出的了解古人的方法,与"以意逆志"相辅相成。这种方法在文学批评中也产生了很大作用,对后世研究前人经典,理解前人成果,了解前人思想都极有帮助。"一乡之善士,斯友一乡之善士;一国之善士,斯友一国之善士;天下之善士,斯友天下之善士。以友天下之善士为未足,又尚论古之人。颂其诗,读其书,不知其人,可乎?是以论其世也,是尚友也。"(《孟子·万章下》)通过这种以人之常情类推的方法可知,只有深入了解作者生平及其所处时代,才有可能对其作品作出精确把握和解读。"知人论世"揭示了孟子要求解读经典时要有辩证性,要从多方面入手,从作者所处时代及作者的为人去侧面了解。这种方法的提出说明孟子已充分认识到作品与作者及时代的关系,要具备一定的历史观,才能对文学作品有更好的把握。

以意逆志

"意"是作品的意旨,"志"则是作者的思想主张。以意逆志,即不要只通过作品文辞的字面意思而望文生义,胶柱鼓瑟,机械理解,而是要融会贯通,将辞句放到整个作品的环境中去结合上下文理解,全面看待,并且要以己度人,在体会文章意思的基础上联系自己的经验去体会作者的思想感情,尽力理解作者的真正意图,与作者达到共鸣。有些文艺作品的主旨内涵隐含其间并不外显,要准确把握其大意就需要这种"以意逆志"的方法,如对《诗经》中暗含的讽喻及夸张手法的理解。对"诗言志"来说,诗歌是明作者之志的,但对读者来说,要隔着一层极具主观性的语言体会作者本意,语言作为思想内容的载体,当无法完全表达作者的本来意图时,需要读者在阅读作品时,发挥主观能动性,通过自己对作品的理解去体会作者的本来意图,填补作品无法表达的空白。后世刘勰说:"夫缀文者情动而辞发,观文者披文以入情,沿波讨源,虽幽必显。"(《文心雕龙·知音》)与孟子的"以意逆志"有相同之处。

八、生态自然——人与自然关系的重新厘定

先秦文论中还体现出了一些朴素的生态美学思想,这点在儒道两家思想中都多有呈现。从儒家思想来说,生态美学与其核心思想"中和"是密不可分的。儒家"天人合一"的思想就是从宇宙观的角度强调人与自然要和谐共生,顺应自然才能有更好的发展,孔子的"仁爱万物"、"浴乎沂,风乎舞雩"体现出对人与自然一视同仁,亲近自然的态度,孟子的"仁民爱物"、"斧斤以时入山林"更进一步发掘人与自然的密切关系,提出可持续发展的思想,并将自然和谐观纳入儒家的伦理道德观之中。

上文中提到先秦文论中已经包含着朴素的生态美学思想,儒家的生态美学贯穿在其"中和"思想中,用"天人合一"把宇宙自然与人文伦理融合,构筑成儒家特有的思想体系。而生态思想在其他学派中也有体现,道家更是自不必说,从老子到庄子都一以贯之着回归自然,回到本源的态度。在老子看来"人法地,地法天,天法道,道法自然",自然是"人"、"地"、"天"等世界万物的本源,"天地有大美而不言"、"万物有成理而不说"就是因为遵循着自然之"道"。遵循自然规律,"自然而然"就可以得道,继而也就可以得到美。庄子更是提出了"天地与我并生,万物与我为一"的回归

自然的观点，"并生"、"为一"更体现出了人与自然密切又平等的关系。在庄子看来，万物都是他进行体道的直接对象，他选择亲近融入自然，"不傲睨于万物"，放下尘世中的成心和偏见，"道法自然"，深刻地揭示了人与自然的内在联系。此外，庄子循天而立、依乎天理的养生观、齐物观等都无一不体现出复归自然的生命平等意识。老庄的道家思想中体现的回归自然本源、万物相依相生并可以互相转化的相对性特点体现出生态循环的思想，传达出人与自然和谐共生的理念，这种对人的现实生存环境的思考为人可以诗意地栖居于大地之上提供了可能。

先秦朴素的生态美学思想对现代社会发展具有极大的启示意义，它引导人们关注人的本源和本性，提醒人们在物欲膨胀的现代社会不要失去本真的自我。同时，从现代社会人与自然日益紧张的关系和愈来愈严重的环境问题带给人们的困扰中，我们更能看出这一思想的宝贵性，人类要永久地可持续发展，就要善待自然，合理利用，而非远离和没有节制地破坏，对自然环境的关照其实就是对人类自身命运的终极关怀。

近年来，随着郭店竹简、上博简、清华简的出土面世，为进一步研究了解先秦时期的文学文论发展状态提供了重要且直接的依据。这些竹简中大都记载着先秦时期的重要文献，躲过了秦始皇时"焚书坑儒"的文化劫难，为先秦文献的保留更突显出其珍贵的第一手史料价值，并对后世传抄中可能出现的错漏之处也可以起到戡乱证伪的作用。上博简中的《孔子诗论》、清华简中对上古经书的记载，尤其是多篇《尚书》、《诗经》的记录，这些都出现在"焚书坑儒"以前，不同于现今留传的出现于秦始皇以后的传抄版本，更具可信度。此外，竹简中还有许多以前未曾见过的佚篇，对研究古代历史文献汇编有着重大的补充完善作用。清华简中保存的《系年》更是有别于《春秋》、《左传》等编年体史书，填补了古代史体研究的空白。郭店竹简中《老子》、《性》等先秦文献的记载也为先秦学术增添了新内容，可以使我们进一步了解先秦时期的诗教思想和儒道两家的理论主张。

尚　书

【作者简介】

《尚书》是我国现存最早的古代典籍，记录了上古官方历史，涉及诸多王公大臣的言论，其具体作者不可考。先秦时，《左传》、《国语》诸多典籍中，多用"书"、"夏书"、"商书"、"周书"来指称《尚书》，其名称从汉代开始确立，孔颖达《尚书正义》："尚者，上也。言比上代以来之书，古曰《尚书》。"尚书有今古文之区分，经秦焚书后，汉初伏生所传的29篇，由隶书书写，一般称为《今文尚书》。汉武帝时，鲁恭王翻修孔子家旧宅，于夹壁中发现用古籀文所写的《尚书》，比伏生所传的《尚书》多16篇，称为《古文尚书》，但该书在西晋永嘉之乱后亡佚。东晋元帝时梅赜献《古文尚书》，其中拆分《今文尚书》29篇为33篇，又另编辑残简佚文，撰25篇，共58篇。清代学者阎若璩经多年努力，写成《尚书古文疏证》，证明《古文尚书》为伪作。

尧典（节录）

帝[1]曰："夔！命汝典乐，教胄子[2]。直而温，宽而栗，刚而无虐，简而无傲[3]。诗言志，歌永言，声依永，律和声[4]。八音克谐，无相夺伦，神人以和[5]。"夔曰："於[6]！予击石拊石，百兽率舞。"[7]帝曰："龙！朕堲谗说殄行，震惊朕师[8]。命汝作纳言，夙夜出纳朕命[9]，惟允。"

皋陶谟(节录)

皋陶[10]曰:"都! 亦行有九德[11]。亦言[12]其人有德,乃言曰:'载采采'[13]。"禹曰:"何?"皋陶曰:"宽而栗[14],柔而立[15],愿而恭[16],乱而敬[17],扰而毅[18],直而温[19],简而廉[20],刚而塞[21],强而义[22]。彰厥有常,吉哉![23]……"

……

夔曰:"戛击鸣球,搏拊琴瑟以咏[24]。"祖考来格[25]。虞宾在位,群后德让。下管鼗鼓,合止柷敔,笙镛以间;鸟兽跄跄[26]。《箫韶》九成,凤皇来仪[27]。夔曰:"於! 予击石拊石,百兽率舞,庶尹允谐[28]。"

……

帝庸作歌,曰:"敕天之命,惟时惟几[29]。"乃歌曰:"股肱喜哉,元首起哉,百工熙哉[30]!"皋陶拜手稽首,飏言曰[31]:"念哉! 率作兴事,慎乃宪。屡省乃成,钦哉[32]!"乃赓载歌[33]曰:"元首明哉,股肱良哉,庶事康哉!"又歌曰:"元首丛脞哉,股肱惰哉,万事堕哉[34]!"帝拜曰:"俞! 往钦哉!"

孙星衍《尚书今古文注疏》本

【题解】

《尧典》是《尚书》的第一篇,尧,相传是我国原始社会后期著名的氏族首领,名叫放勋,属于陶唐氏,所以又称唐尧。《尧典》记载了唐尧的功德、言行,是研究上古帝王唐尧时期的政治体制、政治思想以及社会制度等方面的重要资料。伏生所传《尚书》虽然并非伪作,但从文体特征来看,显然经过了后代史官的润色和修改,晋代所发现的战国时魏国人所记古本《竹书纪年》中对尧、舜、禹关系的记载与《尧典》记载出入较大,尽管学界对《尧典》定稿年代分歧较大,但《尧典》仍然不失为研究上古史的重要参考和依据。

《皋陶谟》是《尚书·虞书》中的一篇。皋陶,偃姓,又作咎陶、咎繇,亦作"皋陶"、"皋繇"或"皐繇",是舜帝的大臣,掌管刑法狱讼。谟,即为谋。

《皋陶谟》可看作是虞舜时期相关会议的记录,全文可分为三部分:第一部分为禹和皋陶关于"九德"的对话,提出了如何施行德政,带有浓厚的儒家色彩;第二部分为舜与禹的对话,讨论了治国安民及君臣关系等问题;第三部分君臣先后作歌,相互勉励,对祭祀歌舞场面做了生动的描述。本篇写作年代当在周代,但经过后人的"训诂转写",同时也掺杂了不少春秋战国及秦汉间的思想。

【注释】

1. 帝:此处指舜。
2. 夔:人名。舜之臣。典乐:主管有关音乐的事。教胄子:教育子弟。《史记·五帝本纪》作"教稚子"。
3. 直而温:正直而温和。宽而栗:宽宏而有度。刚而无虐:刚强而不粗暴。简而无傲:简易而不傲慢。
4. 诗言志:诗歌表达人的意志情趣。"志"指人的心理活动。《史记·五帝本纪》作"诗言意"。歌永言:歌是延长诗的语言而徐徐咏出。声依永:声音的高低又同延长的节奏相配合。声:五声,宫商角徵羽。律和声:以律吕来调和歌声。律:律吕。五声为相对音高,律吕定绝对音高。十二律分为阴阳两类:奇数六律为阳律,即"六律",偶数六律阴律,即"六吕",合称为律吕。
5. 八音:金、石、土、革、丝、木、匏、竹。八类乐器不同,所发的乐音也不同,故称"八音",此处指各种乐器。克:能。谐:和谐。无相夺伦:不打乱互相的次序。夺:失去。伦:次序。神人以和:神和人能够融洽和谐。
6. 於:叹词。
7. 予击石拊石,百兽率舞:予:我。石:石质的乐器。拊(fǔ):轻轻地敲。我敲击石磬,各种野兽都欢腾起舞。此处有可能指不同氏族部落的民众戴上各种兽类的面具跳舞。
8. 堲(jì):厌恶。谗说:谗诡的言论。殄:贪婪残忍。师:民众。
9. 纳言:官名。出纳:传达。
10. 皋陶(gāo yáo):舜的大臣,主掌刑法狱讼。
11. 都:语气感叹词。亦:检验,读为"迹",《墨子·尚贤中》:"圣人听其言,迹其行。"九德为下面所言九种德行。
12. 亦言:检验其言论,言论是九德检验中的一种。
13. 载采采:载,开始。采采,前一采为动词,意为承担。后一采为名词,意为事物。载采采指可以开始承担治理国家事务。
14. 宽而栗:宽厚而有度。
15. 柔而立:柔和但有自己的立场见解。立,有独立的立场。
16. 愿而恭:忠厚老实而能供于职守。

17. 乱而敬:有治理的才能,但却比较恭敬从事。乱,为"乿"的借字,意为治理。
18. 扰而毅:和顺但却能勇于决断。
19. 直而温:刚直但却温和。
20. 简而廉:简易但却能区分体统。俞樾《群经平议》:"凡人过于简约而无等威,易于无别。《书》曰:'简而廉',《礼》曰:'简而文',其义一也。"
21. 刚而塞:刚健而充实。塞,意为充实。
22. 强而义:强盛而善良。《左传·昭公元年》:"不义而强,其毙必速。"《隐公六年》:"多行不义必自毙。"义,指善良。
23. 彰厥有常,吉哉:这些德行如果能长期彰显并保持,那就是很好的事情了。
24. 戛(jiá):敲击。咏:指咏诗。这是夔依次宣布先击玉磬,再击搏拊为前奏,而后弦歌。
25. 祖考:指颛顼。舜以颛顼为祖。格:降临。
26. 下:堂下。鼗(táo)又作鞀,一种有柄的小鼓。合止柷敔(zhù yǔ):合乐、止乐以柷敔为节。柷,有椎的漆桶,乐曲开始时先击柷。敔形如伏虎,背上有二十七鉏铻,乐曲结束时奏击。镛:大钟。间:交替演奏。跄跄:跳舞的样子,此形容演员扮演的鸟兽。
27. 《箫韶》:舜时乐曲名。九成:演奏了九遍。凤皇来仪:扮演凤和皇的出现,表示吉庆。
28. 庶:众。尹:官员。允:信。
29. 庸:用,因此。敕:酬劳、劝勉。
30. 元首:本指人的头部,与肱骨对言,此指部落联盟的首领,即帝。起:兴起,奋发。熙:兴盛。
31. 拜手:古代一种跪拜礼,双膝下跪,两手合握至胸前,叩头到手。稽手:一种跪拜礼,只是叩头至地。手,同"首"。飏言:高声讲话的样子。飏,同"扬"。
32. 念哉:要牢牢记住啊。兴事:兴办事业。宪:法度。省:省察。
33. 赓:继续。载:为。
34. 丛脞(cuǒ):细碎。

【讲疏】

《尧典》篇中本段文字反映出古代"乐"的存在方式,"乐"的作用及当时人们对"乐"的看法。远古时代的"乐"都呈现出诗、乐、舞三者合一的形态,"乐"早期以娱神为目的,从而达到与神沟通,即篇中所言的"神人以和"。《尧典》中提出的"诗言志",被朱自清认为是我国历代诗论的"开山纲领",对后来文论产生了重要影响。"诗言志"的观念在当时比较普遍,如《左传·襄公二十七年》记载赵文子对叔向言:"《诗》以言志"。《庄子·天下》:"《诗》以道志。"《荀子·儒效》:"《诗》言是其志也。"需要指出的是

《左传》所言"《诗》以言志"主要指当时流行的"赋《诗》言志"。先秦时期，诗歌的观念并没有完全形成，先秦时期"诗"主要指《诗经》。《尧典》这段话衍生出后来诸多诗学主张：

1. 诗具有教育作用。夔以诗乐"教胄子"，这体现出儒家诗教观念的起源。周时学在官府，个体文学创作或真正意义上的文人尚未出现，所以上授命夔以"典乐"教化国民，这是当时的礼乐制度，也是"乐教"传统的体现，说明当时人们已认识到音乐对人的启迪作用，"乐教"和"政教"相通。《周礼》中记载，大司乐主要教授人民"乐德"、"乐舞"、"乐语"，使人们通晓音律声节，达到一种天人和谐的状态。

2. 诗具有社会交流作用。"神人以和"，即指建立起人与神之间的和谐关系。先秦时代的诸侯卿大夫，在交往过程中"必称《诗》以谕其志"（《汉书·艺文志》），即"赋《诗》言志"，这就使得诗具有社会的交往功能，这种"赋《诗》言志"主要还在于诸侯卿大夫之间"志"的表达，涉及对《诗》的不同理解和阐释，从而建构起审美主体和鉴赏者之间的相互交流桥梁，有助于后来"《诗》无达诂"等诗学观念的形成。

3. 诗还具有一定了解社会的作用。《礼记·王制》："命大师陈诗以观民风。"《汉书·艺文志》："《书》曰：'诗言志，歌永言。'故哀乐之心感，而歌咏之声发。诵其言谓之诗，咏其声谓之歌。故古有采诗之官，王者所以观风俗，知得失，自考正也。"这说明了先秦时期人们已经初步认识到"采诗观志"的作用，并将采诗作为一种制度固定下来，从而充分发挥诗歌的认识功用，有助于诗歌政治教化功用的形成。

4. 诗乐舞三位一体。早期的原始歌谣是古代口头文学的源头，也是最早的文学样式，在相当长的时间内，诗乐舞三位一体，密不可分，体现出古代文化发展的基本规律。《尧典》中所言的"直而温，宽而栗，刚而无虐，简而无傲"等原则体现出上古时期对音乐风格的要求，"声依永，律和声。八音克谐，无相夺伦，神人以和"、"击石拊石，百兽率舞"反映出上古时期人们对诗乐关系的认识，同时也可视作上古时期古代艺术的基本形态，对于把握中国古代艺术的原初形态和起源有重要意义。

《皋陶谟》篇，皋陶是舜帝的大臣，掌管刑法狱讼。谟，即谋的意思。《皋陶谟》是虞舜时代有关会议的记录，可看作是一篇语录体政论散文。全文主要是君臣讨论如何实施德政和治理国家，以及君臣的职责和要求，并作歌互勉，对祭祀歌舞的场面也有生动描写。皋陶提出在治理国家方面要向尧帝学习，因为尧帝是位明君，是治理国家的榜样，想让国家繁盛，需要继承明君的治国方法。君臣在讨论时气氛融洽，众人意见皆有合理可取之处。文中皋陶提出了"九德",可见在当时对德行及语言和言论的重视,并能看出"民本"思想的雏形,皋陶提出治国主要在于"知人,安民"。《皋陶谟》中提出的"九德"与《尧典》中的音乐原则颇为相近,显出二者之间的联系,反映出上古时期人们对言论同思想关系的认识,这对后世"文如其人"、"以意逆志"等文论思想的形成有一定启发意义。夔主持祭祀歌舞的盛况及君臣唱和,反映出上古时期音乐与诗歌之间的紧密关系,以及统治者对诗乐政治教化作用的重视。

【关键词解读】

诗言志

"诗言志"出自《尚书·尧典》:"诗言志,歌咏言,声依永,律和声","志",主要指思想、志向、抱负等,郑玄注《尚书》解释为:"诗所以言人之志意也。""志"同时也包含"情"的因素。近人闻一多先生曾从分析字形入手,指出,"志有三个意义:一,记忆;二,记录;三,怀抱",并进一步阐述说"志与诗原来是一个字。"(《歌与诗》)"诗言志"在以后的发展中形成了三个主要的分支主张。

一个分支重志,强调诗歌要从思想情感上对人进行约束,进行道德规范,志即指合乎礼仪道德规范的情,比如孔子提倡的"思无邪",《诗大序》提出的"发乎情,止乎礼义",唐韩愈、柳宗元、元白等人倡导的现实主义文学主张,宋代朱熹等提倡的"理"等。这一分支强化了文学的政治教化作用,在一定程度上束缚了文学的发展。

一个分支重情,"志"有情的因素存在,《礼记·乐记》提出了"情动于中,故形于声",西晋时陆机《文赋》提出了"诗缘情而绮靡",沈约《宋书·谢灵运传论》中提出"以情纬文",萧纲《答张缵谢示集书》曰:"寓目写心,因事而作"等,重情分支对诗歌本身艺术规律的探讨有较大贡献。

在中国文学批评发展的历程中,占主体的还是情志并举的分支,如《毛诗序》、刘勰、钟嵘、孔颖达、白居易、叶燮、王夫之等。唐代孔颖达在总结前人理论的基础上,撰《春秋左传正义》解释"六志"说:"在己为情,情动为志,情志一也。"可视作情志并举理论的成熟。这一分支继承了"诗言志"的传统,并将其发挥,充分认识到了文学艺术的本质特征,文质并举,内容形式统一,感物抒情,情物交融,言志与美刺相连,形成了较为系统的诗学理论体系,对中国古代文学批评产生了极为深远的影响。

【相关知识链接】

《尚书》在中国文化史上占有极其重要的地位,但一直存在真假《尚书》的争议。《尚书》相传为孔子编定,孔子晚年集中精力整理《尚书》等古籍,经过认真挑选,选出了百篇《尚书》,在儒家思想体系中,《尚书》曾作为学生的教材,占有极其重要的地位。秦始皇焚书坑儒给古代文化带来毁灭性打击,原有的《尚书》存本也几乎全被焚毁,汉初由儒生伏生口述,用当时通行文字隶书书写《尚书》28篇,因此被称为今文《尚书》。汉武帝时鲁恭王拆修孔子旧宅,在旧壁中发现用先秦六国文字书写的《尚书》,因此这部《尚书》被称为古文《尚书》,古文《尚书》经过孔安国整理,形成了44篇《尚书》,西晋永嘉之乱后古文《尚书》亡佚。东晋时,豫章内史梅赜重新向朝廷进献一部《尚书》,这部《尚书》共58篇,其中内含今文《尚书》33篇、古文《尚书》25篇。古文《尚书》与今文《尚书》最大的不同在于今文《尚书》是通过经师口传心授来传承,而古文《尚书》则表现为书写用古代文字,现在通行的《尚书》本子,全部都在梅赜所献本子基础上修订。梅赜所献本子在宋元明清等时代都受到了诸如吴棫、朱熹、梅鷟诸多学者的质疑,清代学者阎若璩写作了《尚书古文疏证》,系统论证了古文《尚书》为伪作,但梅献本子是否全为伪作,尚需进一步辨析,由此形成了绵延千年的《尚书》学案。

从2010年开始,《清华大学藏战国竹简》(壹)(贰)(叁)(肆)由上海文艺出版集团中西书局先后出版,发现了诸多新的《尚书》篇目,如《尹至》篇、《保训》篇和《傅说之命》篇。在《第一辑整理报告》中包含了《尹至》、《尹诰》、《程寤》、《保训》、《耆夜》、《金縢》、《皇门》、《祭公》和《楚居》共9篇简文。其中,经过学界解读发现,《尹诰》篇与传世的古文《尚书》中《咸有一德》篇、《傅说之命》篇与传世的古文《尚书》中《说命》篇存在较大差异,出土文献的发掘整理将有助于我们重新厘清古文《尚书》和今文《尚书》之学案。

唐代孔颖达《尚书正义》、宋代蔡沈《书集传》、清代孙星衍《尚书今古文注疏》、当代屈万里《尚书今注今译》等相关注本可作为研读《尚书》之参考书。

【延伸阅读】

《大禹谟》,存于《古文尚书》中,《今文尚书》中无此篇,记载舜帝与禹、益、皋陶讨论相关政务,其中涉及采集民众善言嘉语传达统治者,同后来歌诗化民及采诗观风有承袭关系,而"罔淫于乐"强调不要沉溺于乐,可同后来墨家及法家的观点互比。

《五子之歌》中"五子咸怨,述大禹之戒以作歌"是文学创作"有感而发"的形象表述,阐明了文学创作的动机。

《洪范》主要记录箕子向周武王陈述治理天下的方法,其中将"言"作为的五事之一,体现了箕子对"言"的重视,"言从"的标准也可视为后世"文从字顺"的发端。

《旅獒》篇《今文尚书》无,其中"玩人丧德,玩物丧志,志以道宁,言以道接"和"不贵异物贱用物"等思想,反映出新建王朝之初的政治家对文艺的实用态度和对以道统言的强调。

《金縢》为有铜片装束的匣子,其中的《鸱鸮》一诗亦作《金鸮》,是我国最早的寓言诗,周公作此诗有借诗明志之意,可看作后世讽喻诗的最早来源之一。

《毕命》出现在晚出《古文尚书》,其中的"辞尚体要,不惟好异"指出言辞要具体简要反映相关内容,而不可追求奇字异辞,这点对传统文章风格的形成有较大影响。

大禹谟(节录)

曰若稽古大禹,曰:"文命敷于四海,祗承于帝。"曰:"后克艰厥后,臣克艰厥臣,政乃乂,黎民敏德。"

帝曰:"俞!允若兹,嘉言罔攸伏,野无遗贤,万邦咸宁。稽于众,舍己从人,不虐无告,不废困穷,惟帝时克。"

益曰:"都,帝德广运,乃圣乃神,乃武乃文。皇天眷命,奄有四海,为天下君。"

禹曰:"惠迪吉,从逆凶,惟影响。"

益曰:"吁!戒哉!儆戒无虞,罔失法度。罔游于逸,罔淫于乐。任贤勿贰,去邪勿疑。疑谋勿成,百志惟熙。罔违道以干百姓之誉,罔咈百姓以从己之欲。无怠无荒,四夷来王。"

禹曰:"於!帝念哉:德惟善政,政在养民。水、火、金、木、土、谷,惟修;正德、利用、厚生、惟和。九功惟叙,九叙惟歌。戒之用休,董之用威,劝之以九歌,俾勿坏。"

五子之歌

太康尸位以逸豫，灭厥德，黎民咸贰。乃盘游无度，畋于有洛之表，十旬弗反。有穷后羿，因民弗忍，距于河。厥弟五人，御其母以从，徯于洛之汭。五子咸怨，述大禹之戒以作歌。

其一曰："皇祖有训，民可近，不可下，民惟邦本，本固邦宁。予视天下，愚夫愚妇，一能胜予，一人三失，怨岂在明，不见是图。予临兆民，懔乎若朽索之驭六马，为人上者，奈何不敬？"

其二曰："训有之：内作色荒，外作禽荒。甘酒嗜音，峻宇雕墙。有一于此，未或不亡。"

其三曰："惟彼陶唐，有此冀方。今失厥道，乱其纪纲，乃厎灭亡。"

其四曰："明明我祖，万邦之君。有典有则，贻厥子孙。关石和钧，王府则有。荒坠厥绪，覆宗绝祀！"

其五曰："呜呼曷归？予怀之悲。万姓仇予，予将畴依？郁陶乎予心，颜厚有忸怩。弗慎厥德，虽悔可追？"

洪范（节录）

五事：一曰貌，二曰言，三曰视，四曰听，五曰思。貌曰恭，言曰从，视曰明，听曰聪，思曰睿。恭作肃，从作乂，明作哲，聪作谋，睿作圣。

旅獒（节录）

不役耳目，百度惟贞。玩人丧德，玩物丧志。志以道宁，言以道接。不作无益害有益，功乃成。不贵异物贱用物，民乃足。

金縢（节录）

武王既丧，管叔及其群弟乃流言于国，曰："公将不利于孺子。"周公乃告二公曰:"我之弗辟,我无以告我先王。"周公居东二年,则罪人斯得。于后,公乃为诗以贻王,名之曰《鸱鸮》。王亦未敢诮公。

毕命(节录)

王曰:"呜呼!父师,今予祗命公以周公之事,往哉。旌别淑慝,表厥宅里,彰善瘅恶,树之风声。弗率训典,殊厥井疆,俾克畏慕。申画郊圻,慎固封守,以康四海。政贵有恒,辞尚体要,不惟好异。商俗靡靡,利口惟贤,余风未殄,公其念哉!"

《洪范》、《金縢》据孙星衍《尚书今古文注疏》本,其他篇据阮刻《十三经注疏》本

【思考题】

谈谈你对"诗言志"的理解。

诗　　经

【作者简介】

《诗经》的作者并不是一个人,其时并无专门诗人,作者姓名亦不可考。《诗经》来源中,既有士大夫贵族所献之诗,也有采集于各地民间之诗,即所谓"献诗"与"采诗"。汉代时出现"删诗"说,认为《诗经》经过了孔子的修订,但在孔子的时代之前,《诗三百》已经出现,孔子可能对《诗经》进行了相关整理工作,但"删诗"说证据不足。

国风(节录)

江有沱,之子归,不我过[1]。不我过,其啸也歌[2]。

(《召南·江有汜》)

好人提提[3],宛然左辟[4],佩其象揥[5]。维是褊心,是以为刺[6]。

(《魏风·葛屦》)

园有桃,其实之殽[7]。心之忧矣,我歌且谣。不知我者[8],谓我"士也骄"。彼人是哉[9],子曰何其[10]?心之忧矣,其谁知之?其谁知之,盖亦勿思[11]!

(《魏风·园有桃》)

夫也不良,歌以讯之[12]。讯予不顾,颠倒思予[13]。

(《陈风·墓门》)

小雅(节录)

家父作诵[14],以究王讻[15]。式讹尔心[16],以畜万邦。

(《节南山》)

为鬼为蜮,则不可得。有靦面目,视人罔极[17]。作此好歌,以极反侧[18]。

(《何人斯》)

彼谮人者[19],谁适与谋?取彼谮人,投畀豺虎[20]。豺虎不食,投畀有北[21]。有北不受,投畀有昊。杨园之道,猗于亩丘[22]。寺人孟子,作为此诗。凡百君子[23],敬而听之。

(《巷伯》)

大雅(节录)

君子之车,既庶且多[24]。君子之马,既闲且驰[25]。矢诗不多[26],维以遂歌[27]。

(《卷阿》)

四牡骙骙[28],八鸾喈喈[29]。仲山甫徂齐,式遄其归[30]。吉甫作诵,穆如清风[31]。仲山甫永怀,以慰其心。

(《烝民》)

阮刻《十三经注疏》本

【题解】

《诗经》,原名《诗》或《诗三百》,后被列入儒家经典,是我国最早的诗歌总集,约编成于春秋时代,共305篇,另有6篇有目无文,是我国现实主义诗歌的起源。《诗经》中全部是周初至春秋中叶的合乐歌词,分为《风》、《雅》、《颂》三部分,风是十五国风,即十五个地方的民歌,"风"是地方音乐的意思,《国风》多出自下层民众之手,所以大都反映了民间百姓的心声,既有抒发个人情感的,更有抒发忧国之情的讽作。《雅》分为《大雅》和《小雅》,其中《大雅》74篇,《小雅》31篇,雅即正,主要是宫廷乐歌,多出自王公贵族之手。《颂》包括《周颂》(31篇),《鲁颂》(4篇),《商颂》(5篇),主要是各国的宗庙祭祀音乐。

【注释】

1. 江:长江。沱:沱江,长江的支流。之子:这个姑娘。归:出嫁。不我过:不到我这里来。

2. 其啸也歌:啸,号哭。我只有用号哭的歌声来表达内心的郁闷。

3. 好人:美人。提提:又作"媞媞",美好的样子。

4. 宛然左辟:转身向左闪开。

5. 佩其象揥(tì):佩戴象牙做的簪子。

6. 维是褊心,是以为刺:因为这个贵妇心胸狭小,所以作诗讽刺她。褊(biǎn),衣服狭小,这里指心胸狭小。

7. 其实之殽:殽,菜肴。其果实能吃。

8. 不知我者:不知道我的人。

9. 彼人是哉:不了解别人同别人发生争执的人。是:这样。

10. 子曰何其:其,语气词。子,泛指听众。

11. 盖亦勿思:盖,"盍"字借用。想"勿思"而不能,因此"我歌且谣"。

12. 夫也不良,歌以讯之:夫,指陈国贵族陈佗,据史书,陈佗谋杀太子,陈桓公死,其自立为君,陈国大乱。讯:告诫。

13. 讯予不顾,颠倒思予:他不听我的警告,等国家混乱,他自然会想到来找我。予不顾,"不顾予"的倒语。

14. 家父:或作嘉父,又作嘉甫,人名,本篇作者。诵:指诗。

15. 究:穷、极。这里指彻底的揭露。王讻:指王的罪恶。讻:通"凶",恶。

16. 式讹尔心:希望你能改变心意。讹:化,改变。

17. 蜮:传说中一种害人的怪物。朱熹《诗集传》:"蜮,短狐也。江淮水皆有之,能含沙射水中人影,其人辄病,而不见其形也。"靦:人面貌。罔极:没有终极。

18. 以极反侧:用来深究你的反复颠倒。

19. 谮人:谗害别人的人。

20. 畀:给予。

21. 有北:北方极寒无人之境。

22. 猗:加。

23. 凡百君子:百官。

24. 庶:众。多:"侈"之借用,指车饰华丽。

25. 闲:娴熟。

26. 不多:很多。不,读为"丕",大。

27. 遂:就。

28. 骙骙:形容马健壮而有威仪。
29. 喈喈:锵锵。
30. 式遄其归:谓周人都希望仲山甫早日归来。遄:急。
31. 穆如清风:穆,和美。此二句意谓:尹吉甫作此诗,和美得犹如化养万物的清风,能使人受到感染。

【讲疏】

《诗经》风雅颂的分类,体现了春秋中期以前人们从形式、风格、传播等方面对文体的基本认识,《风》中的"歌"、"谣",《雅》中的"诵"等与诗的名称有一定联系,而歌、啸、舞则同诗歌的吟诵方式相关。《诗经》中刺、讯、究、哀、号、赠、慰等术语的运用,体现了当时人们对作诗目的以及诗歌所具有的警告、讽刺、劝谏、教化等功用的认识,体现出诗的"言志"作用,即"诗教",奠定了我国古代诗歌抒发忧国爱民思想的基础,成为儒家文艺思想的重要理论源头,如"家父作诵,以究王讻",是对《尚书·尧典》中"诗言志"思想的发展和延伸。春秋战国是社会急剧动荡的时期,战乱和暴政严重干扰人民生活,诗歌充当了人们抒发内心不平与愿望的工具,讽刺成为诗歌的作用之一,这也是《诗经》中出现大量讽刺之作的原因。尤其在《国风》中,由于大都是下层人民所作,抒发内心的不满,讽作更是占较大比例,刘勰《文心雕龙·情采》:"风雅之兴,志思蓄愤,而吟咏情性,以讽其上,此为情而造文也。"孔子在《论语》谈到的《诗》可以"兴、观、群、怨"中的"怨"即是怨刺上政,由此发端,后代具有讽刺意味的诗作大量出现,它是屈原忧愤而作《离骚》等诗学思想的源头,而白居易的讽喻诗和相关诗论,可视作后世对此的继承和发展。

【关键词解读】

美刺

美刺是中国古代关于诗歌社会功能的一种说法。"美"即歌颂,"刺"即讽刺。《诗经》中用作诗的方式来讽刺君主,以求其施行德政。可见当时人们已认识到诗的这种讽谏作用,在无法公开谈论政治或表达己见时,人们选择用诗歌来表达自己的心声。讽刺的思想心理基础是愤,《荀子·赋篇》:"天下不治,请陈诡诗",司马迁《史记·太史公自序》:"《诗》三百篇,大抵圣贤发愤之所为作也。"由于诗歌具有节奏和韵律,容易传唱,并向外传播,传播越广说明越真实地反映出民心,诗歌的创作目的也易于达到。

【相关知识链接】

《诗经》中的语言形式主要以四言为主,兼有杂言。在结构上多采用重章叠句的形式,每一章仅变换若干字,却能收到回旋跌宕的审美艺术效果,在语言上多采用双声叠韵、叠字联绵词来状物、拟声、穷貌。《诗经》的基本表现手法为赋、比、兴,赋是直接铺陈,朱熹《诗集传》:"赋者,敷也,敷陈其事而直言之者也";比是譬喻,即打比方,用一个事物比喻另一个事物,朱熹《诗集传》:"以彼物比此物";兴是寄托,朱熹《诗集传》:"先言他物,以引起所咏之辞",即先说其他事物以引起诗歌所要吟咏的事物。赋、比、兴后来成为中国文学作品的重要表现手法,对后世的文学创作产生了重大影响。

汉代时有对《诗》作传者,主要有齐(辕固)、鲁(申培公)、韩(韩婴)、毛(毛亨、毛苌)四家,齐鲁韩三家被称为"三家诗",后都亡佚,只有《毛诗》得以留传,并有东汉郑玄《笺》、唐孔颖达《正义》,宋代朱熹也有《诗集传》,清陈奂有《诗毛氏传疏》,清代王先谦《诗三家义疏》辑注较为详备。

【延伸阅读】

《诗经》中的"雅"是当时都城镐京一带的乐调,《小雅》的作者多为当时贵族或下层官吏。《小雅》诗篇反映出作者对诗歌抒情、告慰、怀人、劝谏等功能的认识,其中"言志"、"抒情"的功能对后代诗歌创作有积极的影响。其中的诗篇作者认为诗歌更能反映社会现实,比较强调真情"立诚"的作用,也可视为后代"以诗证史"、"诗史互证"的源泉。《大雅》的作者多为当时的史官或贵族,《大雅》诗篇的作者认为诗歌可作为上下沟通的工具,其中的诗句也反映出作者对文学作品和言辞巨大社会影响的认识。

程廷祚(1691—1767年),初名默,字启生,号绵庄,自号青溪居士,清江苏上元(今属南京市)人,其治学自成一体,对八股科举和程朱理学持批判态度,著《易通》六卷,《大易择言》三十卷,《尚书通议》三十卷,《青溪诗说》三十卷,《春秋识小录》三卷,《礼说》二卷,《鲁说》二卷,《彖爻求是说》六卷等,另有《青溪集》。其哲学思想秉承颜(元)李(塨)学派,比较重视实践实用,对戴震有一定影响。在《诗经》研究方面,论述风雅正变,力求"言其所言,非先儒所言",在探究《诗序》时,摆脱宋元以来的影响,其言"吾常求《诗》之义,多有得之于《序》者,故不敢以《序》为可废也"(《青溪集·诗论一·序》),所选文字探讨了"刺诗"的由来,把"刺诗"看作"诗之本教,盖在于是"。

小雅(节录)

四牡騑騑,周道倭迟。岂不怀归?王事靡盬,我心伤悲。
四牡騑騑,啴啴骆马。岂不怀归?王事靡盬,不遑启处。
……
驾彼四骆,载骤骎骎。岂不怀归?是用作歌,将母来谂。

(《四牡》)

谓天盖高,不敢不局。谓地盖厚,不敢不蹐。维号斯言,有伦有脊。哀今之人,胡为虺蜴?

(《正月》)

哀哉不能言,匪舌是出,维躬是瘁。哿矣能言,巧言如流,俾躬处休。

(《雨无正》)

荏染柔木,君子树之。往来行言,心焉数之。蛇蛇硕言,出自口矣。巧言如簧,颜之厚矣。

(《巧言》)

君子作歌,维以告哀。

(《四月》)

滮池北流,浸彼稻田。啸歌伤怀,念彼硕人。

(《白华》)

大雅(节录)

民亦劳止,汔可小安。惠此中国,国无有残。无纵诡随,以谨缱绻。式遏寇虐,无俾正反。王欲玉女,是用大谏。

(《民劳》)

无易由言,无曰苟矣,莫扪朕舌,言不可逝矣。无言不雠,无德不报。惠于朋友,庶民小子。子孙绳绳,万民靡不承。
……

荏染柔木，言缗之丝。温温恭人，维德之基。其维哲人，告之话言，顺德之行。其维愚人，覆谓我僭。民各有心。

(《抑》)

申伯之德，柔惠且直。揉此万邦，闻于四国。吉甫作诵，其诗孔硕。其风肆好，以赠申伯。

(《崧高》)

阮刻《十三经注疏》本

诗论六·刺诗之由(节录)

(清)程廷祚

《汉志》云："民性有刚柔缓急，系水土之风气，谓之风；好恶取舍，随君上之情欲，谓之俗。"《序》曰："上以风化下，下以风刺上。"又曰："一国之事系一人之本，谓之风。"此皆论诗者之权衡也。自邶、鄘以下，国俗之美恶，具于诗矣；而其政事之得失，君臣之贤否，因有可得而言者。

夫淫风流行，其原未有不自上起而后及下者也。故刺淫之篇，于卫多在宣公，于齐多在襄公。此二君者，国亡身弑。而陈之灵公，蹈厥覆辙。国风之中，以女戎祸其国者，盖莫甚于此矣。郑俗之不美，则由于昭、厉之间，兵革不息，男女失时，而非在上者有以倡之，故郑以淫声见绝于圣人，而与诗无涉，亦其征也。以四国观之，岂非所谓一国之事系一人之本者与！

若夫诗之有刺，非苟而已也。盖先王之遗泽，尚存于人心，而贤人君子弗忍置君国于度外，故发为吟咏，动有所关。自邶、鄘以至曹、桧，无国无之，可谓盛矣。岂若后世之为诗者，于朝廷则功德祥瑞，于草野则月露风云，而甘出于无用者哉。汉儒茫然不能发明刺诗之由，紫阳出而拟诸谤讪。然则上以风化下，而下即以风刺上，古之人何相报之薄耶？且谤讪之事，汉、唐中主所不能容，刺诗之多，而诸国中不闻以诗获罪者，其故安在？

或曰：风、雅中之有变也，非以有刺诗之故耶？曰：风、雅有变，以民风君德而言，可也。民风君德，变矣，而有刺诗，则变而不失其正。《葛屦》之诗曰:"维是褊心,是以为刺。"然则诗人自不讳刺,而诗之本教,盖在于是矣。胡可以不察耶?

《青溪集》卷一《金陵丛书》本

【思考题】

谈谈对《诗经》美刺的认识。

左丘明　春秋左传

（春秋）左丘明

【作者简介】

关于《春秋左传》的作者，历来都认为是左丘明。他同时还是《国语》的作者。但关于他个人的身份及所处时代，汉代已经存在较大争议。其生活的时代为约公元前502年—约公元前422年。关于其姓名，一说复姓左丘，名明，一说单姓左，名丘明，还有的则认为他姓丘，名明，因其世代为左史，所以人们尊其为左丘明。左丘明的记载最早见于《论语·公冶长》："子曰：'巧言令色足恭，左丘明耻之，丘亦耻之；匿怨而友其人，左丘明耻之，丘亦耻之。'"据此，大体可知左丘明应当是一位让孔子尊敬的贤人。汉代刘歆据此认为左丘明是和孔子同时代人，后代的桓谭、班固及唐人啖助都对此表示认同。汉代司马迁在《史记·十二诸侯年表序》中提出了左丘明是"鲁君子"，又说他失明或无目，因此后人多认为他是一位瞽蒙。这被唐人赵匡进一步发挥，提出了左丘明非孔子同时代人，同时也并未作《左传》的观点，而作《左传》的左丘明实际为孔门后学。此外，像宋人王安石、朱熹都对左丘明的时代提出了怀疑，认为他是战国时代的人。左丘明因为撰写《左传》及《国语》，在后代被誉为"文宗史圣"、"经臣史祖"、"百家文字之宗、万世古文之祖"。历代帝王多有敕封：唐封经师，宋封瑕丘伯和中都伯，明封先儒和先贤。今天山东泰安建有丘明中学以纪念左丘明。

成公十四年（节录）

故君子曰："《春秋》之称[1]，微而显[2]，志而晦[3]，婉而成章[4]，尽而不汙[5]，惩恶而劝善，非圣人，谁能修之？"

襄公十四年(节录)

天生民而立之君,使司牧之,勿使失性。有君而为之贰[6],使师保之,勿使过度。是故天子有公,诸侯有卿,卿置侧室,大夫有贰宗,士有朋友[7],庶人、工、商、皂、隶、牧、圉皆有亲暱,以相辅佐也。善则赏之,过则匡之,患则救之,失则革之。自王以下,各有父兄子弟以补察其政。史为书,瞽为诗,工诵箴谏,大夫规诲[8],士传言,庶人谤,商旅于市,百工献艺[9]。故《夏书》曰:"遒人以木铎徇于路,官师相规,工执艺事以谏[10]。"正月孟春,于是乎有之,谏失常也。天之爱民甚矣,岂其使一人肆于民上,以从其淫[11],而弃天地之性?必不然矣。

襄公二十七年(节录)

郑伯享赵孟于垂陇[12],子展、伯有、子西、子产、子大叔、二子石从[13]。赵孟曰:"七子从君,以宠武也。请皆赋,以卒君贶[14],武亦以观七子之志。"子展赋《草虫》,赵孟曰:"善哉,民之主也!抑武也,不足以当之。"伯有赋《鹑之贲贲》,赵孟曰:"床笫之言不踰阈,况在野乎[15]?非使人之所得闻也。"子西赋《黍苗》之四章,赵孟曰:"寡君在,武何能焉[16]?"子产赋《隰桑》,赵孟曰:"武请受其卒章。"子大叔赋《野有蔓草》,赵孟曰:"吾子之惠也[17]。"印段赋《蟋蟀》,赵孟曰:"善哉,保家之主也!吾有望矣[18]。"公孙段赋《桑扈》[19],赵孟曰:"'匪交匪敖',福将焉往?若保是言也,欲辞福禄,得乎?"卒享,文子告叔向曰:"伯有将为戮矣。诗以言志,志诬其上而公怨之,以为宾荣,其能久乎?幸而后亡[20]。"叔向曰:"然。已侈!所谓不及五稔者,夫子之谓矣[21]。"文子曰:"其余皆数世之主也。子展其后亡者也,在上不忘降。印氏其次也,乐而不荒。乐以安民,不淫以使之,后亡,不亦可乎?"

襄公二十九年(节录)

吴公子札来聘[22]，见叔孙穆子[23]，说之[24]。谓穆子曰："子其不得死乎？好善而不能择人。吾闻'君子务在择人'。吾子为鲁宗卿，而任其大政，不慎举，何以堪之？祸必及子！[25]"

请观于周乐[26]。使工为之歌《周南》、《召南》[27]，曰："美哉！始基之矣，犹未也[28]。然勤而不怨矣[29]。"为之歌《邶》、《鄘》、《卫》，曰："美哉，渊乎[30]！忧而不困者也[31]。吾闻卫康叔、武公之德如是，是其《卫风》乎？"为之歌《王》[32]，曰："美哉！思而不惧，其周之东乎[33]？"为之歌《郑》，曰："美哉！其细已甚，民弗堪也，是其先亡乎？"为之歌《齐》，曰："美哉，泱泱乎！大风也哉[34]！表东海者，其大公乎！国未可量也。"为之歌《豳》，曰："美哉，荡乎！乐而不淫，其周公之东乎[35]？"为之歌《秦》，曰："此之谓夏声。夫能夏则大，大之至也，其周之旧乎[36]？"为之歌《魏》，曰："美哉！沨沨乎[37]！大而婉，险而易行，以德辅此，则明主也[38]。"为之歌《唐》，曰："思深哉！其有陶唐氏之遗民乎？不然，何其忧之远也？非令德之后，谁能若是[39]？"为之歌《陈》，曰："国无主，其能久乎[40]？"自《郐》以下无讥焉[40]。为之歌《小雅》，曰："美哉！思而不贰，怨而不言，其周德之衰乎[41]？犹有先王之遗民焉。"为之歌《大雅》，曰："广哉，熙熙乎！曲而有直体[42]，其文王之德乎？"为之歌《颂》，曰："至矣哉！直而不倨，曲而不屈，迩而不偪，远而不携，迁而不淫，复而不厌，哀而不愁，乐而不荒，用而不匮，广而不宣，施而不费，取而不贪，处而不底，行而不流[43]。五声和，八风平。节有度，守有序[44]，盛德之所同也。"

见舞《象箾》、《南籥》[45]者，曰："美哉！犹有憾[46]。"见舞《大武》[47]者，曰："美哉！周之盛也，其若此乎！"见舞《韶濩》[48]者，曰："圣人之弘也，而犹有惭德[49]，圣人之难也。"见舞《大夏者》[50]，曰："美哉！勤而不德[51]，非禹，其谁能修之？"见舞《韶箾》[52]者，曰："德至矣哉，大矣[53]！如天之无不帱[54]也，如地之无不载也。虽甚盛德,其蔑以加于此[55]矣,观止矣[56]。若有他乐,吾不敢请已。"

襄公三十一年(节录)

叔向曰:"辞之不可以已也如是夫[57]!子产有辞,诸侯赖之[58],若之何其释辞[59]也?《诗》[60]曰:'辞之辑矣,民之协矣;辞之绎矣,民之莫矣[61]。'其知之矣。"

昭公二十年(节录)

齐侯至自田,晏子侍于遄台,子犹驰而造焉[62]。公曰:"唯据与我和夫!"晏子对曰:"据亦同也,焉得为和?"公曰:"和与同异乎?"对曰:"异。和如羹焉,水、火、醯、醢、盐、梅,以烹鱼肉,燀之以薪[63]。宰夫和之,齐之以味,济其不及,以洩其过[64]。君子食之,以平其心。君臣亦然。君所谓可而有否焉,臣献其否以成其可;君所谓否而有可焉,臣献其可以去其否,是以政平而不干,民无争心。故《诗》曰:'亦有和羹,既戒既平。鬷嘏无言,时靡有争[65]。'先王之济五味,和五声也,以平其心,成其政也。声亦如味,一气,二体,三类,四物,五声,六律,七音,八风,九歌,以相成也[66]。清浊,小大,短长,疾徐,哀乐,刚柔,迟速,高下,出入,周疏,以相济也。君子听之,以平其心。心平,德和。故《诗》曰:'德音不瑕。[67]'今据不然。君所谓可,据亦曰可;君所谓否,据亦曰否。若以水济水,谁能食之?若琴瑟之专一[68],谁能听之?同之不可也如是。"

杨伯峻《春秋左传注》本

【题解】

成公十四年中的这段文字,在昭公三十一年也有类似表述:"故曰:《春秋》之称,'微而显,婉而辨'。上之人能使昭明,善人劝焉,淫人惧焉,是以君子贵之。"这两段文字主要论及了《春秋》的写作手法,即《春秋》书法",今天又称为"《春秋》笔法",君子所推崇《春秋》的五个方面,后来成为史书写作的楷模,亦成为诗文写作中的最高追求。

襄公十四年的师旷,是晋国有名的大乐师,在当时乐师群体中具有很高地位。鲁襄公十四年四月,卫大夫孙文子发动政变,迫使卫献公出奔齐国。晋悼公与师旷谈论此事,师旷认为是卫君平日做得太过分,不行君道所导致。

襄公二十七年中郑伯和赵孟的这段对话,提出了赋《诗》言志的思想。从《尚书·尧典》"诗言志"到此处的"诗以言志",诗的功用范围变大,由个人向社会扩展。

襄公二十九,季札在鲁国欣赏了周朝及相传夏、商各代的乐舞,把乐舞作为社会政治的象征加以评论,开后代以文艺论政治之先声。

襄公三十一年,公元前542年夏,子产陪郑简公到晋国,但晋国君臣因为鲁襄公去世而没有接待,于是子产将晋国宾馆围墙全部拆除,晋国派大夫士文伯来问责,子产由此说出一番言论,让晋国上下认识到自己的不对,并加倍对他们进行了款待,由此可见当时外交辞令的重要性。

昭公二十年中的文字主要是关于"和"与"同"的讨论。晏婴分别举了厨师调汤和乐队奏乐的例子,说明事物内部对立的要素要相互配合,才是最和谐的状态。治理国家也是这样,君主与臣子百姓要相互协调,达到一种平和状态,社会就能和谐,国家也就能得以治理。

【注释】

1. 称:言、说,用语,这里指《春秋》的遣词用语。
2. 微而显:言辞不多但意义显现。
3. 志而晦:记录史实但含义隐晦。
4. 婉而成章:言辞委婉但却顺理成章。
5. 尽而不汙:直接记录史实而不弯曲事实。杜预注:"谓直言其事,尽其事实,无所汙曲。"
6. 贰:卿佐。
7. 天子有公:天子有太史、太师、太保等公卿。诸侯有卿:诸侯分采邑给卿大夫。侧室:置卿之同宗子弟为官。贰宗:官名,以大夫的同宗兄弟担任。
8. 史为书:古者君王的一举一动必有记录。瞽为诗:瞽,眼瞎,古代以瞽者为乐师。规诲:规劝。
9. 商旅于市:商旅之人议论于市。百工:包括乐师在内的各种艺人。献艺:指献艺之时借以讽谏。

10. 遒人:地方宣令之官。木铎:金口木舌的铜铃,用以宣讲文教,与宣扬武事的金铎相对。徇:巡行。官师:一官之长。

11. 从:放纵。

12. 郑伯:郑简公。赵孟:晋之正卿,名武,谥号"献文",称献文子或文子。垂陇:今郑州市西北。

13. 二子石:即印段、公孙段。

14. 以卒君贶:用以完成郑君的赏赐。贶:赏赐。

15. 《草虫》:《诗经·召南》篇名。在此处把赵孟视作君子。《鹑之贲贲》:《诗经·鄘风》篇名。此诗是为讽刺卫宣姜淫乱而作,所以赵武说是"床笫之言。"床笫(zǐ)之言:男女枕席间情话。笫:竹编的床垫。阈(yù):门槛。

16. 寡君:指晋平公。

17. 《隰桑》:《诗经·小雅》篇名。《野有蔓草》:《诗经·郑风》篇名。吾子之惠:赵孟对子大叔的敬称,认为子大叔赋此诗,表达了对他的友爱之情。

18. 《蟋蟀》:《诗经·唐风》篇名。家:大夫采邑。

19. 《桑扈》:《诗经·小雅》篇名。

20. 幸而后亡:指其必先灭亡。

21. 已侈:言伯有过分奢侈。不及五稔:不过五年。鲁襄公三十年,郑伯有终因过分骄奢被逐至许国,后死于乱中。

22. 吴公子札来聘:吴公子札,吴王寿春的第四子,名季札。聘,诸侯通过使者来访问。

23. 叔孙穆子:鲁国大夫,名叔孙豹,穆子,是其谥号。

24. 说:通"悦",高兴。

25. 祸必及子:这里指叔孙豹提拔人不慎重,将来不得善终,同时会危害到自己的子女。据《左传·昭公四年》记载,叔孙豹担任鲁卿时,任用奸人竖牛,结果最后竖牛设计害死了他的两个儿子,并把他活活饿死。

26. 周乐:周王室的乐舞。周成王曾赐给鲁国以天子之乐,故在鲁国可欣赏到周乐。

27. 工:乐工。歌:周时之歌有徒歌与弦歌之分,此乃弦歌,即以各种乐器伴奏歌唱。《周南》、《召南》:周、召二地乃周公、召公初封之地,在今河南西南、湖北省北部。

28. 始基之:开始奠基。犹未也:王业尚未成功。

29. 勤而不怨:民因王业尚未成功,故虽辛劳但无怨言。

30. 渊:深。

31. 忧而不困:卫康叔当时遭遇管叔、蔡叔联合殷地旧贵族的叛乱;其九世孙也曾遭遇周幽王褒姒之难,故有忧,然而不为之所困,卫武公曾派兵助周平息戎族之乱。

32. 《王》:《王风》,王城一带的乐歌。

33. 思而不惧:歌声忧郁但不惧怕。

34. 泱泱:宏大的样子。大风:大国的气概。

35. 周公之东:指周公遭遇管叔、蔡叔之乱,曾三年东征。
36. 夏声:古时西方为夏,夏声即西方乐歌。周之旧:秦尽有旧周之地。
37. 沨沨(fán):浩大的样子。
38. 大而婉:其诗内容多讥讽之意,但言语比较委婉。险而易行:魏地之政令习俗虽然艰难但容易被遵守。
39. 令德之后:尧有美德,故称唐地之民为"令德之后"。
40. 自《郐》以下无讥焉:《诗经·国风》在《陈风》以下还有《郐风》、《曹风》,这里是指季札在评论完《陈风》后,对后面的诗篇没有再作评价。
41. 思而不贰,怨而不言,其周德之衰乎:虽有哀愁但无背叛二心,虽有怨情但不直言。幽王、厉王时期的变小雅,体现了"周德之衰",但百姓曾受周初文、武、成、康等王的恩泽,所以能在衰世"思而不贰,怨而不言"。
42. 熙熙:和乐貌。曲而有直体:曲调婉转但意旨正直。
43. "直而不倨"以下:这些句子都在形容《颂》的乐调之美。倨,倨傲。迩,亲近。不偪,不过分贴近。不携,不离异。迁,变化。复,反复重叠。不荒,不过度。不宣,不夸张显耀。施,施惠于人。处,不动。底,停滞。不流,不放荡。
44. 节有度,守有序:《尚书·尧典》:"八音克谐,无相夺伦。"音律和谐有次序。
45. 《象箾(xiāo 音,一说 shuò 音)》、《南籥》:周文王时期两种歌颂文王的乐舞。象,武舞。箾,舞者所持的竿子,象箾是持竿而舞。南,文舞。籥,像笛的乐器,南籥是持籥而舞。
46. 犹有憾:从舞蹈中可以看出文王取得天下而天下未太平的遗憾。
47. 《大武》:周武王时期的乐舞。
48. 《韶濩》:商汤时期的乐舞,即《周礼·春官·大司乐》中的《大濩》。
49. 惭德:商汤王作为夏臣而讨伐夏桀,有弑君犯上之嫌,故有惭德。
50. 《大夏》:传为禹时的乐舞。
51. 勤而不德:勤于政事而不以德自许。
52. 《韶箾》:传为虞舜时的乐舞。
53. 大矣:大,是古人对无限尊崇对象的描述。"大"、"天"二字古相通,"大"有天、帝之意,其在美学上能涵盖一切之美而超越众美。季札评乐,"大"、"美"互比,开启了《庄子》之论的先声。
54. 帱(dào):覆盖。
55. 蔑以加于此:无以复加的意思。
56. 观止矣:几乎都看见了,没有更多的要求。
57. 辞之不可以已也如是夫:辞,外交辞令。如是,子产对晋人问责的对答之言。
58. 赖之:依靠子产的言论而获得利益。
59. 释辞:舍弃外交辞令。
60. 《诗》:《诗经·大雅·板》。
61. 辑:得体,和谐。协,今作"洽",协同、融洽。绎:言辞条理畅达。莫,安定。

62. 齐侯:齐景公。田:狩猎。遄台:在今山东临淄。子犹:名梁丘据,子犹是其字。造:到。

63. 醯(xī):醋。醢(hǎi):肉酱。梅,梅子。醯、醢、盐、梅,都是古代的调味品。燀(chǎn):炊煮。

64. 宰夫:厨工。和:调和味道。齐:通"剂",调剂。济:增加。不及:味道欠缺者。洩:灭也。

65. 赵假(zōng gǔ):同"奏假",奏请神灵到来。

66. 一气:乐统摄于气。二体:乐舞有文武二体,文舞执羽籥,武舞执干戚。三类:风雅颂三类。四物:乐器由四方出产的金石丝竹等材料制成。六律:阳为律,阴为吕。六律即黄钟、太簇、姑洗、蕤宾、夷则、无射。七音:宫、商、角、徵、羽,加上变宫、变徵。九歌:歌九功之德的歌。九功为水、火、木、金、土、谷、正德、利用、后生。

67. 德音不瑕:见《诗经·豳风·狼跋》,有德之声没有瑕疵。

68. 专一:只弹奏一个音。

【讲疏】

《春秋左传》又称《左氏春秋传》、《左氏春秋》,与《春秋谷梁传》、《春秋公羊传》合称"春秋三传",是配合《春秋》的编年史,其纪事始于鲁隐公元年(前722年),止于鲁哀公二十七年(前468年)。纪事内容十分丰富,详细记录了春秋时期的政治、社会、军事、文化等方面的情况,内容涉及诸侯间的争战、会盟、聘问、婚丧等以及当时各国卿大夫和新兴阶层士的言论,并对天道、鬼神、灾祥、卜筮、占梦亦有涉及。《左传》内容庞杂,强调秩序的建立与宗法制度,体现出鲜明的儒家思想倾向。此外,《左传》中赋诗、引诗多达一百七十余处,大量引诗的运用,反映出诗歌在当时人们政治生活中所起的重要作用,表明人们已开始懂得运用已有文字语言借以表明自己的心意。《左传·襄公二十四年》中提出的"大上有立德,其次有立功,其次有立言,虽久不废,此之谓不朽",给予了"立言"以极其崇高的地位,开创了古代文化高度重视文学及其功用的传统。

《成公十四年》中提出了后世所称为的"《春秋》书法",现代亦称"《春秋》笔法"的重要概念。从编年史的角度来讲,《春秋》应当是一部极为平常的史书,但是孟子说:"世衰道微,邪说暴行有作。臣弑其君者有之,子弑其父者有之。孔子惧,作《春秋》。《春秋》,天子之事也。故孔子曰:'知我者其惟《春秋》乎,罪我者其惟《春秋》乎。'"(《十三经注疏·孟子注疏》卷六《滕文公章句下》)他还说:"王者之迹熄而《诗》亡,《诗》亡然后《春秋》作。晋之《乘》,楚之《梼杌》,鲁之《春秋》,一也:其事则齐桓、晋文,其文则史。孔子曰:'其义则丘窃取之矣。'"(《十三经注疏·孟子注疏》卷六《滕文公章句下》)自此开始,后世儒家无论是今文学家还是古文学家便根据孟子所赋予《春秋》的种种褒贬善恶、微言大义等深刻意蕴开始了对《春秋》"义例"、"微言大义"、"书法"的发掘,从而形成了贯穿两千年《春秋》学史的"《春秋》笔法"。

《襄公十四年》中师旷引用《夏书》中的话来说明,君主行为不应失常,要牧民而勿失其性。师旷提到自古以来各级官吏都发挥各自作用,史官通过记录君王言行的方式对政治进行督查;盲乐人通过演唱诗歌、乐工通过诵读诗歌作出对君主的劝谏;大夫进行规训教诲;士闻君之过传告大夫;一般庶民也可以谤议朝廷。此处提到古时诗书都有对君主进行劝谏的作用,说明当时人们已经发现诗歌的政治教化作用。

《襄公二十七年》中的赵孟,晋国人,名武,是晋悼公时的宰相,重文知礼,又称"文子"。春秋时期诸侯大夫间的交往经常引用《诗经》中的句子来委婉地表达自己的思想。《汉书·艺文志》:"古者诸侯卿大夫交接邻国,以微言相感。当揖让之时,必称诗以喻其志,盖别贤不肖而观盛衰焉。"即是对这种传统的记述。鲁襄公之时,"赋诗"之风盛行,用诗来表达自己的观点也随之流行,"赋诗以言志",赵孟:"请皆赋,以卒君贶,武亦以观七子之志"即是请求几位先生诵《诗》以完成对其的赏赐,从而推知各位先生的心意。郑伯和赵孟对话,反映出当时人们认识到"诗言志"的作用。本文中提到"诗以言志",是借诗中某些思想内涵来表明自己的心志,灵活运用于邦国外交中,是诗歌作用由个人向社会扩展的表现。其他提到"诗言志"内容的篇目还有《左传·昭公十六年》等。

《襄公二十九年》中的季札,公子札,吴王寿春第四子。聘,指春秋时诸侯之间通过使者进行互相访问。公元前544年,吴王派遣季札访问鲁、齐、郑、卫诸国。鲁国作为当时的文化中心,保存着宗周典籍、文物制度和各种古典乐舞。通过本文我们可以了解春秋时期的音乐状况。季札评论音乐的好坏与否主要看其是否"和",即是否适度。与孔子的思想相契合,感情如果过于浓烈,不仅对自身,对社会秩序的协调也是无益的。季札用"大"来评价音乐,"大"是先秦时期评价体系中的最高概念,意为崇高、伟大。如称夏禹为"大禹",禹乐为《大夏》,"大"与"天"是相通的,孔子言论中的"大"主要指道德上的伟大,庄子在《知北游》中说:"天地有大美而不言,四时有明法而不议"提到了与天相合的"大美"概念,表示"崇高"之意。这种"大"包含了真善美等一切美好的东西,不作道德和审美上的区分。而季札在此把"大"和"美"分开用于不同的作品,是侧重于"大"的审美品性。季札在评论音乐时提出"哀而不愁",孔子也有"哀而不伤"的说法,都是强调感情要适度。哀来自自然情绪的变化，但如果过度，成为伤或愁，就会产生负面效果，轻则影响人们身心健康，重则会扰乱国家社会秩序。所以这种"中和"思想对内修身心道德，外化政治教化都是有益的，应该以"中和"为标准。

《襄公三十一年》中叔向的感叹可看出时人对辞的得体、条理和畅达的重视，《左氏春秋》中的许多行人辞令后来成为了后世议论文的典范。

《昭公二十年》中齐相晏婴与景公就君臣之间的"和"与"同"进行了讨论。晏婴认为，追求完全统一，只会使事物停止发展，只有不同元素和谐共存，才能让事物不断发展。晏婴以一种辩证发展的眼光看待事物，事物的对立面不仅只有区别作用，也有合作的作用，所谓"部分之和大于整体"，不同对立元素在一起时，通过各自间的差异性互相补充配合，会达到一种新的效果。因此应该尊重事物之间的差异性，使各个事物保持自己的特性，合理利用，而不是用一条标准去规定所有事物，这样只会造成趋同化，失去新意，阻碍事物的发展。"和"是指事物内部不同元素相互对立，但可以达到一种互相配合，和谐共存，互相促进事物发展的效果；"同"即单一无变化，将所有事物用同一标准去衡量，这样会造成千篇一律的局面，雷同而无新意，事物也就停止不前了。关于"和"与"同"的论述，《论语》中有"君子和而不同，小人同而不和"。不著撰人名氏的《四书辨疑》卷七："凡在君父之侧，师长朋友之间，将顺其美，匡救其恶。可者献之，否者替之，结者解之，离者合之，此君子之和也；而或巧媚阴柔，随时俯仰。人曰可，己亦曰可；人曰否，己亦曰否。惟言莫违，无唱不和，此乃小人之同也。"《管子·宙合》："五音不同声而能调，……五味不同物而能和。"

《春秋左传》主要注本有晋杜预《春秋左氏经传集解》，唐孔颖达《春秋左传正义》，宋吕祖谦《东莱左氏博议》，明王道焜和赵如源的《左传杜林合注》，清顾炎武《左传杜解补正》、惠栋《左传补注》、洪亮吉《春秋左传诂》以及当代学人杨伯峻的《春秋左传注》等。

【关键词解读】

《春秋》笔法

"《春秋》笔法"有狭义和广义之分，狭义上指孔子修订《春秋》诸如"笔则笔，削则削"（《史记·孔子世家》）、"以一字为褒贬"（杜预《春秋左传序》）、"直书"、"微言"等相关书写原则，广义上指文笔曲折而意含褒贬的文字，它亦可称为"《春秋》书法"、"书例"、"义例"、"凡例"、"义法"等。自孔子修订《春秋》以来,对《春秋》"微言大义"、"褒贬"等义例之探讨,代不乏人。

赋《诗》言志

指春秋时期的士大夫在日常社会生活、政治、外交等活动中,援引、发挥《诗经》的诗句来作为阐发自身思想的重要依据,并委婉地传递出自己想法的行为。在引诗的活动中,体现出引用者对《诗经》语词的重视,其对政治实用性的强调,影响了后世正统文学观念的形成,在引诗中所采用的隐喻和象征等手法,则对后世的诗歌创作和鉴赏产生了深远的影响。

【相关知识链接】

关于"《春秋》笔法",钱钟书指出,"《春秋》之'书法',实即文章之修词",其可视为我国修辞学的源头和起始。就"《春秋》笔法"本身来讲,其主要是孔子通过笔削《鲁春秋》来达到弘扬微言大义的目的,笔削是手段,大义是宗旨,而"乱臣贼子惧"则是效果。就文辞的范围而言,其一包括字词层面,即《春秋》主要表现在对字词的选择和准确使用上,如《春秋》僖公十六年:十有六年,春王正月,戊申朔,陨石于宋五。是月,六鹢退飞,过宋都"。"陨石于宋五"五个字表达了一个闻、视、察、数的认知过程,"六鹢退飞,过宋都"则表达了一个见、视、察、徐而察的视觉过程。它们都包含着认知事物的逻辑先后顺序,符合人的认知过程。其二包括句法层面,即句式的变化,句型的选择,句子之间的衔接,句式的语气等,如"《春秋》僖公二十二年:秋八月丁未,及邾人战于升陉","《左传》僖公二十二年:八月丁未,公及邾师战于升陉,我师败绩。邾人获公胄,县诸鱼门"。僖公二十一年,邾国灭须句,须句子出奔鲁国。因为僖公母亲,即庄公之妾成风的娘家是须句,僖公遂于二十二年春讨伐邾国,并占领了须句,让须句的国君回到了自己的国内。邾国于是借须句的原因出师伐鲁,而僖公却认为邾国是小国,十分轻视它,八月八日两军在升陉交战,由于轻敌,这次战争即使是僖公亲征,鲁国仍然战败了。而邾国则获得了僖公的头盔,并把它悬挂在本国的城门上,可见当时僖公战败的狼狈样。这里的记述采取了内讳的手法,并没有明确指出僖公战败,原因就在于该句在句式上省略了主语"公",此句完整的句式当为《左传》所说的"公及邾师战于升陉"。主语"公"的省略完全是为了内讳的目的,不书主语"公"则显然达到了特殊的修辞效果。其三,段落层面,句子组成段落,由是则有段落与段落之间的承接关系问题,如:"《春秋》隐公四年:四年春王二月,莒人伐杞,取牟、娄。戊申,卫州吁弑其君完。夏,公及宋公遇于清。宋公、陈侯、蔡人、卫人伐郑。秋,翚帅师会宋公、陈侯、蔡人、卫人伐郑。九月,卫人杀州吁于濮。冬十有二月,卫人立晋。"州吁弑君即位之后,在一年之内先后两次伐郑,而这正好回应了《左传》隐公三年所云州吁"有宠而好兵"之语,形成了前后呼应。其四,篇章层面。段落组成篇章,由是则有相关谋篇布局的讲究,这些包括材料的选择组织,开头与结尾,采用何种表现方式,如分析与综合,详略之分,顺叙、倒叙、补叙等叙述方式的运用。"《春秋》笔法"除了对后代史书写作产生重大影响外,对后世文论的影响主要体现在以经学的思维方式,影响了后世诸多文论范畴,如隐秀、简晦等的形成,涉及"诗与史的关系"、"尚简用晦"、"修辞与风格"等诸多方面,对小说叙事、诗歌、散文、戏剧等诸多文体的创作和鉴赏产生了重大影响。

【延伸阅读】

《桓公二年》臧哀伯的话主要论礼,同时涉及文采声音方面,对我们认识"文"的术语有重要参考价值。

《庄公二十三年》曹刿的言论提出的"君举必书"、"书而不法,后嗣何观"指出了史书记录的主要目的及史书写作的重要意义。

《文公十三年》中以《诗》比喻、借诗言志,使得诗成为诸侯外交场合中的婉转辞令,其后形成了一种委婉、含蓄、蕴藉的文化审美倾向,对后世的文学创作产生了重要影响。

《宣公二年》体现了中国古代史官的重要书写原则,即维护君臣之礼、不为贤者讳、不畏权势,这些精神都深刻影响了中国史书文学传统的形成。

《襄公十六年》中体现出舞蹈与诗歌相伴,舞者所歌之诗须与舞蹈匹配,同时恰当表达自己的心意,可与《诗经·小雅·车舝(xiá)》中"式歌且舞",《墨子·公孟》中"歌诗三百,舞诗三百"互证。

《襄公二十四年》中的"三不朽"言论奠定了文学的重要价值和地位,直接影响了后世曹丕、陆机等人的文学观念。

《襄公二十八年》中的"赋《诗》断章,余取所求"对我们理解春秋时期灵活理解段意、句意,不考虑全篇之意的用诗规则有一定的借鉴意义。

《昭公三十一年》中用邾国的庶其、莒国的牟夷、邾国的黑肱和齐豹缘何被称为"盗"的故事,阐释《春秋》的记事原则和用笔之法,也点明《春秋》之笔"微而显,婉而辨"的最终目的——劝善惩恶。

桓公二年(节录)

臧哀伯谏曰:"君人者,将昭德塞违,以临照百官,犹惧或失之,故昭令德以示子孙:是以清庙茅屋,大路越席,大羹不致,粢食不凿,昭其俭也。衮、冕、黻、珽、带、裳、幅、舄、衡、纮、纮、綖,昭其度也。藻、率、鞞、鞛、鞶、厉、游、缨,昭其数也。火、龙、黼、黻,昭其文也。五色比象,昭其物也。钖、鸾、和、铃,昭其声也。三辰旂旗,昭其明也。夫德,俭而有度,登降有数。文、物以纪之,声、明以发之,以临照百官。百官于是乎戒惧,而不敢易纪律。今灭德立违,而寘其赂器于大庙,以明示百官。百官象之,其又何诛焉?国家之败,由官邪也。官之失德,宠赂章也。郜鼎在庙,章孰甚焉?武王克商,迁九鼎于雒邑,义士犹或非之,而况将昭违乱之赂器于大庙,其若之何?"公不听。

庄公二十三年(节录)

二十三年夏,公如齐观社,非礼也。曹刿谏曰:"不可。夫礼,所以整民也。故会以训上下之则,制财用之节;朝以正班爵之义,帅长幼之序;征伐以讨其不然。诸侯有王,王有巡守,以大习之。非是,君不举矣。君举必书。书而不法,后嗣何观?"

文公十三年(节录)

郑伯与公宴于棐,子家赋《鸿雁》。季文子曰:"寡君未免于此。"文子赋《四月》。子家赋《载驰》之四章。文子赋《采薇》之四章。郑伯拜。公答拜。

宣公二年(节录)

乙丑,赵穿杀灵公于桃园。宣子未出山而复。大史书曰"赵盾弑其君",以示于朝。宣子曰:"不然。"对曰:"子为正卿,亡不越竟,反不讨贼,非子而谁?"宣子曰:"呜呼!《诗》曰'我之怀矣,自诒伊慼。'其我之谓矣。"孔子曰:"董狐,古之良史也,书法不隐。赵宣子,古之良大夫也,为法受恶。惜也,越竟乃免。"

襄公十六年(节录)

晋侯与诸侯宴于温,使诸大夫舞,曰:"歌诗必类。"齐高厚之诗不类。荀偃怒,且曰:"诸侯有异志矣。"使诸大夫盟高厚,高厚逃归。于是叔孙豹、晋荀偃、宋向戌、卫宁殖、郑公孙虿、小邾之大夫盟,曰:"同讨不庭。"

襄公二十四年(节录)

二十四年春,穆叔如晋。范宣子逆之,问焉,曰:"古人有言曰:'死而不朽',何谓也?"穆叔未对。宣子曰:"昔匄之祖,自虞以上,为陶唐氏,在夏为御龙氏,在商为豕韦氏,在周为唐杜氏,晋主夏盟为范氏,其是之谓乎!"穆叔曰:"以豹所闻,此之谓世禄,非不朽也。鲁有先大夫曰臧文仲,既没,其言立,其是之谓乎!豹闻之:'大上有立德,其次有立功,其次有立言。'虽久不废,此之谓不朽。若夫保姓受氏,以守宗祊,世不绝祀,无国无之,禄之大者,不可谓不朽。"

襄公二十八年(节录)

齐庆封好田而耆酒,与庆舍政,则以其内实迁于卢蒲嫳氏,易内而饮酒。数日,国迁朝焉。使诸亡人得贼者,以告而反之,故反卢蒲癸。癸臣子之,有宠,妻之。庆舍之士谓卢蒲癸曰:"男女辨姓,子不辟宗,何也?"曰:"宗不余辟,余独焉辟之?赋《诗》断章,余取所求焉,恶识宗?"癸言王何而反之,二人皆嬖。使执寝戈而先后之。

昭公三十一年(节录)

冬,邾黑肱以滥来奔。贱而书名,重地故也。君子曰:"名之不可不慎也如是:夫有所有名,而不如其已。以地叛,虽贱,必书地,以名其人,终为不义,弗可灭已。是故君子动则思礼,行则思义,不为利回,不为义疚。或求名而不得,或欲盖而名章,惩不义也。齐豹为卫司寇,守嗣大夫,作而不义,其书为'盗'。邾庶其、莒牟夷、邾黑肱以土地出,求食而已,不求其名,贱而必书。此二物者,所以惩肆而去贪也。若艰难其身,以险危大人,而有名章彻,攻难之士将奔走之。若窃邑叛君,以徼大利而无名,贪冒之民将寘力焉。是以《春秋》书齐豹曰'盗',三叛人名,以惩不义,数恶无礼,其善志也。故曰:《春秋》之称'微而显,婉而辨'。上之人能使昭明,善人劝焉,淫人惧焉,是以君子贵之。"

杨伯峻《春秋左传注》本

【思考题】

1. 谈谈你对"《春秋》笔法"的理解。
2. 谈谈你对"赋《诗》言志"的理解。

国　语

【作者简介】

对《国语》作者各家看法不同,争议颇多。司马迁在《报任安书》中说:"左丘失明,厥有《国语》。"其认为《国语》的作者为左丘明,东汉史学家班固在《汉书·艺文志》中记载:"《国语》二十一篇,左丘明著。"班固认为是左丘明将《左传》剩余材料编为《国语》。晋代以来,诸多学者对此提出疑义,晋代傅玄说:"《国语》非左丘明所作。凡有共说一事而二文不同,必《国语》虚而《左传》实,其言相反,不可强合也。"(孔颖达《春秋左传正义·哀公十三年》)其后,宋人刘世安、吕大光、朱熹,清人尤侗、皮锡瑞等亦对左丘明为《国语》作者提出了疑问。从《左传》与《国语》内容、体例对比来看,二者在相关材料的处理上各有侧重,近代大体皆认为其非出自一人之手,比较倾向于是瞽史的作品。

周语下(节录)

灵王二十二年,谷、洛斗[1],将毁王宫。王欲壅之[2],太子晋谏曰:"……天所崇之子孙,或在畎亩,由欲乱民也[3]。畎亩之人,或在社稷,由欲靖民也[4]。无有异焉[5]!《诗》云:'殷鉴不远,在夏后之世[6]。'将焉用饰宫[7]？其以徹乱也[8]。度之天神,则非祥也[9]。比之地物,则非义也[10]。类之民则,则非仁也[11]。方之时动,则非顺也[12]。咨之前训,则非正也[13]。观之《诗》、《书》,与民之宪言,则皆亡王之为也[14]。上下议之,无所比度,王其图之[15]! 夫事大不从象,小不从文[16]。上非天刑[17],下非地德,中非民则,方非时动而作之者,必不节矣。作又不节[18],害之道也。"

……

二十三年[19],王将铸无射,而为之大林[20]。单穆公曰:"不可。作重币以绝民资,又铸大钟以鲜其继[21]。若积聚既丧,又鲜其继,生何以殖[22]?且夫钟不过以动声,若无射有林,耳弗及也[23]。夫钟声以为耳也,耳所不及,非钟声也。犹目所不见,不可以为目也。夫目之察度也,不过步武尺寸之间[24];其察色也,不过墨丈寻常[25]之间。耳之察和也,在清浊[26]之间;其察清浊也,不过一人之所胜。是故先王之制钟也,大不出钧,重不过石[27]。律度量衡于是乎生[28],小大器用于是乎出,故圣人慎之。今王作钟也,听之弗及,比之不度,钟声不可以知和,制度不可以出节[29],无益于乐,而鲜民财,将焉用之!

"夫乐不过以听耳,而美不过以观目[30]。若听乐而震,观美而眩,患莫甚焉。夫耳目,心之枢机也,故必听和而视正。听和则聪,视正则明。聪则言听,明则德昭,听言昭德,则能思虑纯固。以言德于民,民歆[31]而德之,则归心焉。上得民心,以殖义方[32],是以作无不济,求无不获,然则能乐。夫耳内[33]和声,而口出美言,以为宪令,而布诸民,正之以度量,民以心力,从之不倦。成事不贰[34],乐之至也。口内味而耳内声,声味生气。气在口为言,在目为明。言以信名[35],明以时动[36]。名以成政[37],动以殖生[38]。政成生殖,乐之至也。若视听不和[39],而有震眩,则味入不精,不精则气佚,气佚则不和。于是乎有狂悖之言,有眩惑之明,有转易之名[40],有过慝之度[41]。出令不信,刑政放纷,动不顺时,民无据依,不知所力,各有离心。上失其民,作则不济,求则不获,其何以能乐?三年之中,而有离民之器二[42]焉,国其危哉!"

王弗听,问之伶州鸠[43],对曰:"臣之守官弗及也。臣闻之,琴瑟尚宫,钟尚羽,石尚角,匏竹利制[44],大不踰宫,细不过羽。夫宫,音之主也。第以及羽,圣人保乐而爱财[45],财以备器,乐以殖财。故乐器重者从细,轻者从大。是以金尚羽,石尚角,瓦丝尚宫,匏竹尚议[46],革木一声[47]。

"夫政象乐,乐从和,和从平。声以和乐,律以平声。金石以动之,丝竹以行之,诗以道之,歌以咏之,匏以宣之,瓦以赞之[48],革木以节之,物得其常曰乐极[49],极之所集曰声,声应相保[50]曰和,细大不踰曰平。如是,而铸之金,磨之石,系之丝木,越之匏竹,节之鼓而行之,以遂八风[52]。于是乎气无滞阴,亦无散阳[53],阴阳序次,风雨时至,嘉生繁祉[54],人民和利,物备而乐成,上下不罢,故曰乐正。今细过其主[55]妨于正,用物过度妨于财,正害财匮妨于乐,细抑大陵[56],不容于耳,非和也。听声越远[57],非平也。妨正匮财,声不和平,非宗官之所司也。

"夫有和平之声,则有蕃殖之财。于是乎道之以中德[58],咏之以中音[59],德音不愆,以合神人,神是以宁,民是以听。若夫匮财用,罢民力,以逞淫心,听之不和,比之不度[60],无益于教,而离民[61]怒神,非臣之所闻也。"

王不听,卒铸大钟。二十四年,钟成,伶人告和。王谓伶州鸠曰:"钟果和矣。"对曰:"未可知也。"王曰:"何故?"对曰:"上作器,民备乐之,则为和。今财亡民罢,莫不怨恨,臣不知其和也。且民所曹好[62],鲜其不济也。其所曹恶,鲜其不废也。故谚曰:'众心成城,众口铄金。'三年之中,而害金[63]再兴焉,惧一之废也。"王曰:"尔老耄矣!何知?"二十五年,王崩,钟不和。

王将铸无射,问律于伶州鸠。对曰:"律所以立均出度[64]也。古之神瞽考中声而量之以制[65],度律均钟[66],百官轨仪[67],纪之以三[68],平之以六[69],成于十二[70],天之道[71]也。夫六,中之色也,故名之曰黄钟[72],所以宣养六气、九德[73]也。由是第之[74]:二曰太蔟,所以金奏赞阳出滞[75]也。三曰姑洗,所以修洁百物,考神纳宾[76]也。四曰蕤宾,所以安靖神人,献酬交酢[77]也。五曰夷则,所以咏歌九则,平民无贰[78]也。六曰无射,所以宣布哲人之令德,示民轨仪[79]也。为之六间,以扬沈伏,而黜散越[80]也。元间大吕,助宣物[81]也。二间夹钟,出四隙之细也。三间仲吕,宣中气[82]也。四间林钟,和展百事[83],俾莫不任肃纯恪[84]也。五间南吕,赞阳秀[85]也。六间应钟,均利器用,俾应复也[86]。

"律吕不易,无奸物[87]也。细钧有钟无镈[88],昭其大也。大钧[89]有镈无钟,甚大无镈[90],鸣其细[91]也。大昭小鸣,和之道也[92]。和平则久,久固则纯[93],纯明则终[94],终复则乐,所以成政[95]也,故先王贵之。"

王曰:"七律[96]者何?"对曰:"昔武王伐殷,岁在鹑火,月在天驷,日在析木之津,辰在斗柄,星在天鼋[97]。星与日辰之位,皆在北维[98]。颛顼之所建也,帝喾受之[99]。我姬氏[100]出自天鼋,及析木[101]者,有建星及牵牛[102]焉,则我皇妣大姜之侄伯陵之后,逄公之所凭神[103]也。岁之所在,则我有周之分野也,月之所在,辰马[104]农祥也。我太祖后稷之所经纬也,王欲合是五位三所而用之[105]。自鹑及驷七列[106]也。南北之揆七同也,凡人神以数合之,以声昭之[107]。数合声和,然后可同也。故以七同其数,而以律和其声,于是乎有七律。

"王以二月癸亥夜陈[108],未毕而雨。以夷则之上宫[109]毕,当辰。辰在戌上,故长夷则之上宫,名之曰《羽》,所以藩屏民则[110]也。王以黄钟之下宫,布戎于牧之野,故谓之《厉》,所以厉六师[111]也。以太蔟之下宫,布令于商,昭显文德,底纣之多罪,故谓之《宣》,所以宣三王之德[112]也。反及嬴内,以无射之上宫,布宪施舍于百姓,故谓之《嬴乱》,所以优柔容民也[113]。"

郑语(节录)

公曰[114]:"周其弊乎?"对[115]曰:"殆于必弊者也。《泰誓》[116]曰:'民之所欲,天必从之。'今王弃高明昭显,而好谗慝暗昧;恶角犀丰盈[117],而近顽童穷固[118]。去和而取同。夫和实生物,同则不继。以他平他谓之和[119],故能丰长而物归之;若以同裨同[120],尽乃弃矣。故先王以土与金木水火杂,以成百物。是以和五味以调口,刚四支以卫体,和六律以聪耳,正七体以役心[121],平八索以成人[122],建九纪以立纯德[123],合十数以训百体[124]。出千品,具万方,计亿事,材兆物[125],收经入,行姟极[126]。故王者居九畡之田,收经入以食兆民,周训而能用之[127],和乐如一。夫如是,和之至也。于是乎先王聘后于异姓,求财于有方[128],择臣取谏工而讲以多物,务和同也[129]。声一无听,物一无文,味一无果,物一不讲[130]。王将弃是类也而与剸同[131]。天夺之明,欲无弊,得乎?"

上海古籍出版社 1978 年版

【题解】

《周语》主要记录了从穆王开始的西周时期的人物、事迹。本篇所述之事发生于周灵王二十二年(前 550 年),谷水和洛水泛滥,危及到王宫,周灵王准备筑堤坝拦截河水,保卫王宫,太子晋则站在夏、商、周朝代更替的高度,敏锐地感知到社会阶层正处于大变动的时代,而变动的根本原因在于"靖民"还是"乱民",由此劝谏周灵王要顺应天地万物规律,不要"徼乱",这样的结论是通过其"观之《诗》、《书》,与民之宪言"而得出,体现出其将《诗》视作史书的认识高度,后代章学诚"六经皆史"的说法可在此找到渊薮。太子晋把《诗》、《书》与"民之宪言"结合起来,对于我们今天结合现实状况来从事文学研究,知人论世有比较重要的启发意义。

所选《周语下》"单穆公谏铸大钟"及"景王问钟律于伶州鸠"部分,是我国古代最早对乐器、乐律系统的论述,在古代音乐史上有重要地位。这其中,单穆公和伶州鸠都十分重视音乐的"和平"、"适度",强调音乐与社会兴衰、民心向背有十分重要的关系,其提出的"上作器,民备用之,则为和"是他们的核心观点。《左传·昭公二十一年》亦记载此事。

《郑语》中节录的文字主要是郑国史官伯评论周幽王能听取不同意见,他以史官特有的历史纵深感和宏观概括能力从哲学高度对事物的产生、发展的根本规律作了系统阐述。中心思想是"和",即不同事物的对立统一。但又强调"和"与"同"的区别,主张和而不同。这种"和"的思想不断发展,到后来成为我国古代文艺理论中一个重要范畴。

【注释】

1. 谷洛:谷水和洛水,古时的两条河流,在今河南境内。斗,两条河水合流后水势湍急。
2. 壅:筑堤坝拦截河水。
3. 崇:同"宠",宠幸、宠爱之意。畎亩:田间。
4. 靖:治。
5. 无有异:没有什么差别。指由贵族子弟变为田间奴隶,或由普通劳动者变为统治者,都是扰乱百姓或善于治理百姓的结果,这是历史的规律,没有例外。

6. 诗:指《诗经·大雅·荡》。召穆公所作,是用来劝谏周厉王之诗歌。

7. 饰宫:谷、洛二水泛滥将危及王宫,周灵王准备筑堤坝拦河水,保护王宫。

8. 徼(yāo):求取,加速。

9. 度:推度、猜测。

10. 地物:大地河川湖泊,及其中生长的万物。义:通"宜",合适。

11. 民则:治民、抚民的原则和方法。

12. 时动:征调、役使民众不违背农时。

13. 前训:前人遗留下来的告诫、训导之言。

14. 宪言:可效法、借鉴之言,指百姓的议论。

15. 议:通"仪",匹配,比较。比度:比较衡量。

16. 象:天象。文:上述《诗》《书》及民之宪言。

17. 天刑:天之法则。

18. 节:节制,遵从天地万物规律而行。

19. 二十三年:即周景王二十三年,公元前522年。

20. 无射(yì):古代十二律之一,这里指能发出无射音的钟。大林:又称林钟、函钟,十二律之一,这里指以林钟律为宫声的编钟。

21. 重币:指周景王二十一年铸大钱。鲜:少。继:民众维持生活的物品。

22. 积聚既丧:周的臣民继续因铸造大钱而消耗殆尽。生何以殖:财物何以增长。

23. 无射有林,耳弗及:无射钟加上大林钟,声响太大,超过了人耳辨音的程度。

24. 步武:周代以六尺为步,半步为武,指距离很近。

25. 墨丈寻常:墨,五尺。寻,八尺。常,两寻(一丈六尺)。

26. 清浊:音声的高低。

27. 钧:编钟的音域宽度不超过标准乐音。石,120斤为一石。

28. 律度量衡:律,十二律。度,指丈、尺、寻、常、墨等长度单位。量,斗、斛等容量单位。衡,斤、两等重量单位。钟、管等乐器最初都是容器或量器,因此古代以律管来定义度量衡单位,又以标准度量衡来校正音律。

29. 弗及:指不知清浊。不度,不中钧石准则。和,和谐之音。节,法度量衡标准。

30. 听耳:听于耳。观目:观于目。

31. 歆:高兴,心悦诚服。

32. 以殖义方:用来建立合乎礼义的法则。

33. 内:同"纳"。

34. 成事不贰:治理国家的举措使民众不生叛逆之心。

35. 信名:号令有信誉。名,号令。

36. 明以时动:视觉用来观时导行。明,视觉。

37. 成政：修明政事。
38. 殖生：财富增长。
39. 不和：无射、大林钟声不和谐。
40. 转易之名：政令常改。
41. 过慝之度：谬误邪恶的法则。
42. 离民之器二：指铸大钱、铸大钟两件事违背民心。
43. 伶州鸠：伶，乐官。州鸠，人名。
44. 利制：音声悠扬。
45. 保乐：安于音乐。
46. 议：音声悠扬。
47. 革木一声：革鼓一类的乐器声音单一，没有清浊。
48. 赞之：加以修饰。
49. 乐极：乐器的音乐达到最佳状态。
50. 相保：相互和谐。
51. 细大：细，高音。大：低音。
52. 八风：四季中的八方之风。
53. 无滞阴：阴气不郁积。无散阳：阳气不散乱。
54. 嘉生：美好的谷物。繁祉：繁殖。
55. 细过其主：细，指无射发出的声音。主，标准，正音。无射有大林之音，细音超过主音，妨碍了正声。
56. 细抑大陵：高音的无射之音被低音的大林音所抑制。
57. 听声越远：无射之音被低音的大林音侵凌，听之细微遥远。
58. 中德：中庸之德。
59. 中音：中和之音。
60. 比之不度：所奏之音不合法度。
61. 离民：民心离散。
62. 曹好：众人所好。
63. 害金：害民之金，即铸大钱、大钟。
64. 立均出度：树立均钟之木，制定钟音大小标准。
65. 神瞽：古代乐正，能知天道。考：考察。中声：适中的声音。量之以制：用声音制度加以衡量。
66. 度律均钟：依据律吕制定钟的大小轻重。
67. 百官轨仪：百官都遵循律度的要求。
68. 纪之以三：以天、地、人的不同要求为纲纪。
69. 平之以六：用六律对声音平分。
70. 成于十二：完成于十二律吕。
71. 天之道：符合天道。

72. 夫六,中之色:六,天地之中。五色以黄色居中,故曰"中之色"。

73. 宣养六气、九德:宣,遍。六气,自然界的阴阳、风雨、晦明。九德,九功之德,金、木、水、火、土、谷、正德、利用、厚生。

74. 第之:以此递推。

75. 金奏赞阳出滞:金奏,用金属器乐演奏音乐。赞阳,帮助阳气泄出。出滞,蛰伏地下的事物生出来。

76. 修洁百物,考神纳宾:修洁,洗洁。考神纳宾,敬神迎宾。

77. 安靖神人,献酬交酢:人神之间和平共处,人们敬奉神灵,神灵也给人以回报。

78. 九则:九功之则。歌咏九则为人法则,百姓就不会背离。

79. 宣布哲人之令德,示民轨仪:宣扬统治者的道德,让百姓去学习效仿。

80. 以扬沈伏,而黜散越:用六吕,使潜伏不出之气宣扬出来,使过于疏散之气聚拢起来。

81. 元:始。助宣物:帮助万物出生。

82. 宣中气:宣扬潜伏地下的阳气。

83. 和展百事:宣布各种事情。和,宣。展,布。

84. 俾莫不任肃纯恪:俾,使。任肃纯恪,做事迅速恭敬。肃,速。纯,大。恪,敬。

85. 赞阳秀:帮助阳气,万物开花。

86. 均利器用,俾应复也:阴阳用事,万物齐备,均可利用,一切恢复其常道。

87. 不易:不变。奸:侵犯。

88. 细钧有钟无镈:细小之声用钟不用镈。大钟为钟,小钟为镈。

89. 大钧:宫商等宏大之声。

90. 甚大无镈:甚大之声不用镈。

91. 细:丝竹革木之声。

92. 大昭小鸣,和之道也:大声昭明,小声和鸣,这是均平调和之道。

93. 久:持久。纯:纯正。

94. 终:一曲结束。

95. 成政:先秦时期,乐是重要的政事,成就政事。

96. 七律:周有七音,黄钟为宫,太簇为商,姑洗为角,林钟为徵,南吕为羽,应钟为变宫,蕤宾变徵。

97. "武王伐殷"以下几句讲述武王伐纣的年月日时。岁,岁星,古人把岁星运行一周期分为十二等次,一等次为一年。鹑火,十二次之一。天驷,二十八星宿中的房宿。辰,日月交会。星,辰星,水星。天鼋,即玄枵。

98. 北维:北隅。

99. 颛顼:即高阳帝。帝喾:颛顼同族之子高辛。受之:帝喾继颛顼而立。

100. 姬氏:周姓。

101. 析木:十二次之一。

102. 建星及牵牛:均星宿名。

103. 皇妣大姜:周大王之妃,王季之母。伯陵:大姜之祖有逢伯陵。逢公:大姜之侄,有逢伯陵之后。凭神:天鼋为周之姻族依凭。

104. 辰马:即前面的天驷。

105. "我太祖"后两句:周以后稷开始播种百谷,周之先王打算汇合五位和三种祥瑞建立功业。五位,指岁、月、日、星、辰。三所,"逢公之所凭神"、"有周之所分野"、"后稷之所经纬"。

106. 自鹑及驷七列:从鹑火到天驷中间相隔七个星次。

107. "南北"后三句:鹑火到天鼋南北向亦相隔七个星次,七数于人神皆合,用七律之声体现七数。揆:度量。

108. 王:武王。陈:同"阵"。

109. 夷则之上宫:夷则以上的宫声。

110. 藩屏民则:藩卫民众,使合法则。

111. 黄钟之下宫:黄钟以下的宫声,武王在甲子布阵,黄钟对应于子。布戎:布兵。以厉六师:用来整肃六军。

112. 太蔟之下宫:太蔟以下的宫声,武王在牧野决战次日进入商都,太蔟对应于寅。商:商都。底:宣布。三王:太王、季、文王。

113. 嬴内:地名。无射之上宫:无射以上的宫声,无射对应于戌,四月。布宪:颁布宪令。乱:乱辞。

114. 公:郑桓公,名友,周宣王之弟,始封于郑。周幽王八年(前774年)为王室司徒。

115. 对答者乃史伯,即伯阳,是当时西周的太史。

116. 《泰誓》:《尚书·周书》篇名。

117. 角犀:额角入发处呈现隆起之状。丰盈:人面颊丰满。古人认为有这两种面相是忠良正直的人。

118. 顽童:愚昧无知者。穷固:鄙陋、僵化之人。

119. 以他平他:相互矛盾对立的因素经过斗争之后达到统一。他:对立的事物、因素。

120. 以同裨同:以相同的事物、因素相互弥补。裨:补。

121. 七体:七窍,指耳目口鼻等七孔。役:劳役、服务。

122. 八索:指八卦在人体上的对应部位。《周易·说卦》:"乾为首,坤为腹,震为足,巽为股,坎为耳,离为目,艮为手,兑为口。"

123. 九纪:人的内脏,即心、肝、脾、肺、肾、胃、肠、胆、膀胱。

124. 十数:社会中人分十等,即王、公、大夫、士、皂、舆、隶、僚、仆、台。百体:百官的下属。

125. 品:品类、物类。材:通"裁",裁定。兆物:万物。

126. 经:十兆。姟极:最大的数字。姟:又作"畡",十经。
127. 周训:忠信之德的训导。
128. 有方:泛指诸侯各国。
129. 务合同:努力达到和谐而不是苟同。
130. 物一不讲:同一种事物不能进行比较。
131. 剸同:即凭借强权压制,取消对立面的意见,造成表面上的一致状态。剸:"专",专制、专断。

【讲疏】

《国语》是我国最早的一部国别史,全书共21卷,分《周语》、《鲁语》、《齐语》、《晋语》、《郑语》、《楚语》、《吴语》、《越语》八个部分,《晋语》最多。全书起自周穆王,终于鲁悼公,记述了周王朝及诸侯各国之事和君臣、贤哲、时人约500年间的言论,因其内容可与《左传》相参证,所以有"《春秋》外传"之称。内容主要分两类:《周语》、《鲁语》、《郑语》、《楚语》主要记录先贤哲人的言论,侧重从个人修养及个人与国家之间的关系来进行阐述,体现出时人所推崇的个人修养及人格。而《齐语》、《晋语》、《吴语》、《越语》则比较侧重讲述一些历史故事及事件,比较善于选择历史人物的一些精彩言论来说明某些社会问题,如《周语》"召公谏弭谤"一节,通过召公之口,阐明了"防民之口,甚于防川"的著名论题,《国语》重"言"的特征在一定程度上影响了诸子的散文及议论散文的风格,而重"史"的特征则对后世的历史演义有多重影响。

所选《周语下》"太子晋谏饰宫"一节中的事件发生在周灵王二十二年(公元前550年),周灵王当时准备"饰宫",太子晋从夏、商、周更替的高度对周灵王展开劝谏,他通过"观之《诗》、《书》,与民之宪言"而得出,社会大变动的主要依据在"靖民"还是"乱民",这同太子晋本身将《诗》视为是一部重要的史书认识相关,而这同后世章学诚"六经皆史"的观念有渊薮。

在《周语下》中单穆公和伶州鸠的论述中提出了"目之察度"、"目之察色"、"耳之察和"、"耳之察清浊"的观念,区分了感性审美与理性审美,认为审美主体的心理变化首先从耳目对外在事物的感知开始,并由感知上的"和"能导致认知上的"善",音乐作用于人,需要通过"味"、"气"作为中介,即"口内味而耳内声,声味生气",这点与《周语上》提出的"味以行气,气以充志,志以定言,言以出令"说法相互证,后世文论中的"文气"说、"文味"说可在此找到渊薮。

《郑语》中的史伯在论述时提出了"和",强调了"和"与"同"的不同,

"和"是不同事物在一起和谐共存,"同"则强调万物一致,是一种机械的思想,如果"去和而取同",则会"不继",因此要和而不同,才能发展。史伯提出了"去和而取同","夫和实生物,同则不继",将"和"与"同"相对比进行论述,"和"强调的是辩证统一,"同"则是单一无变化,所以强调"和而不同",这才是最高境界。史伯"和"的思想在后世得到充分补充和发展,孔子、师旷等人都有论述,战国时荀子也有发挥,对后世文论有重要影响。

【关键词解读】

和同

"和"与"同"是中国古代哲学的重要命题及范畴,最早见于《国语·郑语》史伯与郑桓公的对话:"去和而取同。夫和实生物,同则不继。以他平他谓之和,故能丰长而物归之;若以同裨同,尽乃弃矣。"上古先人在长期的农耕实践中,认识到宇宙事物是各种矛盾变化的统一体,只有把相同或相反的事物按照其内在的规律和谐有机整合在一起,才能更好地认知事物,推动其发展。"和"并非事物之间的简单叠加,而是事物之间矛盾的有机统一,是"以他平他",即事物间的差异性统一;"同"则要求影响事物变化的各种因素之间相互协调,进而达到某种均衡和统一。"和"可视为某种手段和方式,而"同"可视为最终结果,按此理念来指导农业生产,就能"丰长而物归之";按此理念来治理国家,更能倾听忠言和逆言,从而获得"和乐如一"的政治局面。就具体美学意义上而言,则表明当时的人们已经充分认识到美是和谐多样的统一体,"声一无听,物一无文",单一的声音不能组成和谐的乐音,单一的色彩不能形成物体色彩的丰富性,由此会产生美学及文论上的概念范畴,如轻重、缓急、清浊、高下、哀乐、刚柔等。从先秦时期"和"的基本含义出发,儒家和道家分别确立了"和"作为社会和人格的理想境界,并为后世"和"的美学范畴奠定了基础。

【相关知识链接】

事实上,儒家和道家的"和"存在较大差异,儒家的"和"兼及矛盾对立的两端,强调在阴阳对立同一中取得某种平衡,"刚柔发散,变动相和"(《周易·说卦》)。儒家的"和"相对而言,比较偏重"持中",强调一种对事物居中不偏的主体态度,反对偏执一方,极端化,在此基础上,儒家将"和"视为万物生成的有效机制,并进一步同"仁"结合,赋予其人伦原则,而"礼"是其具体表现形式,"乐和同,礼别异","中庸"则成为"和"的思想方法,"大同社会"成为社会理想,"内圣外王"则成为个体人生的最高价值取向。就哲学上的"和"而言,其意味着多样事物之间的辩证统一;就儒家政治理念而言,其意味着政治上的政通人和;就个体而言,"克己修身"是个体的修为途径,即中庸平和,是个体的最高道德境界,是小人和君子的区分所在。反映在文论上,儒家建立了"思无邪"的伦理批评主张,要求作家以礼为衡量标准,发乎情,止乎礼义,情感要中和,做到"哀而不伤,乐而不淫",从而使对立的审美和谐统一,做到文质相映,尽善尽美,反对偏执,走向极端。

与儒家相对,道家的"和"则建立在古人天人合一的朴素自然观念基础上,以"道"为本,"道"即为"无",认为纷繁对立的事物只有统归于"道",方能达到最高的"和"——天和,"万物负阴而抱阳,冲气以为和"(《老子·第四十二章》)。道为世间独有,其包含阴阳二气,万物在阴气、阳气相交形成的均衡状态中产生,万物背阴而向阳,并且在阴阳二气的互相激荡中而形成新的和谐统一体。道家的"和"在一定程度上是主体无差别的境界,依赖于人的清静无为,主体静养,潜心修德,摒弃外在事物的干扰,从而达到"至美"和"至乐",物我一体的至高境界,而由此形成的"物我"说则充分影响了后世的意境理论。

总体来看,儒家和道家的"和"虽有本质不同,但在后世发展过程中体现出兼收并蓄、相互补充的特质,如《吕氏春秋》就是内道外儒的重要体现,书中所提出"声出于和,和出于适"则体现出道家的重己、养生、贵身等思想。儒家的"中和"观念,到汉代被董仲舒创立的天人感应的神学系统所借用,"和"为天人合一的最高理想,汉代所提出的"温柔敦厚,《诗》教也",宋代理学家所倡导的"存天理,灭人欲"皆是中和对后世产生重要影响的具体体现。

《国语》现存最早的注本,是三国时吴国韦昭的《国语解》(其原序中提及东汉以来各家注本,均已散佚),有天圣明道本(宋明道二年取天圣七年印本重刊)和公序本(宋代宋庠《国语补音》本,庠字公序,故称)。现存《四部备要》排印清代士礼居翻刻本为明道本,其后有清代洪亮吉《国语韦昭注疏》、汪远孙《国语校注本三种》、董增龄《国语正义》及近人徐元诰《国语集解》等版本。

【延伸阅读】

《周语上》中提到周厉王暴虐无道,背离民心,而且禁止人民谤于市,邵公则提出了著名的"防民之口,甚于防川"来说明解决问题之道在疏不在堵,此种观点与《左传·襄公三十一年》有异曲同工之处。其中谈及"天子听政,使公卿至于列士献诗",以及诗、曲、书、箴、赋诵的作用,可以帮助我们了解当时的"献诗"制度和诗乐的政治作用。

《周语中》"文章比象"是"文"与"章"的最早组合,这里指衣服上的花纹图案。"五味实气"的观念,成为了后世"文气说"的先声。"五声昭德"则可看作音乐与政治关系的先声。

《鲁语下》中叔孙穆子的言论可以帮助我们了解古代诗乐的礼仪等级制度。

《晋语六》中借"赵文子冠"以及各子的反应及对话阐明古时君子应有"文德"的含义,即君子的人格修养标准,与《左传·襄公二十七年》互为补充。

《楚语上》中申叔时论及了《春秋》、《诗》等古书对贵族教育的重要性,这对我们理解古代文论中重德、宗道的倾向有重要意义,这种观点比孔子思想早了半个世纪。伍举论台之美,"夫美也者,上下、内外、小大、远近皆无害焉,故曰美"能有助于我们更好理解古代的美学观念。

周语上(节录)

厉王虐,国人谤王。邵公告曰:"民不堪命矣!"王怒,得卫巫,使监谤者,以告,则杀之。国人莫敢言,道路以目。王喜,告邵公曰:"吾能弭谤矣,乃不敢言。"邵公曰:"是障之也。防民之口,甚于防川。川壅而溃,伤人必多,民亦如之。是故为川者决之使导,为民者宣之使言。故天子听政,使公卿至于列士献诗,瞽献曲,史献书,师箴,瞍赋,矇诵,百工谏,庶人传语,近臣尽规,亲戚补察,瞽、史教诲,耆、艾修之,而后王斟酌焉,是以事行而不悖。民之有口,犹土之有山川也,财用于是乎出;犹其原隰之有衍沃也,衣食于是乎生。口之宣言也,善败于是乎兴,行善而备败,其所以阜财用,衣食者也。夫民虑之于心而宣之于口,成而行之,胡可壅也?若壅其口,其与能几何?"王不听,于是国莫敢出言,三年,乃流王于彘。

周语中(节录)

夫王公诸侯之有饫也,将以讲事成章,建大德、昭大物也,故立成礼烝而已。饮以显物,宴以合好,故岁饮不倦,时宴不淫,月会、旬修,日完不忘。服物昭庸,采饰显明,文章比象,周旋序顺,容貌有崇,威仪有则,五味实气,五色精心,五声昭德,五义纪宜,饮食可飨,和同可观,财用可嘉,则顺而德建。古之善礼者,将焉用全烝?

鲁语下(节录)

叔孙穆子聘于晋,晋悼公飨之,乐及《鹿鸣》之三,而后拜乐三。晋侯使行人问焉,曰:"子以君命镇抚弊邑,不腆先君之礼,以辱从者,不腆之乐以节之。吾子舍其大而加礼于其细,敢问何礼也?"对曰:"寡君使豹来继先君之好,君以诸侯之故,贶使臣以大礼。夫先乐金奏《肆夏》、《樊》、《遏》、《渠》,天子所以飨元侯也;夫歌《文王》、《大明》、《绵》,则两君相见之乐也。皆昭令德以合好也,皆非使臣之所敢闻也。臣以为肄业及之,故不敢拜。今伶箫咏歌及《鹿鸣》之三,君之所以贶使臣,臣敢不拜贶?夫《鹿鸣》,君之所以嘉先君之好也,敢不拜嘉?《四牡》,君之所以章使臣之勤也,敢不拜章?《皇皇者华》,君教使臣曰'每怀靡及',诹、谋、度、询,必咨于周,敢不拜教?臣闻之曰:'怀和为每怀,咨才为诹,咨事为谋,咨义为度,咨亲为询,忠信为周。'君贶使臣以大礼,重之以六德,敢不重拜?"

晋语六(节录)

赵文子冠,见栾武子,武子曰:"美哉!昔吾逮事庄主,华则荣矣,实之不知,请务实乎。"见中行宣子,宣子曰:"美哉!惜也,吾老矣!"

见范文子,文子曰:"而今可以戒矣,夫贤者宠至而益戒,不足者为宠骄。故兴王赏谏臣,逸王罚之。吾闻古之王者,政德既成,又听于民,于是乎使工诵谏于朝,在列者献诗使勿兜,风听胪言于市,辨祅祥于谣,考百事于朝,问谤誉于路,有邪而正之,尽戒之术也。先王疾是骄也。"

见郤驹伯，驹伯曰："美哉！然而壮不若老者多矣。"

见韩献子，献子曰："戒之，此谓成人。成人在始与善，始与善，善进善，不善蔑由至矣；始与不善，不善进不善，善亦蔑由至矣。如草木之产也，各以其物。人之有冠，犹宫室之有墙屋也，粪除而已，又何加焉。"

见智武子，武子曰："吾子勉之，成、宣之后而老为大夫，非耻乎！成子之文，宣子之忠，其可忘乎！夫成子导前志以佐先君，导法而卒以政，可不谓文乎！夫宣子尽谏于襄、灵，以谏取恶，不惮死进，可不谓忠乎！吾子勉之，有宣子之忠，而纳之以成子之文，事君必济。"

楚语上（节录）

庄王使士亹傅太子箴，辞曰："臣不才，无能益焉。"曰："赖子之善善之也。"对曰："夫善在大子，大子欲善，善人将至；若不欲善，善则不用。故尧有丹朱，舜有商均，启有五观，汤有大甲，文王有管、蔡。是五王者，皆元德也，而有奸子。夫岂不欲其善，不能故也。若民烦，可教训。蛮、夷、戎、狄，其不宾也久矣，中国所不能用也。"王卒使傅之。

问于申叔时，叔时曰："教之《春秋》，而为之耸善而抑恶焉，以戒劝其心；教之《世》，而为之昭明德而废幽昏焉，以休惧其动；教之《诗》，而为之导广显德，以耀明其志；教之《礼》，使知上下之则；教之《乐》，以疏其秽而镇其浮；教之《令》，使访物官；教之《语》，使明其德，而知先王之务用明德于民也；教之《故志》，使知废兴者而戒惧焉；教之《训典》，使知族类，行比义焉。

"若是而不从，动而不悛，则文咏物以行之，求贤良以翼之。悛而不摄，则身勤之，多训典刑以纳之，务慎惇笃以固之。摄而不彻，则明施舍以导之忠，明久长以导之信，明度量以导之义，明等级以导之礼，明恭俭以导之孝，明敬戒以导之事，明慈爱以导之仁，明昭利以导之文，明除害以导之武，明精意以导之罚,明正德以导之赏,明齐肃以耀之临。若是而不济,不可为也。

"且夫诵诗以辅相之,威仪以先后之,体貌以左右之,明行以宣翼之,制节义以动行之,恭敬以临监之,勤勉以劝之,孝顺以纳之,忠信以发之,德音以扬之,教备而不从者,非人也。其可兴乎?夫子践位则退,自退则敬,不则赧。"

……

灵王为章华之台,与伍举升焉,曰:"台美夫!"对曰:"臣闻国君服宠以为美,安民以为乐,听德以为聪,致远以为明。不闻其以土木之崇高彤镂为美,而以金石匏竹之昌大嚣庶为乐,不闻其以观大、视侈、淫色以为明,而以察清浊为聪。

"先君庄王为匏居之台,高不过望国氛,大不过容宴豆,木不妨守备,用不烦官府,民不废时务,官不易朝常。问谁宴焉,则宋公、郑伯;问谁相礼,则华元、驷𫘧;问谁赞事,则陈侯、蔡侯、许南、顿子,其大夫侍之。先君以是除乱克敌,而无恶于诸侯。今君为此台也,国民罢焉,财用尽焉,年谷败焉,百官烦焉,举国留之,数年乃成。愿得诸侯与始升焉,诸侯皆距,无有至者。而后使大宰启疆请于鲁侯,惧之以蜀之役,而仅得以来。使富都那竖赞焉,而使长鬣之士相焉,臣不知其美也。

"夫美也者,上下、内外、小大、远近皆无害焉,故曰美。若于目观则美,缩于财用则匮,是聚民利以自封而瘠民也,胡美之为?夫君国者,将民之与处;民实瘠矣,君安得肥?且夫私欲弘侈,则德义鲜少;德义不行,则迩者骚离而远者距违。天子之贵也,唯其以公侯为官正,而以伯子南为师旅。其有美名也,唯其施令德于远近,而小大安之也。若敛民利以成其私欲,使民蒿焉忘其安乐,而有远心,其为恶也甚矣,安用目观?

"故先王之为台榭也,榭不过讲军实,台不过望氛祥。故榭度于大卒之居,台度于临观之高。其所不夺穑地,其为不匮财用,其事不烦官业,其日不废时务。瘠硗之地,于是乎为之;城守之木,于是乎用之;官僚之暇,于是乎临之;四时之隙,于是乎成之。故《周诗》曰:'经始灵台,经之营之。庶民攻之,不日成之。经始勿亟,庶民子来。王在灵囿,麀鹿攸伏。'夫为台榭,将以教民利也,不知其以匮之也。若君谓此台美而为之正,楚其殆矣!"

上海古籍出版社1978年版

【思考题】

谈谈你对"和同论"的认识。

李耳　老子

(春秋)李耳

【作者简介】

老子,姓李,名耳,字聃,一字或曰谥伯阳,先秦道家学派创始人。春秋末期楚国苦县(今河南鹿邑县)人,约生活于公元前571年至公元前471年之间,是中国古代伟大的哲学家和思想家,被唐朝帝王追认为李姓始祖,曾在周王朝任掌管典籍之官。晚年隐居,"著书言道德之意五千余言",即《老子》一书,汉以后被称为《道德经》。老子是世界百位历史名人之一,其思想精髓是讲求朴素的辩证法,主张无为而治,在道教中,他被尊奉为始祖,与后世的庄子并称"老庄"。

一　章

道[1]可道[2],非常道[3];名可名[4],非常名。无,名天地之始;有,名万物之母[5]。故常无,欲以观其妙;常有,欲以观其徼[6]。此两者同出而异名,同谓之玄。玄之又玄,众妙之门[7]。

二　章

天下皆知美之为美,斯恶已;皆知善之为善,斯不善已。有无相生,难易相成,长短相形,高下相盈,音声相和,前后相随[8]。是以圣人处无为之事,行不言之教[9],万物作而不为始,生而不有,为而不恃[10],功成而弗居。夫唯弗居,是以不去。

十 一 章

三十辐,共一毂[11],当其无,有车之用[12]。埏埴以为器[13],当其无,有器之用。凿户牖以为室,当其无,有室之用[14]。故有之以为利,无之以为用[15]。

十 二 章

五色令人目盲,五音令人耳聋,五味令人口爽[16],驰骋畋猎,令人心发狂[17],难得之货,令人行妨[18]。是以圣人为腹不为目[19],故去彼取此。

十 六 章

致虚极,守静笃[20]。万物并作,吾以观复[21]。夫物芸芸,各复归其根。归根曰静,静曰复命。复命曰常,知常曰明[22]。不知常,妄作凶[23]。知常容[24],容乃公,公乃全[25],全乃天[26],天乃道,道乃久,没身不殆[27]。

四 十 五 章

大成若缺,其用不弊[28]。大盈若冲,其用不穷[29]。大直若屈,大巧若拙,大辩若讷[30]。躁胜塞,静胜热。清静为天下正[31]。

五 十 六 章

知者不言,言者不知[32]。塞其兑,闭其门,挫其锐,解其纷,和其光,同其尘[33],是谓"玄同"[34]。故不可得而亲,不可得而疏;不可得而利,不可得而害;不可得而贵,不可得而贱[35]。故为天下贵。

八十一章

信言不美,美言不信[36]。善者不辩,辩者不善[37]。知者不博,博者不知。圣人不积[38],既以为人己愈有[39],既以与人己愈多。天之道,利而不害[40];人之道,为而不争。

陈鼓应《老子今注今译》,商务印书馆本

【题解】

《老子》又称《道德经》、《道德真经》、《五千言》、《老子五千文》,对于它的成稿历来众说纷纭,坊间流传的各种版本各有差异,现今通行版《老子》为曹魏时期王弼的注本,分上篇《道经》37章,下篇《德经》44章,共计81章。1973年长沙马王堆3号汉墓出土的两种《老子》帛书手抄本,错误及后人改篡较少,分为甲、乙两本,甲本书写采用篆书,乙本书写采用隶书,是当时内容最优的版本。清代以前,《道德经》版本已有103种之多,迄今为止,相关中文校订本共约三千种。一般认为《老子》一书是道家思想的主要来源,是世界上除《圣经》外被翻译最多的经典著作。

《老子》第一章谈论的重点是"道",用一整章行文来解释"道",可见"道"在老子思想中的绝对中心地位。"道"是老子哲学的理论核心。在老子看来道是客观存在的,先于天地而生,是世界万物变化的客观规律。老子认为世界的本源是道,它又在不断地变化着,天地万物由它创生。人们只能用心去体悟,而无法用语言把握,也无法用任何概念来概括它。

第二章中老子认为只有化生万物的"道"是永恒唯一的,而由"道"生出的各种事物都是相对的。美与丑是相对的,这是用辩证法审美的开始。但老子又认为美丑不是截然对立的,可以相互转化,美的真正实现在于顺应自然。

第十一章中老子论述了"有"与"无"的相互作用。此处举了三个例子:车的作用在于运货载人,器皿的作用在于盛物,室的作用在于居住,这是"有之以为用";但车要有车毂中空的地方用以转轴,器皿要有中间空虚的地方才能盛物,居室要有四壁门窗中空的地方才得以出入透光,才能居住。说明实物和"无"配合时才能产生用处。老子在第一章也论述了"有"与"无"的作用,但是从宇宙宏观的角度论述的,从无到有是由抽象到具体,由"道"生发万物的过程。本章则是利用有形器具来说明,"有"是事物看得见的部分,即其有用性,"无"则是事物看不见的地方,即"有"以外的空虚的地方,一般人们只看得到实在的有用性,却不知有用性是借助于"无"即看不见的空虚的地方才显现出来,"有"只有和"无"相互配合才能产生用处。"有"到"无"也是由"道"向下落实为天地万物的变化过程。老子用"有"与"无"的关系来启发人们超越具体想象进行抽象思维,并引导人们发现事物对立面的相互联系,看到转化的作用。

第十二章中老子认识到审美与感官享乐的关系,意识到过分的感官刺激会导致审美能力丧失。如果把审美混同于感官享乐,会伤害自身的视觉、味觉、听觉和正常的心态,伤害身体和生命。

第十六章中老子提出了"虚静观"。强调应致虚守静。"虚静"是一种不受任何主观或客观因素干扰,专心致志的精神状态,是成心和成见的消解。原本有的成见会使人的心灵闭塞,妨碍对新事物的认识。

第四十五章也在说明"静"的巨大作用,提出"大巧若拙"的命题,并言及顺应自然规律,反对人为造作,深刻触及审美和艺术问题。文中提出,最完满的东西看起来有欠缺,其用不衰;最充盈的东西看起来空虚,其用不尽;最直的东西看起来弯曲,最灵巧的东西看起来笨拙,最好辩的口才看起来口讷,这些都是因为内敛不张扬的缘故。任继愈《老子新译》认为:"这一章讲的是辩证法思想。老子认为有些事物表面看起来是一种情况,实质上又是另一种情况。表面情况和实际情况又是完全相反。在政治上不要有为,只有贯彻无为的原则,才能取得成功。"

第五十六章论及"知"与"言"的关系。老子认为,"知"与"言"是互相矛盾的、辩证的。语言的作用是有限的,而"道"却是无限的,因为它没有形状、声音,看不见摸不着,只是人在宇宙万物的生成变化中抽象出来的观念。知者用心体悟道而不用语言加以描述。如若不懂"道"的特点,试图用语言描述,是不可能的,这样也就无法做知者。"知者不言,言者不知"引申到治国方面则是指"有智慧的人是不会向老百姓施加政令的,向老百姓施加政令的人则不是智者",这体现了老子"无为而治"的思想。

第八十一章论述真善美的关系,美者不真,真者不美,善者不美,美者不善。美与真、善之间存在矛盾,但如果三者都上升到"道"的高度,又可统一。

【注释】

1. 道:天地万物的根源及客观事物运动变化的规律。
2. 可道:可以言说的。
3. 常:永恒的。
4. 名:指称"道"用的各种名称。可名:可以称谓的。
5. 无:指天地间鸿蒙混沌未分时的状态,此时道不能为我们的感官所认识,但是道又能产生天地万物,故用"有"表示道由无形转为有形时的状态。
6. 妙:理之深微。徼:通"皦",光明,引申为"理显"。
7. 同出而异名:道是"常无"和"常有"的统一,故谓此。玄:幽昧深远。
8. 相盈:通行本作"倾",帛书本为"盈",相对。有无、难易、高下、长短都是矛盾双方,矛盾双方是相对而言的。音声:《乐记》:"声成文谓之音。"成文,指形成的节奏。声与音相互依存,即"相和"。
9. 无为:顺应自然。不言:不发号施令。
10. 生而不有:生养万物而不据为己有。为而不恃:孕育万物而不自恃其能。
11. 辐:车轮中连接轴心和轮圈的木条。古时车轮由三十根辐条构成。毂:车轮中心的圆孔,即插轴的地方。
12. 此句意谓:有了车毂中空的地方,才有车的作用。"无",指毂的中空之处。
13. 埏埴:埏,和。埴:土,和陶土做成的器皿。
14. 户牖:门窗。
15. 此句意谓:"有"给人以便利,"无"发挥了它的作用。
16. 五色:青、赤、黄、白、黑。目盲:眼花缭乱。五音:宫商角徵羽。口爽:比喻味觉差失。爽:差错,此指口病。
17. 畋:打猎。心发狂:心意放荡不可制止。
18. 行妨:干坏事。妨,害。
19. 为腹不为目:只求一饱,不纵情于声色。为腹:保己养身。为目:追求各种感官欲望而不惜牺牲自己。
20. 致:通"至",达到。虚:心中空虚无物,指摒除一切杂念,达到空明的状态。静:外无所见,内无所思,凝神内守,专心致志。极、笃:均指极度、顶点。
21. 复:万物的循环往复。
22. 常:永恒不变的规律。明:认识到了万物运动与变化都依据永恒不变的规律,即"明"。
23. 妄作:轻率行动。凶:出差错。
24. 容:包容。
25. 全:王弼本作"王"。全,周全。
26. 天:自然。
27. 没身不殆:终身都不会有危险。

28. 大成：最完满的东西。不弊：不可穷尽。
29. 冲：虚。
30. 屈：曲。大巧若拙：在此欲说明"无为而无不为"的道理。在艺术领域，艺术杰作一方面是艺术家创造出来的，另一方面却又处处显得天然而成，毫无加工造作的痕迹。大巧的实现正是一种审美和艺术的境界。
31. "躁胜"三句：清净克服扰动，寒冷抵御暑热。清净可以使天下安定。
32. 此句意谓：知道的人不说话，说话的人不知道。
33. "挫其锐"四句：不露锋芒，消解纷扰，含敛其光耀，混同于尘世。
34. 玄同：玄妙齐同的境界，即道的境界。王纯甫："玄同者，与物大同而又无迹可见也。"
35. 这几句指：玄同境界超出了亲疏利害贵贱的区别。
36. "信言"二句：真实可信的话语不华美，华美的话语不真实。
37. "善者"二句：有道德的人不善于辞令演说，善于辞令辩说的人没有道德。
38. 积：积蓄。
39. 既：尽，全部拿出。
40. 利而不害：使万物得到好处而不受伤害。

【讲疏】

老子认为，能说得出的道，就不是他所认为的永恒的道，真正永恒的道是不能用语言去说清楚的。而天地万物都是由"道"生发出来，只有"道"是永恒唯一的，它不依靠外在力量，也不存在与它对立的东西。老子对"道"的解释说明扩展了人们的思维，启发人们用抽象思维去思考现实生活以外的东西。运用在文艺方面，则文学艺术也是由"道"产生，反映出老子客观唯心主义的文艺观，而"道"的这种玄妙、不可捉摸的特点也启发人们去进行形象思维。"道"是老子哲学思想中的最高范畴，它既构成世界，也推动世界上万事万物的发展，同时也是万物变化的总规律，在人类社会中，也是人们行为的最高标准，是人们应该去追求的。老子认为对立是存在的，一切事物都在对立关系中产生，但又不是绝对的，而是辩证的，可以相互转化，相辅相成，所以说"有无相生，难易相成，长短相形，高下相盈，音声相和，前后相随"。所以"生而不有，为而不恃"是最好的"为"的做法，顺应自然当为行事准则。由"道"出发老子提到了一些对立名词：如无和有，从无到有是道由无形向下转化为有形的过程。无不是没有，而是隐晦而不显现，因而不能为人们所感知，但它却在不断地产生万事万物，制造世界，它可以向下落实，变为有形之物，这就是从无到有的过程。无中是包含着有的，无和有同时也一直处于不断变化中，从无到有，道就外化为天地万物，不可捉摸的道和实在存在的天地万物由于这个一直不断变化发展的过程而产生联系。老子的论述实际上就是说明万物的本源是"道"，这个道本来是不可言说的，老子为方便称呼，用"道"来称呼它。平常人们在看一个事物时，往往只看到它有用的方面，而忽视它空虚的方面，而往往正是这种空虚的"无"才衬托出有用性的那面，"有"是建立在"无"的基础上的，需要"无"的支撑。老子在此章举例是为了说明：有和无相互依存；无的作用不易被人发现，但其作用很大。老子的"道"就是"有"与"无"的统一。老子重视"无"，但也不忽视"有"的作用。"有之以为利，无之以为用"很好地说明了"有"与"无"的作用。

老子认为人的心境原本就是虚空澄明的状态，由于外在物质生活的干扰而不能保持虚静，所以需要用"致虚极、守静笃"的方法来恢复心灵状态。归根复命是对致虚守静的另一种解释，归根即返本，回归最初状态，这也是致虚想要达到的境界；复命也是说要舍弃由外在事物蒙蔽的内心，恢复原本澄明虚静的本性。"五音"、"五色"等都是物质生活的享受，缤纷色彩只会让人感到眼花缭乱，纷杂的音调也只会让人听觉不敏，过分丰富的食物会使人食不知味，不加节制的狩猎会使人心神放荡不可止，不常得到的稀有物品会妨碍人们的行动。老子认为这些都十分不利于人们的身体和心灵的健康发展，他严厉批评了贵族阶级骄奢淫逸的生活，纵情享受物质欲望，寻求刺激，无法使心灵安宁，体现了老子"无为"的思想。

而"大成"、"大盈"、"大直"、"大巧"等这些看来表面是有缺陷的事物，老子认为这并不影响他们的完美与功用，因为它们的内在都是充盈的。同时具体到人身上，他们也可表示完美人的形态，这种完美的人格从外在上看来都好像有缺陷和瑕疵，但它只是不张扬，而是内敛于生命本体中。反映到文学领域中，则是强调创作要如行云流水、一气呵成，看不出人工斧凿的痕迹，外表上看上去很朴素，实则孕育着很高的艺术价值，因为浑然天成，所以看起来是"大巧若拙"的。

在为人的最高准则方面，老子认为要尽力达到真善美，摒弃假恶丑。"信言不美"、"善者不辩"、"知者不博"三句告诫人们要诚信、要善听、要有一技之长。真实的话由于朴素所以并不华美，反过来华美之言其真实性就有待考量；善者言论不必立名目，而善辩之人的话语就不一定是善德了；对某方面研究深入的人知识不一定广博，反之知识宽泛的人会缺乏对某一方面有深入的研究。老子肯定前者，否定后者。圣人不为自己积累东西，尽力帮助别人，自己反而更充实，这种"为而不争"的做法在老子看来是圣人君子的作为，要"利而不争"，体现老子的"无为"思想。不争并不是无所作为,就像"无为"也并不是无所作为,而是顺势而为,不违背"道"与天性,努力去做符合"道"的事情,却不将结果据为己有,而是让利于天下,这才是"圣人"所为。

【关键词解读】

道

指客观事物运动变换的规律和天地间万物的根源。老子认为道是永恒的,"道可道,非常道",意即可以言说的道就不是永恒的道。老子对语言能否表达概括宇宙规律做了思考,认为语言可以进行言说但不能全部表达,其作用是有限的。"无"和"有"是"道"生发万物的过程,世界产生的过程是从无到有的过程,先是一片混沌未分,一切都处于晦暗状态,然后经过从无形到有形的变化,由"道"生出万物,世界随之产生。

为腹不为目

指只求温饱而不过分追逐耳目之娱。"为腹"即务内,追求心灵内在安宁和谐,建立内心的和谐生活;"为目"则是有违天性,追求外部物质生活享受。"为目"只会让人离"道"越来越远,越来越偏离自己的内心,背离天性,有违自然,最终失去自我。老子认为"为腹"才是圣人的追求和行为标准,物质享受只会破坏天性和这种和谐,要坚决抵制外部诱惑,保持自身内部和谐安宁,这种态度对现代社会的人们有借鉴意义,并在一定程度上对追求质朴文风的创作有启示价值。

致虚极,守静笃

老子认为虚静是人应该达到的最高精神境界。但由于外在事物的打扰,人们的心灵不能达到虚静状态,因而需要通过"致"、"守"的方法,"致"是推致,"守"是守候、保持,"极"、"笃"都是极点、顶点的意思。心灵达到虚静状态,回复到最初原点,才能体悟"道"。

玄同

指玄妙齐同的境界,这是道的最高境界,也是"知者"能达到的境界。要达到这种境界,必须要堵塞欲望,不露锋芒,消解纷扰,和光同尘,这样达到不亲不疏、不利不害、不贵不贱的程度后,天下就会一同了。

知者不博,博者不知

指真正知道某样事物的人知识是不广博的,而知识广博的人缺乏对某样事物的真正认知。老子的观点是肯定知者,反对博者,认为如果在某一方面下苦功夫去做深入研究,那么他就没有精力对方方面面的知识都有所涉猎;反之,如果有人对各种知识都有涉猎,那么他一定不会对其中某一方面的知识有透彻的研究,老子在此强调要专而精。

复命

指舍弃被外在事物蒙蔽的状态,回复到原本澄静安祥的本心世界,"复命"是"静"的另外写照,在一定程度上启发了后世的"虚静"、"涵养"的创作观和鉴赏论。"复命"观念对宋代儒学"复性"观念有重要影响。

【相关知识链接】

老子的哲学思想具有朴素主义倾向,他的着眼点在于使人们安然自处,和谐安宁,因此他提倡"无为",提倡"小国寡民","老死不相往来"。与"无为"思想适应,他提出"道"的概念,在世界之上有一个统摄万物的"道",人们的行为应合于"道",遵守"道"的规律,朴素自然,消解纷争,戒骄戒躁,返璞归真。《老子》一书即是对其本身思想的综合概括。

老子认为"道"生养了万物,但却是为而不恃的,人类世界有了认识以后,产生了许多价值观与对事物的判断,因而随之也就出现了许多偏见与不合理的现象,圣人比一般人更具备"道"的智慧,对"道"的体会和认知更深刻,因而能够懂得如何行事,顺其自然,不违于"道",依照事物自然规律顺势而为,做自己该做的事,守本分却不张扬,"功成而弗居",所以才是圣人。关于对立的论述,老子在第二十二章也有提及,"少则得,多则惑",论述了美与丑的相互转化问题。

老子强调的"虚静"观为道家学派奠定了基础,庄子提出"心斋"、"坐忘"、"绝圣弃智"等命题,也意在强调"静"与"无为",在文学鉴赏方面,从老子的"静"出发,后世有陆九渊提出"涵泳",朱熹提出"沉潜讽诵"等读书治学的方法,成为中国古代文学批评方法中不可缺少的内容。

《老子》中阐述的大量哲学思想,运用到文艺方面,对后来文艺理论发展有重要启发作用。注本主要有:朱谦之《老子校释》,陈鼓应《老子今注今译》,高明《帛书老子校注》,任继愈《老子新译》等。

【延伸阅读】

《老子》共八十一篇,基本围绕无为而治和致虚守静的主题,延伸阅读五章、十章主要涉及虚静的观念,十四章、二十一章、三十五章则涉及"物"与"象"之间的辩证关系,十七章、十九章、二十三章则体现了老子以天然为美的美学观,在二十五章中,提出了"人法地,地法天,天法道,道法自然"的道统和宇宙观。

五 章

天地不仁,以万物为刍狗;圣人不仁,以百姓为刍狗。天地之间,其犹橐籥乎!虚而不屈,动而愈出。多言数穷,不如守中。

十 章

载营魄抱一,能无离乎?专气致柔,能如婴儿乎?涤除玄览,能无疵乎?爱民治国,能无为乎?天门开阖,能为雌乎?明白四达,能无知乎?生之畜之。生而不有,为而不恃,长而不宰,是谓"玄德"。

十 四 章

视之不见,名曰"夷";听之不闻,名曰"希";搏之不得,名曰"微"。此三者不可致诘,故混而为一。其上不皦,其下不昧,绳绳兮不可名,复归于无物。是谓无状之状,无物之象,是谓惚恍。迎之不见其首;随之不见其后。执古之道,以御今之有。能知古始,是谓道纪。

十 七 章

太上,不知有之;其次,亲而誉之;其次,畏之;其次,侮之。信不足焉,有不信焉。悠兮其贵言。功成事遂,百姓皆谓:"我自然。"

十八章

大道废,有仁义;六亲不和,有孝慈;国家昏乱,有忠臣。

十九章

绝圣弃辩,民利百倍;绝伪弃诈,民复孝慈;绝巧弃利,盗贼无有。此三者以为文,不足。故令有所属:见素抱朴,少私寡欲。

二十一章

孔德之容,惟道是从。道之为物,惟恍惟惚。惚兮恍兮,其中有象;恍兮惚兮,其中有物。窈兮冥兮,其中有精;其精甚真,其中有信。自今及古,其名不去,以阅众甫。吾何以知众甫之状哉!以此。

二十三章

希言自然。故飘风不终朝,骤雨不终日。孰为此者?天地。天地尚不能久,而况于人乎?故从事于道者,同于道;德者,同于德;失者,同于失。同于德者,道亦德之;同于失者,道亦失之。信不足焉,有不信焉。

二十四章

企者不立,跨者不行;自见者不明;自是者不彰;自伐者无功;自矜者不长。其在道也,曰:余食赘行。物或恶之,故有道者不处。

二十五章

有物混成,先天地生。寂兮寥兮,独立不改,周行而不殆,可以为天地母。吾不知其名,强字之曰"道",强为之名曰"大"。大曰逝,逝曰远,远曰反。故道大,天大,地大,人亦大。域中有四大,而人居其一焉。人法地,地法天,天法道,道法自然。

三十五章

执大象,天下往。往而不害,安平太。乐与饵,过客止。道之出口,淡乎其无味,视之不足见,听之不足闻,用之不足既。

四十章

反者道之动;弱者道之用。天下万物生于"有","有"生于"无"。

四十一章

上士闻道,勤而行之;中士闻道,若存若亡;下士闻道,大笑之。不笑不足以为道。故建言有之:明道若昧,进道若退,夷道若颣;上德若谷,大白若辱;广德若不足,建德若偷,质真若渝,大方无隅,大器晚成,大音希声,大象无形,道隐无名。夫唯"道",善贷且成。

四十三章

天下之至柔,驰骋天下之至坚。无有入无间,吾是以知无为之有益。不言之教,无为之益,天下希及之。

四十九章

圣人常无心,以百姓心为心。善者,吾善之;不善者,吾亦善之,德善。信者,吾信之;不信者,吾亦信之,德信。圣人在天下,歙歙焉,为天下浑其心,百姓皆注其耳目,圣人皆孩之。

五十五章

含德之厚,比于赤子。蜂虿虺蛇不螫,攫鸟猛兽不搏。骨弱筋柔而握固。未知牝牡之合而朘作,精之至也。终日号而不嗄,和之至也。知和曰"常",知常曰"明"。益生曰祥。心使气曰强。物壮则老,谓之不道,不道早已。

六十二章

道者万物之奥。善人之宝,不善人之所保。美言可以市,尊行可以加人。人之不善,何弃之有?故立天子,置三公,虽有拱璧以先驷马,不如坐进此道。古之所以贵此道者何?不曰:求以得,有罪以免邪?故为天下贵。

陈鼓应《老子今注今译》,商务印书馆本

【思考题】

1. 谈谈你对老子所说"道"的体会,并说说"道"对后世思想界尤其是文学界的影响。
2. 结合文与质的关系,谈谈你对"信言不美,美言不信"的理解。
3. 谈谈你对老子"虚静"观的理解。

孔子　论语

（春秋）孔子

【作者简介】

孔子（前551—前479年），名丘，字仲尼，鲁国陬邑（今山东曲阜）人。孔子是中国古代最伟大的思想家、政治家、教育家，也是第一位最杰出的理论批评家。孔子关于文艺问题的论述总结了我国古代早期文艺思想和美学思想发展的特点，反映了以《诗经》为主的文艺创作在当时社会生活中的重要地位。

学而（节录）

子[1]曰："巧言令色[2]，鲜矣仁！"

子曰："弟子[3]入则孝，出则悌[4]，谨而信，汎爱众，而亲仁[5]。行有余力，则以学文[6]。"

子贡曰："贫而无谄，富而无骄，何如？"子曰："可也。未若贫而乐[7]，富而好礼者也。"子贡曰："《诗》云：'如切如磋，如琢如磨[8]，'其斯之谓与？"子曰："赐[9]也，始可与言《诗》已矣，告诸往而知来者[10]。"

为政（节录）

子曰："为政以德，譬如北辰，居其所而众星共之[11]。"

子曰："《诗》三百，一言以蔽之，曰：'思无邪[12]'。"

子曰:"吾十有五而志于学,三十而立[13],四十而不惑[14],五十而知天命,六十而耳顺,七十而从心所欲,不踰矩。"

子曰:"人而无信,不知其可也。大车无輗,小车无軏[15],其何以行之哉?"

八佾(节录)

孔子谓季氏:"八佾[16]舞於庭,是可忍也,孰不可忍也?"

子夏问曰:"'巧笑倩兮,美目盼兮,素以为绚兮[17]。'何谓也?"子曰:"绘事后素[18]。"曰:"礼后乎?"子曰:"起[19]予者商也!始可与言《诗》已矣。"

子曰:"周监于二代[20],郁郁乎文哉[21]!吾从周。"

子曰:"《关雎》,乐而不淫[22],哀而不伤[23]。"

子语[24]鲁大师[25]乐,曰:"乐其可知也:始作,翕如[26]也;从之,纯如[27]也,皦如[28]也,绎如[29]也,以成。"

子谓《韶》:"尽美矣,又尽善也[30]。"谓《武》[31]:"尽美矣,未尽善也。"

雍也(节录)

子曰:"质胜文则野[32],文胜质则史[33]。文质彬彬[34],然后君子[35]。"

子曰:"君子博学于文[36],约之以礼[37],亦可以弗畔矣夫[38]!"

泰伯(节录)

曾子[39]有疾,孟敬子[40]问之。曾子言曰:"鸟之将死,其鸣也哀;人之将死,其言也善。君子所贵乎道者三:动容貌,斯远暴慢[41]矣;正颜色,斯近信[42]矣;出辞气,斯远鄙倍矣[43]。笾豆之事⁴⁴,则有司存⁴⁵。"

子曰:"兴于《诗》,立于礼,成于乐⁴⁶。"

子路(节录)

子曰:"诵《诗》三百,授之以政,不达⁴⁷;使于四方,不能专对⁴⁸;虽多,亦奚以为?"

宪问(节录)

子曰:"有德者必有言,有言者不必有德。仁者必有勇,勇者不必有仁。"

子曰:"为命⁴⁹,裨谌草创之⁵⁰,世叔讨论之⁵¹,行人子羽修饰之⁵²,东里子产润色之⁵³。"

卫灵公(节录)

颜渊问为邦⁵⁴。子曰:"行夏之时⁵⁵,乘殷之辂⁵⁶,服周之冕⁵⁷,乐则《韶》舞⁵⁸。放郑声⁵⁹,远佞人⁶⁰。郑声淫,佞人殆⁶¹。"

子曰:"巧言乱德⁶²。小不忍,则乱大谋。"

子曰:"辞,达而已矣⁶³。"

阳货(节录)

子曰:"小子何莫学夫《诗》?《诗》,可以兴,可以观,可以群,可以怨⁶⁴。迩之事父,远之事君⁶⁵;多识于鸟兽草木之名⁶⁶。"

子谓伯鱼曰:"女⁶⁷为《周南》、《召南》矣乎?人而不为《周南》、《召南》,其犹正墙面而立也与⁶⁸?"

子曰:"礼云礼云,玉帛云乎哉?乐云乐云,钟鼓云乎哉?"

子曰:"恶紫之夺朱也,恶郑声之乱雅乐也,恶利口之覆邦家者。"

《论语注疏》阮刻《十三经注疏》本

【题解】

《论语》是春秋战国时期一部语录体散文集,主要记载孔子及其弟子的言行。本书是由孔子弟子及再传弟子记录编纂而成。全书共二十篇,四百九十二章。《论语》与《中庸》、《孟子》、《大学》合称"四书",同时与《诗经》、《尚书》、《礼记》、《周易》、《春秋》(即诗、书、礼、易、春秋)并称为"四书五经"。关于"论语"的题意,班固《汉书·艺文志》:"《论语》者,孔子应答弟子、时人及弟子相与言而接闻于夫子之语也。当时弟子各有所记,夫子既卒,门人相与辑而论纂,故谓之《论语》。"《文选·辨命论注》引《傅子》说:"昔仲尼既没,仲弓之徒追论夫子之言,谓之《论语》。"大体可知,"论"即"论纂","语"即"言语",意谓"编纂夫子的言语"。至于刘向《别录》中言:"《鲁论语》二十篇,皆孔子弟子记诸善言也。"邢昺疏:"直言曰言,答述曰语,散则言语可通,故此论夫子之语而谓之善言也。"以及刘熙《释名·释典艺》:"《论语》,记孔子与弟子所语之言也。论,伦也,有伦理也。语,叙也,叙己所欲说也。"刘向和刘熙的解释显然更多为此增加了伦理的相关色彩,不足可信。

【注释】

1. 子:《论语》"子曰"的"子"都是指孔子。
2. 巧言令色:朱注云:"好其言,善其色,致饰于外,务以说人。"即花言巧语,伪善的面貌。
3. 弟子:年纪幼小的人。
4. 入则孝,出则悌:入,指在家。出,指出门。孝:孝敬父母。悌:对长者恭顺。
5. 谨而信,汎爱众,而亲仁:谨,寡言。汎,广泛。亲,近。仁,仁者。
6. 行有余力,则以学文:有剩余精力,就再去学习文献。
7. 贫而乐:皇侃本"乐"下有"道"字。郑玄注云:"乐谓志于道,不以贫为忧苦。"
8. 如切如磋,如琢如磨:两语见于《诗经·卫风·淇奥》。
9. 赐:子贡名。孔子对学生都称名。
10. 告诸往而知来者:"诸",在这里用法同"之"一样。"往",过去的事;"来者",未来的事。
11. 北辰:指北极星。共:同"拱",与《左传》僖公三十二年"尔墓之木拱矣"的

"拱"意义相近,环抱、环绕之意。

12. 《诗》三百:《诗经》实有三百零五篇,"三百"只是举其整数。思无邪:"思无邪"一语本是《诗经·鲁颂·駉》之文,指思想没有不正的东西,孔子借它来评论所有诗篇。

13. 立:站得住,做事有把握。

14. 不惑:掌握了知识,没有疑惑。

15. 輗、軏(ní yuè):古代用牛力的车叫大车,用马力的车叫小车。大车上横木辕的关键叫輗,小车上横木衡的关键叫作軏。

16. 八佾:古代舞蹈奏乐,八个人为一行,一行为一佾。八佾是八行,八八六十四人,只有天子才能用。诸侯用六佾,即六行,四十八人。大夫用四佾,三十二人。四佾才是季氏所应该用的。

17. 倩:面颊长得好。盼:黑白分明。绚:有文采。

18. 绘事后素:素白底上加上文采。

19. 起:启发。

20. 周监于二代:周代典章制度以夏商二代为依据。

21. 郁郁乎文哉:郁郁,繁盛。文:礼仪典制。

22. 乐而不淫:淫,过分。快乐而不过分。

23. 哀而不伤:悲伤却不伤痛至极。

24. 语:告诉。

25. 大师:或指太师,乐官之长。

26. 翕如:翕,合也。指乐声齐鸣的样子。

27. 纯如:音调和谐的样子。纯,和谐貌。

28. 皦如:清晰分明的样子。皦,音节明白。

29. 绎如:连续不断的样子。绎,连续不断。

30. 尽美矣,又尽善:尽美,声音动听。尽善,舞姿完美。

31. 《武》:相传为周武王时乐曲,表达武王伐纣灭商,建立新朝的内容。

32. 质胜文则野:文辞过于粗鄙,就显得粗野。质,质朴。文,文采。

33. 文胜质则史:过分讲究文采,就会流于浮华。史,浮华。

34. 文质彬彬:文雅、朴实兼备。

35. 君子:有德之人。

36. 博学于文:广泛地学习知识。

37. 约之以礼:用礼节来约束自己。

38. 弗畔:不违背大道。弗,不。畔,通"叛",违背。

39. 曾子:孔子学生,名参,字子舆,鲁国鲁城人,小孔子46岁。

40. 孟敬子:鲁国大夫,姓仲孙,名捷,孟武伯之子,谥"敬"。

41. 动容貌,斯远暴慢:慎重仪态,能避免粗暴放肆。远,去声,远离。慢,侮慢,放肆。

42. 正颜色,斯近信:端正脸色,接近信任。

43. 出辞气,斯远鄙倍:言辞从内心发出,能避免鄙陋和悖谬。鄙,鄙陋。倍,同"背",背理。

44. 笾豆:竹子为笾,木头为豆。笾豆为礼器,盛放果实。

45. 有司存:祭祀用的礼器有专门负责的人,不必操心。这里指曾子告诫孟敬子要重大体,忽视礼器等细微末节之事。

46. 兴于《诗》,立于礼,成于乐:兴于《诗》,修身先学《诗》。立于礼,学礼可以正身。成于乐:《论语集解》引包咸注:"乐者,所以成性。"

47. 不达:达,通达。指学诗之后能通达于政事。

48. 使于四方,不能专对:春秋时期,各国大夫聘问,习惯通过赋《诗》言志进行外交上的应对。

49. 为命:应对诸侯,预先准备辞令。

50. 裨谌:郑国大夫。《左传·襄公三十一年》:"裨谌能谋,谋于野则获,谋于邑则否。"草创:起草。

51. 世叔:郑国大夫游吉,字世叔。讨论:就草稿进行审议。

52. 行人:官职名。子羽:郑国大夫公孙挥。《左传·襄公三十一年》:"公孙挥能知四国之为,而辨于其大夫之族姓、班位、贵贱、能否,而又善为辞令。"修饰:语词的增损。

53. 东里:地名,子产的居所。子产:郑国大夫公孙侨,又字子产,又字子美,是当时著名的政治家,可参见《左传·襄公八年》。润色:修饰文辞。

54. 为邦:治理国家。

55. 行夏之时:采用夏朝的历法。

56. 乘殷之辂:乘坐殷朝的大车。辂,殷代的车子,朴实而坚固。

57. 服周之冕:佩戴周代的礼帽。冕:礼制衣冠。

58. 《韶》舞:《韶》乐兼有舞蹈。

59. 放郑声:禁止郑国淫滥的音乐。

60. 远佞人:斥退进谗言的小人。

61. 殆:危险。

62. 巧言乱德:花言巧语会败坏德义。

63. 辞,达而已矣:辞,文辞。达,达意,表达思想感情。

64. 兴:启发,感染。观:观察。群:通过情感交流达到和同、团结。怨:抒发怨气,批评讽谏。

65. 迩之事父,远之事君:迩,近。指《诗》有助于人伦教化,可以用来侍奉父母,服侍君上。

66. 多识于鸟兽草木之名:据顾栋高《毛诗类释》统计,《诗经》中有谷类二十四种,蔬菜三十八种,药物十七种,草有三十七种,花果十五种,木有四十三种,鸟有四十三种,兽有四十种,马类异名二十七种,虫类异名三十七种,鱼有十六种,学《诗》能多认识这些动植物。

67. 女:通"汝"。

68. 正墙面而立:朱熹《论语集注》:"言即至近之地,而一物无所见,一步不可行。"

【讲疏】

《论语》是我国古代最早的语录体散文,记载了孔子及其弟子的语录、言行,由孔子的弟子及其再传弟子编纂保存。主要内容是孔子日常语录,回答弟子提问及弟子间的相互讨论,涉及文化、历史、教育、哲学等领域,内容丰富。孔子的文艺观也在其中得以展现,其中有一些体现在孔子对《诗经》的批评上,《论语》中孔子多次引用《诗经》中的一些诗句,有直接对其作出批评的,也有援引诗句来为其观点服务的。孔子提倡"仁","仁"是其思想的核心,在孔子的论述中对仁的解释有很多,《学而》中提到:"巧言令色,鲜矣仁。"虽然是说不仁的方面,那什么是"仁"也就一目了然了,就是要为人忠厚。

《学而》篇名由取本篇前两字得来,本篇中有介绍学习方法,也有对"仁"的论述,以及对君子修养的看法。孔子十分强调君子的人格修养,要不断提高自己的道德修养,除了学习,还要内省。孔子提倡"中和"之美,"人不知而不愠",在个人修养方面提倡要"敦厚";反对巧言令色,认为这是不仁的表现;要时常自我反省,以防行为出格,他的这一思想贯穿在各个方面。

《为政》篇包括二十四章,内容并不连贯一致,而是涉及各个方面,体现了语录体的特点。该篇主要论述孔子"为政以德"的政治思想,也有关于其他方面的论述,包括学习与修养的关系,诚信的重要性,君子的自我修养与道德标准等。其中"为政以德"、"君子不器"等观点集中体现了儒家的思想,是后世儒家思想体系建立的基础。"德"是孔子思想体系的重要内容,为政要以德,君主要有仁德,个人在日常生活中也要注重道德修养,要有"诚信",言必信,行必果。孔子的德政思想并不只在《为政》篇体现,在其他篇目中也有涉及,作为儒家思想的奠基人,孔子的"德政"思想对后世产生了长远影响,德行成为儒家学派安身立命的重要范畴命题。

孔子的学说中,"礼"占据了很重要的地位。以礼治国、克己复礼是孔子推崇的治国思想,与"仁"、"德"一起构成完整的思想体系,因此在遇到不合礼的现象时,孔子必然要对其进行批判。《八佾》篇共二十六章。孔子在本篇中主要论述了周礼以及遵守礼的重要性,并对"礼崩乐坏"的现象提出严厉批评,希望通过恢复周礼来重整社会秩序。在《八佾》中,孔子强调"仁"对"礼"和"乐"的统帅作用,这种仁义礼乐价值观反映到文学上也体现了孔子对文学种类的取舍,好雅乐,恶郑声,要使《雅》《颂》各得其所。本篇中评价《关雎》"乐而不淫,哀而不伤",是对"思无邪"的阐述和生发。

《雍也》主要论述了孔子对施行仁礼的要求以及崇尚"中庸"的思想,不过分才能达到"文质彬彬"。《雍也》共三十章,内容十分丰富,除了上面提及的思想外,还包括对自我修养的坚持,要自得其乐,同时注意推己及人。在人格修养上孔子认为应内外兼修,达到"文质彬彬"的程度才可以算得上君子。"质"指的是内容,"文"则是文采、形式。重"质"则追求质朴无华,重"文"则强调要有文采,但过于质朴就显得粗鄙直露,过于使用文采又显得虚浮不实。具体到文学方面,则转化为内容和形式的关系,"质"即是思想内容,"文"即文采,内容与形式应该相互依存、相得益彰。孔子评价《韶》"尽善尽美",即是说其内容与形式俱佳。文质理论对后世文学理论有深远影响。

《泰伯》中孔子主要对君子的自身修养及为政观点提出了自己的看法,一切行为都要以"礼"作为依据,否则就会徒劳无功,"故旧不遗",即是要求不要忘记前代遗留下来的礼乐文化。《泰伯》共二十一章,论及历史人物的功绩与其自身道德,从而反映出孔子的判断标准。孔子认为君子应有大义,要胸怀宽广而意志坚毅,要把实现"仁"作为自己的理想。"兴于《诗》,立于礼,成于乐",孔子将《诗》、礼、乐作为个人修养和治理国家的三个阶段,增进个人修养和治理国家,都需要加强学习。首先要学习的就是《诗经》,也即"诗教";其次学习礼,建立礼乐文化制度,也即"礼教";最后要学习音乐,在音乐中受到熏陶教化,也即"乐教"。这三个阶段并不是孤立的,而是相互作用、相互促进,诗、礼、乐相结合,构成了孔子思想体系的主要内容。《诗》和乐都属于文学艺术领域,孔子将其纳入德政体系,也就承认了文学艺术的政教作用。

《子路》篇主要是体现孔子的政治理想以及对君子个人修养的阐述。《子路》共三十章,内容也比较繁杂,无明显主题,但其中仍提出了关于君子德政和个人修养的命题。孔子提到了《诗》的政教作用,学《诗》是为了对治理国家,进行外交有所帮助,但只学而不能用,再多也没用,体现了"学以致用"的学习方法。"和"与"同"的区别是君子和小人的区别。"和"指互相协调,和谐共存,并不要求完全一致,"同"则强调完全一致、千篇一律。中和思想并不是要求"完全一致",而是和谐共存。孔子明确提出《诗经》在政治外交领域内的作用,表明文学艺术在当时的特殊地位,侧面反映出《诗》的"温柔敦厚"及在当时的普及程度。

《宪问》篇主要是孔子对治理国家、个人修养、道德行为的一些看法。其中提到了古之学者与今之学者对于学习态度的区别,指出了学习应是无功利性的,并提出了"以直报怨"的观点。

《卫灵公》篇主要是孔子对君子的行为修养和如何治理国家提出意见。治理国家需要仁人志士,他们是治理国家的重要力量。个人修养方面除了要勤奋,更要知错就改,不文过饰非。《卫灵公》共四十二章,在对君子行为提出要求的同时,还主张看事物要透过现象看本质,有自己的主见,不盲从,不被表象遮蔽,"不以言举人,不以人废言","众恶之,必察焉;众好之,必察焉"。在说明治理国家的方法时,孔子提到音乐用《韶》和《武》,抛弃郑声,认识到音乐的教化作用,并以尽善尽美作为选择音乐的标准。

《阳货》主要记录了孔子的生平事迹,反映出孔子的价值取向和理想追求,与阳货的对话体现出孔子入仕治政的理想与愿望。《阳货》共二十六章,除了表达孔子的政治愿望及追求外,还指出了一些后天习惯养成与改进的观点,"性相近、习相远",提倡在"礼"的教导下养成正确的行为习惯及行为准则。同时,孔子也肯定了《诗经》多方面的作用:美学作用、认识作用、教育作用和社会作用。

【关键词解读】

兴、观、群、怨

出自《论语·阳货》,孔子说"兴于《诗》,立于礼,成于乐"是因为他充分认识到《诗》的作用,可以感染情绪,观察风俗,合群交友,怨刺上政,系统表达了孔子诗教的观点。兴,感发志意,诗歌可以使人精神振奋。观,指诗歌的认识作用,通过诗歌可以观察风俗之盛衰,社会的变迁。群,指诗歌的凝聚作用,可以使人们互相交往,交流感情。怨,朱熹解释为"怨刺上政",可以对现实进行批判。这四个方面同时又互相联系,使人们在思想上引起共鸣后,感发志意,开启心智,增加认识作用,从而得以交流识友,最后归结于政治方面,"迩之事父,远之事君"。朱熹《论语集注》:"学《诗》之法,此章尽之,读是经者所宜尽心也。"在诗的四种作用中,孔子认为"兴"是关键,先要对人们进行感发志意,使人们在思想上有所感悟,才有可能完成其他几方面的作用,可见"兴"是基础。孔子"不学诗,无以言"

等言论也是强调《诗》的感发作用。

文质彬彬

出自《论语·雍也》,是孔子对文质关系的观点,指文采和质朴相得益彰,这才是君子的表现。质朴多于文采就不免粗鄙,文采多于质朴又流于浮华,只有两方面都不过分,互相搭配得当,才能达到最高境界。在文学方面,则体现为内容与形式要有机统一、不可偏废。"质胜文则野,文胜质则史",原本是对人格修养方面的论述,质指的是内在道德,文指道德外化的礼仪修养。彬彬,朱熹解释为:"犹斑斑,物相杂而适均之貌。"想成为君子,必须要内外兼修。此处也可看出文饰与文德的内在联系。文德原本是就君主而言,后来也适用于个人的品德修养。后世将其运用于文学方面时,作为主体论的批评标准,认为文学创作主体自身应该具有高尚的品德修养,作品成就的高低与作者的德行相辅相成。文质并重的要求为后世文人提供了追求内外兼修的人格标准范式,后世将文质关系运用到文学作品中,由创作论引入作品论,成为文学批评方面的重要理论。"尽善尽美"论也可看作是对作品论中"文质关系"的另一种表述。

思无邪

出自《论语·为政》,是对《诗经》思想内容的高度概括,从艺术角度看即是认为其有"中和"之美,孔安国:"乐而不淫,哀而不伤,其言和也。"儒家提倡"中和",无论是个人修养还是治理国家,都要求要适度,恰如其分。反映到文学作品中成为了孔子,也即儒家的文艺美学原则,明郝敬《论语详解》:"声歌之道,和动为本,过和则流,过动则荡。"要求从思想内容到语言形式都不要太直露,而是婉转表达为好。

尽美尽善

这两个词概括了对不同文学作品内容和形式的评价标准。孔子以美和善作为文学批评的标准,认为《韶》是既尽善又尽美,而《武》则是尽美不尽善,并且认为既尽善又尽美是文学作品的最高标准。这里涉及了文学作品的思想和艺术形式的关系,按照孔子的"中和"思想,既具有较高思想性又具有较好艺术性的作品才是上乘之作。《韶》尽善尽美是因为符合儒家伦理道德主张,而《武》缺乏思想性就是因为缺少"德",不符合"礼",可见孔子的文艺思想主要围绕着"仁"与"礼"的思想核心来进行。

【相关知识链接】

《论语》最早成于战国初期,全书二十篇,每篇都以开头两字作为题目,是儒家思想的汇集,汉代"独尊儒术,罢黜百家"后成为经典,后世对其不断进行注疏,注本主要有:魏何晏《论语集解》,梁皇侃《论语义疏》,北宋邢昺《论语义疏》,南宋朱熹《四书集解》,清刘宝楠《论语正义》,近人程树德《论语集释》等,今人杨伯峻有《论语译注》。

孔子所处的时代是中国社会剧烈变化的时代,礼崩乐坏,孔子信奉周礼,认为"礼"是治理国家,维护社会秩序的重要准则,因此提出"克己复礼",要求人们克制欲望遵守礼节。他强烈批评了季氏等越礼的行为。

孔子评价《诗》为"思无邪",主要是从其思想主张出发,认为其代表了儒家正统思想。但后人在对此理解时也掺入了个人理解与时代特征,作出了不同的发挥。汉代学者认为《诗》中之诗都是政治诗,《毛诗大序》中有"《关雎》,后妃之德"的观点。宋代朱熹根据"存天理、灭人欲"又将其理解为是对个人修养提出的要求,由于理学盛行,《诗经》中的有些爱情诗歌被封建士大夫用来当作反面教材,以达到读者内心的"思无邪"。

孔子关于"文质"关系的论述在其他篇章也有提及,"周监于二代,郁郁乎文哉!吾从周"(《八佾》),"文犹质也,质犹文也"(《颜渊》),"夫子之说君子也,驷不及舌。文犹质也,质犹文也。虎豹之鞟,犹犬羊之鞟"(《颜渊》)。到后世,刘勰则发展为"文附质"、"质待文",仍旧强调文质相合,内容与形式并重。

【延伸阅读】

所节录部分,有助于我们更好理解孔子对文质关系,言语、文学和德行关系,礼乐功用的认识。《先进》篇通过孔子与四位学生的对话,清晰地表现出孔子及其各位弟子的性格特点,子路率直,曾皙洒脱,冉有、公西华谨慎,寥寥几语却非常具有叙事性,由此可看出各人的政治观点,也体现出孔子"礼乐治国"的儒教思想。

公冶长(节录)

子贡曰:"夫子之文章,可得而闻也;夫子之言性与天道,不可得而闻也。"

子贡问曰:"孔文子何以谓之'文'也?"子曰:"敏而好学,不耻下问,是以谓之'文'也。"

述而(节录)

子曰:"志于道,据于德,依于仁,游于艺。"
子在齐闻《韶》,三月不知肉味,曰:"不图为乐之至于斯也。"
子所雅言,《诗》、《书》执礼,皆雅言也。
子以四教:文,行,忠,信。
子与人歌而善,必使反之,而后和之。

子罕(节录)

子畏于匡。曰:"文王既没,文不在兹乎?天之将丧斯文也,后死者不得与于斯文也;天之未丧斯文也,匡人其如予何?"
子曰:"吾自卫反鲁,然后乐正,《雅》、《颂》,各得其所。"

先进(节录)

子曰:"先进于礼乐,野人也;后进于礼乐,君子也。如用之,则吾从先进。"
子曰:"从我于陈、蔡者,皆不及门也。"
德行:颜渊,闵子骞,冉伯牛,仲弓;言语:宰我,子贡。政事:冉有,季路。文学:子游,子夏。
子路、曾晳、冉有、公西华侍坐。
子曰:"以吾一日长乎尔,毋吾以也。居则曰:'不吾知也!'如或知尔,则何以哉?"
子路率尔而对曰:"千乘之国,摄乎大国之间,加之以师旅,因之以饥馑;由也为之,比及三年,可使有勇,且知方也。"
夫子哂之。
"求,尔何如?"
对曰:"方六七十,如五六十,求也为之,比及三年,可使足民。如其礼乐,以俟君子。"

"赤,尔何如?"

对曰:"非曰能之,愿学焉。宗庙之事,如会同,端章甫,愿为小相焉。"

"点,尔何如?"

鼓瑟希,铿尔,舍瑟而作,对曰:"异乎三子者之撰。"

子曰:"何伤乎?亦各言其志也。"

曰:"莫春者,春服既成,冠者五六人,童子六七人,浴乎沂,风乎舞雩,咏而归。"

夫子喟然叹曰:"吾与点也!"

三子者出,曾晳后。曾晳曰:"夫三子者之言何如?"

子曰:"亦各言其志也已矣。"

曰:"夫子何哂由也?"

曰:"为国以礼,其言不让,是故哂之。"

"唯求则非邦也与?"

"安见方六七十如五六十而非邦也者?"

"唯赤则非邦也与?"

"宗庙会同,非诸侯而何?赤也为之小,孰能为之大?"

颜渊(节录)

棘子成曰:"君子质而已矣,何以文为?"子贡曰:"惜乎,夫子之说君子也!驷不及舌。文犹质也,质犹文也。虎豹之鞟犹犬羊之鞟。"

曾子曰:"君子以文会友,以友辅仁。"

子路(节录)

子路曰:"卫君待子而为政,子将奚先?"子曰:"必也正名乎!"子路曰:"有是哉,子之迂也。奚其正?"子曰:"野哉,由也!君子于其所不知,盖阙如也。名不正,则言不顺;言不顺,则事不成;事不成,则礼乐不兴;礼乐不兴,则刑罚不中;刑罚不中,则民无所错手足。故君子名之必可言也,言之必可行也。君子于其言,无所苟而已矣。"

季氏(节录)

陈亢问于伯鱼曰:"子亦有异闻乎?"对曰:"未也。尝独立,鲤趋而过庭。曰:'学《诗》乎?'对曰:'未也。''不学《诗》,无以言。'鲤退而学《诗》。他日,又独立,鲤趋而过庭。曰:'学礼乎?'对曰:'未也。''不学《礼》,无以立。'鲤退而学《礼》。闻斯二者。"陈亢退而喜曰:"问一得三。闻《诗》,闻礼,又闻君子远其子也。"

尧曰(节录)

孔子曰:"不知命,无以为君子也;不知礼,无以立也;不知言,无以知人也。"

《论语注疏》阮刻《十三经注疏》本

【思考题】

1. 结合所学知识,谈谈"兴观群怨"说对后世文论产生的影响。
2. 谈谈你对文质关系的理解。
3. 通过"兴于《诗》,立于礼,成于乐",理解孔子的"诗乐"思想。

上海博物馆藏战国竹简 孔子诗论

【作者简介】

　　1994年5月,上海博物馆从香港文物市场购回一批战国时期楚地的竹简,残简、完简大约1200多支,当年秋冬之际,又有香港上博之友朱昌言、董慕节等多位人士出资收购后捐赠给上海博物馆的第二批竹简,共计497枚。经科学检测及分析,这批竹简或为战国晚期楚国贵族墓中的随葬品,其出土地点和时间已不可考,下葬年代大约在距今2200年前,其成书年代当更早,写作者同样不可考。其内容总80余种,包括原存书题20余篇,全部为秦始皇"焚书坑儒"前的原始战国古籍,涉及历史、哲学、宗教、文学、音乐、文字、军事等诸多方面,以儒家类为主,兼及兵家、道家、阴阳家等。

　　简文的重新编排目前学界尚有争议,为更好还原简文原貌,所选简文均注明竹简序列号。同时参照赵逵夫主编《先秦文论全编要诠》予以订正。

　　第一简
　　……行此者,其有不王乎?孔子曰:"诗亡隐志[1],乐亡隐情[2],文亡隐言[3]。"
　　第二简
　　寺[4]也!文王受命[5]矣!"讼,坊德[6]也,多言后[7]。其乐安而迟[8],其诃绅而荡[9],其思深而远,至矣!大夏,盛德也[10],多言
　　第三简
　　也[11],多言难而怨退者也,衰矣,少矣[12]!邦风[13],其内勿[14]也,尃观人谷安[15],大金材安[16]。其言文,其圣善[17]。孔子曰:

"隹[18]能夫？

第四简

曰："《诗》，其犹坊门与[19]？贱民而谷兔之，其用心也将可女？曰邦风氏也[20]。民之又戚惓[21]也，上下之不和者，其用心也将可女？

第五简

氏也[22]。有成工者可女？曰讼氏也[23]！"《清庙》，王德也，至矣！敬宗庙之礼，以为其本；"秉文之德"，以为其业，"肃雍[24]

第六简

多士，秉文之德[25]"，吾敬之；《剌文》曰："乍竞隹人，不显隹德。於呼！前王不忘"，吾敓之[26]；"昊天又城命，二后受之[27]"。贵且显矣！讼……

第七简

……"怀尔明德"，害？城胃之也[28]。"又命自天，命此文王[29]。"城命之也，信矣！孔子曰："此命也夫！文王隹谷[30]也，得乎？此命也。

马承源主编《战国楚竹书（一）·孔子诗论》
上海古籍出版社2001年版

【题解】

上海博物馆藏《战国楚竹书（一）》由上海古籍出版社在2001年12月出版，全篇共有29简。学界普遍认为，《孔子诗论》是孔子讲授《诗经》的文字记录，存于上博简中。关于竹简的作者，多数人认为是孔子，也有人认为是孔子的弟子或再传弟子。马承源将其命名为《诗论》。《诗论》既然是孔子讲授《诗经》的记录，从中可以看出孔子对《诗经》的理解分析、讲授的内容、方法等。《诗论》关注的重点转向了诗歌内容。

【注释】

1. 诗亡隐志：马承源主编《战国楚行书（一）》中"隐"字作"离"字解，今改为"隐"，其后"乐亡隐情，文亡隐言"与此同，特此说明。亡，通"毋"。与"隐志"相对，有"言志"，《尚书·尧典》有"诗言志"，《左传·襄公二十五年》孔子引述古《志》言："言以足志，文以足言。"

2. 乐亡隐情：《礼记·乐记》引师乙语曰："夫歌者直己而陈德也。"又《乐记》："先王……制雅、颂之声以道之，使其声足乐而不流，使其文足论而不息，使其曲直、繁省、廉肉、节奏足以感动人之善心而已矣。""足乐"、"足论"、"足以感动人之善心"可与"乐亡隐情"相印证。

3. 文亡隐言：《论语·季氏》有"言及之而不言谓之隐"，《荀子·劝学》有"可与言而不言谓之隐"，与"文以足言"刚好相辅相成。

4. 寺：通"时"。

5. 文王受命：文王接受上天的旨意。

6. 讼：通"颂"。坊：通"旁"，大的意思。

7. 多言后：多说君主之事。后，君。

8. 安而迟：《颂》诗安静迟缓。

9. 其诃绅而荛：诃，通"歌"。绅，通"伸"，长。荛，通"邈"，远。"其诃绅而荛"即《尚书·尧典》所言"歌永言"。

10. 夏：通"雅"，大夏即《大雅》。《左传·襄公二十九年》吴季札观鲁《大雅》后言："广哉！熙熙乎！曲而有直体，其文王之德乎？"

11. 疑"也"前有脱文"小夏"，其下言"小雅"。

12. 《左传·襄公二十九年》吴季札观鲁《小雅》后言："美哉！思而不贰，怨而不言，其周德之衰乎？犹有先王之遗民焉。"

13. 邦风：即《国风》。

14. 内勿：勿，即物。

15. 専观人谷安：遍观民风民俗。専，通"溥"，遍。谷，通"俗"，人谷，即人俗。安，通"焉"。

16. 大佥材安：即大敛材焉。佥，通"敛"。

17. 其言文，其圣善：圣，通"声"。《荀子·大略》："《（小雅》）其言有文焉，其声有哀焉。"言、声并举，可见诗乐一体的观念，言文着重表达形式，声善强调表达的内容。

18. 佳：通"谁"。

19. 坊门：周凤五《〈孔子诗论〉新释文及注解》解释为旁门，曰："旁门，四通之门。《尚书·尧典》：'辟四门，明四目，达四聪。'《礼记·聘礼》：'孚尹旁达。'《正义》：'旁者，四面之谓也。'"此段言诗有风雅颂，其言志者分贱民、民、成功者。言者身份不同，志从不同门中出也。

20. 贱民：下民。鲦：通"怨"。可女：通"何如"。邦风：国风。氏：通"是"。

21. 又：通"有"。戚倦：忧患。《板》、《荡》、《正月》、《雨无正》均是忧患之作。

22. "氏"上疑缺"雅"字。

23. 工：通"功"。讼：通"颂"。

24. 庿：通"庙"。王德：文王之德。至矣：言文王之德至高无上。敬宗：指周人祭祖以《清庙》为本。业：事。肃雍：《清庙》："肃雍显相，济济多士，秉文之德。"

25. 秉文之德：秉承文王的德业。

26. 《剌文》：即《烈文》，原诗："无竞维人，四方其训之。无竞维德，百辟其刑之。於乎，前王不忘。"剌：通"烈"。隹：通"维"。不显：通"丕显"。敚：通"悦"。

27. 《昊天有成命》中的诗句。二后，即二君，即文王、武王。城：通"成"。

28. 怀尔明德：《诗·大雅·皇矣》："帝谓明王，予怀明德。"害：通"曷"，表疑问，引起下文。城：通"诚"。胃：通"谓"。

29. 《诗·大雅·大明》作"有命自天，命此文王"。

30. 谷：通"欲"。

【讲疏】

《孔子诗论》是从上海博物馆于1994年从香港抢购的一批战国楚地竹简中发现的，由专家学者整理后，2001年上海古籍出版社整理出版《战国楚竹书（一）》。关于该竹简的重新编排问题，学界多有争议，不做更多讨论。本篇主要记载孔子及其弟子的言行，由于期间存在"留白"与"孔子曰"，作者当与《论语》的作者类似，由孔子弟子及再传弟子记录编纂而成，亦有学者认为其撰写者为子羔的可能性最大，可为参考，其成书当在战国中晚期。内容前所未见，主要有：一、孔子对《诗经》的理解以及概括把握，总结诗、乐、文的关系。二、对有些具体篇目的特点进行概括，如《大雅》《小雅》。三、对具体诗歌篇目的解读，主要是提炼主旨，阐发自己的理解以及对诗歌的技巧进行分析。四、《诗论》中出现了众多对后世影响较大的文论批评术语，如"志"、"情"、"性"、"命"、"天命"、"言"、"隐"、"信"、"美"、"善"、"喜"、"色"等，显示出篇名加断语的相关批评范式已经成熟，这点对后世相关诗话、词话批评方式的形成显然产生了较为深远的影响。《诗论》上承春秋时期赋《诗》言志之风，下启两汉《毛诗序》及对《诗经》的阐释经学，充分展现了先秦时期诗学理论的繁荣与发达，其显然具有重要的学术史及思想史研究价值，对后世《诗经》学及孔子研究均具重要的学术价值。

【关键词解读】

诗亡隐志，乐亡隐情，文亡隐言

《孔子诗论》中"诗亡隐志，乐亡隐情，文亡隐言"可看作是孔子文艺思想纲领之一。"诗"指诗歌，"乐"指音乐，"文"可解释为文章、文辞、文字，意思是说"诗歌不隐藏情志，音乐不隐藏感情，文章不隐藏文意"。"诗亡隐志"可与二十简"其隐志必又以俞（晓喻）也"参考，《左传·襄公二十五年》孔子引述古《志》语:"言以足志,文以足言","隐志"与"足志"相对,可看作孔子对"诗言志"更为明确的表述。从诗歌、音乐作为文艺体裁来看,此处的"文"解释为"文章"更为可信。从三者所承载的功能来看,诗歌言志、音乐抒情、文章表意,此可视为孔子对这三种文体较为全面的概括总结。

孔子讲诗与乐相提并论,符合孔子所说"兴于《诗》,立于礼,成于乐"的思想,也反映出当时诗乐合一的状态。关于"诗言志"的说法,上可追溯至《尚书·尧典》"诗言志",此后《左传·襄公二十七年》中赵文子提到"诗以言志",《庄子·天下》有"诗以道志",《郭店楚墓竹简·语丛一》有"诗所以会古今之志也者"的表达,这又为"诗言志"传统的发展提供了较为清晰的发展脉络。

【相关知识链接】

有关《孔子诗论》作者的问题,学界均有不同的看法。马承源先生认为竹简作者是孔子本人,是孔子本人在讲授《诗经》时的记录或手札。但也有人认为不是孔子所作。李学勤先生认为是孔子弟子所作,是对孔子讲授内容的整理。还有人认为既不是孔子本人,也不是孔子的弟子,而是孔子的再传弟子所作的笔记,因为在有些论述前有"孔子曰",认为是孔子的再传弟子更合理。三种说法都各有依据,但有一点可以确定的是,这是孔子讲授《诗经》最直接的材料。

【延伸阅读】

孔鲋(约前264—前208年),字子鱼,又字甲,本名鲋甲,孔子后裔,精通经史,藏书丰富。《孔丛子》共三卷21篇,内容主要记叙孔子及子思、子上、子高、子顺及子鱼(即孔鲋)等人的言行,宋咸曾为该书作注。有关《孔丛子》的作者问题,历代以来争论不休,唐以前认为是孔鲋所作真书,宋代以后历经考证,则多认为是朱熹以后的伪书,但无定论。所选《嘉言》中孔子提出了"以理为尚"和"近类"、"切事"的观点,同时反对"繁辞富说"。而《论书》中的"七观"与"诗可以观"的观点有一致性,其对《尚书》的"《书》之于事也,远而不阔,近而不迫,志尽而不怨,辞顺而不谄"特点的概括,体现了先秦叙事散文的要求。《记义》中记载孔子对《诗经》作品的评述,可与上博简《孔子诗论》相互印证。

孔丛子·嘉言（节录）

宰我问："君子尚辞乎？"孔子曰："君子以礼为尚，博而不要，非所察也；繁辞富说，非所听也。唯知者不失理。"孔子曰："吾于予，取其言之近类也；于赐，取其言之切事也。近类，则足以喻之，切事，则足以惧之。"

孔丛子·论书（节录）

子夏问《书》大义。子曰："吾于《帝典》，见尧、舜之圣焉；于《大禹》、《皋陶谟》、《益稷》，见禹、稷、皋陶之忠勤功勋焉；于《洛诰》，见周公之德焉。故《帝典》可以观美，《大禹谟》、《禹贡》可以观事，《皋陶谟》、《益稷》可以观政，《洪范》可以观度，《泰誓》可以观议，《五诰》可以观仁，《甫刑》可以观诚。通斯七者，则《书》之大义举矣。"

孔子曰："《书》之于事也，远而不阔，近而不迫，志尽而不怨，辞顺而不谄。吾于《高宗肜日》，见德之有报之疾也。苟由其道致其仁，则远方归志而致其敬焉。吾于《洪范》，见君子之不忍言人之恶而质人之美也。发乎中而见乎外以成文者，其唯《洪范》乎？"

孔丛子·记义（节录）

孔子读《诗》，及《小雅》，喟然而叹曰："吾于《周南》、《召南》，见周道之所以盛也。于《柏舟》，见匹夫执志之不可易也。于《淇澳》，见学之可以为君子也。于《考槃》，见遁世之士而不闷也。于《木瓜》，见苞苴之礼行也。于《缁衣》，见好贤之心至也。于《鸡鸣》，见古之君子不忘其敬也。于《伐檀》，见贤者之先事后食也。于《蟋蟀》，见陶唐俭德之大也。于《下泉》，见乱世之思明君也。于《七月》，见豳公之所造周也。于《东山》，见周公之先公而后私也。于《狼跋》，见周公之远志所以为圣也。于《鹿鸣》，见君臣之有礼也。于《彤弓》，见有功之必报也。于《羔羊》，见善政之有应也。于《节南山》,见忠臣之忧世也。于《蓼莪》,见孝子之思养也。于《楚茨》,见孝子之思祭也。于《裳裳者华》,见古之贤者世保其禄也。于《采菽》,见古之明王所以敬诸侯也。"

傅亚庶《孔丛子校释》中华书局新编诸子集成续编本

【思考题】

请谈谈对"诗亡隐志,乐亡隐情,文亡隐言"的认识。

郭店楚墓竹简 性(上)

【作者简介】

郭店楚墓竹简的作者目前不可考。

性(上)(节录)

《诗》、《书》、《礼》、《乐》[1],其始出皆生于人。《诗》,有为为之也[2]。《书》,有为言之也[3]。礼乐,有为举之也。圣人比其类而论会之,观其先后而逆顺之,体其义而节文之,理其情而出入之,然后复以教。教所以生德于中者也。礼作于情,或兴之也[4]。当事因方而制之,其先后之序则宜道也。又序为之节,则文也。致容貌所以文,节也。君子美其情,贵[其义],善其节,好其容,乐其道,悦其教,是以敬焉。……币帛,所以为信与征也,其辞宜其道也[5]。笑,礼之浅泽也。乐,礼之深泽也。

《郭店楚简校读记》(增订本)北京大学出版社 2002 年版

【题解】

本段文字是《性命自出》的一段,李零《郭店楚简校读记》(增订本)将其改为《性》(上、下),上博简(一)的《性情论》与之大体相同,主要涉及对《诗经》等著作的研习方法,还有对其与礼仪、教育关系的讨论。另外还提到了学习这些著作的心得体会,以及对这些著作形式技巧上的分析。

【注释】

1. "六经"在李零《校读记》中均未加书名号,礼、乐在正文中有时指书,有时只是指礼和乐自身,据文意,加上书名号。

2. 有为为之:指出于一定思想情感目的进行诗歌创作,与"诗言志"类同。

3. 有为言之:《书》有相关事件要记述。

4. "礼作"二句:礼产生于情,由情而兴起。

5. "币帛"三句:币帛作为表示诚信与交往的表现,在交往时仍然需要辞令来适当表达。

【讲疏】

郭店竹简是1993年湖北荆门郭店出土的一套竹简,共13000余字。有许多失传文章,其中对"六经"的评价对我们继续了解先秦思想有重大帮助。学者们认为其主要内容可看作是思孟学派,其所述思想位于孔孟之间,成书早于《孟子》,这为今天研究儒家思想提供了新的材料。本篇节文中,有许多代表性观点:"观其先后",了解作品生成时的社会环境,可看作孟子"知人论世"的先言。"逆顺之","体其义而节文之,理其情而出入之"相当于孟子的"以意逆志",由此可见孔孟之间思想的过渡。此外,竹简中对"六经"的评述,对言辩的认知及对性与命、情与礼的探究十分有助于我们了解孔子向孟子过渡期间的儒家文艺发展脉络,对中国哲学、思想史、古文字学、简册制度和书法艺术等方面,具有极其重要的研究价值。

【关键词解读】

《诗》,有为为之

《性》篇认为"《诗》,有为为之",《诗》不是为作诗而作出来的,而是有感情需要表达才作的,这与"诗言志"思想有一脉相承之处。孔子有"兴于《诗》,立于礼,成于乐"的说法,《诗经》本身即是由于抒发感情的需要而作的,读者在学习时,感受到这种内在情绪,因而也会得到启发,感发意志,故可以"兴于诗"。

礼作于情

郭店竹简《性》(上)篇这里主要谈及了礼与情之间的关系,认为礼与情二者之间其实并非对立的关系,相反应当将它们有机结合起来,主张"君子美其情",意思是说在阅读体验中如果能更好地体会诗歌创作和诗歌本身所蕴含的情感,就能更好地理解文学作品。文章还认为"道始于情,情生于性。始者近情,终者近义",而"性"为"喜怒悲哀之气",由此界定了"情"和"性"基本范畴,这种说法早于《毛诗大序》所提出的"情动于中",由此可见其发展的渊薮,"礼作于情"的提法对后世礼与情关系的探讨提供了有价值的借鉴意义。

【相关知识链接】

郭店楚墓竹简于1993年10月,在湖北省荆门市郭店村,郭店一号楚墓M1中发现,竹简共804枚,有字简730枚,共计13000多个楚国文字。楚简中共发现十六篇战国时期的文献,主要以儒家典籍为主,有十二篇,分别为《缁衣》、《鲁穆公问子思》、《穷达以时》、《唐虞之道》、《忠信之道》、《成之闻之》、《尊德义》、《性自命出》、《六德》、《语丛一》、《语丛二》、《语丛三》;道家典籍三篇,分别为《老子》(甲、乙、丙)、《太一生水》、《语丛四》(《说之道》);儒道共同典籍《五行》。其中,《老子》、《缁衣》可见诸传世本,《五行》可见于长沙马王堆帛书,其余均为先秦散佚典籍。郭店楚简的发现,对于研究中国哲学、思想史、古文字学、简册制度和书法艺术等方面,都提供了可贵的资料。郭店楚墓竹简的年代大体被认为是战国时期公元前三百年左右,学术界一般认为其为先秦时期孔孟之间的学术史及思想史(可参见庞朴《孔孟之间》,《中国社会科学》1999年第3期)。

【延伸阅读】

李零(1948—),山西武乡人,北京大学中文系教授,从事先秦考古研究及中国古汉语研究。《郭店楚简校读记》是专门研究郭店竹简的著作,作者在对竹简进行重新修订的过程中,提出了许多创见,对研究竹简乃至儒家思想起到填补空缺的作用。所选性(上)中的诸如"喜怒悲哀之气,性也"、"情生于性"等命题值得关注。

性(上)(节录)

凡人虽有性,心无定志,待物而后作,待悦而后行,待习而后定。喜怒哀悲之气,性也。及其见于外,则物取之也。性自命出,命自天降。道始于情,情生于性。始者近情,终者近义。知情(者能)出之,知义者能入之。

凡声,其出于情也信,然后其入拨人之心也夠。闻笑声,则鲜如也斯喜。闻歌谣,则陶如也斯奋。听琴瑟之声,则悸如也斯叹。观《赉》《武》,则齐如也斯作。观《韶》《夏》,则勉如也斯敛。咏思而动心,胄如也,其居次也久,其反善复始也慎,其出入也顺,始其德也。郑卫之乐,则非其声而从之也。

凡古乐龙心,益乐龙指,皆教其人者也。《赉》《武》乐取,《韶》《夏》乐情。

凡至乐必悲,哭亦悲,皆至其情也。哀、乐,其性相近也,是故其心不远。哭之动心也,浸杀,其烈恋恋如也,戚然以终。乐之动心也,濬深鬱陶,其烈则流如也以悲,悠然以思。

凡忧思而后悲,凡乐思而后忻,凡思之用心为甚。叹,思之方也。其声变,则[心从之]。其心变,则其声亦然。吟,游哀也。噪,游乐也。啾,游声[也]。呕,游心也。喜斯陶,陶斯奋,奋斯咏,咏斯犹,犹斯舞。舞,喜之终也。愠斯忧,忧斯戚,戚斯叹,叹斯辟,辟斯踊。踊,愠之终也。

教(成之闻之)(节录)

是[故]君子之于言也,非从末流者之贵,穷源反本者之贵。苟不从其由,不反其本,未有可得也者。君上享成不唯本,功[弗就矣]。农夫务食,不强耕,粮弗足矣。士成言不行,名弗得矣。是故君子之于言也,非从末流者之贵,穷言反本者之贵。苟不从其由,不反其本,虽强之弗入矣。

《郭店楚简校读记》(增订本)北京大学出版社2002年版

【思考题】

说说《郭店竹简》中的文艺思想对先秦文艺思想的补充作用。

墨翟　墨子

（战国）墨翟

【作者简介】

墨子（约前468—前376年），名翟，战国时鲁国人。出身贫贱，属于庶民阶层，是小生产阶级利益代表者。《史记·孟子荀卿列传》记载："墨翟，宋之大夫，善守御，为节用，或曰并孔子时，或曰在其后。"孙诒让则指出："墨子当与子思并时，而生年尚在其后，当生于周定王之初年，而卒于（周）安王之季。"他曾经在宋国为官，后带着弟子周游列国游说，一生基本处于奔波及贫困之中，他的学说在春秋末及战国初期与以孔子为代表的儒学，并为显学。他反对当时的儒家学说，认为文艺对社会政治不能起到积极的作用，反而会起到消极的作用，反对儒家"文质彬彬"的说法，主张"先质而后文"。墨子的思想主要反映了手工业者与小生产者的利益和要求，具有反对上层贵族压迫剥削的进步意义，但同时又具有狭隘的功利主义倾向。

非乐上（节录）

子墨子[1]言曰：仁之事者，必务求兴天下之利，除天下之害。将以为法乎天下，利人乎，即为，不利人乎，即止。且夫仁者之为天下度也[2]，非为其目之所美，耳之所乐，口之所甘，身体之所安，以此亏夺民衣食之财，仁者弗为也。

是故子墨子之所以非乐者，非以大钟鸣鼓、琴瑟竽笙之声以为不乐也，非以刻镂华文章之色以为不美也[3]，非以刍豢[4]煎炙之味以为不甘也，非以高台厚榭邃野之居以为不安也[5]。虽身知其安也,口知其甘也,目知其美也,耳知其乐也,然上考之不中圣王之事[6],下度之不中万民之利。是故子墨子曰:为乐非也。

今王公大人虽无造为乐器,以为事乎国家[7],非直掊潦水、折壤坦而为之[8]也,将必厚措敛[9]乎万民,以为大钟鸣鼓、琴瑟竽笙之声。古者圣王,亦尝厚措敛乎万民,以为舟车,既以成矣,曰:"吾将恶许用之[10]?"曰:"舟用之水,车用之陆,君子息其足焉,小人休其肩背焉。"故万民出财赍[11]而予之,不敢以为戚[12]恨者,何也?以其反中民之利[13]也。然则乐器反中民之利亦若此,即我弗敢非也。然则当用乐器,譬之若圣王之为舟车也,即我弗敢非也。

民有三患:饥者不得食,寒者不得衣,劳者不得息,三者民之巨患也。然即当为之撞巨钟、击鸣鼓、弹琴瑟、吹竽笙而扬干戚[14],民衣食之财,将安可得乎?即我以为未必然[15]也。意舍此[16]。今有大国即攻小国,有大家即伐小家,强劫弱,众暴寡,诈[17]欺愚,贵傲贱,寇乱盗贼并兴,不可禁止也。然即当为之撞巨钟、击鸣鼓、弹琴瑟、吹竽笙而扬干戚,天下之乱也,将安可得而治与?即我[18]未必然也。是故子墨子曰:姑尝[19]厚措敛乎万民,以为大钟鸣鼓、琴瑟竽笙之声,以求兴天下之利,除天下之害,而无补[20]也。是故子墨子曰:为乐非也。

今王公大人唯毋[21]处高台厚榭之上而视之,钟犹是延鼎也[22],弗撞击将何乐得焉哉?其说将必撞击之[23]。惟勿撞击,将必不使老与迟者[24]。老与迟者,耳目不聪明,股肱不毕强[25],声不和调[26],明不转朴[27]。将必使当年[28],因其耳目之聪明,股肱之毕强,声之和调,眉之转朴[29]。使丈夫为之,废丈夫耕稼树艺之时[30];使妇人为之,废妇人纺绩织纴[31]之事。今王公大人唯毋为乐,亏夺民衣食之财以拊乐[32],如此多也。是故子墨子曰:为乐非也。

今大钟鸣鼓、琴瑟竽笙之声,既已具矣,大人锸然奏而独听之,将何乐得焉哉[33]?其说将必与贱人不与君子[34]。与君子听之,废君子听治[35];与贱人听之,废贱人之从事。今王公大人惟毋为乐,亏夺民之衣食之财以拊乐,如此多也。是故子墨子曰:

为乐非也。

昔者齐康公兴乐万[36]，万人不可衣短褐，不可食糠糟，曰："食饮不美，面目颜色不足视也；衣服不美，身体从容丑赢，不足观也[37]。"是以食必粱肉，衣必文绣。此掌[38]不从事乎衣食之财，而掌食乎人者也。是故子墨子曰：今王公大人惟毋为乐，亏夺民衣食之财以拊乐如此之也。是故子墨子曰：为乐非也。

今人固与禽兽、麋鹿、蜚鸟、贞虫[39]异者也。今之禽兽、麋鹿、蜚鸟、贞虫，因其羽毛，以为衣裘；因其蹄蚤[40]，以为绔[41]屦；因其水草，以为饮食。故唯使雄不耕稼树艺，雌亦不纺绩织纴，衣食之财，固已具矣。今人与此异者也，赖其力者生，不赖其力者不生。君子不强听治[42]，即刑政乱；贱人不强从事，即财用不足。今天下之士君子，以吾言不然，然即姑尝数天下分事，而观乐之害[43]。王公大人蚤朝晏退，听狱治政，此其分事也；士君子竭股肱之力，亶[44]其思虑之智，内治官府，外收敛关市、山林、泽梁之利，以实仓廪府库，此其分事也；农夫蚤出暮入，耕稼树艺，多聚叔[45]粟，此其分事也；妇人夙兴夜寐，纺绩织纴，多治麻丝葛绪，綑布縿[46]，此其分事也。今惟毋在[47]乎王公大人说乐而听之，即必不能蚤朝晏退，听狱治政，是故国家乱而社稷危矣！今惟毋在乎士君子说乐而听之，即必不能竭股肱之力，亶其思虑之智，内治官府，外收敛关市、山林、泽梁之利，以实仓廪府库，是故仓廪府库不实。今惟毋在乎农夫说乐而听之，即必不能蚤出暮入，耕稼树艺，多聚叔粟，是故叔粟不足。今惟毋在乎妇人说乐而听之，即不必能夙兴夜寐，纺绩织纴，多治麻丝葛绪，綑布縿，是故布縿不兴。曰：孰为大人之听治而废国家之从事？曰：乐也。是故子墨子曰：为乐非也。

何以知其然也？曰：先王之书汤之《官刑[48]》有之，曰："其恒[49]舞于宫，是谓巫风。其刑：君子出丝二卫[50]，小人否，似二伯[51]黄径[52]。"乃言曰："呜乎！舞佯佯[53]，黄言孔章[54]，上帝弗常[55]，九有[56]以亡。上帝不顺[57]，降之百殃，其家必坏丧。"察九有之所以亡者，徒从饰乐也。于《武观[58]》曰："启乃淫溢康乐，野于饮食[59]，将将铭[60]，苋磬以力[61]，湛浊于酒，渝食于野[62]，万舞翼翼[63]，章闻于大，天用弗式[64]。"故上者天鬼弗戒，下者万民弗利。是故子墨子曰："今天下士君子，请将欲求兴天下之利，除天下之害，当在乐之为物，将不可不禁而止也。"

非命上（节录）

子墨子言曰：执有命者以襟民间者众[65]。执有命者之言曰："命富则富，命贫则贫；命众则众，命寡则寡；命治则治，命乱则乱；命寿则寿，命夭则夭。命，虽强劲，何益哉？"上以说王公大人，下以驵百姓之从事[66]，故执有命者不仁。故当执有命者之言[67]，不可不明辨。

然则明辨此之说将奈何哉？子墨子言曰：必立仪[68]，言而毋仪，譬犹运钧之上，而立朝夕者也[69]，是非利害之辨，不可得而明知也。故言必有三表。何谓三表？子墨子言曰：有本之者，有原之者，有用之者[70]。于何本之？上本之于古者圣王之事；于何原之？下原察百姓耳目之实；于何用之？废以为刑政[71]，观其中[72]国家百姓人民之利。此所谓言有三表也。

孙诒让《墨子间诂》诸子集成本

【题解】

《非乐》篇表明墨子认识到音乐的审美作用，但却将审美与功利对立起来，认为制造乐器加重人民负担，从事音乐活动耽误生产，欣赏音乐妨碍工作。音乐不能解决民生问题，不能制止侵略行径，故要求禁止音乐。

墨子批评盲目命运观，这种命运观不再重视道德作用，而认为一切皆为天命。墨子发明三表法，即本、原、用的方法，通过考察历史、社会实情并观察其运用于实践的情况，从而判定对错。将三表法运用于文学批评，要求批评者知人论世，结合作者接受的传统和所处的时代环境来分析作品。

【注释】

1. 子墨子：墨家弟子对墨子的称呼。

2. 度:考虑。

3. 刻镂:雕刻。《尔雅·释器》:"金谓之镂,木谓之刻。"华:衍文。文章:图案、花纹。

4. 刍豢:家畜之肉。

5. 厚榭:宽大的亭子。邃野:深邃的屋宇。野:通"宇"。《楚辞·招魂》:"高堂邃宇。"

6. 中:符合。

7. 指王公大人唯以造乐器为国家大事。

8. 捂:耙。本句指制造乐器并非像耙积水,拆除坏墙那么简单。

9. 措敛:即籍敛,税敛。

10. 吾将恶许用之:我将何所用之?

11. 赍:送。

12. 戚:忧痛。

13. 反中民之利:反,通"返",回报。民众出财后有利益回报。

14. 然即:然则。当:如果。扬干戚:挥舞盾斧。

15. 未必然:未必能得到。

16. 意舍此:意,通"抑",或者。暂且撇开这一点。

17. 诈:狡诈之人。

18. "我":后疑脱"以为"二字。

19. 姑尝:姑,且。尝,已经。

20. 补:好处。

21. 毋:无意义。与下文"唯毋撞击"、"唯毋为乐"同。

22. 延鼎:偃覆之鼎,即倒扣的鼎。指钟造出来是为了撞击着来听的,而不是简单成为摆设,不敲它就如同把它倒扣着没有分别。

23. 其说将必撞击之:说,通"悦"。欲得钟声之乐,必先撞击它。

24. 迟:通"稚",幼小。

25. 股肱不毕强:股,大腿。肱,手臂。毕,迅速。指手脚不强壮灵敏。

26. 声不和调:敲钟的声音不均匀。

27. 明不转朴:眼神移动不迅速。明:眼睛。转:转动。朴:猝也,急速。

28. 当年:壮年。

29. 眉:通"明"。

30. 树艺:栽种。

31. 织纴:纺织。

32. 拊乐:打击乐器。

33. "大人"二句:指钟鼓琴瑟竽笙等乐器具备,但王公大人独自铿然演奏而倾听,没有旁人参与,又有何乐趣?

34. 其说将必与贱人不与君子:孙诒让《墨子间诂》认为"不与君子"中"不"为后

人不晓文意而妄加:"此疑当作'不与贱人必与君子'谓所与共听者,非贱人则君子也。"

35. 听治:处理政务。
36. 齐康公兴乐万:齐康公,名贷,齐国国君,约公元前4世纪在位。兴:作。万:万舞,古乐舞之名。
37. 从容:举动仪态。不足视:不好看。
38. 掌:通"常"。
39. 蜚鸟、贞虫:蜚,通"飞",蜚鸟即飞鸟。贞,通"征",征虫即昆虫。
40. 蚤:通"爪"。
41. 绔:《说文解字》:"绔,胫衣也。"
42. 不强听治:强,勉力。听治,即下文"听狱治政",管理国家。
43. "今天下之士君子"下四句:分事,本分之事。指如有不同意我看法的,姑请对照下列各种人的本分之事,他们不做本分之事而去观乐的危害。
44. 亶:通"殚"。
45. 叔:即菽,大豆。
46. 緅布縿:緅,织。縿,《礼记》郑玄注:"縑也,縿读如纳。"
47. 在:居。即位居王公大人之位。
48. 官刑:商汤对百官制定的刑法。
49. 恒:常。
50. 君子出丝二卫:卫,读为纬。指有职位的人罚丝二束。
51. 似二伯:似,以。伯,通"帛"。没有职位的不出丝,罚帛二匹。
52. 黄径:尹桐阳《墨子新释》认为"黄径"即"黄经"。
53. 舞佯佯:佯佯,众多的样子。《诗经·鲁颂·閟宫》:"万舞佯佯。"
54. 黄言孔章:黄读为"簧"。《文选·长笛赋》李善注:"大笙谓之簧。"言,《尔雅·释乐》:"大箫谓之言。"孔,很,甚。"黄言孔章"指笙箫的乐声彰显让人听闻。
55. 上帝弗常:常,王引之认为读为尚。指上天并不保佑。
56. 九有:九州或九域。
57. 上帝不顺:顺,依徇。指不依徇天命。
58. 《武观》:《尚书》逸篇名。武观,即五观或五子,启的儿子,太康的昆弟,今《尚书》有《五子之歌》。
59. 野于饮食:即饮食于野,在郊野举行宴会。
60. 将将铭:将将,指锵锵,金石器乐发出的声音。
61. 苋磐以力:致力于管乐。毕沅以为苋为莞之误,莞,即管。
62. 湛浊于酒,渝食于野:湛浊,沉湎,饮酒无度。渝,孙诒让认为当作"偷",苟且的意思。全句指苟且于郊外宴饮之所。
63. 翼翼:盛大的样子。
64. 天用弗式:孙诒让认为本句句意为"万舞之盛,显闻于天,天弗用之"。《尔雅·释言》："式,用也。"

65. 执:持,主张。有命:有决定人世祸福的命运存在的学说。襍:"杂"的异体字,杂处。

66. 狙:通"阻",阻止。

67. 当:对。

68. 立仪:确立准则。

69. 运:转动。钧:制作陶瓷所用的转轮。立:定。

70. 本:向上溯源。原:向下推究、考察。用:实践、应用。

71. 废以为刑政:把言论应用于刑狱和政务。废:孙诒让《墨子间诂》引王念孙："废读为发。"

72. 中:符合。

【讲疏】

西周末年由于君臣无道,政治腐败,传统的赏善罚恶等天命观受到怀疑,不受人的行为所左右的盲目命运观产生,这种命运观否定人的主观能动作用,导致人不努力而容易放纵,受到墨子的批评,认为这些是昏君的借口。墨子作为小生产者利益的代表者,认为在"饥者不得食,寒者不得衣"的社会中,繁乐会使得"废君子听",沉溺于骄奢淫逸的生活当中,不利于治理国家,所以提出"非乐"的主张。反映到文艺方面则是"先质后文",反对空言无物,华而不实,否定音乐作为艺术的审美作用。他将艺术与生产对立起来,认为音乐活动既不能创造劳动产品以为民利,也不能除害,反而是在浪费资源,挥霍农民的劳动成果,所以坚决抵制音乐。墨子的这种思想主张一方面批判了当时贵族阶级的荒淫;另一方面也极具功利主义思想,否定了音乐的艺术审美作用,既有进步意义,也有片面之嫌。

【关键词解读】

言有三表

这一术语出自《墨子·非命上》,《非命中》有"言有三法"的论述,墨子用"三表法"来反驳"有命论",即"本""原""用",所谓"本"即"上本之于古者圣王之事","原"即"下原察百姓耳目之实","用"即"废以为刑政,观其中国家百姓人民之利"。三表法除了可以让人们判断事物正确与否,还成为衡量学术价值的重要方法,它强调衡量文学要以是否对国家社会人民有利为标准,要借古鉴今并在实践中检验。注重主体的经验,包括直接经验(古者圣王之事)与间接经验(百姓耳目之实),并重视实际功用。

先质后文

这是墨子文艺思想的重要方面,也是墨子反对儒家思想的一个重要方面,儒家肯定文艺对社会的积极作用,主张"文质并茂",墨子则认为文艺对社会政治的作用是消极的,主张"先质而后文"。墨子并非全部否定文艺的娱乐作用,但首先注重的是文艺的功利作用,文艺首先要对社会有功利作用,其娱乐作用才值得被肯定。墨子主要是从小生产阶级的利益出发,批判贵族阶级不顾百姓疾苦,对百姓的三患"饥者不得食,寒者不得衣,老者不得息"视而不见,贵族阶级将音乐作为享乐工具,而音乐"不中万民之利",不能解决百姓"三患",所以必然受到墨子的批判。由此出发,墨子提出了"非乐"的重要命题,墨子主张"非乐",即认为音乐有害,会使统治者沉迷其中,而疏于治国。但墨子在论述音乐的害处时恰恰也是通过歌舞的形式表现出来的,可见墨子认为正确的音乐形式可以为"国家邑里万民刑政"服务。

【相关知识链接】

墨家学说在春秋战国时是一门显学,甚至达到与儒家并列的程度,在当时"非儒即墨"。《韩非子·显学》:"儒之所至,孔子也;墨之所至,墨子也。"墨家学说在思想方面与儒家是对立的,墨子身处孔子之后的时代,看到儒家学说的不足之处,提出了包括"兼爱"、"尚贤"、"非攻"、"非命"、"非乐"等命题,针砭时弊,具有很强针对性,它代表了小生产者的利益,体现出鲜明的功利主义倾向。但同样,阶级立场以及与儒家学说的对立使得墨子学说在封建君主时代不受重视。

《墨子》注本主要有:孙诒让《墨子间诂》,吴毓江《墨子校注》,王闿运《墨子注》等。

墨子之后,墨家逐渐分离为几派,并逐渐衰微。但在哲学尤其逻辑学方面有重要贡献,"以名举实,以辞抒意,以说出故"的三种方法成为论辩中的重要方法,并提出了相关逻辑方法:或、假、效、辟、侔、援、推、同、异,对后世哲学文学艺术都有重要影响。

【延伸阅读】

《三辩》表达了墨子对"圣王无乐"的看法,圣王虽然也用乐,但治理国家的重心并不在这里。《天志中》提出了衡量"言谈"、"文学"的三观法,即"观其行"、"观其言谈"、"观其刑政"均须顺天之意。《非命中》的"言有三法"可视作《非命上》中的"言有三表"的进一步阐释。《小取》中就"名实"问题,提出了"辟、侔、援、推"的推理方法。《公孟》进一步否定了音乐的积极作用。

三辩(节录)

程繁问于子墨子曰:"夫子曰'圣王不为乐。'昔诸侯倦于听治,息于钟鼓之乐;士大夫倦于听治,息于竽瑟之乐;农夫春耕夏耘,秋敛冬藏,息于聆缶之乐。今夫子曰:'圣王不为乐',此譬之犹马驾而不税,弓张而不弛,无乃非有血气者之所不能至邪?"

子墨子曰:"昔者尧舜有茅茨者,且以为礼,且以为乐。汤放桀于大水,环天下自立以为王,事成功立,无大后患,因先王之乐,又自作乐,命曰《护》,又修《九招》。武王胜殷杀纣,环天下自立以为王,事成功立,无大后患,因先王之乐,又自作乐,命曰《象》;周成王因先王之乐,又自作乐,命曰《驺虞》。周成王之治天下也,不若武王;武王之治天下也,不若成汤;成汤之治天下也,不若尧舜。故其乐愈繁者,其治愈寡。自此观之,乐非所以治天下也。"

程繁曰:"子曰:'圣王无乐',此亦乐已,若之何其谓圣王无乐也?"

子墨子曰:"圣王之命也,多寡之。食之利也,以知饥而食之者智也,因为无智矣。今圣有乐而少,此亦无也。"

天志中(节录)

是故子墨子之有天之,辟人无以异乎轮人之有规,匠人之有矩也。今夫轮人操其规,将以量度天下之圜与不圜也,曰:"中吾规者,谓之圜;不中吾规者,谓之不圜。"是以圜与不圜,皆可得而知也。此其故何?则圜法明也。匠人亦操其矩,将以量度天下之方与不方也,曰:"中吾矩者,谓之方,不中吾矩者,谓之不方。"是以方与不方,皆可得而知之。此其故何?则方法明也。故子墨子之有天之意也,上将以度天下之王公大人为刑政也,下将以量天下之万民为文学、出言谈也。观其行,顺天之意,谓之善意行;反天之意,谓之不善意行。观其言谈,顺天之意,谓之善言谈;反天之意,谓之不善言谈。观其刑政,顺天之意,谓之善刑政;反天之意,谓之不善刑政。故置此以为法,立此以为仪,将以量度天下之王公大人、卿大夫之仁与不仁,譬之犹分黑白也。

是故子墨子曰:"今天下之王公大人、士君子,中实将欲遵道利民,本察仁义之本,天之意不可不顺也。顺天之意者,义之法也。"

非命中(节录)

子墨子言曰:凡出言谈、由文学之为道也,则不可而不先立义法。若言而无义,譬犹立朝夕于员钧之上也,则虽有巧工,必不能得正焉。然今天下之情伪,未可得而识也,故使言有三法。三法者何也?有本之者,有原之者,有用之者。于其本之也,考之天鬼之志、圣王之事;于其原之也,征以先王之书;用之奈何?发而为刑。此言之三法也。

小取(节录)

夫辩者,将以明是非之分,审治乱之纪,明同异之处,察名实之理,处利害,决嫌疑。焉摹略万物之然,论求群言之比。以名举实,以辞抒意,以说出故,以类取,以类予。有诸己不非诸人,无诸己不求诸人。

或也者,不尽也。假者,今不然也。效者,为之法也;所效者,所以为之法也。故中效,则是也;不中效,则非也,此效也。辟也者,举也物而以明之也。侔也者,比辞而俱行也。援也者,曰:子然,我奚独不可以然也?推也者,以其所不取之,同于其所取者,予之也。是犹谓也者,同也。吾岂谓也者异也。

夫物有以同而不,率遂同。辞之侔也,有所至而正。其然也,有所以然也;其然也同,其所以然不必同。其取之也,有所以取之。其取之也同,其所以取之不必同。是故辟、侔、援、推之辞,行而异,转而危,远而失,流而离本,则不可不审也,不可常用也。故言多方,殊类异故,则不可偏观也。

夫物或乃是而然,或是而不然,或一周而一不周,或一是而一不是也,不可常用也。故言多方,殊类异故,则不可偏观也。非也。白马,马也;乘白马,乘马也。骊马,马也;乘骊马,乘马也。获,人也;爱获,爱人也。臧,人也;爱臧,爱人也。此乃是而然者也。

获之亲,人也,获事其亲,非事人也。其弟,美人也;爱弟,非爱美人也。车,木也;乘车,非乘木也。船,木也;人船,非人木也。盗人,人也;多盗,非多人也;无盗,非无人也。奚以明之?恶我盗,非恶多人也;欲无盗,非欲无人也。世相与共是之。若若是,则虽盗人人也,爱盗非爱人也,不爱盗非不爱人也,杀盗人非杀人也,无难盗无难矣。此与彼同类,世有彼而不自非也,墨者有此而非之,无也故焉,所谓内胶外闭,与心毋空乎,内胶而不解也。此乃是而不然者也。

且夫读书,非好书也。且斗鸡,非鸡也;好斗鸡,好鸡也。且入井,非入井也;止且入井,止入井也。且出门,非出门也;止且出门,止出门也。若若是,且夭,非夭也,寿夭也。有命,非命也;非执有命,非命也。无难矣。此与彼同类,世有彼而不自非也,墨者有此而罪非之,无也故焉,所谓内胶外闭与心毋空乎,内胶而不解也。此乃是而不然者也。

爱人,待周爱人,而后为爱人。不爱人,不待周不爱人,不周爱,因为不爱人矣。乘马,不待周乘马,然后为乘马也。有乘于马,因为乘马矣。逮至不乘马,待周不乘马,而后为不乘马。此一周而一不周者也。

居于国,则为居国;有一宅于国,而不为有国。桃之实,桃也;棘之实,非棘也。问人之病,问人也;恶人之病,非恶人也。人之鬼,非人也;兄之鬼,兄也。祭人之鬼,非祭人也;祭兄之鬼,乃祭兄也。之马之目盼,则为之马盼;之马之目大,而不谓之马大。之牛之毛黄,则谓之牛黄;之牛之毛众,而不谓之牛众。一马,马也;二马,马也。马四足者,一马而四足也,非两马而四足也。一马,马也。马或白者,二马而或白也,非一马而或白。此乃一是而一非者也。

公孟（节录）

子墨子谓公孟子曰："丧礼，君与父母、妻、后子死，三年丧服；伯父、叔父、兄弟期，族人五月；姑、姊、舅、甥皆有数月之丧。或以不丧之间，诵《诗》三百，弦《诗》三百，歌《诗》三百，舞《诗》三百。若用子之言，则君子何日以听治？庶人何日以从事？"

公孟子曰："国乱则治之，国治则为礼乐。国治则从事，国富则为礼乐。"子墨子曰："国之治，治之废，则国之治亦废。国之富也，从事，故富也；从事废，则国之富亦废。故虽治国，劝之无餍，然后可也。今子曰'国治则为礼乐，乱则治之'，是譬犹噎而穿井也，死而求医也。古者三代暴王桀、纣、幽、厉，蘜为声乐，不顾其民，是以身为刑僇，国为戾虚者，皆从此道也。"

子墨子曰："问于儒者：'何故为乐？'曰：'乐以为乐也。'"子墨子曰："子未我应也。今我问曰：'何故为室？'曰：'冬避寒焉，夏避暑焉，室以为男女之别也。'则子告我为室之故矣。今我问曰：'何故为乐？'曰：'乐以为乐也。'是犹曰：'何故为室？'曰：'室以为室也。'"

子墨子谓程子曰："儒之道足以丧天下者，四政焉。儒以天为不明，以鬼为不神，天、鬼不说，此足以丧天下。又厚葬久丧，重为棺椁，多为衣衾，送死若徙，三年哭泣，扶后起，杖后行，耳无闻，目无见，此足以丧天下。又弦歌鼓舞，习为声乐，此足以丧天下。又以命为有，贫富寿夭、治乱安危有极矣，不可损益也。为上者行之，必不听治矣；为下者行之，必不从事矣。此足以丧天下。"

孙诒让《墨子间诂》诸子集成本

【思考题】

1. 谈谈你对墨子"本原用"方法的理解，并说说其对后世文学理论的影响。

2. 辩证地说说墨子的"非乐"思想对中国文论的影响。

管仲 管子

(春秋)管仲

【作者简介】

管仲(约前723—前645年),名夷吾,字仲,世称管子。春秋时期齐国名相,也是著名的思想家,军事家,颍上(今安徽颍上)人,与鲍叔牙交好,曾一起经商,后得鲍叔牙举荐,成为齐国宰相,助齐桓公成为春秋霸主,被誉为"春秋第一相"。《论语·宪问》:"桓公九合诸侯,不以兵车,管仲之力也。如其仁,如其仁。"《管子》一书思想庞杂,涉及道、名、法等诸家,以及天文、历数、自然、农业等知识,全书共二十四卷,原有八十六篇,现存七十六篇。

五辅(节录)

五经既布,然后逐奸民,诘诈伪,屏谗慝,而毋听淫辞,毋作淫巧[1]。若民有淫行邪性,树为淫辞,作为淫巧,以上谄君上,而下惑百姓,移国动众,以害民务者,其刑死流[2]。故曰:凡人君之所以内失百姓,外失诸侯,兵挫而地削,名卑而国亏,社稷灭覆,身体危殆,非生于谄淫者,未之尝闻也[3]。何以知其然也?曰:淫声谄耳,淫观谄目,耳目之所好谄心,心之所好伤民,民伤而身不危者,未之尝闻也。

心术上(节录)

道在天地之间也,其大无外[4],其小无内[5],故曰:不远而难极也[6]。虚之与人也无间[7],唯圣人得虚道,故曰:并处而难得[8]。世人之所职者精[9]也,去欲则宣[10],宣则静矣;静则精,精则独立[11]矣;独则明[12],明则神[13]矣。神者至贵[14]也,故馆不辟除[15],则贵人不舍[16]焉,故曰:不洁则神不处。人皆欲知,而莫索之[17],其所以知,彼[18]也,其所以知,此[19]也。不修[20]之此,焉能知彼?修之此,莫能虚[21]矣。虚者无藏[22]也,故曰:去知则奚率求[23]矣,无藏则奚设矣[24]。无求无设则无虑,无虑则反复虚矣。

天之道,虚其无形。虚则不屈,无形则无所位赶[25];无所位赶,故偏流万物而不变。德者,道之舍[26]。物得以生,生知得以职道之精[27]。故德者,得也;得也者,其谓所得以然也。以无为之谓道,舍之之谓德,故道之与德无间,故言之者不别也。间之理者,谓其所以舍也。义者,谓各处其宜也。礼者,因人之情,缘义之理,而为之节文者也[28]。故礼者,谓有理也;理也者,明分以谕义之意也。故礼出乎义,义出乎理,理因乎宜者也。法者,所以同出不得不然者也,故杀僇禁诛以一之也。故事督乎法,法出乎权,权出乎道。道也者,动不见其形,施不见其德,万物皆以得,然莫知其极,故曰:可以安而不可说也。莫人言,至也;不宜言,应也[29]。应也者,非吾所设,故能无宜也。不顾言,因也。因也者,非吾所所顾,故无顾也。不出于口,不见于色,言无形也;四海之人,孰知其则,言深囿也。

心术下(节录)

形不正者德不来[30],中不精者[31]心不治。正形饰德,万物毕得。翼然自来,神莫知其极。昭知天下,通于四极,是故曰:无以物乱官,毋以官乱心,此之谓内德[32]。是故,意气定,然后反正。气者,身之充也;行者,正之义也。充不美,则心不得;行不正,则民不服[33]。是故,圣人若天然,无私覆也;若地然,无私载也。私者,乱天下者也。

凡物载名而来,圣人因而财之[34],而天下治,实不伤,不乱于天下而天下治。专于意,一于心,耳目端,知远之证³⁵。能专乎？能一乎？能毋卜筮而知凶吉乎？能止乎？能已乎？能毋问于人,而自得之于己乎？故曰:思之思之,不得,鬼神教之。非鬼神之力也,其精气之极也。一气能变曰精³⁶,一事能变曰智。慕选者,所以等事也;极变者,所以应物也³⁷。慕选而不乱,极变而不烦,执一之君子。执一而不失,能君万物。日月之与同光,天地之与同理。

戴望《管子校正》中华书局诸子集成本

【题解】

《五辅》强调本,主张去末,反对"淫辞"、"淫巧"、"淫声"、"淫观",固然有其积极的一面,从文化角度看,这种观点对后世文学强调"言之有物"和反对形式主义有一定积极作用,但忽视文学的语言技巧与表现艺术,是片面的。

《心术》篇所谓"心术",即心的功能。唐成玄英疏:"术,能也。心之所能,谓之心术也。"古代人以心为思维器官,并认为心是人体的主宰,因此以心比君。本文在着重论述心的功能及其活动原则时,也探讨了人君的治国方法和驾驭群臣的方法。

在论述心的修养时,强调专心一意,不仅运用了"道"这一概念,而且运用了"气"、"精气"、"意气"等概念,它们互相通用。这些术语对庄子、孟子、荀子"气"的理论以及曹丕的"文气"说都产生了直接的影响。

【注释】

1. 淫辞:夸大失实的言辞。淫巧:淫奢性的作品。这些都是有碍于治国的末业,应该禁绝。

2. 其刑死流:要处以死刑或流刑。死流:指死刑和流刑。

3. "非生"句:没有不是淫乱和超越本分引起的。謟:音"滔",超越本分。

4. 其大无外:绝对的大没有外界边缘。

5. 其小无内:绝对的小没有内核。

6. 不远而难极:极,边。道无边无际。

7. 无间:没有间隔。虚道与人合为一体,可以自如地进入和离开人的形体,故曰无间。

8. 并处而难得:常与圣人相处难以探得"虚道"。

9. 职者精:职,记。精,心意专一。

10. 宣：通达。
11. 独立：独立于万物之上。
12. 明：明察。
13. 神：神明，无所不知。
14. 至贵：最为可贵。
15. 辟除：清扫干净。
16. 舍：居住。
17. 欲知而莫索之：知，通"智"。莫索之：不懂得用何种方法去探知。
18. 彼：外界事物。
19. 此：这里指心，认识外在事物靠心。
20. 修：修养。
21. 虚：心处于虚静的状态。
22. 无藏：心中无任何思虑。
23. 去知则奚率求：抛弃智慧没有什么可追求。
24. 设：筹划，谋划。
25. 位赶：通"抵牾"，即抵触。
26. 舍：施舍，实施，此指体现。
27. "物得"二句：万物依赖它得以生长，心智依赖它得以认识道的精髓。职，通"识"，认识。
28. "礼者"四句：所谓礼，则是根据人的情感，按照义的道理，而规定的制度和标志。
29. "莫人"句：莫人，即真人，其言水平最高。不宜，不偏。宜，通"阿"，偏斜之意。应，适应。因，因依之意。因，应，都是指尊重事物自身，不加人为的干预与修饰。
30. 不：意同"无"。德，即下文"内德"、"精气"，皆与"道"通用。
31. 中：内心。
32. 内德：《内业》篇作"内得"，内有所得之意。
33. 充：指充实于内部的东西，意即内容。义：通"仪"，仪器，标准。
34. 财：通"裁"，裁断，裁决。
35. 知远之近：意即知远若近。
36. 精：本文的精与神被看作是性质相同的东西，涵义相通，作者把人的精神现象也看作是由精气组成。
37. "慕选"二句：广求而加以选择，是给事物分等类；善于改变方法，是为了适应事物特点。慕选：意为广求而加以选择。等：等次。

【讲疏】

辅即辅助、辅佐之意。《五辅》篇论述五项辅佐执政的举措，即德、义、礼、法、权。本篇论述了五项辅助措施的内容和作用，最后总结出要禁止浪费、邪侈等。这五项是赢取民心的重要内容,赢取了民心,才能成就千古功业,赢得盛名,流芳后世,不被遗忘。

《心术上》篇分为两部分,前经后解,分为五章,主要探讨君主治国的方法。开篇即提到心体君位之说,通过论述心与其他身体部位的关系来借以论述君臣之间的关系。并且论述了德义礼法之间的相互关系,最后还论述了圣人的虚而无为。本章在前篇基础上探讨了"道"的普遍存在性,提出了静、精、明等概念,并强调主体需要达到一种"虚",即澄明的心境,才能由此及彼,认识客观事物。在论述道与德的关系时认为,"道"是"虚则不屈",生生不息的,而"德"则是"道"外化万物时的体现。此外,还论及了"礼",本篇认为,礼仪制度的规定要符合人之常情,从人性角度出发,认为情理要达到一种平衡,以纠正儒家礼仪思想的僵化之处。总之,本篇意在将"道"通过"德"与礼义法治相结合,构成一个以"道"为统筹的道德礼义系统,来维护国家的正常运行。

《心术下》与《内业》篇部分内容相同,主要论述如何修形养心,以至于治理天下。不论君主还是百姓都要修形养心,君主要想治理臣民,就要修内德,胸包太虚,无私无偏,方能驱使万物,进而治理国家。作为百姓,则要内心平和,遵守礼仪,内心归于本性。

此外,《管子》一书中对文论一些元范畴如"道"、"气"、"味"、"神"等均有涉及,值得重视。

【关键词解读】

五辅

指德、义、礼、法、权等五项措施。德有六兴,主要体现在农业生产方面;礼有七体,主要是在人伦方面用义去引导人们追求内心的中正和谐;礼有八经,主要教导人们知礼而行,维持社会秩序;法有五物,君主、大夫、官长、士、庶民等各阶层,专心一意,各司其职,各尽其责;权有三度,上度天祥,下度地宜,中度人顺。这样天时地利人和,上行下效,百业俱兴,国家也就可以治理了。

虚

先秦时"虚"这一范畴即产生,老子提出"致虚极,守静笃",庄子也有"虚静恬淡"、"心斋"、"坐忘"等主张。管子由"虚"引出静、精、独、明、神等概念,"虚者,万始之始也","天之道,虚无其形",强调了"虚"在精神修养上的重要作用。"虚"要求作为认识主体人的内心澄澈无物,没有成见,不为外物所蒙蔽,这样才能真正认识客体,认识"道"。"气"充满于人的身体,是人生命的原始因素,又影响着人的精神面貌。人要通过一定方法才能使气凝于自身,首先即是形要正,内心要安宁,不为外物所动,这样自身有"气"后,人们即可内部和谐,统治者也能更好治政。

【相关知识链接】

有关《管子》一书的作者有不同观点,有人认为是管子,也有人认为是同时期的稷下道家学派。总之都与管子有关,本书内容思想庞杂,但对后世影响颇深。韩非子、贾谊等人都受此影响。西汉刘向曾对此书作出整理,共八十六篇。后世书所录入者,《汉书·艺文志》著录八十六篇,《隋书·经籍志》著录十九卷,《旧唐书·经籍志》著录十八卷,《新唐书·艺文志》著录十九卷,《宋史·艺文志》著录二十四卷。今本《管子》实存七十六篇。政治方面,管子从天道、人伦、生产等各个方面论述了要治理好国家所要做出的努力,既要保持各项生产顺利进行,同时在社会中也要保持良好风气,国君内修明德以得道,外化万民以政教,就会赢得民心,称霸天下。

关于"道"的认识,从老子就开始了,老子学说中的"道"是独立于宇宙万物上的;庄子认为"道"是无处不在且无限的,但可以存在于万物之中,将"道"向下落实为有形;到《心术》篇,稷下道家将"道"泛化为无处不在的"彼物"。以"此"和"彼"来代表作为认识者的主体和被认识的客体,并强调主体要修炼澄明境界才能完全把握客体,并提出"虚"的概念,可见对"道"的认识中稷下道家对老庄思想的继承。

《心术下》篇与《内业》篇有许多相同或相似的地方,可见两篇之间关系密切,但也有些不同的地方。《心术下》篇还有一些关于其他方面的论述,如论述了名与实的关系,"凡物载名而来",名与实要相符,并运用到国家政治方面,要求"循名责实",天下才不至于乱而能得到治理。另外,还提到了"气",对个人来说,"气者,人之充也",是精神世界的重要支撑,扩展到治理国家方面,气充者便能以"虚心"去做到循名责实,使国家得以治理。

【延伸阅读】

《宙合》篇主要谈及言意之间的关系,涉及文学创作中言辞表意的问题。《法法》篇则提出了"言必中务"的论点。《小称》篇认为内在决定外表,涉及文学的内容决定文学的形式。《侈靡》篇则强调文质要平和。《内业》篇论及"道""静"之间的关系,认为"修心静音,道乃可得","止怒莫若诗,去忧莫若乐,节乐莫若礼,守礼莫若敬,守敬莫若静"则涉及现代文艺心理学。《七臣七主》篇则从民生的角度反对过度的文艺。此外,《管子》一书中对文论一些元范畴如"道"、"气"、"味"均有涉及,值得重视。

宙合(节录)

左操五音,右执五味,此言君臣之分也。君出令佚,故立于左;臣任力劳,故立于右。夫五音不同声而能调,此言君之所出令无妄也,而无所不顺,顺而令行政成。五味不同物而能和,此言臣之所任力无妄也,而无所不得,得而力务财多。故君出令,正其国而无齐其欲,一其爱而无独与是,王施而无私,则海内来宾矣。臣任力,同其忠而无争其利,不失其事而无有其名,分敬而无妒,则夫妇和勉矣。君失音则风律必流,流则乱败。臣离味,则百姓不养;百姓不养,则众散亡。君臣各能其分,则国宁矣。故名之曰不德。

谫充,言心也,心欲忠。末衡,言耳目也,耳目欲端。中正者,治之本也。耳司听,听必顺闻,闻审谓之聪。目司视,视必顺见。见察谓之明。心司虑,虑必顺言,言得谓之知。聪明以知,则博;博而不惛,所以易政也。政易民利,利乃劝,劝则告。听不顺,不审不聪,不审不聪则缪。视不察不明,不察不明则过。虑不得不知,不得不知则昏。缪过以惛则忧,忧则所以伎苛,伎苛所以险政,政险民害,害乃怨。怨则凶,故曰:谫充末衡,言易政利民也。

天不一时,地不一利,人不一事,是以著业不得不多,人之名位不得不殊。方明者察于事,故不官于物而旁通于道。道也者,通乎无上,详乎无穷,运乎诸生。是故辩于一言,察于一治,攻于一事者,可以曲说,而不可以广举。圣人由此知言之不可兼也,故博为之治而计其意;知事之不可兼也,故名为之说而况其功。岁有春秋冬夏,月有上下中旬,日有朝暮,夜有昏晨半,星辰序各有其司,故曰:天不一时。山陵岑岩,渊泉闳流,泉踰瀷而不尽,薄承瀷而不满。高下肥垮,物有所宜,故曰:地不一利。乡有俗,国有法,食饮不同味,衣服异采。世用器械,规矩绳准,称量数度,品有所成,故曰:人不一事。此各事之仪,其详不可尽也。

可正而视,言察美恶,审别良苦,不可以不审。操分不杂,故政治不悔。定而履,言处其位,行其路,为其事,则民守其职而不乱,故葆统而好终。深而迹,言明墨章书,道德有常,则后世人人修理而不迷,故名声不息。

夫天地一险一易,若鼓之有榜,摘挡则击。言苟有唱之,必有和之,和之不差,因以尽天地之道。景不为曲物直,响不为恶声美。是以圣人明乎物之性者,必以其类来也,故君子绳绳乎慎其所先。

法法(节录)

政者,正也。正也者,所以正定万物之命也。是故圣人精德立中以生正,明正以治国,故正者所以止过而逮不及也。过与不及也,皆非正也。非正,则伤国一也。故勇而不义,伤兵。仁而不法,伤正。故军之败也,生于不义。法之侵也,生于不正,故言有辩而非务者,行有难而非善者。故言必中务,不苟为辩;行必思善,不苟为难。规矩者,方圜之正也,虽有巧目利手,不如拙规矩之正方圜也,故巧者能生规矩,不能废规矩而正方圜。虽圣人能生法,不能废法而治国,故虽有明智高行,倍法而治,是废规矩而正方圜也。

小称(节录)

管子曰:"身不善之患,毋患人莫己知。丹青在山,民知而取之;美珠在渊,民知而取之。是以我有过为,而民毋过命。民之观也察矣,不可遁逃,以为不善。故我有善,则立誉我;我有过,则立毁我。当民之毁誉也,则莫归问于家矣,故先王畏民。操名从人,无不强也;操名去人,无不弱也。虽有天子诸侯,民皆操名而去之,则捐其地而走矣,故先王畏民。在于身者孰为利,气与目为利。圣人得利而託焉,故民重而名遂。我亦託焉,圣人託可好,我託可恶。我託可恶以来美名,又可得乎?爱且不能为我能也。毛嫱、西施,天下之美人也,盛怨气于面,不能以为可好。我且恶面,而盛怨气焉。怨气见于面,恶言出于口,去恶充以求美名,又可得乎?甚矣!百姓之恶人之有余忌也。是以长者断之,短者续之,满者洫之,虚者实之。"

侈靡(节录)

圣人者,阴阳理,故平外而险中。故信其情者伤其神,美其质者伤其文,化之美者应其名,变其美者应其时,不能兆其端者菑及之。

内　　业

凡物之精,此则为生。下生五谷,上为列星,流于天地之间,谓之鬼神;藏于胸中,谓之圣人。是故民气杲乎如登于天,杳乎如入于渊,淖乎如在于海,卒乎如在于己。是故此气也,不可止以力,而可安以德;不可呼以声,而可迎以音。敬守勿失,是谓成德。德成而智出,万物果得。凡心之刑,自充自盈,自生自成。其所以失之,必以忧乐喜怒欲利。能去忧乐喜怒欲利,心乃反济。彼心之情,利安以宁,勿烦勿乱,和乃自成。折折乎如在于侧,忽忽乎如将不得,渺渺乎如穷无极。此稽不远,日用其德。

夫道者所以充形也,而人不能固。其往不复,其来不舍,谋乎莫闻其音,卒乎乃在于心,冥冥乎不见其形,淫淫乎与我俱生,不见其形,不闻其声,而序其成,谓之道。

凡道无所,善心安爱,心静气理,道乃可止。彼道不远,民得以产;彼道不离,民因以知。是故卒乎其如可与索,眇眇乎其如穷无所。被道之情,恶音与声。修心静音,道乃可得。道也者,口之所不能言也,目之所不能视也,耳之所不能听也,所以修心而正形也。人之所失以死，所得以生也；事之所失以败，所得以成也。

凡道，无根无茎，无叶无荣，万物以生，万物以成，命之曰道。

天主正，地主平，人主安静。春秋冬夏，天之时也；山陵川谷，地之枝也；喜怒取予，人之谋也，是故圣人与时变而不化，从物而不移。能正能静，然后能定。定心在中，耳目聪明，四枝坚固，可以为精舍。精也者，气之精者也。气，道乃生，生乃思，思乃知，知乃止矣。凡心之形，过知失生。一物能化谓之神，一事能变谓之智，化不易气，变不易智，惟执一之君子能为此乎！执一不失，能君万物。君子使物，不为物使。得一之理，治心在于中，治言出于口，治事加于人，然则天下治矣。一言得而天下服，一言定而天下听，公之谓也。形不正，德不来；中不静，心不治。正形摄德，天仁地义，则淫然而自至。神明之极照乎知，万物中义守不忒。不以物乱官，不以官乱心，是谓中得。有神自在身，一往一来，莫之能思，失之必乱，得之必治。敬除其舍，精将自来。精想思之，宁念治之。严容畏敬，精将至定，得之而勿捨，耳目不淫，心无他图。正心在中，万物得度。道满天下，普在民所，民不能知也。一言之解，上察于天，下极于地，蟠满九州。何谓解之？在于心安。我心治，官乃治，我心安，官乃安。

治之者心也，安之者心也。心以藏心，心之中又有心焉。彼心之心，音以先言，音然后形，形然后言。言然后使，使然后治。不治必乱，乱乃死。精存自生，其外安荣，内藏以为泉原，浩然和平，以为气渊。渊之不涸，四体乃固；泉之不竭，九窍遂通，乃能穷天地，被四海，中无惑意，外无邪菑。心全于中，形全于外，不逢天菑，不遇人害，谓之圣人。人能正静，皮肤裕宽，耳目聪明，筋信而骨强，乃能戴大圜，而履大方，鉴于大清，视于大明。敬慎无忒，日新其德，徧知天下，穷于四极。敬发其充，是谓内得，然而不反，此生之忒。

凡道必周必密，必宽必舒，必坚必固，守善勿舍，逐淫泽薄。既知其极，反于道德。全心在中，不可蔽匿，和于形容，见于肤色。善气迎人，亲于弟兄；恶气迎人，害于戎兵。不言之声，疾于雷鼓。心气之形,明于日月,察于父母。赏不足以劝善,刑不足以惩过。气意得而天下服,心意定而天下听。搏气如神,万物备存。能搏乎？能一乎？能无卜筮而知吉凶乎？能止乎？能已乎？能勿求诸人而得之己乎？思之思之,又重思之。思之而不通,鬼神将通之,非鬼神之力也,精气之极也。四体既正,血气既静,一意搏心,耳目不淫,虽远若近。

思索生知,慢易生忧,暴傲生怨,忧郁生疾,疾困乃死。思之而不捨,内困外薄,不蚤为图,生将巽舍。食莫若无饱,思莫若勿致。节适之齐,彼将自至。凡人之生也,天出其精,地出其形,合此以为人。和乃生,不和不生。察和之道,其精不见,其征不丑,平正擅匈,论治在心,此以长寿。忿怒之失度,乃为之图。节其五欲,去其二凶。不喜不怒,平正擅匈。凡人之生也,必以平正。所以失之,必以喜怒忧患。是故止怒莫若诗,去忧莫若乐,节乐莫若礼,守礼莫若敬,守敬莫若静。内静外敬,能反其性,性将大定。凡食之道,大充伤而形不臧,大摄骨枯而血沍。充摄之间,此谓和成。精之所舍,而知之所生。饥饱之失度,乃为之图。饱则疾动,饥则广思,老则长虑,饱不疾动,气不通于四末；饥不广思,饱而不废；老不长虑,困乃邀竭。大心而敢,宽气而广,其形安而不移,能守一而弃万苛。见利不诱,见害不惧,宽舒而仁,独乐其身,是谓云气,意行似天。

凡人之生也,必以其欢,忧则失纪,怒则失端。忧悲喜怒,道乃无处。爱欲静之,遇乱正之,勿引勿推,福将自归。彼道自来,可藉与谋。静则得之,躁则失之,灵气在心,一来一逝。其细无内,其大无外,所以失之。以躁为害,心能执静,道将自定。得道之人,理丞而屯泄,匈中无败。节欲之道,万物不害。

七臣七主（节录）

故一人之治乱在其心,一国之存亡在其主。天下得失,道一人出。主好本,则民好垦草莱；主好货,则人贾市；主好宫室,则工匠巧；主好文采,则女工靡。夫楚王好小腰,而美人省食；吴王好剑,而国士轻死。死与不食者,天下之所共恶,然而为之者何也?从主之所欲也,而况愉乐音声之化乎?

夫男不田,女不缁,工技力于无用,而欲土地之毛,仓库满实,不可得也。土地不毛,则人不足;人不足,则逆气生;逆气生,则令不行。然强敌发而起,虽善者不能存。何以效其然也?曰:昔者桀、纣是也,诛贤忠,近谗贼之士,而贵妇人;好杀而不勇,好富而忘贫,驰猎无穷,鼓乐无厌,瑶台玉铺不足处,驰车千驷不足乘材,女乐三千人,钟石丝竹之音不绝,百姓罢乏,君子无死。卒莫有人,人有反心,遇周武王,遂为周氏之禽。此营于物而失其情者也,愉于淫乐而忘后患者也。故设用无度,国家踏,争事不时,必受其蓄。

夫仓库非虚空也,商宫非虚坏也,法令非虚乱也,国家非虚亡也。彼时有春秋,岁有败凶,政有急缓。政有急缓,故物有轻重;岁有败凶,故民有义不足;时有春秋,故谷有贵贱。而上不调淫,故游商得以什伯其本也。百姓之不田,贫富之不訾,皆用此作。城郭不守,兵士不用,皆道此始。夫亡国踏家者,非无壤土也,其所事者,非其功也。夫凶岁雷旱,非无雨露也,其燥湿非其时也。乱世烦政,非无法令也,其所诛赏者非其人也。暴主迷君,非无心腹也,其所取舍非其术也。

故明主有六务四禁。六务者何也?一曰节用,二曰贤佐,三曰法度,四曰必诛,五曰天时,六曰地宜。四禁者何也?春无杀伐,无割大陵,倮大衍,伐大木,斩大山,行大火,诛大臣,收谷赋。夏无遏水,达名川,塞大谷,动土功,射鸟兽。秋毋赦过、释罪、缓刑。冬无赋爵赏禄,伤伐五藏。故春政不禁,则百长不生;夏政不禁,则五谷不成;秋政不禁,则奸邪不胜;冬政不禁,则地气不藏。四者俱犯,则阴阳不和,风雨不时,大水漂州流邑,大风漂屋折树,火暴焚,地燋草,天冬雷,地冬霆。草木夏落而秋荣,蛰虫不藏,宜死者生,宜蛰者鸣;苴多螣蟗,山多虫螟;六畜不蕃,民多夭死;国贫法乱,逆气下生。故曰:台榭相望者,亡国之虎也;驰车充国者,追寇之马也;羽剑珠饰者,斩生之斧也;文采纂组者,燔功之窟也。明王知其然,故远而不近也,能去此取彼,则人主道备矣。

戴望《管子校正》中华书局诸子集成本

【思考题】

1. 谈谈对《管子》中"气"论述的认识。
2. 请尝试梳理老、庄及《管子》中的"虚静"说,并谈谈各自在文学中的应用。

晏婴　晏子春秋

（春秋）晏婴

【作者简介】

晏子（前578—前500年），名婴，字仲，谥平，又称晏子，夷维（今山东高密）人，春秋后期一位重要的政治家、思想家、外交家。晏婴是齐国上大夫晏弱之子。以生活节俭，谦恭下士著称。据说晏婴身材不高，其貌不扬。齐灵公二十六年（前556年）其父晏弱病死，晏婴继任为上大夫，历经齐灵公、庄公、景公，辅政长达四十余年，有个人独到的政治见解，《晏子春秋》是记载晏婴言行，并托名晏婴所作的一部书。

内篇谏上（节录）

景公之时，霖雨十有七日[1]。公饮酒，日夜相继。晏子请发粟于民，三请，不见许。公命柏遽巡国，致能歌者[2]。晏子闻之，不说，遂分家粟于氓，致任器于陌，徒行见公曰[3]："十有七日矣！怀宝乡有数十，饥氓里有数家，百姓老弱，冻寒不得短褐，饥饿不得糟糠，敝撤无走，四顾无告[4]。而君不卹，日夜饮酒，令国致乐不已，马食府粟，狗餍刍豢，三保之妾，俱足粱肉。狗马保妾，不已厚乎？民氓百姓，不亦薄乎？故里穷而无告，无乐有上矣；饥饿而无告，无乐有君矣[5]。婴奉数之筴[6]，以随百官之吏，民饥饿穷约而无告，使上淫湎失本而不卹，婴之罪大矣。"再拜稽首，请身而去[7]，遂走而出。公从之[8]，兼于涂而不能逮，令趣驾追晏子，其家，不及[9]。粟米尽于氓，任器存于陌，公驱及之康内[10]。

内篇谏下(节录)

景公为长庲,将欲美之,有风雨作,公与晏子入坐饮酒,致堂上之乐[11]。酒酣,晏子作歌曰:"穗乎不得获,秋风至兮殚零落,风雨之拂杀也,太上之靡弊也[12]。"歌终,顾而流涕,张躬而舞[13]。公就晏子而止之曰:"今日夫子为赐而诫于寡人,是寡人之罪。"遂废酒,罢役,不果成长庲。

内篇问上(节录)

公曰:"请问求贤。"对曰:"观之以其游,说之以其行,君无以靡曼辩辞定其行,无以毁誉非议定其身,如此,则不为行以扬声,不掩欲以荣君[14]。故通则视其所举,穷则视其所不为,富则视其所不取[15]。夫上士,难进而易退也;其次,易进易退也;其下,易进难退也。以此数物者取人,其可乎[16]!"

吴则虞《晏子春秋集释》中华书局诸子集成本

【题解】

晏子提倡非乐。《内篇谏上》篇晏子批评齐景公为个人享乐,到处网罗唱歌者,置百姓的生活于不顾。晏子的批评是反对统治者将个人享乐建立在人民的痛苦之上。他反对统治者只顾个人享乐,批评音乐,并用自身的行动作出榜样,用事实让国君无言以对,并用请辞的方式促使景公做出实际行动。

《内篇谏下》中晏子反对歌舞,他通过唱歌的方式对景公为宫室、饮酒、作乐提出了批评。

《内篇问上》篇晏子从衣冠、语言、行为三方面说明君子之常行,入朝时衣冠要整齐,语言方面要言有大义,应出自内心。景公向晏子求贤,晏子认为考察人物应注重个人行为好坏以及交友的好坏,而不应从别人的议论中去给人定性。

【注释】

1. 景公:齐景公杵臼。霖雨:久下不止的雨。有:通"又"。
2. 柏遽:人名,齐大夫。致:网罗招致。能歌者:善唱歌者。
3. 氓:民,由一处迁到另一处的百姓。任器:担载之器。任:通"担"。徒行:步行。
4. 敝撤:蹒跚。无走:无处可去。
5. 无乐有上矣:民无乐而上有乐。
6. 筴:策的异体字。
7. 本:本国百姓。穷约:穷困。请身:乞身。
8. 从:通"纵",追赶。
9. 兼:指加快速度。塗:道路。逮:赶上。趣驾:促驾。趣:通"促"。
10. 陌:街道。康:交叉路口。《尔雅·释宫》:"五达谓之康。"
11. 长庲:齐景公所建宫舍。致堂上之乐:招人演奏堂上之乐。
12. 殚:尽。拂杀:吹落。太上:指君上。靡弊:靡费、耗费。
13. 张躬而舞:展臂而舞。躬:通"肱"。
14. 游:交游者。靡曼辩辞:华丽动听的辩言。毁誉非议:他人的批评赞扬。为行:虚假的行为。为:通"伪"。扬声:指提高声誉。
15. 通:指仕途通达。举:举动。穷:仕途失意。
16. 物:事。难进易退:谓经过反复掂量入仕,离职时却不留恋职位。易进易退:谓入仕不加掂量,离任时不留恋职位。易进难退:入仕时不加掂量,离职时却舍不得职位。数物:数事。

【讲疏】

《晏子春秋》共8卷,包括内篇6卷(谏上下、问上下、杂上下),外篇2卷,计215章,全部由短篇故事组成,是我国第一部有关个人的历史传记,《四库全书总目提要》称之为"虽无传记之名,实传记之祖也",其中较多史事可与《左传》、《国语》、《吕氏春秋》、《论语》等书相互印证。就《晏子春秋》所反映出来的思想来看,历代对其所属学派的归类均有争议,《汉书·艺文志》、《七略》等把它归入儒家,刘向《叙录》认为此书"义理可法,皆合六经之义",而唐代柳宗元则认为"宜列之墨家",具体而言,其应当兼具儒墨两家学派思想。

晏子善用对策,用最有效的方法来达到自己的劝谏目的,持"非乐"主张,认为应当俭朴实用,反对过分修饰,即所谓"冠足以修敬,不务其饰;衣足以掩形御寒,不务其美"(《内篇谏下》);"务于刻镂之巧,文章之观而不厌,则亦与民而仇矣"(《内篇谏下》)。他认为音乐会使统治者沉迷其中,不思朝政,不理会百姓疾苦,并且造成很大浪费,就这点来看,与墨家尚俭非乐的思想类似。但晏子并不是否定音乐的作用,而是反对统治者因沉迷音乐而荒废国事,弃置百姓于不顾,主张言辞应符合礼义,即"乐亡而礼从之","所言不义,不敢以要君"(《内篇问上》),体现出其忠君崇礼的民本思想。

【关键词解读】

靡曼辩辞

《晏子春秋·内篇问上》:"观之以其游,说之以其行,君无以靡曼辩辞定其行,无以毁誉非议定其身。"靡曼,即华美艳丽,靡曼辩辞指华美艳丽的说辩之辞。此处是景公向晏子征询如何求得贤臣,晏子认为君主应当通过与其交游,观察言行而判定臣子的贤明与否,而过于华丽或修饰性的言辞是不能真实反映一个人的本质的,反对通过华丽言辞判断个人,对"靡曼辩辞"的反对反映出晏子个人朴素的观念,这种观念影响了后世对华丽艺术形式的看法,如《吕氏春秋·顺民》:"目不视靡曼,耳不听钟鼓。"汉东方朔《非有先生论》:"目不视靡曼之色,耳不听钟鼓之音。"南朝梁刘勰《文心雕龙·章句》:"譬舞容迴环,而有缀兆之位,歌声靡曼,而有抗坠之节也。"

【相关知识链接】

《晏子春秋》记叙政治家晏婴思想言行,反映其政治主张。晏子认为,认识事物应从客观规律出发,承认事物相辅相成,相以为继。在社会伦理方面提倡非乐、兼爱之说,与墨家学说多有一致。

《晏子春秋》共八卷,分为内篇和外篇,内篇六卷:谏上、谏下、问上、问下、杂上、杂下,外篇两卷。内容既包括晏子的言行,也有后人编造的传说。书中主要思想主张有:民本思想,主要是晏子主张仁政和轻刑,这在书中的许多故事中都有体现,侧面反映出春秋末期社会战乱,统治者横征暴敛的现状。晏子还讲究以礼治国,调节社会矛盾,维持社会秩序。值得注意的是,晏子在提出这些主张时,很多时候都是身先士卒,做出表率的。在语言方面晏子擅长论辩,逻辑严密,条理有据,都能达到使对方心服口服的效果。除问答形式外,也有些故事情节生动的篇章,有些具民间传说色彩,有小说雏形。

《内篇谏下》中许多故事都反映出晏子的民本思想。有些也涉及了

"和"与"同"的关系,在梁丘据的故事中,晏子指出,景公所认为的"和"并不是和,和是不同音调能和谐共存,君臣间也要互相学习,取长补短,梁丘据只会谄媚逢迎,这只是"同",并不是和,需要警惕。

晏子提到考察一个人的行为时应通过四个方面:通、穷、富、贫,来观察他的所为、所不为以及如何取舍,在当时来看是比较客观公正的方法,今天来看也有借鉴意义。

【延伸阅读】

《外篇第七》本段中,晏子通过与景公的对话肯定了礼教的作用。

《外篇第八》晏子表达了对儒家声乐的批判态度。

外篇第七(节录)

公饮酒数日而乐,释衣冠,自鼓缶,谓左右曰:"仁人亦乐是夫?"梁丘据对曰:"仁人之耳目,亦犹人也,夫奚为独不乐此也?"公曰:"趣驾迎晏子。"晏子朝服以至,受觞再拜。公曰:"寡人甚乐此乐,欲与夫子共之,请去礼。"晏子对曰:"君之言过矣!群臣皆欲去礼以事君,婴恐君子之不欲也。今齐国五尺之童子,力皆过婴,又能胜君,然而不敢乱者,畏礼也。上若无礼,无以使其下;下若无礼,无以事其上。夫麋鹿维无礼,故父子同麀,人之所以贵于禽兽者,以有礼也。婴闻之,人君无礼,无以临其邦;大夫无礼,官吏不恭;父子无礼,其家必凶;兄弟无礼,不能久同。《诗》曰:'人而无礼,胡不遄死。'故礼不可去也。"

外篇第八(节录)

仲尼之齐,见景公,景公说之,欲封之以尔稽,以告晏子。晏子对曰:"不可。彼浩裾自顺,不可以教下;好乐缓于民,不可使亲治;立命而建事,不可守职;厚葬破民贫国,久丧道哀费日,不可使子民;行之难者在内,而传者无其外,故异于服,勉于容,不可以道众而驯百姓。自大贤之灭,周室之卑也,威仪加多,而民行滋薄;声乐繁充,而世德滋衰。今孔丘盛声乐以侈世,饰弦歌鼓舞以聚徒;繁登降之礼,趋翔之节以观众;博学不可以仪世,劳思不可以补民,兼寿不能殚其教,当年不能究其礼,积财不能赡其乐,繁饰邪术以营世君,盛为声乐以淫愚其民。其道也,不可以示世;其教也,不可以导民。今欲封之,以移齐国之俗,非所以导众存民也。"公曰:"善。"于是厚其礼而留其封,敬见不问其道,仲尼乃行。

吴则虞《晏子春秋集释》中华书局诸子集成本

【思考题】

1. 晏子的"非乐"与墨子的"非乐"有何理论上不同?
2. 如何理解《晏子春秋》中儒墨兼具的文艺思想?

商鞅　商君书

（战国）商鞅

【作者简介】

商鞅（约前395—前338年），复姓公孙，名鞅，本卫国人，亦称卫鞅。曾事魏相公叔痤，魏惠王不能用，乃入秦，事秦孝公。秦孝公以商鞅为相，施行变法，前后十年，国力大增。秦封他商于之地，故称商鞅。《商君书》是战国时商鞅及其后学著作的合编，战国末年成书，全书原有二十九篇，现存二十四篇。书中主要阐述了商鞅作为法家代表人物的思想，如奖励耕战、保护土地私有、加强君主集权等。商鞅从法家观点出发，对儒家的仁义礼乐进行了严厉的批判，认为诗书礼乐是法治的大敌，文学言谈是使百姓怠于农战的重要根源，把文艺看作祸国殃民之物，对其持否定态度。

农战（节录）

凡人主之所以劝民者，官爵也；国之所以兴者，农战也。今民求官爵，皆不以农战，而以巧言虚道，此谓劳民。劳民者，其国必无力；无力者，则其国必削[1]。

善为国者，其教民也，皆作壹而得官爵[2]，是故不官无爵[3]。国去言，则民朴；民朴则不淫[4]。民见上利之从壹孔出也[5]，则作壹；作壹，则民不偷营；民不偷营则多力[6]；多力则国强。今境内之民皆曰："农战可避，而官爵可得也。"是故豪杰皆可变业[7]，务学《诗》、《书》，随从外权[8]，上可以得显，下可以求官爵[9]；要靡事商贾[10]，为技艺，皆以避农战。具备[11]，国之危也。民以此为教者，其国必削。

善为国者,仓廪虽满,不偷于农;国大民众,不淫于言,则民朴壹[12];民朴壹,则官爵不可巧[13]而取也;不可巧取,则奸[14]不生;奸不生则主不惑[15]。今境内之民及处官爵者,见朝廷之可以巧言辩说取官爵也,故官爵不可得而常[16]也。是故进则曲主[17],退则虑私所以实其私,然则下卖权矣。夫曲主虑私,非国利也,而为之者,以[18]其爵禄也;下卖权,非忠臣也,而为之者,以末货[19]也。然则下官之冀迁[20]者皆曰:"多货,则上官可得而欲也。"曰:"我不以货事上而求迁者,则如以狸饵鼠尔,必不冀矣。若以情事上而求迁者,则如引诸绝绳而求乘枉木[21]也,愈不冀矣。二者不可以得迁,则我焉得无下动众[22]取货以事上而以求迁乎?"百姓曰:"我疾农[23],先实公仓,收余以食亲[24];为上忘生而战,以尊主安国也。仓虚主卑家贫,然则不如索官。"亲戚交游合[25],则更虑矣。豪杰务学《诗》、《书》,随从[26]外权;要靡事商贾,为技艺,皆以避[27]农战;民以此为教,则粟焉得无少,而兵焉得无弱也?

善为国者,官法明[29],故不任知虑[30]。上作壹,故民不偷营[31],则国力抟[32]。国力抟者强,国好言谈者削[33]。故曰:农战之民千人,而有《诗》、《书》辩慧者一人焉,千人者皆怠于农战矣。农战之民百人,而有技艺者一人焉,百人者皆怠于农战矣。国待农战而安,主待农战而尊。夫民之不农战也,上好言而官失常也。常官则国治[34],壹务则国富[35]。国富而治,王之道也。故曰:王道作外,身作壹而已矣[36]。今上论材能知慧[37]而任之,则知慧之人希主好恶,使官制物,以适[38]主心;是以官无常,国乱而不壹。辩说之人而无法也。如此,则民务焉得无多,而地焉得无荒?《诗》、《书》、礼、乐、善、修、仁、廉、辩、慧,国有十者,上无使战守。国以十者治,敌至必削,不至必贫。国去此十者,敌不敢至,虽至必却[39]。兴兵而伐,必取[40];按兵不伐,必富。国好力[41]者以难攻,以难攻者必兴;好辩者以易攻,以易攻者必危。

靳令(节录)

靳令则治不留[42],法平则吏无奸。法已定矣,不以善言害法。任功则民少言,任善则民多言。行治曲断[43],以五里断者王,以十里断者强,宿治者削。以刑治,以赏战,求过不求善。故法立而不革,则显民变诛计,变诛止[44],责商殊使百都之尊爵厚禄以自伐。国无奸民,则都无奸示[45]。物多末众,农弛奸胜,则国必削。民有余粮,使民以粟出官爵。官爵必以其力,则农不怠。四寸之管无当[46],必不满也。授官予爵出禄不以功,是无当也。

国贫而务战,毒生于敌[47],无六虱[48],必强。国富而不战,偷生于内,有六虱,必弱。国以功授官予爵,此谓以盛知谋,以盛勇战。以盛知谋,以盛勇战,其国必无敌。国以功授官予爵,则治省言寡[49],此谓以法去法,以言去言;国以六虱授官予爵,则治烦言生[50],此谓以治致治,以言致言。则君务于说言[51],官乱于治邪[52]。邪臣有得志,有功者日退,此谓失。

守十者乱,守一者治[53]。法已定矣,而好用六虱者,亡。民泽毕农则国富[54]。六虱不用,则兵民毕竞劝而乐为主用。其竟内之民,争以为荣,莫以为辱。其次,为赏劝罚沮。其下,民恶之,忧之,羞之。修容而以言,耻食以上交[55],以避农战,外交以备,国之危也。有饥寒死亡,不为利禄之故战,此亡国之俗也。

六虱:曰礼乐,曰《诗》、《书》,曰修善[56],曰孝弟,曰诚信,曰贞廉,曰仁义,曰非兵,曰羞战。国有十二者,上无使农战,必贫至削。十二者成群,此谓君之治不胜其臣,官之治不胜其民,此谓六虱胜其政也。十二者成朴[57],必削。是故兴国不用十二者,故其国多力,而天下莫之能犯也。兵出必取,取必能有之;按兵而不攻,必富。朝廷之吏,少者不毁也[58],多者不损也。效功而取官爵,虽有辩言,不能以相先也,此谓以数治。

赏刑(节录)

圣人之为国也,壹赏,壹刑,壹教[59]。壹赏则兵无敌,壹刑则令行,壹教则下听上。夫明赏不费,明刑不戮,明教不变,而民知于民务,国无异俗。明赏之犹[60],至于无赏也,明刑之犹,至于无刑也,明教之犹,至于无教也。

所谓壹教者,博闻、辩慧、信廉、礼乐、修行、群党、任誉、清浊,不可以富贵,不可以评刑[61],不可独立私议以陈其上[62]。坚者被,锐者挫,虽曰圣知、巧佞、厚朴[63],则不能以非功罔上利[64]然。富贵之门,要存战而已矣。彼能战者践富贵之门,强梗焉,有常刑而不赦。

蒋礼鸿《商君书锥指》中华书局本

【题解】

农战是商鞅变法的重要内容和根本政策。在重视农战的同时却一概排斥文艺,否定文艺的作用,"不淫于言,则民朴壹",主张"去言则民朴,民朴则不淫",彻底否定文艺的作用。

《靳令》篇主要内容是说明以赏赐爵禄为手段,推行重农战的政策。国家必须把爵禄给予在农业、战争方面有成绩的人,这样农民才肯为国君出力,国家才能强大。而《诗》、《书》、礼乐等却被作者认为是有害于国的虱子,主张"以言去言"。

《赏刑》篇提出治理国家要同意奖赏、刑罚和教育。并且奖赏、刑罚、教育都应有统一的标准。其中心在鼓励农战,但从统一赏罚教的方面说,有一定的道理。

【注释】

1. 劳:烦劳,引申为损害、耗费。削:削弱、侵削。
2. 作壹:指专一从事农战。壹:专一。此处"壹"指农战。
3. 不官无爵:不专心农战的人不授予官爵。
4. 去:清除。言:指巧言空谈。朴:朴实。淫:游荡。
5. 上利:国君的奖赏。孔:途径。
6. 多力:指兵精粮足。
7. 变业:放弃农战。
8. 随从外权:指追随别的诸侯国势力。
9. 上:好的情况。显:显赫,地位尊贵。下:指稍次的情况。
10. 要靡:同"幺麽",微小的意思,指平庸、普通的人。
11. 具备:指上述情况一旦形成。
12. 偷:轻视、马虎。朴壹:朴实专一,指专一于农战。

13. 巧：投机。
14. 奸：奸佞之人。
15. 惑：迷惑。
16. 常：常常拥有。
17. 曲主：使国君委曲。
18. 以：因为。
19. 末货：求取实物。
20. 冀迁：希望升迁。
21. 绝绳：快断的绳子。柱木：朽木。
22. 众：民众，百姓。
23. 疾农：辛勤的从事农作。
24. 食亲：喂养家人。
25. 交游合：聚集在一起交流。
26. 随从：依附。
27. 避：逃避。
28. 教：教条，经验。
29. 官法明：朝廷严明任用官吏的法令制度。
30. 任：任用。知虑：违背法度有智谋的人。
31. 不偷营：蒋鸿礼认为当作"不偷营"，指从事农战以外的事。
32. 抟：集中。
33. 言谈：指儒生的说教。削：削弱。
34. 常官：按照常规任用官吏。
35. 壹务：指专一从事农战。务：任务，该做的事。
36. 身：指国君本身。
37. 知慧：通"智慧"，聪明，有计谋的人。
38. 适：适合。
39. 却：退却。
40. 取：取得胜利。
41. 好力：喜好武力。
42. 靳令：严格执行法令。靳：固定的意思。留：拖延。
43. 行治曲断：处理政事，各个方面都要做出迅速的决断。曲：普遍，各个方面。
44. 显民：贵族。变诛：改变破坏变法的阴谋诡计。诛：惩罚。
45. 殊使：役使臣民因材而异。百都：全国各地。自伐：各自争取功劳。示：同"市"，市场。
46. 当：底。
47. 毒：毒素，指使国家贫弱危亡的祸害。
48. 六虱：此处指儒家破坏法治、鼓吹仁义礼乐的人。

49. 治省言寡：政事精简，儒家说教影响小。
50. 治烦言生：政事繁杂，儒家说教泛滥。
51. 务：通"瞀"，迷惑。
52. 治邪：政治上的邪路。
53. 十者：儒家的《诗》、《书》、礼、乐、善、修、仁、廉、辩、慧。一者：指农战。
54. 泽：通"择"。毕：全、都。
55. 上交：结交、投靠上层贵族。
56. 修善：闭门修养，趋于善行。
57. 朴：壮大。屈原《天问》："焉得夫朴牛。"王逸注："朴，大也。"引申为成群。
58. 少：指摘。
59. 壹：统一。
60. 犹：通"尤"，极致。
61. 评：评论、评议。
62. 陈：读为"陵"。言不能凌驾于官吏、上级和君主之上。
63. 曰：有。厚朴：指有权势者作为后盾。
64. 罔：通"网"，网取、收取。

【讲疏】

　　《商君书》中主要论述了商鞅关于农战等经济、军事方面的思想主张。"农战"即农耕和作战。商鞅认为农民积极从事农业，国家才会富裕，积极戍卫参战，国家才会强大。为使人民积极参加农战，只对那些在农战方面有功劳的人授官封爵，而不是那些商人、手工业者等，这些人无益于国富民强，要加以抑制。所以治国之要就在于使民心归农，"则民朴而可正也，纷纷而易使也，信可以守战也"。因此在《垦令》中提出二十条农垦措施，而《战法》一整篇都在讲战术重要性，《兵守》则讲解了防御作战的方法。重视农战则要排斥对农战有负面作用的东西，在商鞅看来即是文学艺术。商鞅认为"乐学"会使人心不定，不能安心从事生产，所以要"贬学抑商"，断绝其他获得名利的途径，使人们专心从事农战。

　　靳令，即严格执行法令。靳，通"谨"，靳令即严肃命令，使自己的命令得到执行。本篇提到一些有关法治原则，如：法律应该公平公正，法律应具有权威性，要实施重刑，以达到"以刑去刑"。在强调"农战"政策以后，当然要严格执行才能有效果。此篇和《韩非子·饬令》基本相同。作者指出推行农战政策的手段就是授官封爵，对在农战方面有功绩的人给予福利政策，收揽人心，保证百姓的生活，这样百姓才会安心为国家出力，国家才能强大，与别的国家抗衡。重本就要抑末，善言之人不可信，因为他们只会巧言辞令,同时也要禁止儒家的各种思想观念,因为会危害人们思想。商鞅反对提倡诗书礼仪的儒家书生及不安心从事生产的商人、手工业者,坚持严格贯彻法令,并且提倡重刑,反对轻刑。

赏刑,即奖赏和刑罚。本篇主要论述了壹赏、壹刑、壹教这三大方面。通过一定的奖赏、惩罚政策教导人民,由此三条,最后可以达到无赏、无刑、无教的目的。让人民自觉遵守,体现出法治的彻底性。奖赏以战功为标准,人民在战争中就会勇往直前,不退缩;刑罚要统一标准,法不阿贵,一视同仁,这样才会有震慑力;教育方面要抛弃儒家思想,使人民专心农战,三者结合,最终目的是达到无赏、无刑、无教的最高治国境界。

【关键词解读】

壹赏、壹刑、壹教

这其中的壹指的是统一。壹赏即奖励在战争中有功劳的人,这样就可以"兵无敌";壹刑即一旦犯罪,不论身份,同等标准处罚,这样就可以使政令通行;壹教即用以功劳论赏刑这条标准来教导民众,使民众养成团结好战的风气。商鞅反对文艺,将儒家的仁义礼乐比作有害的虱子,他认为这些属于虚辞淫道,会妨碍人们专心耕作,此外他也看到文艺在开启民智中的作用,认为这样会妨碍君主专制。因此他制定法律,强调要恪守法制,明确人民的农战义务,并赏罚分明,不徇私情,使人民专心于经济建设,远离文艺娱乐。

【相关知识链接】

《商君书》又称《商君》、《商子》,是记录商鞅政治思想观点的著作,由其和其后学所著作汇编,着重论述了商鞅的法治理论和相应措施。在书中提到了许多概念,如"法"、"壹"、"农战"等,既有总体理论,也有分条叙述的具体法令措施,有些甚至对今天也有借鉴意义。但由于观点与儒家相离,后世不被统治者重视,对其注疏者也少,且文字僻奥,难以整理。近代有王时润《商君书斠诠》,朱师辙《商君书解诂》,高亨《商君书注译》等。

商鞅重视农战,除了务农和作战可以使国家有更加强大的经济和军事以外,务农还可以使百姓安心从事生产,朴实归顺,从而形成一种团结力,使得国家更加强大。而为了使民众都能安心务农,就要把官爵授于那些在务农和作战方面有贡献的人。儒生、商人这些人无益于农战,如果这些人可以安身并避免农战,那么对国家来说国力就会削弱,所以对这些人一定要加以抑制。

商鞅的三方面政策，都有"从壹到无"的进化，由壹赏、壹刑、壹教到无赏、无刑、无教，与韩非的"无为而治"有相同的地方。"壹"是商鞅理论思想中的一个概念，在其他篇目中也有论及，《农战》中"上壹而民平"，要求统治者要一视同仁，公平对待；《垦令》中"民壹意"则是指民众要思想统一团结。总之商鞅的"壹"思想在治国方面有多重作用。

《商君书》极其重视"法"的执行，"法令者，民之命也，为治之本也"，因此重刑轻赏，以刑去刑，以法去法。书中规定了各项法令，并要求各级官吏去进行推广和落实，不力者也要进行惩罚，这样上下一致，法律得以实施，国家就正常运转了。

【延伸阅读】

节录的《靳令》一段进一步阐明了商鞅重刑行赏的主张及对文艺的批判态度。

《君臣》段则进一步强调了商鞅轻视文艺的论点。

靳令（节录）

重刑少赏，上爱民，民死赏。多赏轻刑，上不爱民，民不死赏。利出一空者，其国无敌；利出二空者，国半利；利出十空者，其国不守。重刑，明大制，不明者，六虱也。六虱成群，则民不用。是故兴国罚行则民亲，赏行则民利。行罚重其轻者，轻其重者，轻者不至，重者不来。此谓以刑去刑，刑去事成；罪重刑轻，刑至事生，此谓以刑致刑，其国必削。圣君知物之要，故其治民有至要，故执赏罚以壹辅，仁者，心之续也，圣君之治人也，必得其心，故能用力。力生强，强生威，威生德，德生于力。圣君独有之，故能述仁义于天下。

君臣（节录）

明主之治天下也，缘法而治，按功而赏。凡民之所疾战不避死者，以求爵禄也。明君之治国也，士有斩首捕虏之功，必其爵足荣也，禄足食也。农不离廛者，足以养二亲，治军事，故军士死节而农民不偷也。今世君不然,释法而以知,背功而以誉,故军士不战而农民流徙。臣闻道民之门,在上所先。故民可令农战,可令游宦,可令学问,在上所与。上以功劳与则民战,上以《诗》《书》与则民学问。民之于利也,若水于下也,四旁无择也。民徒可以得利而为之者,上所与也。瞋目扼腕而语勇者得,垂衣裳而谈说者得,迟日旷久积劳私门者得,尊向三者,无功而皆可以得。民去农战而为之,或谈议而索之,或事便辟而请之,或以勇争之,故农战之民日寡而游食者愈众。则国乱而地削,兵弱而主卑。此其所以然者,释法制而任名誉也。故明主慎法制,言不中法者不听也,行不中法者不高也,事不中法者不为也。言中法,则辩之;行中法,则高之;事中法,则为之。故国治而地广,兵强而主尊。此治之至也。人君者不可不察也。

蒋礼鸿《商君书锥指》中华书局本

【思考题】

谈谈《商君书》中重农战,轻文艺的思想对后世文艺的影响。

孟轲　孟子

（战国）孟轲

【作者简介】

孟子（约前372—前289年），名轲，字子舆，邹（今山东邹城）人。战国中期儒家学派最重要的人物，与孔子并为儒家思想代表人物，后世称为"亚圣"。主张法先王，行仁政，提倡"民贵君轻"的"民本"思想。曾周游列国，游说诸侯，终不得志，退而与其学生"序《诗》、《书》，述仲尼之意，作《孟子》七篇"（《史记·孟子荀卿列传》），与孔子合称"孔孟"。

梁惠王上（节录）

王说[1]，曰："《诗》云：'他人有心，予忖度之[2]。'夫子之谓也。夫我乃行之，反而求之，不得吾心。夫子言之，于我心有戚戚焉[3]。此心之所以合于王者，何也？"曰："有复于王者曰：'吾力足以举百钧[4]，而不足以举一羽；明足以察秋毫之末，而不见舆薪，则王许之乎[5]？'"曰："否。""今恩足以及禽兽，而功不至于百姓者，独何与？然则一羽之不举，为不用力焉；舆薪之不见，为不用明焉，百姓之不见保，为不用恩焉。故王之不王，不为也，非不能也。"曰："不为者与不能者之形何以异[6]？"曰："挟太山以超北海，语人曰'我不能'，是诚不能也[7]。为长者折枝，语人曰'我不能'，是不为也，非不能也[8]。故王之不王，非挟太山以超北海之类也；王之不王，是折枝之类也。老吾老，以及人之老；幼吾幼，以及人之幼。天下可运于掌[9]。《诗》云：'刑于寡妻，至于兄弟，以御于家邦[10]。'言举斯心加诸彼而已。故推恩足以保四海[11],不推恩无以保妻子。古之人所以大过人者,无他焉,善推其所为而已矣。今恩足以及禽兽,而功不至于百姓者,独何与? 权,然后知轻重;度,然后知长短[12]。物皆然,心为甚。王请度之! 抑王兴甲兵[13],危士臣,构怨于诸侯,然后快于心与?"

公孙丑上(节录)

曰:"敢问夫子之不动心与告子[14]之不动心,可得闻与?"

"告子曰:'不得于言,勿求于心;不得于心,勿求于气。[15]'不得于心,勿求于气,可;不得于言,勿求于心,不可。夫志,气之帅也;气,体之充也。夫志至焉,气次焉;故曰:'持其志,无暴其气[16]。'"

"既曰'志至焉,气次焉。'又曰,'持其志,无暴其气'者,何也?"曰:"志壹[17]则动气,气壹则动志也,今夫蹶者,趋者[18],是气也,而反动其心。"

"敢问夫子恶乎长[19]?"

曰:"我知言[20],我善养吾浩然之气。"

"敢问何谓浩然之气?"

曰:"难言也。其为气也,至大至刚,以直[21]养而无害,则塞于天地之间。其为气也,配义与道;无是,馁[22]也。是集义所生者,非义袭而取之[23]也。行有不慊[24]于心,则馁矣。我故曰'告子未尝知义',以其外之也[25]。必有事焉,而勿正,心勿忘,勿助长[26]也。无若宋人然:宋人有闵其苗之不长而揠之者,芒芒然归[27],谓其人曰:'今日病矣! 予助苗长矣!'其子趋而往视之,苗则槁矣。天下之不助苗长者寡矣。以为无益而舍之者,不耘苗者也;助之长者,揠苗者也非徒无益,而又害之。"

"何谓知言?"曰:"诐辞知其所蔽[28],淫辞知其所陷[29],邪辞知其所离[30],遁辞知其所穷[31]。生于其心,害于其政;发于其政,害于其事。圣人复起,必从吾言矣。""宰我、子贡善为说辞,冉牛、闵子、颜渊善言德行。孔子兼之,曰:'我于辞命[32],则不能也。'然则夫子既圣矣乎?"

离娄下(节录)

孟子曰:"王者之迹熄而《诗》亡[33],《诗》亡然后《春秋》作[34]。晋之《乘》[35],楚之《梼杌》[36],鲁之《春秋》,一也;其事则齐桓、晋文,其文则史[37]。孔子曰:'其义则丘窃取之矣[38]。'"

孟子曰:"君子所以异于人者,以其存心也。君子以仁存心,以礼存心。仁者爱人,有礼者敬人。爱人者,人恒爱之;敬人者,人恒敬之。有人于此,其待我以横逆,则君子必自反也[39]:我必不仁也,必无礼也,此物奚宜至哉? 其自反而仁矣,自反而有礼矣,其横逆由是也,君子必自反也,我必不忠[40]。自反而忠矣,其横逆由是也,君子曰:'此亦妄人也已矣。如此,则与禽兽奚择哉? 于禽兽又何难焉[41]?'是故君子有终身之忧,无一朝之患也。乃若所忧则有之:舜,人也;我,亦人也。舜为法于天下,可传于后世,我由未免为乡人[42]也,是则可忧也。忧之如何? 如舜而已矣。若夫君子所患则亡矣。非仁无为也,非礼无行也。如有一朝之患,则君子不患矣。"

禹、稷当平世[43],三过其门而不入,孔子贤之。颜子当乱世,居于陋巷,一箪食,一瓢饮;人不堪其忧,颜子不改其乐,孔子贤之。孟子曰:"禹、稷、颜回同道。禹思天下有溺者,由己溺之也;稷思天下有饥者,由己饥之也,是以如是其急也。禹、稷、颜子易地则皆然。今有同室之人斗者,救之,虽被发缨冠而救之[44],可也;乡邻有斗者,被发缨冠而往救之,则惑也;虽闭户可也。"

万章上(节录)

咸丘蒙问曰[45]:"语云[46]:'盛德之士,君不得而臣,父不得而子。'舜南面而立,尧帅诸侯北面而朝之,瞽瞍亦北面而朝之。舜见瞽瞍,其容有蹙[47]。孔子曰:'于斯时也,天下殆哉,岌岌[48]乎!'不识此语诚然乎哉?"

孟子曰:"否,此非君子之言,齐东野人之语[49]也。尧老而舜摄也。《尧典》曰:'二十有八载,放勋乃徂落,百姓如丧考妣[50]。三年,四海遏密八音[51]。'孔子曰:'天无二日,民无二王。'舜既为天子矣,又帅天下诸侯以为尧三年丧,是二天子矣。"

咸丘蒙曰:"舜之不臣尧,则吾既得闻命矣。《诗》云:'普天之下,莫非王土,率土之滨,莫非王臣。'而舜既为天子矣,敢问瞽瞍之非臣,如何?"曰:"是诗也,非是之谓也。劳于王事而不得养父母也。曰:'此莫非王事,我独贤劳也[52]。'故说诗者,不以文害辞[53],不以辞害志[54]。以意逆志[55],是为得之。如以辞而已矣,《云汉》之诗曰:'周余黎民,靡有孑遗[56]。'信斯言也,是周无遗民也。孝子之至,莫大乎尊亲;尊亲之至,莫大乎以天下养。为天子父,尊之至也;以天下养,养之至也。《诗》曰:'永言孝思,孝思维则。'[57]此之谓也。《书》曰:'祗载见瞽瞍,夔夔齐栗,瞽瞍亦允若[58]。'是为父不得而子也。"

万章下(节录)

孟子谓万章曰:"一乡之善士,斯友一乡之善士;一国之善士,斯友一国之善士;天下之善士,斯友天下之善士。以友天下之善士为未足,又尚论古之人[59]。颂其诗[60],读其书,不知其人可乎?是以论其世[61]也。是尚友也。"

告子下(节录)

曰:"《凯风》何以不怨[62]?"曰:"《凯风》,亲之过小者也。《小弁》,亲之过大者也。亲之过大而不怨,是愈疏也;亲之过小而怨，是不可矶也[64]。愈疏，不孝也；不可矶，亦不孝也。孔子曰：舜其至孝矣，五十而慕[65]。"

尽心上（节录）

孟子曰："尽其心者，知其性也。知其性，则知天矣。存其心[66]，养其性[67]，所以事天也。殀寿不贰[68]，修身以俟之，所以立命也。"

尽心下（节录）

孟子曰："民为贵，社稷次之，君为轻。是故得乎丘民[69]而为天子，得乎天子为诸侯，得乎诸侯为大夫。诸侯危社稷，则变置。牺牲既成，粢盛既洁[70]，祭祀以时，然而旱干水溢，则变置社稷。"

《孟子注疏》阮刻《十三经注疏》本

【题解】

《梁惠王上》篇中孟子提出"老吾老以及人之老，幼吾幼以及人之幼"及"与民同乐"的思想。人性本善是其出发点，人性善才能"恩足以及禽兽"，君与民不仅可以共患难，还可同享乐，延伸到文艺领域就是审美具有普遍性，民众和君主一样也具有欣赏文艺作品的权利。孟子区分了"不能做"和"不去做"的事情，"是不为也，非不能也"，认为君主完全可以做到"仁政"和"与民同乐"，那些不顾百姓疾苦只顾个人享乐的君王只是因为不去做罢了。君主应实行"王道"，要去"推恩"，这样才可以保四海。

《公孙丑上》篇主要通过孟子与弟子公孙丑的对话讨论王道与霸道的区别，孟子强调要实行王道；并且通过论述如何提高个人修养来阐述孟子的"养气说"及心性学理论。

《离娄下》此章孟子讲述君子之道，举了许多前代圣贤的例子，意在说明，前代圣贤虽然时代不同、地位不同，行为也不尽相同，但他们的准则是一致的，都怀有"仁礼"之心，既仁又礼，才能得到人民爱戴。所以朱熹说："圣贤之心无所偏倚，随感而应，各尽其道。"（《孟子集注》）"爱人者，人恒爱之；敬人者，人恒敬之"体现出一种为人处世的方法，想要得到别人的尊敬，那就先要去尊重别人。人际间的交往都是相互的，用仁和礼来约束自己，不仅是对自己道德层次的提高，推己及人，也有利于德行和礼制的推广。

《万章》篇中咸丘蒙在谈论君臣父子大义时引用《诗》来证明，孟子告诫他，对《诗》的理解要注重大义，要做到"不以文害辞，不以辞害志"，不能凭借文字表面的涵义来曲解语句，不能因语句而曲解《诗》的真正含义，要自己设身处地地去理解作者本意，这是孟子对学《诗》的理解。孟子所谓与古人结交，实际就是学习古人优秀的东西为己所用，其中提出了"知人论世"，即将作品放到当时的社会环境中去观察、理解，这点成为后世文学批评的重要方法。

《告子下》这段主要讲适度表达情感的问题，用《诗经·凯风》和《小弁》为例子，具体阐述了孟子"不以文害辞，不以辞害志，以意逆志"的治《诗》方法和文学批评主张。《凯风》中父母的过错大，而《小弁》中父母的过错小，过错大而不怨，是对父母的疏离，过错小而怨恨，也做得过分。孟子驳斥公孙丑的观点，认为由于个人亲疏感情，对一件作品的解读会不同。孟子要求解读经典时要有辩证性，思维不要过于古板，理解诗句时不要只理解表面意思，要结合当时的现实状况及风俗，从人之常情出发，灵活多变地去理解。大怨和小怨区分了人们感情程度的不同，小过错不应怨恨，这是孝的表现，大过错却不怨恨，这也是过分的行为，人的情感应适度，以此来阅读文学作品才是正确的。

《尽心上》此章充分肯定了自身修养的重要性，孟子谈论上天和命运，并不是消极地等待命运安排，而是强调以个体的道德自律来"立命"，从而极大突出了个体的人格价值和其所负道德责任及历史使命。"尽心"即充分发挥自己的本心，本心即善，充分发挥善心就可以知人性、知天命，也即明心见性。但"尽心"需要不断提高自己的内在修养，即修身。在孟子看来，心、性、命是连贯一体的，由本心出发，最终可以知晓天命。想要知天命，第一步是内修本心，发挥善性；第二步是知性，在实现内在德行完善后，接着要事天，这样由内而外，达到一种内外平衡的生命的最佳状态。

《尽心下》提出了民贵君轻的思想。孟子认为，在百姓、国家、君主三者中，百姓是最重要的，百姓即人，体现出孟子的"人本"思想。

【注释】

1. 说：通"悦"。

2. 出自《诗经·小雅·巧言》。忖度:推想、理解。

3. 戚戚:朱熹《集注》:"心动貌。"

4. 复:说、报告。钧:古代重量单位,三十斤为一钧。

5. 明:视力。许:同意。

6. 形:情形、表现。

7. 太山:即今泰山。北海:此处泛指齐北境的大海。

8. 枝:通"肢"。折枝:屈身向老者行礼。

9. 前一个老:动词,尊敬。前一个幼:动词,爱护。运:转。

10. 出自《诗经·大雅·思齐》。刑:通"型",规范,教诲。寡妻:嫡妻。御:享。家:卿大夫的采邑。

11. 推:推广。

12. 权:秤锤,此处作动词,衡量。度:尺度,此处作动词。

13. 抑:难道。

14. 告子:与孟子相先后的战国思想家。

15. 告子以为,内心无善意的,体内必无善气,因此不能从他心中得到善念,就不必花费功夫去找寻他的善气。

16. 持其志,无暴其气:赵岐注:"暴,乱也。言志所响,气随之。当正持其志,无乱其气,妄以喜怒加人也。"

17. 壹:专一。

18. 蹶:跌倒。趋:奔跑。

19. 恶乎长:擅长什么?

20. 知言:朱熹注:"尽心知性,于凡天下之言,无不有以究极其理,而议其是非得失之所以然也。"

21. 直:正道。

22. 馁:气馁。

23. 义袭而取之:袭取一义为定型,然后照做。

24. 慊:满足,满意。

25. 外之:以之为外,指告子以义为外也。

26. "必有事焉"后三句:"正心"二字当为"忘"字,传写之误。有事,从事,实践。不可忘记培养正气之事,但亦不可过度助长。

27. 闵:通"悯",忧伤。茫茫:赵注:"罢倦之貌。"

28. 诐辞:不正之辞。《集注》:"诐,偏陂也。"

29. 淫:过度,放荡。陷:沉溺。

30. 邪:邪僻。离:背离正道。

31. 遁:隐,躲躲闪闪。理屈词穷固有遁词。

32. 辞命:同"辞令"。

33. 王者之迹熄而《诗》亡:朱熹注:"王者之迹熄,谓平王东迁,而政教号令不及于天下也。《诗》亡,谓黍离降为国风而雅亡也。《春秋》,鲁史记之名。孔子因而笔削之。始于鲁隐公之元年,实平王之四十九年也。"《诗》亡:周代盛世时,有采诗之官到民间收集诗歌,用以了解各国的民风民情,平王东迁后,王室衰微,此一制度逐渐消亡,因此说《诗》亡。

34. 《诗》亡然后《春秋》作:《诗》亡而各国之事无法得知,于是各国史书产生。

35. 《乘》:晋国的史书名称。

36. 《梼杌》:楚国的史书名称。朱熹注:"梼杌,恶兽名,古者因以为凶人之号,取记恶垂戒之义也。《春秋》者,记事者必表年以首事。年有四时,故错举以为所记之名也。古者列国皆有史官,掌记时事,此三者皆其所记册书之名也。"

37. 其文则史:记录史事的文字成为历史。

38. 其义则丘窃取之矣:记录在史书中的微言大义,被我私下窃取了。朱熹注:"春秋之时,五霸迭兴,而桓文为盛。史,史官也。窃取者,谦辞也。《公羊传》作'其辞则丘有罪焉尔',意亦如此。盖言断之在己,所谓'笔则笔、削则削,游夏不能赞一辞'者。尹氏曰:'言孔子作《春秋》,亦以史之文载当时之事也,而其义则定天下之邪正,为百王之大法。'此又承上章历叙群圣,因以孔子之事继之;而孔子之事莫大于《春秋》,故特言之。"

39. 横逆:朱熹:"谓强暴不顺礼也。"

40. 由是:犹言依然如此。

41. 奚择:朱熹注:"何异也。"难:责难、计较。

42. 乡人:朱熹注:"乡里之常人也。"

43. 平世:太平的世道。

44. 被发缨冠:被,通"披";缨,此处作动词,戴。古时戴冠必先结发,但如果为了解救同室之人相斗之急,这是可以理解的。

45. 咸丘蒙:孟子弟子。

46. 语云:语是古代的一种著作体裁,主要用于记述古人的言论行事,如《论语》。此处"语"指这类语书。

47. 蹙:朱熹注:"蹙蹙不自安也。"

48. 岌岌:赵注云:"不安貌。"

49. 齐东野人之语:齐国东边乡野之人说的话。

50. 放勋:尧的称号。徂落:《尔雅·释诂》云:"徂落,死也。"百姓:指各姓的贵族。

51. 遏密八音:赵注云:"遏,止也。密,无声也。八音不作,哀思甚也。"

52. 我独贤劳也:赵注:"何为独使我以贤才而劳苦,不得养父母乎?"

53. 不以文害辞:朱熹注:"不可以一字而害一句之义。"

54. 不以辞害志:朱熹注:"不可以一句而害设辞之志。"

55. 以意逆志:赵注:"以己之意逆诗人之志。"朱注:"逆,迎也。"逆,迎合。

56. 周余黎民,靡有孑遗:出自《诗经·大雅·云汉》,周朝的臣民,没有一个留存下来。黎民,庶民。靡,无。孑,孤独。遗,留存。

57. 永言孝思,孝思维则:出自《诗经·大雅·下武》。朱注:"言人能长言孝思而不忘,则可以为天下法则也。"

58. 祗载见瞽瞍,夔夔齐栗,瞽瞍亦允若:出自《尚书·大禹谟》篇。祗载:恭敬事奉。夔夔齐栗:朱注"敬谨恐惧之貌。"瞽瞍亦允若:瞽瞍,舜的父亲。朱注:"允,信也。若,顺也。"这里言舜的父亲也明晓舜的大孝。

59. 尚:通"上"。

60. 颂:通"诵",《周礼·大司乐》郑玄注云:"倍文曰讽,以声节之曰诵。"

61. 论其世:朱注:"论其当世行事之迹也。"

62.《凯风》:《诗经·邶风》中诗篇,朱熹注:"卫有七子之母,不能安其室,七子作此以自责也。"

63. 小弁:《诗经·小雅》中的篇名,据说是周宣王名臣尹吉甫之子因遭后母之谗而作。赵注云:"怨亲之过,故谓之小人。"

64. 不可矶:朱熹注:"言微激之而遽怒也。"

65. 慕:怨慕。

66. 存其心:朱熹注:"存谓操而不舍。"

67. 养其性:朱熹注:"养谓顺而不害。"

68. 殀:通"夭"。不贰:赵注云:"虽见前人或殀或寿,终无二心改易其道。"

69. 丘民:百姓。

70. 粢盛:古代祭祀用的谷物,这里泛指祭品。

【讲疏】

《孟子》约成书于战国中期,是孟子的言论汇编,由其本人及弟子编撰而成,记录了孟子与其他诸家思想的争辩、对弟子的言传身教、游说诸侯等内容,是继《论语》后的又一儒家经典著作。其学说出发点为性善论,主张德治。南宋时朱熹将《孟子》与《论语》、《大学》、《中庸》合在一起称"四书"。《汉书·艺文志》中著录十一篇,东汉赵岐《孟子章句》收录七篇。《梁惠王上》是《孟子》第一篇,与《论语》一样,由后人摘取每篇第一部分中的前两三字为篇名。这部分主要是孟子借助与梁惠王之间的对话,提出许多著名论题,如"义利之辨"、"与民同乐"等。本章主要论述了"与民同乐"思想,提出了著名的命题"老吾老以及人之老,幼吾幼以及人之幼",孟子认为国君要想成功治理国家必须实行仁政,而施行仁政首先要让百姓有固定的收入,保民才能王天下。"与民同乐"是推己及人思想在政治上的表现,君主要设身处地为百姓着想,从百姓的利益出发,让百姓能够在社会上安身立命,才能安心生产,有了足够的生产力,国家富强也就指日可待了。而将与民同乐思想运用于文学艺术领域,即是说普通百姓也可以进行文学鉴赏等文艺活动。

《公孙丑》篇首先由公孙丑的提问引出孟子对王道的论述,孟子通过对霸道和王道的对比突出王道的特点。"以力假仁者霸",霸道只是以武力使人们暂时屈服;而"以德行仁者王",实行王道才能使人民心悦诚服,实行长久的统治。接着公孙丑又问及孟子关于人格修养的话题,孟子强调支撑优秀人格的是一种"浩然之气",塞于天地之间,与"道"一致,"其为气也,配义与道;无是,馁也"。这种气需要持续不断地去培养和保持,才能变成人格精神的一部分。孟子所讲的"气",兼具物质和精神,既有气质之气,又有心志之气。这种气来自于君子对"道"的深切体认和身体力行,是君子修养要达到的目标之一。孟子认为,爱别人的人,别人也会爱他,尊敬别人的人,别人也会尊敬他。君子的过人之处就在于有"仁心",而有仁心的君主一定会实行仁政,保民推恩,人民感受到君主的仁心,也必然会心生尊敬之心,安心归附,这样整个国家上行下效,离富裕强大也就不远了。

《万章上》以孟子与咸丘蒙的对话,由讨论上古君臣关系的问题展开。孟子认为,读《诗》要全面理解《诗》的内涵与艺术特征,不能拘于个别字词而误解词句,也不能因为个别词句而误解诗人原本的意志感情。不能以偏概全,也不能只看表面意思,要深入研读,通过自己对作品的感受理解揣摩诗人的本意,探索作者的创作意图。"不以文害辞,不以辞害志"和"以意逆志"成为著名的文学批评方法,对后世文学批评理论有重要影响。

孟子讲述交友的原则,不仅要和一乡的善士、一国的善士、天下的善士交朋友,还要上溯,和古人交朋友,在和古人交朋友时,无法亲见其人,只有通过他们留下来的著作和言论进行神交,在习读古人诗书时,不能仅仅通过书中语言和表面意思来理解,还要了解他们的为人,要了解其为人就必须了解其所处的时代,这就是"知人论世"。古书古人对现时人们读书解意来说是极有帮助的,其中存在着众多待解读的意义和内容,是从天下善士那里也不能学到的东西。

《尽心上》篇主要论述"天人合一"思想和人格如何完善的问题,体现了孟子的心性说。孟子认为上天是有自己理性的,人应该努力提高自身修养,向上天看齐,达到自己的"天命",提高自身修养的过程也就是发挥自己"本性"的过程。孟子认为,充分发挥自己善良的本心,其本性就能显现,懂得本性也就懂得了天命,保存本心,培养本性,不论寿命长短都应当认真对待,积极提高自身修养以待天命。

《尽心下》篇主要也是讨论个人修养、治理国家以及如何实行仁政的问题。孟子认为百姓是最重要的,国家次之,君主是最轻的,得到百姓的拥护可以称王天下,体现了孟子"民贵君轻"的思想。孟子深刻认识到,百姓的支持是国家兴衰存亡的根本,没有百姓就没有国家,因此统治者要赢得天下,最重要的是要赢得民心,这也是孟子"仁政"思想的核心。

【关键词解读】

养气

孟子所养之"气"是"浩然之气",对应人内心本身就有的善端,充塞于天地间,至大至刚。孟子认为"浩然之气"是养成的,是对本性善端的培养和生发,养气是对自身素质和境界的提升。对于如何培养"浩然之气",孟子提到要通过几个方面的努力:既要心志专一,在养气的同时又要不断进行道的积累,更重要的是要坚持不懈。而根据孟子的"知人论世"说,人的思想品德修养势必会影响文章的气势,所以"气"不仅仅是判断人格修养的标准,也成为创作、批评文艺作品的标准,至后世专门出现"文气"说的概念。

以意逆志

意是作品的意旨,志则是作者的思想主张。以意逆志,即不要仅仅通过作品文辞的字面意思,望文生义,胶柱鼓瑟,机械理解,而是要融会贯通,要将辞句放到整个作品的环境中去结合上下文理解,全面看待,并且要以己度人,在体会文章意思的基础上联系自己的经验去体会作者的思想感情,尽力理解作者的真正意图,与作者达到共鸣。有些文艺作品的主旨内涵并不外显,要准确把握其大意就需要"以意逆志"的方法,如对《诗经》中暗含的讽喻及夸张手法的理解。对"诗言志"来说,诗歌是明作者之志的,但对读者来说,要隔着一层极具主观性的语言体会作者本意,语言作为思想内容的载体,无法完全表达作者的本来意图,因此需要读者在阅读作品时,发挥主观能动性,通过自己对作品的理解去体会作者的本来意图,填补作品无法表达的空白。后世刘勰《文心雕龙·知音》说:"夫缀文者情动而辞发,观文者披文以入情,沿波讨源,虽幽必显",与孟子的"以意逆志"有相通之处。

知人论世

这是孟子提出的了解古人的方法,与"以意逆志"相辅相成。这种方法在文学批评中曾起到很大作用,对后世研究前人经典,理解前人成果,了解前人思想都极有帮助。"一乡之善士,斯友一乡之善士;一国之善士,斯友一国之善士;天下之善士,斯友天下之善士。以友天下之善士为未足,又尚论古之人。颂其诗,读其书,不知其人可乎?是以论其世也,是尚友也。"通过这种以人之常情类推的方法可知,只有深入了解作者生平及其所处时代,才有可能对其作品作出精确把握和解读。"知人论世"显示了孟子要求解读经典时要有辩证性,从多方面入手,从作者所处时代及作者的为人去侧面了解。"知人论世"方法的提出说明孟子已充分认识到作品与作者及时代的关系,要有一定的历史观,才能对文学作品有更好的把握。

与民同乐

孟子作为继孔子后的又一儒家思想的代表人物,在孔子"仁者爱人"思想的基础上提出了"仁政"思想主张,这是建立在孟子"民贵君轻"思想基础上的,他重视国家治理和社会发展中百姓的作用,认为统治者保民才能王天下。而从根本上说,这又是建立在他的"性善论"基础上,孟子认为"人皆有不忍人之心",他认为人的本心都是向善的,所以君主会实行仁政,百姓也会拥护实行仁政的君主,秉持这种普遍有效性,他进一步提出了"与民同乐"的思想,"为民上而不与民同乐者亦非也",君主在"仁政"教化的基础上还要有实际行动,此处"乐"不单指音乐,其中还包含其他文艺作品,孟子赞同人们通过音乐进行娱乐的活动,他认为人们对音乐的感应是内心"善性"的外显,这是人们共有的东西。

【相关知识链接】

在孟子生活的社会环境中,君王的目标是扩充疆土,百姓则不被重视,孟子对此提出"民贵君轻"的思想,"保民而王",不以武力而靠德政使百姓顺从,是孟子"仁政"的重要方面。仁政的实质即是"老吾老,以及人之老;幼吾幼,以及人之幼",把仁爱之心推及到他人身上。《梁惠王》上下两篇都是讲述与民同乐思想与仁政,孟子通过对音乐的看法来讲述君主治国之道,与孔子"立于礼,成于乐"思想一样,都看到了乐教对政教的作用,孟子认为"今之乐由古之乐也",独乐乐不如众乐乐,使天下百姓都能欣赏音乐,与民同乐,国家社会就会和谐。

孟子的"浩然之气"在其言行的许多方面都有所表现,"富贵不能淫,贫贱不能移,威武不能屈","舍生取义"等,并且这种浩然之气对后世文人的影响巨大。孟子认为善良是人的本性之一,他的性善,是指的"性有善"而非"性全善","性善论"的基础是"四端"说:仁之端恻隐之心,义之端羞恶之心,礼之端辞让之心,智之端是非之心,即仁义礼智四方面。这种"善"从人的本性出发,外化以后就是"仁"。"仁"和"礼"是君子所具备的不同于一般人的素质和品格。仁者爱人,有礼者敬人,那么君主就会获得百姓的爱戴和尊敬,推己及人,换位思考,体会百姓的疾苦,尊重百姓的劳动,这是能"王天下"君主的表现。孟子在讨论君臣关系时,对于臣民的忠,认为君主的"礼"与"仁"更重要。君主首先要对贤士恭敬,要以礼相待,否则贤士是不会尽心为国君效力的,在做到"礼"以后,还要看君主能否做到"仁",以仁爱之心,实行仁政以惠及百姓,才值得臣民为其效力。

孟子十分重视民的作用。"民为重"思想在其他地方也多次提及,"天时不如地利,地利不如人和",这种民贵君轻思想是对统治阶级的挑战,也促使人们生发自我意识,在君王和自我之间寻求一种平衡,这种"人本"思想对后世有深远影响。《孟子》一书中还提到了一些著名的命题:"仁者以其所爱及其所不爱","尽信书,不如无书","贤者以其昭昭使人昭昭","充实之谓美"等。

【延伸阅读】

《梁惠王上》出现了著名的"君子远庖厨"典故,孟子借以为齐宣王讲解何为仁术并阐释儒家保民而王的王道。

《滕文公下》中孟子借好辩之缘由说明世衰道微和孔子儒家思想的正统,提出孔子作《春秋》是为使"乱臣贼子惧"而作。

《离娄下》孟子以君臣之道说明"以民为本"的观点,君主应先以身作则,实行君道。

梁惠王上(节录)

齐宣王问曰:"齐桓、晋文之事可得闻乎?"孟子对曰:"仲尼之徒无道桓、文之事者,是以后世无传焉。臣未之闻也。无以,则王乎?"曰:"德何如,则可以王矣?"曰:"保民而王,莫之能御也。"曰:"若寡人者,可以保民乎哉?"曰:"可。"曰:"何由知吾可也?"曰:"臣闻之胡龁曰,王坐于堂上,有牵牛而过堂下者,王见之,曰:'牛何之?'对曰:'将以衅钟。'王曰:'舍之!吾不忍其觳觫,若无罪而就死地。'对曰:'然则废衅钟与?'曰:'何可废也? 以羊易之!'不识有诸?"曰:"有之。"曰:"是心足以王矣。百姓皆以王为爱也,臣固知王之不忍也。"王曰:"然。诚有百姓者。齐国虽褊小,吾何爱一牛? 即不忍其觳觫,若无罪而就死地,故以羊易之也。"曰:"王无异于百姓之以王为爱也。以小易大,彼恶知之? 王若隐其无罪而就死地,则牛羊何择焉?"王笑曰:"是诚何心哉? 我非爱其财而易之以羊也,宜乎百姓之谓我爱也。"曰:"无伤也,是乃仁术也,见牛未见羊也。君子之于禽兽也,见其生,不忍见其死;闻其声,不忍食其肉。是以君子远庖厨也。"

滕文公下(节录)

公都子曰:"外人皆称夫子好辩,敢问何也?"

孟子曰:"予岂好辩哉? 予不得已也。天下之生久矣,一治一乱。当尧之时,水逆行,氾滥于中国,蛇龙居之,民无所定。下者为巢,上者为营窟。《书》曰:'洚水警余。'洚水者,洪水也。使禹治之。禹掘地而注之海,驱蛇龙而放之菹;水由地中行,江、淮、河、汉是也。险阻既远,鸟兽之害人者消,然后人得平土而居之。尧、舜既没,圣人之道衰,暴君代作,坏宫室以为污池,民无所安息;弃田以为园囿,使民不得衣食。邪说暴行又作,园囿、污池、沛泽多而禽兽至。及纣之身,天下又大乱。周公相武王诛纣,伐奄三年讨其君,驱飞廉于海隅而戮之,灭国者五十,驱虎、豹、犀、象而远之,天下大悦。《书》曰:'丕显哉,文王谟! 丕承哉,武王烈! 佑启我后人,咸以正无缺。'世衰道微,邪说暴行有作,臣弑其君者有之,子弑其父者有之。孔子惧,作《春秋》。《春秋》,天子之事也。是故孔子曰:'知我者其惟《春秋》乎! 罪我者其惟《春秋》乎!'圣王不作,诸侯放恣,处士横议,杨朱、墨翟之言盈天下。天下之言不归杨,则归墨。杨氏为我,是无君也;墨氏兼爱,是无父也。无父无君,是禽兽也。公明仪曰:'庖有肥肉,厩有肥马;民有饥色,野有饿莩,此率兽而食人也。'杨墨之道不息,孔子之道不著,是邪说诬民,充塞仁义也。仁义充塞,则率兽食人,人将相食。吾为此惧,闲先圣之道,距杨墨,放淫辞,邪说者不得作。作于其心,害于其事;作于其事,害于其政。圣人复起,不易吾言矣。昔者禹抑洪水而天下平,周公兼夷狄,驱猛兽而百姓宁,孔子成《春秋》而乱臣贼子惧。《诗》云:'戎狄是膺,荆舒是惩,则莫我敢承。'无父无君,是周公所膺也。我亦欲正人心,息邪说,距诐行,放淫辞,以承三圣者,岂好辩哉?予不得已也。能言距杨墨者,圣人之徒也。"

离娄下(节录)

孟子告齐宣王曰:"君之视臣如手足,则臣视君如腹心;君之视臣如犬马,则臣视君如国人;君之视臣如土芥,则臣视君如寇仇。"王曰:"礼,为旧君有服,何如斯可为服矣?"曰:"谏行言听,膏泽下于民,有故而去,则君使人导之出疆,又先于其所往。去三年不反,然后收其田里,此之谓三有礼焉。如此,则为之服矣。今也为臣,谏则不行,言则不听,膏泽不下于民,有故而去,则君搏执之,又极之于其所往。去之日,遂收其田里。此之谓寇仇,寇仇何服之有?"

孟子曰:"无罪而杀士,则大夫可以去;无罪而戮民,则士可以徙。"

孟子曰:"君仁,莫不仁;君义,莫不义。"

孟子曰:"非礼之礼,非义之义,大人弗为。"

孟子曰:"中也养不中,才也养不才,故人乐有贤父兄也。如中也弃不中,才也弃不才,则贤不肖之相去,其间不能以寸。"

孟子曰:"人有不为也,而后可以有为。"

《孟子注疏》阮刻《十三经注疏》本

【思考题】

1. 理解孟子的"知言养气"说对后世文论方面的影响。
2. "以意逆志"和"知人论世"理论对文学接受论有何影响?

庄周 庄子

(战国)庄周

【作者简介】

庄子,名周,字子休(一说子沐),战国蒙地人。道家思想代表人物之一。生活于战国中期,生卒年月尚不可考。年龄比孟子稍小,曾为蒙地漆园吏。他继承和发展了老子的文艺和美学思想,使道家文艺美学思想形成较完备体系,与儒家并立。庄子反对异化,提倡顺应自然以达到天人合一,从这样的高度去探讨美和艺术的本质,对我国古代文艺理论和创作的发展产生了深远影响。

齐物论(节录)

南郭子綦隐机而坐,仰天而嘘,荅焉似丧其耦[1]。颜成子游立侍乎前,曰:"何居乎?形固可使如槁木,而心固可使如死灰乎?今之隐机者,非昔之隐机者也[2]。"子綦曰:"偃,不亦善乎,而问之也?今者吾丧我,汝知之乎?女闻人籁,而未闻地籁,女闻地籁而未闻天籁夫[3]!"子游曰:"敢问其方。"子綦曰:"夫大块噫气,其名为风,是唯无作,作则万窍怒呺,而独不闻之翏翏乎[4]?山林之畏佳,大木百围之窍穴,似鼻,似口,似耳,似枅,似圈,似臼,似洼者,似污者[5]。激者,謞者,叱者,吸者,叫者,譹者,宎者,咬者[6],前者唱于而随者唱喁。泠风则小和,飘风则大和,厉风济则众窍为虚。而独不见之调调之刁刁乎[7]?"子游曰:"地籁则众窍是已,人籁则比竹是已,敢问天籁[8]。"子綦曰:"夫吹万不同,而使其自己也,咸其自取,怒者其谁邪[9]?"

养生主(节录)

老聃死,秦失吊之,三号而出。弟子曰:"非夫子之友邪?"曰:"然。""然则吊焉若此,可乎?"曰:"然。始也吾以为其人也,而今非也。向吾入而吊焉,有老者哭之,如哭其子;少者哭之,如哭其母。彼其所以会之[10],必有不蕲言而言,不蕲哭而哭者。是遁天倍情[11],忘其所受,古者谓之遁天之刑。适来,夫子时也;适去,夫子顺也[12]。安时而处顺,哀乐不能入也,古者谓是帝之县解[13]。"指穷于为薪,火传也,不知其尽也[14]。

人间世(节录)

颜回曰:"吾无以进矣,敢问其方。"仲尼曰:"斋,吾将语若。有心而为之,其易邪?易之者,皞天不宜[15]。"颜回曰:"回之家贫,唯不饮酒不茹荤者数月矣。如此,则可以为斋乎?"曰:"是祭祀之斋,非心斋也。"回曰:"敢问心斋。"仲尼曰:"若一志,无听之以耳而听之以心;无听之以心而听之以气。听止于耳,心止于符[16]。气也者,虚而待物者也。唯道集虚。虚者,心斋也。"颜回曰:"回之未始得使,实自回也[17];得使之也,未始有回也,可谓虚乎[18]?"夫子曰:"尽矣!吾语若:若能入游其樊而无感其名[19],入则鸣,不入则止。无门无毒,一宅而寓于不得已,则几矣。绝迹易,无行地难。为人使易以伪,为天使难以伪。闻以有翼飞者矣,未闻以无翼飞者也;闻以有知知者矣,未闻以无知知者也。瞻彼阕者,虚室生白,吉祥止止[20]。夫且不止,是之谓坐驰[21]。夫徇耳目内通而外于心知,鬼神将来舍,而况人乎!是万物之化也,禹、舜之所纽也,伏羲、几蘧之所行终,而况散焉者乎[22]!"

德充符(节录)

惠子谓庄子曰:"人故无情乎?"庄子曰:"然。"惠子曰:"人而无情,何以谓之人?"庄子曰:"道与之貌,天与之形,恶得不谓之人[23]?"惠子曰:"既谓之人,恶得无情?"庄子曰:"是非吾所谓情也。吾所谓无情者,言人之不以好恶内伤其身,常因自然而不益生也[24]。"惠子曰:"不益生,何以有其身?"庄子曰:"道与之貌,天与之形,无以好恶内伤其身。今子外乎子之神,劳乎子之精,倚树而吟,据槁梧而瞑[25]。天选子之形,子以坚白鸣[26]。"

天道(节录)

天道运而无所积,故万物成[27];帝道运而无所积,故天下归;圣道运而无所积,故海内服。明于天,通于圣,六通四辟于帝王之德者,其自为也,昧然无不静者矣[28]。圣人之静也,非曰静也善,故静也;万物无足以铙心者,故静也[29]。水静则明烛须眉,平中准[30],大匠取法焉。水静犹明,而况精神!圣人之心静乎!天地之鉴也;万物之镜也。夫虚静恬淡寂漠无为者,天地之平而道德之至,故帝王圣人休焉。休则虚,虚则实,实则伦矣[31]。虚则静,静则动,动则得矣[32]。静则无为,无为也则任事者责矣[33]。无为则俞俞[34],俞俞者忧患不能处,年寿长矣。夫虚静恬淡寂漠无为者,万物之本也。明此以南乡[35],尧之为君也;明此以北面,舜之为臣也。以此处上,帝王天子之德也;以此处下,玄圣素王之道也。以此退居而闲游江海,山林之士服;以此进为而抚世,则功大名显而天下一也。静而圣,动而王,无为也而尊,朴素而天下莫能与之争美[36]。夫明白于天地之德者,此之谓大本大宗,与天和者也;所以均调天下,与人和者也。与人和者,谓之人乐;与天和者,谓之天乐[37]。

达生(节录)

仲尼适楚,出于林中,见痀偻者承蜩,犹掇之也[38]。仲尼曰:"子巧乎!有道邪?"曰:"我有道也。五六月累丸二而不坠,则失者锱铢[39];累三而不坠,则失者十一;累五而不坠,犹掇之也。吾处身也,若厥株拘[40];吾执臂也,若槁木之枝。虽天地之大,万物之多,而唯蜩翼之知。吾不反不侧[41],不以万物易蜩之翼,何为而不得!"孔子顾谓弟子曰:"用志不分,乃凝于神,其痀偻丈人之谓乎!"

外物(节录)

荃者所以在鱼[42],得鱼而忘荃;蹄者所以在兔[43],得兔而忘蹄;言者所以在意,得意而忘言。吾安得夫忘言之人而与之言哉!

渔父(节录)

真者,精诚[44]之至也。不精不诚,不能动人。故强哭者虽悲不哀,强怒者虽严不威,强亲者虽笑不和。真悲无声而哀,真怒未发而威,真亲未笑而和。真在内者,神动于外,是所以贵真也。其用于人理也,事亲则慈孝,事君则忠贞,饮酒则欢乐,处丧则悲哀。忠贞以功为主,饮酒以乐为主,处丧以哀为主,事亲以适为主。功成之美,无一其迹矣[45]。事亲以适,不论所以矣;饮酒以乐,不选其具矣;处丧以哀,无问其礼矣。礼者,世俗之所为也;真者,所以受于天也,自然不可易也。故圣人法天贵真,不拘于俗[46]。愚者反此。不能法天而恤于人,不知贵真,禄禄而受变于俗,故不足。惜哉,子之蚤湛于人伪而晚闻大道也[47]!

天下(节录)

不侈于后世,不靡于万物,不晖于数度,以绳墨自矫而备世之急[48]。古之道术有在于是者,墨翟、禽滑釐闻其风而说之[49]。为之大过,已之大循。作为《非乐》,命之曰《节用》。生不歌,死无服[50]。墨子汜爱兼利而非斗,其道不怒。又好学而博,不异,不与先王同,毁古之礼乐。黄帝有《咸池》,尧有《大章》,舜有《大韶》,禹有《大夏》,汤有《大濩》,文王有《辟雍》之乐,武王、周公作《武》。古之丧礼,贵贱有仪[51],上下有等。天子棺椁七重[52],诸侯五重,大夫三重,士再重。今墨子独生不歌,死不服,桐棺三寸而无椁[53],以为法式。以此教人,恐不爱人;以此自行,固不爱己。未败墨子道,虽然,歌而非歌,哭而非哭,乐而非乐,是果类乎?其生也勤,其死也薄,其道大觳[54]。使人忧,使人悲,其行难为也。恐其不可以为圣人之道,反天下之心,天下不堪。墨子虽独能任,奈天下何!离于天下,其去王也远矣[55]!

郭庆藩《庄子集释》诸子集成本

【题解】

《齐物论》篇借颜成子游和南郭子綦的对话引出"吾丧我"的境界。吾是本真的自我,我是未超脱的我。吾丧我,即要从狭窄的以自我为中心的局限中提升出来,到广阔的宇宙追求广阔之美。文中提出"三籁",其中天籁是人的心情和感受最真实自然的反应,后被引入文学理论领域,被认为是创作的最高境界。

《养生主》篇由秦失吊老聃的故事提示涵养精神的关键在于顺应自然。庄子在此将"形"与"神"作出区分,并表现出重神轻形的思想。提出了摆脱束缚,追求精神自由的生活理想,只有获得精神自由,做到"安时处顺",顺应自然,才能以审美的心态来关照万物。

《人间世》篇主要描述人际关系的纠纷及处人与自处之道,其中提出了"心斋"、"游心"等概念。庄子假借颜回向孔子请教和君王相处的办法,孔子提出了要进行斋戒,不是身体斋戒而是内心斋戒,即著名的"心斋",

专一心志,用内心乃至气去听,达到虚静状态,不为虚名所动,万物都会被感化的,和君主也就有相处之道了。

《德充符》篇借庄子与惠子一段关于"无情"的讨论,说明无情便是不以好恶内伤其身,表现出对外在形体生命的高度重视。庄子并不否定形式,只要形式是顺应自然而成,便不可偏废。德充符,意为道德充实的验证。道德内在充实,万物感应,内外相合。但此处"德"主要是指得道之"得",一种回归自然本性的精神境界。庄子主张超越有形外在,而注重内在生命的升华。

天道,即自然规律。本篇意在说明自然规律运行不辍,其中涉及"虚静"观、无为,提出"朴素而天下莫能与之争美"的观点。《天道》篇对天道、圣人、万物的关系作了解说。庄子认为明于天道,通于圣道,于帝王之德无不通达的人会任物循性自为,对这一切暗昧不觉而执守虚静之心。圣人执守虚静,是因为万物不足以搅乱他的心,所以心虚。指出了圣人处于"天道"和万物中间,承上启下,圣人想要上通下达,就必须做到"静"。

《达生》本篇讲"痀偻承蜩"的故事。捕蝉老人"不反不侧,不以万物易蜩之翼",因此能"犹掇之也"。庄子因此得出了"用志不分,乃凝于神"才能得道的道理。在对待客观事物时,要虚心静气,用心把握其客观规律,悟道并在实践经验中加以发挥,就可以顺其自然,顺天机而为,这样技艺就可以达到出神入化、得心应手、"犹掇之也"的境界。痀偻承蜩,意在说明道与技的关系。

《外物》篇中庄子论述了言意关系,把语言比作捕鱼的笱,捕兔的网。鱼笱和兔网是捕猎的工具,语言也是表达思想的工具。人们运用语言是为了表意,但语言不是思想本身,也不能完全穷尽意思,所以不能仅仅停留在语言上,要在语言的基础上去追求言外之意。

《渔父》篇主要谈论法天贵真的思想,批评儒家礼乐人伦的观念,教导人保持纯真,使人与物还归自然。本篇的主旨就是阐明"葆真"思想,"渔父"是故事中隐逸的得道者,他批评孔子的人伦观念,教导孔子保持精诚本真,师法自然。

《天下》篇主要是对墨家"非乐"等观念的批评,对墨家违背人情、束缚人性的思想和做法表示反对。

【注释】

1. 南郭子綦:在《人间世》、《大宗师》等篇中称作南伯子綦,住在南郭,因以为号。隐:凭、倚。机:今作几。嘘:缓缓吐气。荅(dá)焉:忘我貌。耦:偶。

2. 颜成子游:颜成为复姓,名偃,字子游,南郭子綦的弟子。何居:何故。今之隐机:即今天能做到的"吾丧我"。昔之隐机:仅见坐忘,未能丧我。

3. 吾丧我:吾:跳出世俗之外的真我。我:尚未摆脱名利束缚的我。吾丧我即超越名利返回真我。籁:三孔乐器,指从空穴里发出的声音。人籁:人吹箫管发出的声音。地籁:指地风吹各种孔窍发出的声音。天籁:指人因遭遇、身体感受、心情等原因自然发出的声音。

4. 大块:大地。噫气:吐气出声。唱:通"号"。翏翏:长风声。

5. 山林:山陵。畏:崔嵬。佳:崔。枅:柱上头木。污:小池。

6. 激:水流湍激声。謞:通"号"。譹:嚎哭声。宎(yǎo):风吹到深谷的声音。

7. 于、喁:风吹树动所发出的前后相随的声音。泠风:小风。飘风:大风。厉风:烈风。济:止。众窍为虚:风止则各种孔穴呈现虚空状态。调调:树枝大动。刁刁:树枝微动。

8. 比竹:箫管之类乐器。

9. 吹万:风吹千万种不同的孔窍。怒者:发动者。此处谓万孔怒号,是自发产生、自然而然的,并没有其他东西来发动它们。

10. 会:聚会。

11. 遁天:逃避自然。倍情:背离真情。

12. 此句指老子顺理而生,顺理而死。意谓安心适时而顺应自然。

13. 帝之县解:自然地解除倒悬。帝:自然。县:通"悬"。

14. 指:通"脂",动物脂肪。薪:薪柴,用以取火。火传薪尽:薪的燃烧是有穷尽的,火却继续传下去,没有穷尽的时候。意谓尽管形体消失,精神生命却会永存。

15. 有心:即有成心。皞天:自然。

16. 一志:用心专一。心止于符:不要考虑外物是否与己意相合。符:合。

17. 得使:得到教诲。实自回也:实在不能做到忘我。

18. 此处指懂得使用心斋就到了虚静的忘我境界。

19. 无感其名:不为名位所动。

20. 瞻彼阕者:关照那空明的心境。阕:空。虚室生白:空虚的心境能找到"道"的真源。

21. 坐驰:形坐而心驰。

22. 徇:通"循",使也。外于心知:将心智排除在外,亦即超越功利的意思。纽:关键。所行终:行之所以终其身。散焉者:指一般人。

23. "道与"句:道给了他容貌,天给了人形体。

24. 庄子重内在精神,但也并不否定外在的形体,形体也是天然给予的,只要顺应自然,形体就能得到保护,取得完美。

25. "外乎"句:不要以好恶损伤本性。

26. 天选:上天授予。坚白鸣:你却自鸣得意于坚白之论。

27. 积:停顿。

28. 六通：上下四方通达。四：四时，指春夏秋冬。辟：顺畅。昧然：冥然，不知不觉的样子。

29. 铙心：搅扰内心。铙，通"扰"，扰动。

30. 平中准：水面平静，符合水准仪器。准，测水平的仪器。

31. 休则虚：心神修，则心静，心静则"虚"，呈现空明状态。虚则实：内心空虚呈现空明状态，便能涵养万物，这便是"实"。伦：有序。

32. 动则得：动则各得其宜。

33. 责：各尽其责。

34. 俞俞：即"愉愉"，形容安逸的样子。

35. 南乡：乡，通"向"，即南面。

36. 朴素：出于自然而没有人为的痕迹。庄子充分肯定美与真的一致性，体现出与儒家美学不同的审美标准。

37. 天乐：指人与自然的融合。

38. 孔子看到曲背老人在粘蝉，像拾取一样容易。痀偻：佝偻，曲腰之貌。承蜩：取蝉。

39. 锱铢：喻最小最轻。

40. 若厥株拘：比喻捕蝉时安处身心，犹如枯树。

41. 不反不侧：身体不动，心无二念。

42. 筌：鱼笱。

43. 蹄：兔网。

44. 精诚：成玄英疏："精者不杂，诚者不矫。"精即纯粹，没有杂质；诚即真实，不做假。

45. "功成"句：功绩的完美，不拘于一定的途径。

46. 法天贵真：效法自然，尊崇本真。不拘于俗：不被世俗礼节所拘束。"礼"是社会世俗虚伪的产物，是妨碍真情真性的障碍。

47. 蚤湛于人伪：过早地沉溺于虚假的礼中。蚤，通"早"，湛：沉溺。

48. 不侈于后世：不以奢侈教导后世。不晖于数度：不炫耀礼法。晖：通"辉"，炫耀。

49. 禽滑釐：墨子弟子。说：通"悦"。

50. 无服：无丧服。

51. 仪：规则。

52. 重：层。

53. 三寸：指棺木的厚度。

54. 薄：薄葬。毂：苛刻，刻薄。

55. 独能：独自自行其道。离于句：背离了天下的人，距离王道也远了。

【讲疏】

道家学说的特点是"采儒墨之善，撮名法之要"（司马谈《论六家之要指》),庄子作为道家思想的代表人物,其思想也在综合各家学说后的基础上有一种超越性。庄子认为万物皆由"道"所化,万物的生长变化都遵循"道",人们不应加以妨碍,也不必对此有感情寄托。他认为人的认识是对"天道"的遮蔽,否定认识的作用,主张"吾丧我"。在生死方面,庄子认为人的生死都是顺应天道的,为生死而悲伤违背天理和人情,应该安于时运,顺其自然,这样悲喜等情感不充于胸中,就理解了天道的真谛。在文学艺术方面,庄子也否定文学艺术的作用,主张放弃自己的个人情感去体悟"道"的奥秘,这是一种超功利的审美思想。

人世间存在如此多的争论、是非皆是因为人有"成心",从道的角度看,世间一切事物及判断的标准都是相对的,没有绝对的对立。解决纷争的方法是达到虚空境界,进入"物化"状态,这样就没有了成心,也就没有了成见。"吾丧我"否定人的智慧,要求绝圣弃智,拒绝和抛弃一切后天认识到的知识,回归本真。这种观点反应到文学艺术上,就是主张浑然天成地创作,拒绝过多人为的因素,天然的即是美的。

《人间世》主要论述庄子的处世之道,阐述了君臣之道。作为臣子,要学会摒弃功利之心,做到顺势虚己,以无用为大用,才能在君主面前得以自处。庄子所说"心斋",是一种一以贯之的悟道方法,适用于任何领域。想要得到出神入化的技巧,就必须先达到"心斋"的境界。在《庄子》的其他篇目中,也都有体现。"痀偻承蜩"中捕蝉老人的技巧,"梓庆削鐻"中木匠纯熟的技艺,都是先通过"心斋"达到一种虚静的境界,先得道,再得技。

《德充符》篇主要讨论人的精神境界。万物本原于"道",由"道"生出万事万物,因此世间万物看似千差万别,归根到底却是统一的。庄子在此篇中提出了"无情"之说,无情即是"忘情",不被那些是非、悲喜等世俗感情所困扰。德充符,即对道之充实的验证。文章举了一系列故事作为例子,故事中主人公皆为外貌丑陋或身体残缺之人,如哀骀它、申屠嘉、王骀、叔山无趾等,这些人虽在外表上有缺陷,但他们内心却都极为充实,受到人们的尊敬。庄子以这些人物来说明心中有"道"即可,不必在乎外在形象。

庄子主张的无情,并不是要求消除人的一切感情和欲望,而是那些有害于内在精神的情感,这些都会妨碍进入"道"的境界。人应该顺应自然而不刻意人为地去增加那些有违自然之行的"情"。从文学艺术方面来看,庄子主要强调在作家创作作品时,必须具备一种专心致志的精神状态,净化自己的精神世界,不被外在客观事物干扰心志,避免引起感情的波动,要一直保持一种虚静的状态,才能创作出浑然天成的作品,这种虚静,即是"无情"。

《天道》篇中,提出了一些其他的文学理论命题,如"得之于手而应于心",心与手的关系即精神与身体的关系,精神控制身体行为但却不能完全掌控,要用身体行为来表达精神想法是有困难的,所以此处,用手来表达内心,就需要达到一种境界。心、手、物的关系在于,心通过"心斋"达到虚静境界后,体悟到"道",能够把握外物,而将这种把握表达出来,又要靠手,这是另外一种过程,所以从物到手,可见艺术活动的困难。庄子强调把这种人为的意识操作活动变成本能的活动,使身体器官完全听命于心,同时外物又与心合二为一,三者融于一体,主客不分,客体融于主体,主体凭直觉感知客体,省去人为的中间转换环节,就能创造出天人合一的作品。这种心手相应、物我两忘的理论在后世产生了极大的影响,如苏轼"成竹在胸"理论,与金圣叹"心之所至,手亦至焉,文章之圣境也;心之所不至,手亦至焉,文章之神境也;心之所不至,手亦不至焉,文章之化境也"(《水浒传·序一》)的"圣境、神境、化境"三境也有异曲同工之妙。

达生,即畅达生命。《达生》篇主旨在强调人的精神作用。痀偻承蜩,言道与技的关系。艺术创造活动是一种完全不计较个人的利害得失,全神贯注不知其他的活动,即为"心斋"。在庄子看来,真正的艺术活动是将外在功利目的置之度外的自由活动,他认为道与技是相互联系的两个层面,道是超现实的,但它不是不可捉摸,它可以反映在具体实践的操作技艺上,得道的技艺都是出神入化、得心应手的。道本身就是由实践操作经验抽象而生成,具有极强的可操作性,所以庄子在讲道时用许多实践技巧来说明。道其实也可理解为一种出神入化的技艺,在把握事物规律的同时,需要懂得如何使主客二体相融合,并加以把握。从"技"的方面说,要把握一门技艺,并不是通过实践锻炼掌握技巧就行了,而是要把握对象事物的规律,即此种事物与万物相同的"道",通过技艺,使得对事物的把握由有意识变为无意识,实现"道"与"技"的完美融合。

《达生》篇共十三部分,主要说明外在事物都是自然而然,没有固定准则,一味讲究人伪巧智就会破坏这种自然之意。庄子用得鱼忘筌和得兔忘蹄的例子从接受论的角度形象地说明了文学作品中语言与意义的关系。读者在阅读文学作品时,目的是为了理解作品所表达的思想内容和作者观点,并非语言形式,语言只是手段和工具,读者要通过语言这条途径去理解作品内在含义,切记不要仅仅停留在语言层面或被语言形式所拘泥,要超越外在形式,所谓"忘"就是要在凭借语言之后去超越,借用之后抛弃。《达生》篇除了"痀偻承蜩"的故事,还有其他一些著名成语,如

"昭然若揭"、"呆若木鸡"、"梓庆为𫘧"等。

《天下》篇主要是批评先秦各家学派学说,可看作最早的中国学术史,更可贵的是保存了诸如公孙龙、颂钘等人的佚说。庄子反对墨子的理论,也是从其哲学思想为出发点的。他对墨子的一些学说,如"兼爱"、"尚贤"都表示赞同,但对"非乐"理论有不同看法,庄子强调崇尚自然,法天贵真,就是为了超脱外在束缚,恢复本性,反对一切人工伪作,以合"天道",墨子却违背人性,将人民看作生产工具,打压天性,极具功利色彩。庄子认为这种做法是不合天理的,要把"天道"作为衡量一切行为的标准,反映出庄子对"道"的推崇和维护。

【关键词解读】

虚静

虚静是庄子认为的能接近、体认道的方法,同时也是个人修养的方法,是艺术创造应有的状态。老子已经提到"致虚极,守静笃",但对如何做到没有细言,庄子对如何做到"虚静"有自己的认知,为了达到并保持这一状态,必须无情无为和绝圣弃智,"无情"的"情"在这里并不是儒家所说的人伦范围内的感情,而是指人不能因为好恶而损害内在的身心,要重视形体生命之外更高层次的东西。而绝圣弃智则是要反对外在事物见闻的束缚,达到"吾丧我"的状态。"吾丧我"的境界实际就是不要有以"我"为中心的成见,达到物我为一的状态,就像天籁之音,达到自然状态。同时在方法上,还要做到"心斋"与"坐忘"。"心斋",即内心斋戒,心斋包含三个阶段,先用耳听,进而用内心去听,最后用"气"去听,因为气是虚空而包容万物的,所以内心就能达到一种虚静状态,用这种虚静状态去和对象融为一体,即"物我合一"。心斋的主体是人,人要在精神上努力达到虚静的境界才能达到物化的程度,绝圣弃智,才能体悟到万事万物变化的规律。但这种能动作用却把认知与实践社会相分离,认为人们必须要抛弃已有实践经验,才能把握事物最高规律"道",从而否定了实践训练的意义。

得意忘言

关于言意关系,老子已有"知者不言,言者不知",庄子则提出了"言者所以在意,得意而忘言",这与其整个哲学思想体系密切相连。他认为道是至大又无形的,即便做到虚静的状态,也不能完全体认。同理,"言"的作用是为了表达"意",但又不能完全表达,意是虚无缥缈,悬而未决,极为抽象的东西,深存于人们思想深处,很难捕捉。而"言"是实在的,有形的,用有限的东西去表达无限的东西是很难的,言只是用以表意的工具,言可以表意,但不能尽意。为了更好的表意,需要使言尽可能的生动形象,使用多种技巧如比喻、夸张、寓言、象征等,用具象的事物启发人们进行联想,转换成抽象思维。"得意忘言"论在后世也大有发展开拓,魏晋时王弼提出了"言象意"理论:"言者,所以明象,得象而忘言;象者,所以存意,得意而忘象。犹蹄者所以在兔,得兔而忘蹄;筌者所以在鱼,得鱼而忘筌也。然则言者,象之蹄也;象者,意之筌也。是故存言者,非得象者也;存象者,非得意者也……忘象者,乃得意者也;忘言者,乃得象者也。得意在忘象,得象在忘言,故立象以尽意。"(《周易略例·明象》)增加了"象"的概念,从三个方面的递进来说明了言意关系。

法天贵真

法天贵真出自《渔父》:"故圣人法天贵真,不拘于俗。愚者反此。不能法天而恤于人,不知贵真,禄禄而受变于俗,故不足。"即保持自然形态,崇尚自然,效法自然,完全追随自己的本真意愿,不拘于世俗,不为外物所动,抒发自己的真实情感。法天贵真强调真实情感的自然流露,不受任何外在规矩的约束,其目的是为了达到"道"的境界,"道"无处不在,同样存在于人的精神领域,人只有在精神上保持自然天真,才能体悟"道"的境界"天地与我并生,万物与我为一"。反映到文学创作领域,庄子提出要从自己的真情实感出发全身心进行创作,不受外在权力的压迫或其他形式的束缚,将自己的主观精神与客观对象高度融合在一起,坚持不懈的努力,就能最大限度地对对象进行表达,读者也能体会到其中的精诚之处,容易被打动。这一主张"自然"和"真"的创作方法在后世一直不断发展,至明清时思想解放,李贽"童心说"、袁宏道及袁枚"性灵说"等均可看作是这一理论的延续。

【相关知识链接】

《庄子》作为庄子言论观点的记录,是道家学派重要的著作,分为内篇、外篇和杂篇共三十三篇。庄子继承并发展了老子的思想,老子自然无为的理念主要针对政治领域,是政治理论,而庄子思想则推进到个人领域。《庄子》一书中有比较完整的文艺美学思想,主要观点就是尚自然,反人为。"擢乱六律,铄绝竽笙,塞师旷之耳,而天下始人含其聪矣。灭文章,散文采,胶离朱之目,而天下始人含其明矣。毁绝钩绳,而弃规矩,攦工倕之指,而天下始人有其巧矣。"(《胠箧》)他认为一切人为创造出来的东西,都是不值得学习的,因为不是遵循自然规律创造。他主张完全顺应自然的文艺,杜绝一切人工,只要"天工",而这种完全顺应自然状态下创造出的作品就犹如天籁,是具有"大美"的。在认识论方面,庄子认识到人的认识存在局限性,因而人的认识不能作为判断是非的标准。这种相对方法对中国古代认识论具有重要推动作用,但庄子无限扩大事物的这种不确定性,忽视了事物也存在的确定性,以致出现了虚无主义。

庄子对生与死的态度是豁达的,"秦失吊老聃"提出了人应有安时处顺的豁达心胸,体现了庄子"缘督以为经"的思想,即顺应天理,顺其自然,这也是庄子的养生之道。庄子在否定文学艺术方面,与墨家和法家是不同的,后二者从功利主义角度出发,认为文学艺术对生产实践是有害的,墨家主要认为文学艺术等会妨碍生产,浪费资源,从"节用"角度提出"非乐"等主张来否定文学艺术,法家则认为文学艺术活动会"乱法",庄子则认为人为的这种活动会遮蔽"道"的光辉,妨碍对"道"的体悟。对"道"的把握只有通过"物我合一,天人合一"才能达到,因此庄子否定与文学有关的语言思维,这是无功利或者说超功利的,这与墨家与法家不同。

庄子在《渔父》提出"苦心劳形以危其真",批评儒家礼乐人伦观念,认为这些伦理道德有害于自然本真,故要"法贵天真,不拘于俗"。这种思想影响了后世文艺思想的发展。这种极其重视自然的文艺观也具有一定浪漫主义色彩,在形式方面庄子运用了大量的寓言和神话来进行暗示和比喻,文章极具虚幻神秘色彩,这些都是浪漫主义的表现。

庄子在批评墨子学说时,肯定其反对战争,提倡平等之爱等思想,但也批评其"非乐"等思想太过严苛而难以实行,对墨子原意的理解也存在偏差。《天道》篇可看作是中国最早的一篇学术史论文,对先秦时期各家学派都做了相应的介绍和评价。在该篇中庄子对"方术"的演变作了梳理,对"道术"和"方术"做了概念上的区分,评析了先秦时期各个学派学说的优劣,体现出辩证对待的思想。

【延伸阅读】

《逍遥游》作为一种自由精神的象征,深入影响了后世文人的思想及创作心态,"以大为美"、"大而无当"、"不近人情"、"文章之观"、"钟鼓之声"则成为后世文学批评中的特定用语,成为中国古代文学理论的重要特色。

《养生主》借庖丁解牛的故事论证了道与技之关系,"道"藏于心中,

"技"自然就炉火纯青,目无全牛了。

《胠箧》篇中举例防盗贼的办法都会被盗贼所利用,借此批评儒家的仁义和礼制,强调绝圣弃智才能耳聪目明、守静归一,与老子的"致虚极、守静笃"的无为而治遥相呼应。

《知北游》本段强调道法自然,道充盈于天地之间,需要人们去细细体会把握。

《寓言》本段主要介绍了《庄子》一书的语言构成,寓言、重言和卮言用不同的形式表达不同的内容,体现了庄子的行文风格,也与本书主题密切相关。

逍遥游(节录)

肩吾问于连叔曰:"吾闻言于接舆,大而无当,往而不返。吾惊怖其言,犹河汉而无极也;大有迳庭,不近人情焉。"

连叔曰:"其言谓何哉?"

曰:"藐姑射之山,有神人居焉,肌肤若冰雪,绰约若处子;不食五谷,吸风饮露,乘云气,御飞龙,而游乎四海之外。其神凝,使物不疵疠而年谷熟。吾以是狂而不信也。"

连叔曰:"然!瞽者无以与乎文章之观,聋者无以与乎钟鼓之声。岂唯形骸有聋盲哉?夫知亦有之。是其言也,犹时女也。之人也,之德也,将旁礴万物以为一,世蕲乎乱,孰弊弊焉以天下为事!之人也,物莫之伤,大浸稽天而不溺,大旱金石流土山焦而不热。是其尘垢秕糠,将犹陶铸尧舜者也,孰肯以物为事。"

养生主(节录)

庖丁为文惠君解牛,手之所触,肩之所倚,足之所履,膝之所踦,砉然向然,奏刀騞然,莫不中音,合于桑林之舞,乃中经首之会。文惠君曰:"嘻,善哉!技盖至此乎?"庖丁释刀对曰:"臣之所好者道也,进乎技矣。始臣之解牛之时,所见无非全牛者。三年之后,未尝见全牛也。方今之时,臣以神遇而不以目视,官知止而神欲行。依乎天理,批大郤,导大窾,因其固然;技经肯綮之未尝微碍,而况大軱乎!良庖岁更刀,割也;族庖月更刀,折也。今臣之刀十九年矣,所解数千牛矣,而刀刃若新发于硎。彼节者有间,而刀刃者无厚;以无厚入有间,恢恢乎其于游刃必有余地矣,是以十九年而刀刃若新发于硎。虽然,每至于族,吾见其难为,怵然为戒,视为止,行为迟,动刀甚微。謋然已解,如土委地。提刀而立,为之四顾,为之踌躇满志,善刀而藏之。"文惠君曰:"善哉!吾闻庖丁之言,得养生焉。"

胠箧(节录)

夫川竭而谷虚,丘夷而渊实。圣人已死,则大盗不起,天下平而无故矣。圣人不死,大盗不止。虽重圣人而治天下,则是重利盗跖也。为之斗斛以量之,则并与斗斛而窃之;为之权衡以称之,则并与权衡而窃之;为之符玺以信之,则并与符玺而窃之;为之仁义以矫之,则并与仁义而窃之。何以知其然邪?彼窃钩者诛,窃国者为诸侯,诸侯之门而仁义存焉,则是非窃仁义圣知邪?故逐于大盗,揭诸侯,窃仁义并斗斛权衡符玺之利者,虽有轩冕之赏弗能劝,斧钺之威弗能禁。此重利盗跖而使不可禁者,是乃圣人之过也。

故曰:"鱼不可脱于渊,国之利器不可以示人。"彼圣人者,天下之利器也,非所以明天下也。故绝圣弃知,大盗乃止;擿玉毁珠,小盗不起;焚符破玺,而民朴鄙;掊斗折衡,而民不争;殚残天下之圣法,而民始可与论议。擢乱六律,铄绝竽瑟,塞师旷之耳,而天下始人含其聪矣;灭文章,散五采,胶离朱之目,而天下始人含其明矣。毁绝钩绳而弃规矩,攦工倕之指,而天下始人有其巧矣。故曰:大巧若拙。削曾史之行,钳杨墨之口,攘弃仁义,而天下之德始玄同矣。彼人含其明,则天下不铄矣;人含其聪,则天下不累矣;人含其知,则天下不惑矣;人含其德,则天下不僻矣。彼曾、史、杨、墨、师旷、工倕、离朱,皆外立其德而以爚乱天下者也,法之所无用也。

知北游(节录)

天地有大美而不言,四时有明法而不议,万物有成理而不说。圣人者,原天地之美而达万物之理,是故至人无为,大圣不作,观于天地之谓也。

寓言(节录)

寓言十九,重言十七,卮言日出,和以天倪。

寓言十九,藉外论之。亲父不为其子媒。亲父誉之,不若非其父者也;非吾罪也,人之罪也。与己同则应,不与己同则反;同于己为是之,异于己为非之。

重言十七,所以已言也,是为耆艾。年先矣,而无经纬本末以期年耆者,是非先也。人而无以先人,无人道也;人而无人道,是之谓陈人。

卮言日出,和以天倪,因以曼衍,所以穷年。不言则齐,齐与言不齐,言与齐不齐也,故曰言无言。言无言,终身言,未尝言;终身不言,未尝不言。有自也而可,有自也而不可;有自也而然,有自也而不然。恶乎然?然于然。恶乎不然?不然于不然。恶乎可?可于可。恶乎不可?不可于不可。物固有所然,物固有所可,无物不然,无物不可。非卮言日出,和以天倪,孰得其久!万物皆种也,以不同形相禅,始卒若环,莫得其伦,是谓天均。天均者天倪也。

郭庆藩《庄子集释》诸子集成本

【思考题】

1. 试述庄子"心斋"说对文学创作方面的影响。
2. 谈谈你对庄子"无情"理论的认识。
3. 深入理解"道"与"技"的关系。
4. 谈谈你对庄子"自然观"的理解及对后世文学理论的影响。

屈原　离骚

（战国）屈原

【作者简介】

屈原（约前340—前278年），名平，字原，楚国王室同姓贵族。楚怀王十年任左徒之职，深得信任。此期间确定了楚国联齐抗秦的策略，制定宪令，改革内政，受到守旧贵族和秦国嫉恨，遭到排挤，被流放沅、湘流域。公元前278年，秦将白起攻破楚都郢，屈原悲愤交加，最后投汨罗江而死。其生前写下许多不朽诗篇，是中国古代浪漫主义诗歌的奠基者，在楚国民歌的基础上创造了新的诗歌体裁——楚辞。主要作品有《离骚》、《九章》、《九歌》等。屈原的诗歌想象瑰丽，大胆夸张，其"寄情于物"、"托物反讽"的比兴手法一直为后人所继承发扬，刘勰对其评价："其衣被词人，非一代也。"（《文心雕龙·辨骚》）

离骚（节录）

纷吾既有此内美兮，又重之以修能[1]。扈江离与辟芷兮，纫秋兰以为佩[2]。汨余若将不及兮，恐年岁之不吾与。朝搴阰之木兰兮，夕揽洲之宿莽。日月忽其不淹兮，春与秋其代序。惟草木之零落兮，恐美人之迟暮。不抚壮而弃秽兮，何不改乎此度？乘骐骥以驰骋兮，来吾道夫先路！

长太息以掩涕兮，哀民生之多艰[3]。余虽好修姱以鞿羁兮，謇朝谇而夕替[4]。既替余以蕙纕兮，又申之以揽茝[5]。亦余心之所善兮，虽九死其犹未悔[6]。怨灵修之浩荡兮，终不察夫民心。

民生各有所乐兮，余独好修以为常。虽体解吾犹未变兮，岂余心之可惩⁷。

怀朕情而不发兮,余焉能忍而与此终古⁸?

洪兴祖《楚辞补注》中华书局版

【题解】

《离骚》作为古代最长的抒情诗歌,十分重"情",是屈原根据楚国的政治现实和自己的不平遭遇,"发愤以抒情"而创作的一首政治抒情诗。这种个人抒情写作为后世文人以文抒己之情提供了范式。最后作者抒发心意,"虽九死其犹未悔"体现了诗人不畏打击,抒发真情的愿望,为美好理想可以献出生命,影响了中国文人的人格与理想。

【注释】

1. 纷:多,盛。内美:指本质,人格之美。重:加上。修能:美好的容仪。
2. 扈:披上。江离:即江蓠,一种香草。辟芷:连缀起来的白芷。
3. 太息:叹息。掩涕:拭泪。
4. 修姱:美好。羁:自我约束,行不苟且。謇:刚直。谇:犯颜直谏。替:废弃,指被解职。
5. 纕:佩带。申:重复,加上。揽:采集。
6. 九死:多次的死去。
7. 体解:肢解。诗人这里暗以吴起、商鞅等改革家自喻。惩:因受打击而有所戒。
8. 朕:我。此:指"溷浊而嫉贤"、"蔽美而称恶"的世道。诗人因不满现实的黑暗而又无法摆脱,所以用诗歌来抒发真情,揭露现实,并表现自己始终保持高尚修养的决心。

【讲疏】

《离骚》作为抒情诗歌始祖,其创作特点是现实与虚构结合。诗中极富想象色彩,运用了大量的神话传说,把历史与现在、现实与虚幻结合在一起,构造了一个丰富多彩的世界,具有极大的艺术魅力,同时极大地扩展了人们的抽象思维能力和联想能力。诗中还大量运用了"寄情于物"、"托物反讽"的比兴手法,其中"香草美人"之喻更是开启了后世文人抒情表意的先河,其多义性也成就了"香草美人"人格范式的建立。司马迁评价《离骚》:"其文约,其辞微,其志絜,其行廉,其称文小而其旨极大,举类迩而见意远。"(《史记·屈原列传》)刘勰《文心雕龙·辨骚》中也说:"其衣被词人,非一代也。"从内容与形式等方面评价了《离骚》,并充分肯定了屈原对后世文学作品的影响。

【关键词解读】

内美修能

"纷吾既有此内美兮,又重之以修能","内美"是指人与生俱来的天资聪颖或德行高尚,"修能"可解释为与"内美"相对应的外部容态或经过修饰的美,亦可解释为后天的学习修养,可见,"修能"有加强修养的意思。屈原个人比较讲究树立美好巍峨的形象,如"制芰荷以为衣兮,集芙蓉以为裳"、"高余冠之岌岌兮,长余佩之陆离。芳与泽其杂糅兮,唯昭质其犹未亏。忽反顾以游目兮,将往观乎四荒。佩缤纷其繁饰兮,芳菲菲其弥章"。屈原认为自己本身志洁高尚,而香草等更能衬托自己的高尚节操,因此在《离骚》中多次提到采集香草来进行修饰,如"朝搴阰之木兰兮,夕揽洲之宿莽"。"内美修能"强调先天材质与后天学习的辩证统一。王国维在《人间词话》中说:"文学之事,于此二者,不可缺一。然此乃抒情之作,故犹重内美。无内美而但有修能,则白石耳。"这两句实则体现了作家修养的全部内容。从作品的角度来看,也是从内容和外在形式两方面作出要求,既要内容充实,又要注重外在形式,二者不可偏废。

【相关知识链接】

《离骚》作为《诗经》以后先秦文学史上又一巨作,其文学价值和对后世的影响都是不可忽视的,与《诗经》并称先秦文学的"双璧"。在与《诗经》的对比之中,可以进一步了解其巨大的价值。与《诗经》"哀而不伤,温柔敦厚"相比,《离骚》所表达的感情直率强烈,笔锋直指,怨怼愤懑。此外,《诗经》中的部分诗作为乐官采集之诗,内容较为文雅,形式整齐,篇幅短小,感情亦有所节制。而《离骚》则是屈原个人感情抒发,如江河泛滥,源源不断,不受限制,且受思维引导,笔随心走,所以句式参差不齐、长短不一,中间还夹杂大量语气词以表感叹,篇幅较长,有散文化的倾向。《诗经》作为我国第一部现实主义诗歌作品集,其内容多为现实之作,作者又多且杂,时间空间跨度大,广泛地反映了当时的社会生活现实状况,是一部风俗大全;而《离骚》作为屈原的愤懑之作,充满着抒情主义色彩,其中现实与虚幻相结合,构造了一个奇特绚烂的文学世界,需要人们去联想与想象,在反映社会现实方面,视角没有《诗经》广阔,可看作是文人失意状态下的情感抒发之作。

【延伸阅读】

《九章》是屈原的另外一组诗歌作品,因包括九篇作品而得名,分别是:《惜诵》、《涉江》、《哀郢》、《抽思》、《怀沙》、《思美人》、《惜往日》、《橘颂》、《悲回风》。王逸认为九篇都为屈原所作,但到宋代则有人怀疑《思美人》、《惜往日》、《橘颂》、《悲回风》这四篇非屈原作品。章,王逸认为是"著也,明也。言己所陈忠信之道,甚著明也"之意;朱熹则认为《九章》乃"后人辑之,得其九章,合为一卷"而得名。惜诵,即"言己贪忠信之道,可以安君。论之于心,诵之于口,至于身以疲病,而不能忘"(王逸《楚辞章句》)。《惜诵》篇也表达的是诗人遭受谗言诬陷后的愤懑,与《离骚》前半部分相似,其提出的"发愤以抒情",影响了后世"发愤著书"说。《抽思》则表达了屈原见逐流放后的怨愤忧思之情。《思美人》强调了情感的抒发来自个人政治生活遭遇:"独历年而离愍兮,羌冯心犹未化","愿寄言于浮云兮"则提出了"托物寄情"的艺术手法。

九章·惜诵(节录)

惜诵以致愍兮,发愤以抒情。所作忠而言之兮,指苍天以为正。令五帝以枿中兮,戒六神与向服。俾山川以备御兮,命咎繇使听直。竭忠诚以事君兮,反离群而赘肬。忘儇媚以背众兮,待明君其知之。言与行其可迹兮,情与貌其不变。故相臣莫若君兮,所以证之不远。吾谊先君而后身兮,羌众人之所仇也。专惟君而无他兮,又众兆之所仇。壹心而不豫兮,羌不可保也。疾亲君而无他兮,有招祸之道也。

思君其莫我忠兮,忽忘身之贱贫。事君而不贰兮,迷不知宠之门。忠何罪以遇罚兮,亦非余心之所志。行不群以巅越兮,又众兆之所咍。纷逢尤以离谤兮,謇不可释。情沈抑而不达兮,又蔽而莫之白。心郁邑余侘傺兮,又莫察余之中情。固烦言不可结诒兮,愿陈志而无路。退静默而莫余知兮,进号呼又莫吾闻。申侘傺之烦惑兮,中闷瞀之忳忳。

九章·抽思(节录)

心郁郁之忧思兮,独永叹乎增伤。思蹇产之不释兮,曼遭夜之方长。悲秋风之动容兮,何回极之浮浮。数惟荪之多怒兮,伤余心之忧忧。愿摇起而横奔兮,览民尤以自镇。结微情以陈词兮,矫以遗夫美人。昔君与我诚言兮,曰黄昏以为期。羌中道而回畔兮,反既有此他志。憍吾以其美好兮,览余以其修姱。与余言而不信兮,盖为余而造怒。

九章·思美人(节录)

思美人兮,擥涕而竚眙。媒绝路阻兮,言不可结而诒。蹇蹇之烦冤兮,陷滞而不发。申旦以舒中情兮,志沈菀而莫达。愿寄言于浮云兮,遇丰隆而不将。因归鸟而致辞兮,羌宿高而难当。高辛之灵盛兮,遭玄鸟而致诒。欲变节以从俗兮,媿易初而屈志。独历年而离愍兮,羌冯心犹未化。宁隐闵而寿考兮,何变易之可为。

洪兴祖《楚辞补注》中华书局版

【思考题】

谈谈《离骚》对后世文学理论的影响。

荀况　荀子

（战国）荀况

【作者简介】

荀子（约前313—前238年），名况，战国时赵国人，时人尊号"卿"。西汉时避汉宣帝刘洵之讳称孙卿，是继孔孟之后儒家的第三位代表人物，同时也是一位唯物主义思想家。幼年受过儒学教导，曾游学齐国，并三次成为讲学者。后遭谗言所害去往楚国，卒于兰陵。李斯、韩非均出其门下，其思想又不以儒为限，是先秦时期集大成的思想家。司马迁《史记·孟轲荀卿列传》有生平记载。

非相（节录）

凡言不合先王，不顺礼义，谓之奸言，虽辩[1]，君子不听。法先王，顺礼义，党学者[2]，然而不好言，不乐言，则必非诚士也。故君子之于言也，志好之，行安之，乐言之。故君子必辩。凡人莫不好言其所善，而君子为甚。故赠人以言，重于金石珠玉；观人以言，美于黼黻文章[3]；听人[4]以言，乐于钟鼓琴瑟。故君子之于言无厌[5]。鄙夫反是，好其实，不恤[6]其文，是以终身不免埤汙庸俗[7]。故《易》曰："括囊，无咎无誉[8]。"腐儒之谓也。

儒效（节录）

圣人也者，道之管也[9]。天下之道管是矣[10]，百王之道一是矣。故《诗》、《书》、《礼》、《乐》之归是矣。《诗》言是,其志也;《书》言是,其事也;《礼》言是,其行也;《乐》言是,其和也;《春秋》言是,其微[11]也。故《风》之所以为不逐者[12],取是以节[13]之也;《小雅》之所以为《小雅》者,取是而文之也;《大雅》之所以为《大雅》者,取是而光之也;《颂》之所以为至者,取是而通之也:天下之道毕是矣。乡是者臧[14],倍是者亡;乡是如不臧[15],倍是如不亡者,自古及今,未尝有也。

乐论(节录)

夫乐者,乐[16]也,人情之所必不免也,故人不能无乐。乐则必发于声音,形于动静,而人之道,声音、动静、性术之变尽是矣。故人不能不乐,乐则不能无形,形而不为道,则不能无乱。先王恶其乱也,故制《雅》、《颂》之声以道之[17],使其声足以乐而不流,使其文足以辨而不諰[18],使其曲直、繁省、廉肉[19]、节奏足以感动人之善心,使夫邪汙之气无由得接[20]焉。是先王立乐之方[21]也。

解蔽(节录)

凡人之患,蔽于一曲,而暗于大理。治则复经,两疑则惑矣[22]。天下无二道,圣人无两心[23]。今诸侯异政,百家异说,则必或是或非,或治或乱。乱国之君,乱家之人,此其诚心莫不求正而以自为也。妒缪于道[24]而人诱其所迨也[25]。私其所积,唯恐闻其恶也。倚其所私,以观异术,唯恐闻其美也。是以与治虽走,而是己不辍也。岂不蔽于一曲,而失正求也哉!心不使焉,则白黑在前而目不见,雷鼓在侧而耳不闻[26],况于使者乎[27]?德道之人[28],乱国之君非之上,乱家之人非之下,岂不哀哉!

故为蔽:欲为蔽,恶为蔽,始为蔽,终为蔽,远为蔽,近为蔽,博为蔽,浅为蔽,古为蔽,今为蔽。凡万物异则莫不相为蔽[29],此心术之公患也。

正名（节录）

今圣王没，天下乱，奸言起，君子无执[30]以临之，无刑以禁之，故辨说也。实不喻然后命，命不喻然后期，期不喻然后说，说不喻然后辨[31]。故期、命、辨、说也者，用之大文也，而王业之始也。名闻而实喻，名之用也。累而成文，名之丽也。用、丽俱得，谓之知名。名也者，所以期累实也[32]。辞也者，兼异实之名以论一意也。辨说也者，不异实名以喻动静之道也。期命也者，辨说之用也。辨说也者，心之象道也。心也者，道之工宰也。道也者，治之经理也。心合于道，说合于心，辞合于说，正名而期，质请而喻[33]。辨异而不过，推类而不悖，听则合文，辨则尽故。以正道而辨奸，犹引绳以持曲直，是故邪说不能乱，百家无所窜[34]。有兼听之明而无备矜之容；有兼覆之厚而无伐德之色。说行则天下正，说不行则白道而冥穷，是圣人之辨说也[35]。

法行（节录）

子贡问于孔子曰："君子之所以贵玉而贱珉[36]者，何也？为夫玉之少而珉之多邪？"孔子曰："恶！赐，是何言也？夫君子岂多而贱之，少而贵之哉！夫玉者，君子比德焉。温润而泽，仁也；栗而理，知也[37]；坚刚而不屈，义也；廉而不刿，行也[38]；折而不挠，勇也；瑕适并见，情也[39]；扣之，其声清扬而远闻，其止辍然[40]，辞也。故虽有珉之雕雕，不若玉之章章。诗曰：'言念君子，温其如玉[41]。'此之谓也。"

……

孔子曰："君子有三恕[42]。有君不能事，有臣而求其使，非恕也；有亲不能报，有子而求其孝，非恕也；有兄不能敬，有弟而求其听令,非恕也。士明于此三恕,则可以端身矣。"

孔子曰:"君子有三思,而不可不思也:少而不学,长无能也;老而不教,死无思也;有而不施,穷无与也。是故君子少思长则学,老思死则教,有思穷则施也。"

王先谦《荀子集解》诸子集成本

【题解】

非相,即反对相术。荀子批驳了相术的荒谬,提出了"法后王"的思想,批判复古主义倾向,向人们宣讲正确的思想理论,以正国风。荀子强调"君子必辩",辩论不是为了口舌之利,而是为了正确的道理能够被人们接受并发扬光大,这才是一个真正的君子应该做的。

《儒效》篇主要论述大儒的作用,阐述了圣人、君子、劲士、雅儒、小儒、俗儒等如何积累人的德行,并强调了学习与法度的重要性。"大儒"是荀子所推崇的,而荀子认为首先可以称得上大儒的是孔子,可见他十分赞同孔子的做法,认为大儒应以天下为己任,心系政治,而与那些不学无术的俗人不可相提并论,穷要独善其身,达要兼济天下。而作为大儒,则要上辅佐国君,下振兴社稷,充分发挥自己的作用。

《乐论》篇主要论述音乐的积极作用。荀子认为音乐是人情感中不可缺少的东西,是人们情感的自然流露。但要加以引导,否则容易引起祸乱。他指出古代圣王治乐的原则是用敦厚的音乐来引导人民向善,与那些邪恶的风气隔离,反对墨子的非乐论。乐的作用在于"感动人之善心,使夫邪汙之气无由得接焉"。小至个人,音乐能感化人心,陶冶情操,使人向善;大至社会,音乐使万民和睦不乱,家庭和谐,社会安定,国家安稳,四方也会归顺。

《解蔽》篇论述有关认识论方面的问题。荀子认为,人有认识客观事物的能力,但人们往往容易犯片面性的错误,需要通过"虚一而静"的方法去理解和认识事物。"凡万物异则莫不相为蔽",学习过程中,蒙蔽人们的事物有很多。圣人与凡人的区别在于,凡人多被自己的欲望所遮蔽阻碍,圣人则能"兼陈万物而中悬衡",即他能够做到"虚一而静",吸收新知识,摒除成见,抛开束缚,胸中可容纳万物,再专心一意学习,这样就可以体道了。

《正名》篇荀子认为圣王已逝,定名之事也懈怠,这样会导致是非不分,因此必须搞清楚名与实的关系,给事物冠以名称,否则不同事物的名称混杂在一起,那就分不出贵贱。辩论和说服,就是用不同的实物和名称来显示动静的道理。正名的目的是为了儒家社会秩序的建立,也是对当时既有社会秩序的改造,儒家希望建立一个理想的伦理有偿、等级分明的社会,而荀子认为只要指定合适名称,贵贱就可以区分,秩序就可以建立。荀子认为,"名"要有判断道德的作用,因此应有贵贱之分,体现了他等级之分的思想。他认为墨子的平等兼爱思想是行不通的,阶级等差是国家社会得以运行的基础。荀子正名思想主张的提出还在于他认为正名可以建立一个清晰的逻辑思维,对事物进行"辨同异",例如用"单名"区分大类,"共名"聚集同类事物,这样自然万物就可以被人们识别,从而建立一个完整的世界观念。

《法行》篇记述了荀子认为值得效法的行为准则,也是对"道"的体认和遵循。本段中借孔子与子贡的对话说明品行好坏,而非数量多少才是评判贵贱的标准,将君子比作玉体现出君子的人格特点。

【注释】

1. 辩:善于言说。
2. 党:这里用作褒义,团结之意。
3. 黼黻文章:古代礼服上的彩色花纹。黑白相间者曰黼,青黑相间者曰黻,青赤相间者曰文,赤白相间者曰章。
4. 听人:使人听。
5. 厌:满足。
6. 不恤:不注重。
7. 埤汙庸俗:埤,通"卑",卑贱。
8. 出自《易·坤》六四爻辞,以此比喻不谈说者。
9. 管:枢纽,关键,事物互相联系的中心环节。
10. 管:动词,集中的意思。
11. 微:微言大义。
12. 逐:追赶,指赶时髦而追随歪风邪气。
13. 节:节制
14. 乡:通"向",迎合。臧:善。
15. 如:通"而"。
16. 乐:喜欢。
17. 道:通"导",引导。
18. 流:放纵。諰:当作"偲",邪。
19. 曲直:乐声回旋曲折平直。繁省:乐音的复杂与简单。廉肉:指乐声的高亢激越与婉转圆润。孔颖达疏:"廉谓廉棱,肉谓肥满。"

20. 接：乘间而入。
21. 方：道。
22. 两：指一曲和大理两个方面。疑：犹疑不决，迟疑而不能决断是非。
23. 此句谓：天下的道理只有一个，圣人只坚持真理。
24. 缪：通"谬"，荒谬。
25. 迨：通"怡"，喜爱。
26. 雷鼓：古时祭祀天神所用鼓，八面。
27. 使者：指心思用在正道上的人，即下文的道德之人。
28. 德：通"得"。
29. 相为蔽：交互造成蒙蔽，指一个侧面掩盖了另一个侧面。
30. 执：通"势"。
31. 命：命名。期：约定。
32. 丽：附丽。累实：许多的事物。
33. 质：本质。请：通"情"，实情。言本其实而晓谕之。
34. 窜：藏匿。无所窜，即无所遁形。
35. 穷：通"躬"。句谓明白其道而隐遁其身。
36. 珉：类似玉的石头。
37. 栗而理，知也：栗，坚固。理，文理。知，通"智"。玉坚固有文理，类似智者处事态度。
38. 廉而不刿，行也：廉，有棱角。刿，有伤。玉虽有棱角但不会伤手，就好比行为正直不会伤害别人。
39. 瑕适并见，情也：瑕，玉有瑕疵。适，玉的美。情，实在。玉有瑕疵和美，类似有德者诚实而不伪饰。
40. 辍然：戛然而止。玉敲击起来声音清远，不敲，就戛然而止，类似君子之辞，发出则意蕴深远，言毕而无繁辞。
41. 本句出自《诗经·秦风·小戎》。
42. 恕：用自己的心，推及别人的心。

【讲疏】

《荀子》一书主要记录和反映了荀子的政治、经济、文艺等方面的思想，全书共分三十二篇。《非相》是一篇批判相术的论文。荀子的目的在于阐述自己的治国之道。他从人们容易被相貌迷惑出发，论述了把表面形式作为判断标准的弊端，意在批判那些寄托于相形占卜的庸俗做法。他指出与其寄希望于缥缈的历史不如从现在着眼，关心那些有助于国家政治社会安定的政策。荀子要求一切言论都要符合礼仪，即要符合"道"，这个"道"即自然规律，并提出要"明道"、"征圣"、"宗经"，对后世文学理论发展有重要影响。

《儒效》篇中，荀子将儒者与其他人区分开来，对儒者自身内部也做了划分：有心系天下、尊上爱下的大儒，遵规守章的雅儒，也有哗众取宠的俗儒。他根据在现实生活中的作用，将儒者分为士、君子、圣人，认为圣人是大道载体，而"圣人者，人之所积也"，教导人们以圣人为楷模，坚持不懈坚守信念。荀子所谓的道，是儒者需要效法的东西，作为儒家思想代表人物，荀子的"道"却与孔孟之道不太一样，是外在客观规律，运用到国家政治方面，兼有道与法的双重作用。

《乐论》是荀子对音乐方面的文艺专论。荀子提倡音乐的作用，认为音乐与诗歌一样都可抒情言志，而音乐与礼节的关系也是密不可分。"乐合同，礼别异，礼乐之统，管乎人心矣。"荀子注重音乐的社会功能，认为音乐也能起到移风易俗的作用，有利于国家治理。礼和乐在教化中作用尽管不同，但相辅相成，君主制定礼来约束人民，使其行为规范，乐则用来调和在规范中产生的不和谐因素，调和人际关系。礼乐教化相辅相成，就可以达到治国安邦的效果。荀子重视文艺的社会功能，代表的是当时新兴地主阶级的利益。《乐论》指出了墨子非乐理论的不合理因素，墨子将人民当作国家机器运转的零件，认为人民只要安心生产保证物质产出就行了，而荀子认为国家要长久发展，必须依靠良好的精神风貌和道德修养，而音乐对于提高人民的品德大有帮助。荀子作为儒家学派人物，在这一点上与孔孟看法一致，承认人的自然感情应得到发挥，孔子主张"兴观群怨"，孟子主张"与民同乐"，荀子虽然也重视其政治教化作用，但也看到了音乐对人们自然感情的影响，"其感人心，其移风俗易"，看到了音乐所具有的而法制达不到的作用，这是对孔孟思想的发展。

荀子指出，人们容易被片面的事物遮蔽，而无法看到全面是因为自己的自以为是，偏重自己的经验，这样就会被蒙蔽。荀子提倡理性思维，强调要"虚一而静"，这与道家的虚静说有不同之处。道家讲虚静在于抛弃自我和成见，不为外物所扰，抹消主体意识，达到虚的状态，像学习新知一样去学习新事物。荀子则不同，他强调积极发挥人的主观能动性，专心致志保持思想的高度集中，通过自我的努力去认知新事物。荀子强调要有理性精神，像道家那样达到一种"虚空忘我"的境界是不可能的，所以只能通过自身的努力，锻炼意志，保持思想状态，专心致志地去持续关注一件事物，这样比较合理，也容易做到。

荀子作为儒家思想的继承者，对个人道德修养也有心得。他列举孔子、曾子等的言论及行为规范作为自己的行为准则，认为君子处世，应严于律己,与人相处时也要自我反省。君子之言行都要遵循"道",具体到实际就是符合礼仪道德。如他提出"三恕":上不侍奉君主却要求下级侍奉自己,不孝顺双亲却要求子女孝顺自己,不尊敬兄长却要求弟妹听自己的话,在荀子看来都是不能成为"恕"的。荀子主张以己度人,这是儒家思想的体现,推己及人,以身作则。

【关键词解读】

情文俱尽

出自《荀子·礼论》:"凡礼,始乎棁,成乎文,终乎悦校。故至备,情文俱尽。"荀子和孟子都继承了孔子的思想并发展,但与孟子的"性善论"不同,他主张"性恶论",荀子认为认识有自然情性,如果不加限制便会发生争执混乱,所以他强调情性的发挥一定要遵守礼的节制,即所谓"节用以礼"。在对礼的把握上,他和孔子一样,认为质和文都要重视,但相对更强调对文的重视,礼必须要有文饰,这样可以使人得到愉悦,"文理、情用,相为内外表里,并行而襍,是礼之中流也",也就是说质和文互为表里,都要重视,这样的礼才是最全备的礼,这也是荀子强调"中和"之美的表现。

【相关知识链接】

荀子所处战国末期,奴隶制度崩溃,新兴地主阶级崛起,社会剧烈变革。他顺应时代发展,总结前学经验并与现实相结合,以儒家学说为主,对其进行改造发展。荀子主张"法后王",首次将"后王"与上古"周道"放在了同等地位,将人们的目光从遥远的尧舜等古代拉回现时现地的"今天",由理想主义过渡到现实主义。荀子与孟子同属儒家学派,但思想主张多有不同,孟子主张"性善论",荀子则主张"性恶论",认为人性本恶,需要用礼仪制度去规范,抑制人内心的邪恶。他认为"理"不在人自身内部而是在外部,需要向外求索,依照礼仪制度标准去不断完善自身,去恶向善。

荀子提倡务实态度,主张循序渐进,理论与实践共同发展,并强调学以致用,重视实践,"学至于行之而止矣",将理论应用于实践,丰富了中国思想界的理论主张。他主张培养理性思维,这与他的思想主张是一以贯之的。从理性思维出发,荀子深入探索心灵世界,引入道家学派的"虚静"理路,认为要心志专一,从心理方面来探索文学艺术活动,这对后世是极有启发的。《儒效》篇中,荀子还对"道"进行了解说,"先王之道,仁之隆也,比中而行之。曷为中？曰礼义道德。"回答了《非相》中所提出的辩说应合之"道"。

荀子的一些关于日常行为规范的主张及言论都透着浓厚的儒家思想,可见在这方面其深受孔孟思想的启发。他顺应社会发展需要,从儒家立场出发,集众所长,对各家学术思想都进行考察分析,建立了自己的一套道德理论体系,代表的是封建地主阶级的利益,在这套理论标准之下,荀子提出相应的行为准则。在肯定欲望合理的基础上,同时也认为欲望应受到礼法节制,应控制在合理的范围之内。在此基础上,荀子还提出了"以道制欲"的命题。

《荀子》一书的书名历经多次演变,到唐代杨倞时定名为《荀子》,共二十卷。注本有清代王先谦《荀子集解》,梁启雄《荀子简释》等。

【延伸阅读】

《劝学》篇论述学习方面的问题,否定先天天赋,肯定后天努力的主观能动性,强调要学会积累和借鉴,并坚持不懈。单纯学知识是这样,学习做人,为君子之道更要如此。

《十二子》篇中荀子对十二子的学说进行评论,认为这些都是骗人邪说,禹舜之治、孔子学说才是正道,言论方面,适宜的语言应该是符合礼仪教义。

《解蔽》篇中荀子提出了"虚一而静"的概念,认为这是解除遮蔽继而得道的方法。

《大略》篇中所言"文学",有学问、仪表、修饰的意思。本段中可看出孔子对《诗经》篇目的诸多讨论,值得关注。

劝学(节录)

积土成山,风雨兴焉;积水成渊,蛟龙生焉;积善成德,而神明自得,圣心备焉。故不积跬步,无以至千里;不积小流,无以成江海。骐骥一跃,不能十步;驽马十驾,功在不舍。锲而舍之,朽木不折;锲而不舍,金石可镂。蚓无爪牙之利,筋骨之强,上食埃土,下饮黄泉,用心一也。蟹六跪而二螯,非蛇鳝之穴无可寄托者,用心躁也。

是故无冥冥之志者,无昭昭之明;无惛惛之事者,无赫赫之功。行衢道者不至,事两君者不容。目不能两视而明,耳不能两听而聪。螣蛇无足而飞,梧鼠五技而穷。《诗》曰:"尸鸠在桑,其子七兮。淑人君子,其仪一兮。其仪一兮,心如结兮!"故君子结于一也。

昔者瓠巴鼓瑟,而流鱼出听;伯牙鼓琴,而六马仰秣。故声无小而不闻,行无隐而不形。玉在山而草木润,渊生珠而崖不枯。为善不积邪,安有不闻者乎?

学恶乎始?恶乎终?曰:其数则始乎诵经,终乎读礼;其义则始乎为士,终乎为圣人,真积力久则入,学至乎没而后止也。故学数有终,若其义则不可须臾舍也。为之,人也;舍之,禽兽也。故《书》者,政事之纪也,《诗》者,中声之所止也;礼者,法之大分,类之纲纪也,故学至乎礼而止矣。夫是之谓道德之极。礼之敬文也,乐之中和也,《诗》、《书》之博也,《春秋》之微也,在天地之间者毕矣。君子之学也,入乎耳,箸乎心,布乎四体,形乎动静。端而言,蝡而动,一可以为法则。小人之学也,入乎耳,出乎口;口耳之间,则四寸耳,曷足以美七尺之躯哉!古之学者为己,今之学者为人。君子之学也,以美其身;小人之学也,以为禽犊。故不问而告谓之傲,问一而告二谓之囋。傲,非也;囋,非也;君子如向矣。

学莫便乎近其人。礼、乐法而不说,《诗》、《书》故而不切,《春秋》约而不速。方其人之习君子之说,则尊以遍矣,周于世矣。故曰:学莫便乎近其人。

学之经莫速乎好其人,隆礼次之。上不能好其人,下不能隆礼,安特将学杂识志,顺《诗》、《书》而已耳。则末世穷年,不免为陋儒而已。将原先王,本仁义,则礼正其经纬蹊径也。若挈裘领,诎五指而顿之,顺者不可胜数也。不道礼宪,以《诗》、《书》为之,譬之犹以指测河也,以戈舂黍也,以锥飡壶也,不可以得之矣。故隆礼,虽未明,法士也;不隆礼,虽察辩,散儒也。

非十二子(节录)

假今之世,饰邪说,文奸言,以枭乱天下,矞宇嵬琐,使天下混然不知是非治乱之所存者有人矣。纵情性，安恣睢，禽兽行，不足以合文通治；然而其持之有故，其言之成理，足以欺惑愚众，是它嚣、魏牟也。忍情性，綦谿利跂，苟以分异人为高，不足以合大众，明大分，然而其持之有故，其言之成理，足以欺惑愚众，是陈仲、史鰌也。不知壹天下、建国家之权称，上功用，大俭约而僈差等，曾不足以容辨异、县君臣；然而其持之有故，其言之成理，足以欺惑愚众，是墨翟、宋钘也。尚法而无法，下修而好作，上则取听于上，下则取从于俗，终日言成文典，反纠察之，则倜然无所归宿，不可以经国定分；然而其持之有故，其言之成理，足以欺惑愚众，是慎到、田骈也。不法先王，不是礼义，而好治怪说，玩琦辞，甚察而不惠，辩而无用，多事而寡功，不可以为治纲纪；然而其持之有故，其言之成理，足以欺惑愚众，是惠施、邓析也。略法先王而不知其统，犹然而材剧志大，闻见杂博。案往旧造说，谓之五行，甚僻违而无类，幽隐而无说，闭约而无解。案饰其辞而祗敬之曰：此真先君子之言也。子思唱之，孟轲和之。世俗之沟犹瞀儒，嚾嚾然不知其所非也，遂受而传之，以为仲尼、子游为兹厚于后世，是则子思、孟轲之罪也。

若夫总方略，齐言行，壹统类，而群天下之英杰而告之以大古，教之以至顺，奥窔之间，簟席之上，敛然圣王之文章具焉，佛然平世之俗起焉，六说者不能入也，十二子者不能亲也。无置锥之地而王公不能与之争名，在一大夫之位，则一君不能独畜，一国不能独容，成名况乎诸侯，莫不愿以为臣，是圣人之不得埶者也，仲尼、子弓是也。一天下，财万物，长养人民，兼利天下，通达之属，莫不从服，六说者立息，十二子者迁化，则圣人之得埶者，舜、禹是也。

今夫仁人也，将何务哉？上则法舜、禹之制，下则法仲尼、子弓之义，以务息十二子之说。如是则天下之害除，仁人之事毕，圣王之迹著矣。

信信，信也；疑疑，亦信也。贵贤，仁也；贱不肖，亦仁也。言而当，知也；默而当，亦知也。故知默犹知言也。故多言而类，圣人也；少言而法，君子也；多少无法而流湎然，虽辩，小人也。故劳力而不当民务,谓之奸事;劳知而不律先王,谓之奸心;辩说譬谕、齐给便利而不顺礼义,谓之奸说。此三奸者,圣王之所禁也。知而险,贼而神,为诈而巧,言无用而辩,辩不惠而察,治之大殃也。行辟而坚,饰非而好,玩奸而泽,言辩而逆,古之大禁也。知而无法,勇而无惮,察辩而操僻淫,大而用之,好奸而与众,利足而迷,负石而坠,是天下之所弃也。

解蔽(节录)

人何以知道？曰:心。心何以知？曰:虚一而静。心未尝不臧也,然而有所谓虚;心未尝不满也,然而有所谓一;心未尝不动也,然而有所谓静。人生而有知,知而有志。志也者,臧也;然而有所谓虚,不以所已臧害所将受谓之虚。心生而有知,知而有异,异也者,同时兼知之。同时兼知之,两也,然而有所谓一,不以夫一害此一谓之一。心卧则梦,偷则自行,使之则谋,故心未尝不动也,然而有所谓静,不以梦剧乱知谓之静。未得道而求道者,谓之虚一而静。作之,则将须道者之虚,则人;将事道者之一,则尽;尽将思道者静,则察。知道察,知道行,体道者也。虚一而静,谓之大清明。万物莫形而不见,莫见而不论,莫论而失位。坐于室而见四海,处于今而论久远。疏观万物而知其情,参稽治乱而通其度,经纬天地而材官万物,制割大理而宇宙里矣。恢恢广广,孰知其极？睪睪广广,孰知其德？涫涫纷纷,孰知其形？明参日月,大满八极,夫是之谓大人。夫恶有蔽矣哉！

心者,形之君也,而神明之主也,出令而无所受令。自禁也,自使也,自夺也,自取也,自行也,自止也。故口可劫而使墨云,形可劫而使诎申,心不可劫而使易意,是之则受,非之则辞。故曰:心容其择也,无禁必自见,其物也襍博,其情之至也不贰。《诗》云:"采采卷耳,不盈倾筐。嗟我怀人,寘彼周行。"倾筐易满也,卷耳易得也,然而不可以贰周行。故曰:心枝则无知,倾则不精,贰则疑惑。以赞稽之,万物可兼知也。身尽其故则美,类不可两也,故知者择一而一焉。农精于田,而不可以为田师;贾精于市,而不可以为市师;工精于器,而不可以为器师。有人也,不能此三技,而可使治三官,曰:精于道者也,精于物者也。精于物者以物物,精于道者兼物物,故君子一于道而以赞稽物。一于道则正,以赞稽物则察,以正志行察论,则万物官矣。

大略(节录)

子贡问于孔子曰:"赐倦于学矣,愿息事君。"孔子曰:"《诗》云:'温恭朝夕,执事有恪。'事君难,事君焉可息哉!""然则,赐愿息事亲。"孔子曰:"《诗》云:'孝子不匮,永锡尔类。'事亲难,事亲焉可息哉!""然则赐愿息于妻子。"孔子曰:"《诗》云:'刑于寡妻,至于兄弟,以御于家邦。'妻子难,妻子焉可息哉!""然则赐愿息于朋友。"孔子曰:"《诗》云:'朋友攸摄,摄以威仪。'朋友难,朋友焉可息哉!""然则赐愿息耕。"孔子曰:"《诗》云:'昼尔于茅,宵尔索绹,亟其乘屋,其始播百谷。'耕难,耕焉可息哉!""然则赐无息者乎?"孔子曰:"望其圹,皋如也,嵮如也,鬲如也,此则知所息矣。"子贡曰:"大哉死乎! 君子息焉,小人休焉。"

《国风》之好色也,传曰:"盈其欲而不愆其止。其诚可比于金石,其声可内于宗庙。"《小雅》不以于污上,自引而居下,疾今之政,以思往者,其言有文焉,其声有哀焉。

《荀子集解》诸子集成本

【思考题】

1. 谈谈你对荀子"道"的理解以及与前代学说中"道"的继承流变。
2. 荀子的"乐论"对后世文论有何影响?
3. 结合荀子学说,谈谈对"名实"关系的认识。

韩非　韩非子

（战国）韩非

【作者简介】

韩非（约前280—前233年），战国末期韩国新郑（今河南新郑）人，与李斯同为荀卿学生。韩非见韩国国势日以削弱，屡次上书韩王变法，不用，乃著书十万余言说明治国之道。其书传到秦国，受到秦王赏识。韩非是先秦法家思想的集大成者，他批判吸收了各家思想，建立了以法为本、法术势融为一体的集权主义法治学说体系，代表了新兴地主阶级加强中央集权的利益和要求。著有《韩非子》一书。

难言（节录）

臣非非难言也，所以难言者：言顺比滑泽，洋洋纚纚然，则见以为华而不实[1]；敦祗恭厚，鲠固慎完，则见以为掘而不伦[2]。多言繁称，连类比物，则见以为虚而无用。揔微说约，径省而不饰，则见以为刿而不辩[3]。激急亲近，探知人情，则见以为僭而不让[4]；闳大广博，妙远不测，则见以为夸而无用[5]。家计小谈，以具数言，则见以为陋；言而近世，辞不悖逆[6]，则见以为贪生而谀上；言而远俗，诡躁人间，则见以为诞[7]。捷敏辩给，繁于文采，则见以为史[8]；殊释文学，以质信言，则见以为鄙[9]；时称《诗》、《书》，道法往古，则见以为诵[10]。此臣非之所以难言而重患也。

外储说左上(节录)

人主之听言也,不以功用为的,则说者多"棘刺"、"白马"之说;不以仪的为关[11],则射者皆如羿也。人主于说也,皆如燕王学道也;而长说者,皆如郑人争年也。是以言有纤察微难而非务也,故李、惠、宋、墨皆画策也[12];论有迂深闳大非用也,故畏、震、瞻、车、状皆鬼魅也[13];言而拂难坚确[14]非功也,故务、卞、鲍、介、墨翟皆坚瓠也[15]。且虞庆诎匠也而屋坏,范且穷工而弓折。是故求其诚者,非归饷也不可。

五蠹(节录)

古者苍颉之作书也,自环者谓之私,背私谓之公,公私之相背也,乃苍颉固以知之矣[16]。今以为同利者,不察之患也,然则为匹夫计者,莫如修行义而习文学[17]。行义修则见信,见信则受事[18];文学习则为明师,为明师则显荣:此匹夫之美也。然则无功而受事,无爵而显荣,为有政如此,则国必乱,主必危矣。故不相容之事,不两立也。斩敌者受赏,而高慈惠之行;拔城者受爵禄,而信廉爱之说;坚甲厉兵以备难,而美荐绅之饰[19];富国以农,距敌恃卒,而贵文学之士;废敬上畏法之民,而养游侠私剑之属。举行如此,治强不可得也。国平养儒侠,难至用介士[20],所利非所用,所用非所利。是故服事者简其业[21],而游学者日众,是世之所以乱也。

陈齐猷《韩非子新校注》上海古籍出版社本

【题解】

《难言》篇论述言辞与内容的关系,以及文章的语言运用与接受的关系。文中指出各种文辞在听者、读者心理中的不同效应,因而产生不同效果。

储说,就是寓言故事。"说"是对论点的证述,方法主要是先提论点,名为"经",后面用故事寓言等论证该论点,名为"说",战国纵横家多用这种文体。这其中的故事并不全是真实发生的,由论者对其加以生发,主要是为了说明道理,感发人心,因而故事大多具有奇幻色彩。韩非汇集了大量具有讽喻、启迪意义的历史传说和民间故事,分类编辑、提纲挈领,编成目录,以便记忆和著文游说时选用。《储说》分为内外篇,内篇分为上下,外篇除了分上下,还分了左右,故此篇为《外储说左上》。

五蠹指"学者(儒生)"、"带剑者(侠客)"、"言谈者(纵横之士)"、"患御者(逃兵役者)"、"商工之民(工商业者)"。韩非认为这五种人是有害于国家法治的蠹虫,批判了儒家"法先王"和"仁义"的思想主张。

【注释】

1. 顺比滑泽:和顺而流畅。顺比:依附、亲附。洋洋:丰富、盛大的意思。纚纚:有条理。
2. 敦祗恭厚:敦与厚同义,厚道。祗与恭同义,恭敬。鲠固:耿直、坚定。慎完:认真周到。掘而不伦:笨拙而不成体统。掘,同"拙"。
3. 列而不辩:锋芒太露而不善辩说。列:刺伤。
4. 僭:通"譖",说坏话陷害别人。让:谦让。
5. 闳:通"宏"。妙远不测:深远不可捉摸。妙:通"眇",高远。
6. 言而近世:言辞切近世俗。悖逆:违背。
7. 言而远俗:言辞不同于世俗,指见解与众不同。诡躁人间:指言辞怪异,与世俗不合。
8. 捷敏辩给:口才敏捷而善于辩说。繁:富。史:指多文采而不质朴。
9. 殊释:弃绝。文学:指文献典籍。以质信言:质朴而诚实的陈说。
10. 往古:古代。
11. 仪:准则。关:关口,比喻衡量是非的客观标准。
12. 李:"李"当为"季",季良,战国初期杨朱学派的代表人物。惠:惠施。宋:宋鈃。墨:墨子。
13. 畏、震、瞻、车、状:"畏",为"魏",即魏牟。"震",当作"长",即长卢子。"瞻",为"詹",即詹何。"车",为"陈",即陈骈。"状",为"庄",即庄周。五人均为战国时期道家人物。
14. 拂:逆,违反常规。确:坚固。
15. 务、卞、鲍、介、墨翟:即务光、卞随、鲍焦、介子推、陈仲子,都是古代所谓清高、廉洁之士。坚瓠:实心的葫芦。墨翟,当为下文"田仲"。
16. 苍颉:传说中黄帝的史官,汉字的创造者。作书:制作文字。公:违背的意思。

17. 文学:此处泛指学术文化。
18. 见信:受到信任。受事:接受国君委任的官职。
19. 厉:通"砺",磨砺。荐:通"搢",插。绅:衣带,古代官吏上朝时将笏插在衣带间,称为荐绅。
20. 介士:甲士。介:通"甲"。
21. 服事者:指从事耕战的人。简:怠慢、荒废。

【讲疏】

在封建君王时代,想向君王进言进谏是困难的,说难即意在此。韩非列举了向君主进谏的各种困难,由此感叹解人不易,和针对不同对象进行达意之难。不同社会地位人之间的对话困难有多方面的原因,思想、兴趣、利益的相同与否是重要基础,但把握对象的心理,从其能接受的方式入手,循序渐进、切中对方内心所想也是破解"说难"的方法。

外储说相对于内储说而言,主要是君主对臣下的赏罚。韩非看到事物实用性的本质,也看到价值判断的引导作用。君王如果以外表为标准考察人的言行,那么人民就会投其所好,向华丽虚浮的方面努力,韩非主张看到事物的内在实用性。在对先秦各家学说进行引用时,韩非也表达出对这些学说的一些评价,对这些学说,韩非是本着批判继承态度的,其中《喻老》、《解老》篇是对《老子》最早的解说文章,对其他各家思想也有较客观评价。

《五蠹》篇主要论述了"文学"等妨害国家政策法令和社会秩序的观点。韩非认为儒家以仁义进行说教,会扰乱国君用法来治理国家的决心;剑客结党营私,触犯国家法律;纵横家纵横游说,实际是为了自己的私利,而非为了国家利益;逃避兵役的人行贿权贵,躲避战争,无益于国防;商人不从事生产,贩卖货物囤积居奇以获取暴利,敛财于己。这些都是危害国家的蛀虫,如不清理,则会危及国家存亡。但韩非并非没有认识到上述五种人的积极作用,而是以发展的观点来看。他认为"仁义"、"能言善辩"等在当今是不可用的,体现了他功用性为上的出发点。从学术方面来说,韩非实际上是以实用主义为基准,否定那些华而不实,徒有其表的妄言,主张从实际出发,不能只追求形式的华丽,要注重内容的有用性。但一味地追求内容而否定文采形式,也有片面之嫌,将文与质的关系放在对立位置,本身也是不可取的,只追求其中一种,最终都会走向极端。并且,用功利的标准来衡量文学艺术活动,这本身就是狭隘的,否定了文艺的超功利性,没有看到人们自身精神的特点及需求,只会将其引向死胡同。

【关键词解读】

连类比物

指旁征博引,连缀相似事物进行比较。韩非子重视语言的说服作用,他看到进言的困难,所以强调言说的方式和对语言的适度把握。连类比物是进行说服的重要方式,反映出说者的广博知识与清晰的逻辑。

【相关知识链接】

《韩非子》由汉代刘向编辑整理成书,原名《韩子》,至宋代改为《韩非子》。《汉书·艺文志》著录五十五篇,《隋书·经籍志》著录二十卷,《宋史·艺文志》著录二十卷。现存传世钞本有清代张敦仁影钞本,吴鼒嘉庆二十二年的复刻本。其中文章说理性强,分析透彻,具有辩证思想,且富文学色彩,是研究先秦诸子散文的重要资料来源,也是先秦文学走向成熟的重要一环。

韩非的思想,《史记》称"喜刑名法术之学,而其归本于黄老",可见其思想中对先前各家思想的因袭以及侧重。作为法家思想集大成者,其法治思想综合前人所学,形成法、术、势结合的思想体系。法由君主制定,百姓实行,在制定法的过程中,韩非从人趋利避害的本性出发,主张建立合乎人性的法律而不应以个人喜好去制定。

韩非作为法家思想的集大成者,其思想理论吸收了各家之言,既受到荀子学说的影响,也有商鞅等法家思想的渗透,同时还吸收了老子的一些思想,所以其思想主张是复杂的。他主要从荀子的"性恶论"出发,认为人性本恶,所以要以外在法度去规束。韩非与儒家崇尚美好道德不同,而是注重现实的功用,其着眼点在具体的"个人",即君主,而没有抽象上升为普遍人类,因此其学说的弊端也显露出来。在韩非看来,人行为的动力主要是为了自己的利益,"皆挟为自心也",所以国君可以通过赏罚的方式以利益为手段调动人民的积极性,这种赏罚制度上升为国家意志就成为"法",而法如果要顺利地实行,就要建立统一标准,上行下效,"法不阿贵,绳不挠曲",凡无功于农战的人,都不能逃避法律的约束,所以韩非否定儒家,否定礼乐也就在情理之中了。他认为儒家以虚言获得富贵,"以文乱法",是五蠹之一。在《五蠹》篇,韩非还提到立法要因时制宜,不能因循守旧、故步自封,要随社会的变化不断变法,以适应新的情况,体现了他辩证发展的思想观点。

韩非对五蠹的批评主要是从自己的思想观点出发,只看到了这几种人的害处,并没有全面观察,由于以维护封建君主的利益为出发点,一切唯功利是图,因而其偏见性也十分明显。

【延伸阅读】

《二柄》所选阐述了"言""事"相符的论点,"事"应"当其言","言"应"当其事",表达了形式与内容相合,言必征实的主张。

《十过》所选提及了音乐的本质,即音乐是现实的反映,而国君不可贪恋音乐而不务政事。

《问辩》所选旨在说明从语言和法制可以看出一个社会的治乱,说明二者对治理国家的重要作用。

二柄(节录)

人主将欲禁奸,则审合刑名。刑名者,言异事也。为人臣者陈而言,君以其言授之事,专以其事责其功。功当其事,事当其言,则赏;功不当其事,事不当其言,则罚。故群臣其言大而功小者则罚,非罚小功也,罚功不当名也;群臣其言小而功大者亦罚,非不说于大功也,以为不当名也害甚于有大功,故罚。昔者韩昭侯醉而寝,典冠者见君之寒也,故加衣于君之上,觉寝而说,问左右曰:"谁加衣者?"左右对曰:"典冠。"君因兼罪典衣与典冠。其罪典衣,以为失其事也;其罪典冠,以为越其职也。非不恶寒也,以为侵官之害甚于寒。故明主之畜臣,臣不得越官而有功,不得陈言而不当。越官则死,不当则罪。守业其官所言者贞也,则群臣不得朋党相为矣。

十过(节录)

奚谓好音?昔者卫灵公将之晋,至濮水之上,税车而放马,设舍以宿。夜分,而闻鼓新声者而说之。使人问左右,尽报弗闻。乃召师涓而告之,曰:"有鼓新声者,使人问左右,尽报弗闻。其状似鬼神,子为我听而写之。"师涓曰:"诺。"因静坐抚琴而写之。师涓明日报曰:"臣得之矣,而未习也,请复一宿习之。"灵公曰:"诺。"因复留宿。明日而习之,遂去之晋。晋平公觞之于施夷之台。酒酣,灵公起,公曰:"有新声,愿请以示。"平公曰:"善。"乃召师涓,令坐师旷之旁,援琴鼓之。未终,师旷抚止之,曰:"此亡国之声,不可遂也。"平公曰:"此道奚出?"师旷曰:"此师延之所作,与纣为靡靡乐也。及武王伐纣,师延东走,至于濮水而自投。故闻此声者,必于濮水之上。先闻此声者,其国必削,不可遂。"平公曰:"寡人所好者,音也,子其使遂之。"师涓鼓究之。平公问师旷曰:"此所谓何声也?"师旷曰:"此所谓清商也。"公曰:"清商固最悲乎?"师旷曰:"不如清徵。"公曰:"清徵可得而闻乎?"师旷曰:"不可。古之听清徵者,皆有德义之君也。今吾君德薄,不足以听。"平公曰:"寡人之所好者,音也,愿试听之。"师旷不得已,援琴而鼓。一奏之,有玄鹤二八,道南方来,集于郎门之垝;再奏之而列。三奏之,延颈而鸣,舒翼而舞,音中宫商之声,声闻于天。平公大说,坐者皆喜。平公提觞而起为师旷寿,反坐而问曰:"音莫悲于清徵乎?"师旷曰:"不如清角。"平公曰:"清角可得而闻乎?"师旷曰:"不可。昔者黄帝合鬼神于泰山之上,驾象车而六蛟龙,毕方并鎋,蚩尤居前,风伯进扫,雨师洒道,虎狼在前,鬼神在后,腾蛇伏地,凤皇覆上,大合鬼神,作为清角。今主君德薄,不足听之。听之,将恐有败。"平公曰:"寡人老矣,所好者音也,愿遂听之。"师旷不得已而鼓之。一奏之,有玄云从西北方起;再奏之,大风至,大雨随之,裂帷幕,破俎豆,隳廊瓦,坐者散走。平公恐惧,伏于廊室之间。晋国大旱,赤地三年。平公之身遂癃病。故曰:不务听治,而好五音不已,则穷身之事也。

问辩(节录)

或问曰:"辩安生乎?"对曰:"生于上之不明也。"问者曰:"上之不明因生辩也,何哉?"

对曰:"明主之国,令者,言最贵者也;法者,事最适者也。言无二贵,法不两适,故言行而不轨于法令者必禁。若其无法令而可以接诈、应变、生利、揣事者,上必采其言而责其实。言当,则有大利;不当,则有重罪。是以愚者畏罪而不敢言,智者无以讼,此所以无辩之故也。乱世则不然,主有令,而民以文学非之;官府有法,民以私行矫之。人主顾渐其法令,而尊学者之智行,此世之所以多文学也。夫言行者,以功用为之的彀者也。夫砥砺杀矢而以妄发,其端未尝不中秋毫也,然而不可谓善射者,无常仪的也。设五寸之的,引十步之远,非羿、逢蒙不能必中者,有常也。故有常,则羿、逢蒙以五寸的为巧;无常,则以妄发之中秋毫为拙。今听言观行,不以功用为之的彀,言虽至察,行虽至坚,则妄发之说也。是以乱世之听言也,以难知为察,以博文为辩;其观行也,以离群为贤,以犯上为抗。人主者说辩察之言,尊贤抗之行,故夫作法术之人,立取舍之行,别辞争之论,而莫为之正。是以儒服带剑者众,而耕战之士寡;坚白、无厚之词章,而宪令之法息。故曰:上不明,则辩生焉。"

陈齐猷《韩非子新校注》上海古籍出版社本

【思考题】

谈谈你对韩非文艺思想的理解。

易 传

【作者简介】

《易传》即《周易大传》，《史记·孔子世家》记载："孔子晚而喜《易》，序《彖》、《系辞》、《象》、《说卦》、《文言》。"汉代《易纬·乾凿度》说："仲尼五十究《易》，作十翼。"《汉书·艺文志》说："文王以诸侯顺命而行道，天人之占可得而效，于是重《易》六爻，作上下篇。孔氏为之《彖》、《象》、《系辞》、《文言》、《序卦》之属十篇。"由此认为《易传》的作者为孔子。但这种说法自宋代开始被人怀疑，宋欧阳修作《易童子问》、清姚际恒作《易传通论》、清崔述著《洙泗考信录》、康有为作《新学伪经考》皆对此做出了否定。根据近代以来学界的研究，普遍认为《易传》之"十翼"非一人所作，其成书亦经过了较长的时期，一般认为其为战国后期到秦汉之际儒家后学的作品，由此亦可理解其中多有"子曰"字样。

系辞上（节录）

天尊地卑，乾坤定矣。卑高以陈，贵贱位矣。动静有常，刚柔断矣。方以类聚[1]，物以群分，吉凶生矣。在天成象，在地成形[2]，变化见矣。是故刚柔相摩，八卦相荡[3]。鼓之以雷霆，润之以风雨，日月运行，一寒一暑，乾道成男，坤道成女。乾知大始[4]，坤作成物。乾以易知，坤以简能。易则易知，简则易从。易知则有亲，易从则有功。有亲则可久，有功则可大。可久则贤人之德，可大则贤人之业。易简而天下之理得矣。天下之理得，而成位乎其中矣[5]。圣人设卦观象系辞焉，而明吉凶，刚柔相推而生变化。是故吉凶者,失得之象也。悔吝者,忧虞之象也[6]。变化者,进退之象也。刚柔者,昼夜之象也。六爻之动,三极之道也[7]。是故君子所居而安者,易之象也。所乐而玩者,爻之辞也。是故君子居则观其象,而玩其辞;动则观其变,而玩其占。是以自天祐之,吉无不利。

系辞下(节录)

八卦成列,象在其中矣。因而重之,爻在其中矣。刚柔相推,变在其中矣。系辞焉而命之,动在其中矣。吉凶悔吝者,生乎动者也。刚柔者,立本者也。变通者,趣时者也。吉凶者,贞胜者也。天地之道,贞观者也。日月之道,贞明者也。天下之动,贞夫一者也。夫乾确然,示人易矣。夫坤隤然,示人简矣。爻也者,效此者也。象也者,像此者也。爻象动乎内,吉凶见乎外,功业见乎变,圣人之情见乎辞。天地之大德曰生,圣人之大宝曰位。何以守位曰仁。何以聚人曰财。理财正辞,禁民为非曰义。

古者包牺氏之王天下也[8],仰则观象于天,俯则观法于地[9],观鸟兽之文与地之宜[10],近取诸身,远取诸物,于是始作八卦,以通神明之德,以类万物之情。作结绳而为网罟,以佃以渔,盖取诸离[11]。包牺氏没,神农氏作[12],斫木为耜,揉木为耒,耒耨之利,以教天下,盖取诸益[13]。日中为市,致天下之民,聚天下之货,交易而退,各得其所,盖取诸噬嗑[14]。神农氏没,黄帝、尧、舜氏作,通其变,使民不倦,神而化之,使民宜之[15]。易,穷则变,变则通,通则久[16]。是以自天祐之,吉无不利,黄帝、尧、舜,垂衣裳而天下治[17],盖取诸乾坤。刳木为舟,剡木为楫,舟楫之利,以济不通,致远以利天下,盖取诸涣[18]。服牛乘马,引重致远,以利天下,盖取诸随。重门击柝,以待暴客,盖取诸豫。断木为杵,掘地为臼,臼杵之利,万民以济,盖取诸小过[19]。弦木为弧,剡木为矢,弧矢之利,以威天下,盖取诸睽[20]。上古穴居而野处,后世圣人易之以宫室,上栋下宇,以待风雨,盖取诸大壮[21]。古之葬者,厚衣之以薪,葬之中野,不封不树,丧期无数,后世圣人易之以棺椁,盖取诸大过[22]。上古结绳而治,后世圣人易之以书契[23],百官以治,万民以察,盖取诸夬[24]。

《周易正义》阮刻《十三经注疏》本

【题解】

《系辞上》对《周易》的诸多内容作了较全面的辨析阐发。文中对《周易》"观物取象"的创作方法进行了论述,辨阴阳之理,释八卦之象,解乾坤要旨,发卦爻辞蕴义,内容丰富。同时也表现了丰富的哲学、美学思想,体现了战国以前人的认识论和辩证法思想。

《系辞下》篇论述了《易》的功用,包括圣人应效法《易》理及如何保住王位等内容。

【注释】

1. 方:道术思想观念。
2. 象:谓可以看见、想见,但并不能稳定存在的影像。形:相对稳定的物质外观。
3. 荡:指推移变化。
4. 大始:太始。
5. 成位:确定地位。其中:指天地之中。
6. 忧虞:忧愁惊惧。《广雅·释诂》:"虞,惊也。"
7. 三极:天、地、人三才。
8. 包牺:传说中上古帝王名,以八卦治天下。
9. 观法:观察法则。
10. 鸟兽之文:指鸟兽羽毛之文采。地之宜:地上所生各种生物。
11. 网罟:打猎捕鱼所用之网。本句意为:包牺作网打猎捕鱼,依据的是离卦。
12. 神农:即炎帝。传说中上古皇帝之一,据传他创制农耕器具,教人民务农。
13. 斫:砍。耜:犁头。揉:将直木弄弯。耒:犁身。耨:相当于现在的锄。
14. 日中:正午。古时规定中午以后开始集市贸易。噬嗑:卦名,据说是离卦与震卦的结合,"上离卦为日,下震卦为动,日中而动",表示古代交易的情景。
15. 神而化之:创造易理之神妙并使其变化,使人民各得其所。
16. 穷到极致就会发生变化,变化则能通达,通达则能恒久。
17. 郑玄注:"乾为天,其色玄,坤为地,其色黄。故玄以为衣,黄以为裳。"衣指上衣,裳指下衣。以此来区别贵贱,使人们知礼节。
18. 剖:剖。刳:削。涣卦:上巽下坎,巽为木,坎为水,木在水上即是舟。

19. 孔颖达《正义》："杵臼，亦小事过越，而用以利民，故取诸'小过'也。"
20. 弧：弓。孔颖达《正义》："睽谓乖离，弧矢所以服此乖离之人，故取诸睽。"
21. 栋：栋梁。宇：屋檐。孔颖达《正义》："以制造宫室壮大与穴居野处，故取'壮大'之名也。"
22. 古之葬者：古时丧葬原本只用薪柴覆盖，埋于荒野，无坟不树，也无丧期，商代以来，士人之葬，棺有两重，外椁内棺。此属大变天物，故称"大过"。
23. 书契：文字。
24. 盖取诸夬：韩康伯注："夬，决也。书契所以决断万事也。"

【讲疏】

《周易》是我国古代最古老典籍之一，被称为"群经之首"。由《易经》和《易传》两部分组成，《易经》包括卦象和卦辞，《易传》则是对前者的阐释和解说。《系辞》分上下两篇，主要是对卦象如何产生以及所含意义进行论述，同时还介绍了一些占卜的方法及其所依。《易传》共7种10篇，分别是《彖》上下篇、《象》上下篇、《文言》、《系辞传》上下篇、《说卦》、《序卦》和《杂卦》。自汉代起，它们又被称为"十翼"。

《周易》的核心思想是阴阳观念，"一阴一阳之谓道"，反映了当时人们对自然界矛盾对立规律的普遍认知，在一定程度上启发了后世人们利用相对的观念去认识事物，并由此引发了中国古代文论中诸多对立范畴的产生，如虚实、美丑、动静、善恶、文质、形神、刚柔等。

《易经》中所言及的"象"可视为美学与文论范畴的滥觞，"象"原指《易》卦之象，《系辞》中"观物取象"的说法阐明了"象"的起源，从"物象"、到"意象"，再到"意境"，涉及中国文学的创作和审美的基本特征，也构成了中国古代文论思维方式的重要来源，启发了后世对文学创作规律的探寻。此外，《易经》中对"中"的强调，符合了儒家的中庸哲学，美善并举，由此生发了"中和"的美学观念。《易经》、《易传》中的变易思想，对文学理论中的"通变"，即文学发展的继承和创新产生了重要影响。《艮》卦六五爻辞中的"言有序"和《家人》卦中象辞中的"言有物"，则是对文学语言内容和形式的基本要求，可看作是对文学语言本质规律探寻的前端。

《系辞上》的内容也十分丰富。本篇主要指出《易经》是根据"造化之实"即自然万物的规律来创作的。天地间的规律用八卦可以象之，长久地传下去就会变成贤人的道德，扩大作用继而成为贤人的事业，这样天下的道理就容易得到了。《系辞下》篇主要是对卦象产生的论述及其与实际事物的关系。八卦排列成一定的形象符号后，卦象就在其中产生了。各个不同的卦象都表示不同的实际事物，具有符号性。本篇通过对各个卦象的解读，说明天地的大德是生长万物，实行仁政以爱民，创造财富以富民，诚信经营，端正言辞，是保住圣人王位的基本。《系辞》引孔子"圣人立象以尽意，设卦以尽情伪"，所提出的言象意三者的辩证关系，其实质是语言和思维的关系问题，与老子所言"道可道非常道，名可名非常名"、庄子所言"世之所贵者，书也。书不过语，语有贵也。语之所贵者，意也。意有所随，意之所随者，不可以言传也"（《庄子·天道》），"筌者所以在鱼，得鱼而忘筌；蹄者所以在兔，得兔而忘蹄；言者所以在意，得意而忘言"（《庄子·外物》），"可以言论者，物之粗也；可以意致者，物之精也；言之所不能论，意之所不能致者，不期精粗焉"（《庄子·秋水》），可视为儒道两家对言意关系的不同看法，却启发了魏晋玄学对文学文本层次基本关系的探讨，如王弼在《周易略例·明象》所言："夫象者，出意者也。言者，明象者也。尽意莫若象，尽象莫若言。言生于象，故可寻言以观象。象生于意，故可寻象以观意。意以象尽，象以言著。故言者所以明象，得象而忘言。象者所以存意，得意而忘象。犹蹄者所以在兔，得兔而忘蹄；筌者所以在鱼，得鱼而忘筌也。然则，言者象之蹄也，象者意之筌也。是故存言者，非得象者也。存象者，非得意者也。象生于意而存象焉，则所存者乃非其象也。言生于象而存言焉，则所存者乃非其言也。然则，忘象者乃得意者也，忘言者乃得象者也。得意在忘象，得象在忘言。故立象以尽意，而象可忘也。重画以尽情，而画可忘也。"言象意关系可视为有中国特色的文本层次理论，对后世影响极大。

【关键词解读】

观物取象

《系辞下》言："古者包牺氏之王天下也，仰则观象于天，俯则观法于地，观鸟兽之文与地之宜，近取诸身，远取诸物，于是始作八卦，以通神明之德，以类万物之情。"象原指《易》卦之象，"观物"则体现为考察事物的思维起点，"观物取象"说明了"易象"的起源，是中国古代艺术创作的基本思想和重要特征，"观物"意味着对事物的全方位审视观察，"取象"则是在"观物"基础上对所取"象"的概括性总结和提炼，从"物象"到审美意象，再到意境理论，"观物取象"逐渐成为古代文论中"物感说"和意境理论的滥觞，是中国古代文论的核心概念之一。

言有物

《易传》中出现了"君子以言有物,而行有恒"的说法,已经认识到了内容真实性的作用,发展到后来,"言有物"与"言有序"在文学理论方面分别代表艺术作品内容与形式两个方面,到清代桐城派将其总结发展为"义法说"。

【相关知识链接】

《系辞下》的其他篇章中还提到了包牺氏仰观俯察制作八卦的过程,表明八卦是从先民观察客观事物而得来,是经验智慧的总结。实际上,八卦来自先民在占卜时的灼兆和蓍草,并不是某个圣人观察天地万物的结果。但将其放到文学领域上看,可知艺术作品及形象都来自于作家对社会生活的观察,是作家思维对客观事物的抽象概括。另外,八卦并不是照搬外界事物,而是在了解其性质的基础上,用类似符号的东西来将其简化,并表达出来。这种从个别到一般的概括行为对艺术创作也是极具启发意义的。

《系辞上》还提出了许多著名的论题,如"书不尽言、言不尽意"、"一阴一阳谓之道"等,对文学乃至古代学术的发展都有重要启示意义。这些卦象可以看出与文学艺术有许多相似之处,也有可借鉴的地方。"书不尽言、言不尽意"对文学艺术中的言意关系的讨论与阐发有启发意义;观天取象、观地取法启发人们去观察万物以获得艺术形象。

【延伸阅读】

《易经》对六十四卦和三百八十四爻辞都各有说明,作为占卜之用。中国文论中的诸多范畴,如虚实、美丑、阴阳、动静、文质、形神、刚柔等均发轫于《易经》,可作重点考察。

《文言》中提出的"修辞立其诚"涉及人品与文品、文质关系的问题,人品与文品的问题可同后世扬雄提倡的"心声心画"论相互比照。

《说卦》中的内容主要用于总结说明,先交代《易经》中蓍、数、卦、爻、义、命六个方面的由来以及可以穷无尽性、通晓天命的特点,并说明每卦用六爻的原因,八卦设置的原理及其作用和意义。其中提出的"阴阳"、"刚柔"、"仁义"等命题值得关注。

易经·乾卦

《乾》：元亨，利贞。初九：潜龙，勿用。九二：见龙在田，利见大人。九三：君子终日乾乾，夕惕若，厉无咎。九四：或跃在渊，无咎。九五：飞龙在天，利见大人。上九：亢龙，有悔。用九：见群龙无首，吉。

易经·贲卦

《彖》曰：贲"亨"，柔来而文刚，故"亨"。分，刚上而文柔，故"小利有攸往"。刚柔交错，天文也。文明以止，人文也。观乎天文，以察时变。观乎人文，以化成天下。

乾卦·文言

《文言》曰："元"者，善之长也；"亨"者，嘉之会也；"利"者，义之和也；"贞"者，事之干也。君子体仁足以长人，嘉会足以合礼，利物足以和义，贞固足以干事。君子行此四德者，故曰："乾、元、亨、利、贞。"

初九曰："潜龙勿用。"何谓也？子曰："龙，德而隐者也，不易乎世，不成乎名，遁世无闷，不见是而无闷，乐则行之，忧则违之，确乎其不可拔，潜龙也。"九二曰："见龙在田，利见大人。"何谓也？子曰："龙，德而正中者也。庸言之信，庸行之谨，闲邪存其诚，善世而不伐，德博而化，《易》曰'见龙在田，利见大人'，君德也。"九三曰："君子终日乾乾，夕惕若，厉无咎。"何谓也？子曰："君子进德修业。忠信所以进德也。修辞立其诚，所以居业也。知至至之，可与几也。知终终之，可与存义也。是故居上位而不骄，在下位而不忧，故乾乾因其时而惕，虽危无咎矣。"九四曰："或跃在渊，无咎。"何谓也？子曰："上下无常，非为邪也。进退无恒，非离群也。君子进德修业，欲及时也，故无咎。"九五曰："飞龙在天，利见大人。"何谓也？子曰："同声相应，同气相求。

水流湿,火就燥。云从龙,风从虎。圣人作而万物覩。本乎天者亲上,本乎地者亲下,则各从其类也。"上九曰:"亢龙有悔。"何谓也？子曰:"贵而无位,高而无民,贤人在下位而无辅,是以动而有悔也。"

"潜龙勿用",下也;"见龙在田",时舍也;"终日乾乾",行事也;"或跃在渊",自试也;"飞龙在天",上治也;"亢龙有悔",穷之灾也;乾元"用九",天下治也。

"潜龙勿用",阳气潜藏;"见龙在田",天下文明;"终日乾乾",与时偕行;"或跃在渊",乾道乃革;"飞龙在天",乃位乎天德;"亢龙有悔",与时偕极;乾元"用九",乃见天则。

乾"元"者,始而亨者也;"利贞"者,性情也。乾始能以美利利天下,不言所利,大矣哉。大哉乾乎,刚健中正,纯粹精也。六爻发挥,旁通情也,时乘六龙,以御天也。云行雨施,天下平也。

君子以成德为行,日可见之行也。"潜"之为言也,隐而未见,行而未成,是以君子弗用也。君子学以聚之,问以辩之,宽以居之,仁以行之。《易》曰"见龙在田,利见大人",君德也。九三,重刚而不中,上不在天,下不在田,故"乾乾"因其时而"惕",虽危"无咎"矣。九四,重刚而不中,上不在天,下不在田,中不在人,故"或"之,或之者,疑之也,故"无咎"。夫"大人"者,与天地合其德,与日月合其明,与四时合其序,与鬼神合其吉凶。先天而天弗违,后天而奉天时,天且弗违,而况于人乎！况于鬼神乎！"亢"之为言也,知进而不知退,知存而不知亡,知得而不知丧,其唯圣人乎！知进退存亡而不失其正者,其唯圣人乎！

说　　卦

昔者圣人之作易也,幽赞于神明而生蓍,参天两地而倚数,观变于阴阳而立卦,发挥于刚柔而生爻,和顺于道德而理于义,穷理尽性,以至于命。昔者圣人之作《易》也,将以顺性命之理。是以立天之道,曰阴与阳;立地之道,曰柔与刚;立人之道,曰仁与义。兼三才而两之,故《易》六画而成卦。分阴分阳,迭用柔刚，故《易》六位而成章。

天地定位，山泽通气，雷风相薄，水火不相射，八卦相错。数往者顺，知来者逆，是故《易》逆数也。雷以动之，风以散之，雨以润之，日以烜之，艮以止之，兑以说之，乾以君之，坤以藏之。帝出乎震，齐乎巽，相见乎离，致役乎坤，说言乎兑，战乎乾，劳乎坎，成言乎艮。万物出乎震，震，东方也。齐乎巽，巽，东南也。齐也者，言万物之絜齐也。离也者，明也，万物皆相见，南方之卦也，圣人南面而听天下，向明而治，盖取诸此也。坤也者，地也，万物皆致养焉，故曰：致役乎坤。兑，正秋也，万物之所说也，故曰：说言乎兑。战乎乾，乾，西北之卦也，言阴阳相薄也。坎者，水也，正北方之卦也，劳卦也，万物之所归也，故曰：劳乎坎。艮，东北之卦也，万物之所成终而所成始也，故曰：成言乎艮。

神也者，妙万物而为言者也。动万物者，莫疾乎雷；桡万物者，莫疾乎风；燥万物者，莫熯乎火；说万物者，莫说乎泽；润万物者，莫润乎水；终万物、始万物者，莫盛乎艮。故水火相逮，雷风不相悖，山泽通气，然后能变化，既成万物也。

《周易正义》阮刻《十三经注疏》本

【思考题】

1. 谈谈《周易》与中国文论的关系。
2. 谈谈你对"观物取象"的认识。

吕不韦　吕氏春秋

（战国）吕不韦

【作者简介】

吕不韦(？—前235年)，卫国濮阳(今河南滑县)人，战国末年著名商人，政治家，曾为秦国丞相。帮助秦质子异人立为秦国太子，异人即位，吕不韦为相国。始皇九年，受嫪毐之乱牵连，免相国，后自杀。《吕氏春秋》是吕不韦召集门客所作。其主持编纂的《吕氏春秋》（又名《吕览》），分八览、六论、十二纪，汇合了先秦各家学说，"兼儒墨，合名法"，史称"杂家"。书稿写成后，将其高悬于国门上，声称如有人能改动一字的就赏赐千金，此为成语"一字千金"的来源。

适音（节录）

耳之情欲声[1]，心不乐，五音在前弗听。目之情欲色，心弗乐，五色在前弗视。鼻之情欲芬香，心弗乐，芬香在前弗嗅。口之情欲滋味，心弗乐，五味在前弗食。欲之者，耳目鼻口也；乐之弗乐者[2]，心也。心必和平然后乐，心必乐然后耳、目、鼻、口有以欲之，故乐之务在于和心，和心在于行适[3]。夫乐有适，心亦有适。人之情，欲寿而恶夭，欲安而恶危，欲荣而恶辱，欲逸而恶劳。四欲得，四恶除，则心适矣。四欲之得也，在于胜理[4]。胜理以治身则生全以，生全则寿长矣。胜理以治国则法立，法立则天下服矣，故适心之务在于胜理。夫音亦有适。太钜则志荡[5]，以荡听钜则耳不容，不容则横塞，横塞则振。太小则志嫌，以嫌听小则耳不充，不充则不詹，不詹则窕[6]。太清则志危，以危听清则耳谿极,谿极则不鉴,不鉴则竭[7]。太浊则志下,以下听浊则耳不收,不收则不抟,不抟则怒[8]。故太钜、太小、太清、太浊皆非适也。

音初(节录)

有娀氏有二佚女,为之九成之台,饮食必以鼓[9]。帝令燕往视之,鸣若谥隘。二女爱而争搏之,覆以玉筐。少选[10],发而视之,燕遗二卵,北飞,遂不反。二女作歌,一终曰:"燕燕往飞。"实始作为北音。凡音者,产乎人心者也。感于心则荡乎音,音成于外而化乎内[11]。是故闻其声而知其风,察其风而知其志,观其志而知其德。盛衰、贤不肖、君子小人皆形于乐,不可隐匿。故曰:乐之为观也,深矣。土弊则草木不长,水烦则鱼鳖不大,世浊则礼烦而乐淫[12]。郑、卫之声,桑间之音,此乱国之所好,衰德之所说。流辟、誂越、慆滥之音出,则滔荡之气、邪慢之心感矣[13],感则百奸众辟从此产矣。故君子反道以修德,正德以出乐,和乐以成顺。乐和而民乡方矣[14]。

许维遹《吕氏春秋集释》中华书局新编诸子集成本

【题解】

《吕氏春秋》结构完整,全书包括总序一篇,十二纪,八览,六论。"纪"按照一年十二个月划分,每纪五篇文章,共六十篇;八览每览八篇,共六十四篇;六论每论六篇,共三十六篇,一共一百六十篇。书中体现了朴素的唯物主义和辩证法的思想,这是由于受到道家思想影响的缘故。认为宇宙起源是太一,也即道,由太一生出万物,宇宙万物皆有规律,是不断运动的,同时也相互联系,对立事物在一定条件下可以相互转化。在政治思想方面,提出了一套完整的理论,但仍旧建立在顺应天道基础上,结合儒家思想,主张民本德治。此外《吕氏春秋》还保存了大量历史和科学方面的资料,是研究先秦时期社会生活及技术发展的重要史料。

【注释】

1. 情欲声:情,人的本性。欲声,想听音乐。

2. 乐之弗乐：即乐与不乐。
3. 适：适度，平静怡乐。
4. 胜：任，凭借。
5. 鉅：通"巨"。志荡：意志摇荡。
6. 振：摇荡。嫌：通"慊"，少。詹：足，充足。
7. 清：指声音高而尖锐。危：危惧。豀极：耳虚之病。
8. 抟：专一。不抟则怒：不能专一便会烦躁发怒。
9. 佚女：处子。九成之台：九重之台。鼓：鼓乐。
10. 少选：少顷。
11. 化：感化，感染。
12. 弊：恶。世浊：世道混乱。烦：扰动。乐淫：音乐失度，情调低下。
13. 流：流荡。辟：通"僻"，邪僻。誂：通"佻"，轻佻。越：僭越。慆：傲慢不恭。滔荡：原指水势浩大，此处指放荡不羁。
14. 乡：向，仰慕。

【讲疏】

适音，即合乎节度之音，文中提出了适度之音的标准：不过鉅，不过小，不过清，不过浊。《适音》篇强调音乐一定要适中，要符合儒家"和乐"思想，强调了音乐的作用，同时反映出儒家对音乐的重视。先秦对音乐的作用一直很重视，但不同时代轻重不同，战乱时代，音乐不如兵法作用大，所以墨家等提出"非乐"思想，但吕不韦这时期又到了一个社会即将出现统一的时期，这就需要音乐的教化作用。因此本篇中崇尚或推荐的音乐都是有助于安抚民众，使社会和谐的适音。此外本篇还提到了"乐"与"欲"的区别，可看作较早对主客观关系的论述。

《音初》篇系统记录上古音乐史，主要记述东西南北不同风格、不同音调音乐的产生，故名《音初》。本篇记录了许多上古传说和神话故事，神秘色彩很浓，这对研究古时音乐起源与发展有重要价值。本篇中详细论述了音乐与生活的直接关系，对郑卫之声并不赞同，显示出儒家的思想倾向。

【关键词解读】

适

在此处有两层意思，即心适与音适。心适即要无功利，将一切情绪都去掉，奏乐者心适，音乐就越发感染人，听奏者心适，就越能领会到音乐的感染力,所以心适就是内心要平和。音适要求声音、音调等要和谐适中,音响不能过大,也不能过小,"太钜则志荡,以荡听钜则耳不容;太小则志嫌,以嫌听小则耳不充"。声音来说,不能过清也不能过浊,"太清则志危,太浊则志下"。这些都不是"适",一定要适中,才能达到最佳效果。

音产人心

"凡音者,产乎人心者也。"强调音乐主要生发于人们的内心,心中所想会通过音乐表现出来。因此,听到一地区音乐就可以知晓其风俗,进而知晓其德行。音乐可以反映很多东西,兴衰交替,忠奸贤佞,都无所隐藏,对人的考察,音乐也是重要的方式之一。

滋味

《适音》中提到了"滋味"一词,意在说明抽象感情与具体感官之间的密切关系。此处的"滋味"还是指口舌感觉之味道,但发展到后来,逐渐产生引申义,增加抽象义项,为心中体味之滋味,至钟嵘明确提出"滋味"说,逐渐成为中国文论中一个重要的范畴。

【相关知识链接】

吕不韦作为秦国丞相,在秦国即将大一统时期,认识到光靠兵法来统治安抚各地百姓并不是上选,还是要通过礼乐制度来教导民众温柔敦厚,安心生产,不生反逆之心,因此他高度重视"乐"在教化民众时所起的作用。

吕不韦在秦国即将统一天下时召集门客编纂了这部《吕氏春秋》,因为他考虑到"胜非其难者也,持之其难者也",要为秦朝长治久安提出一个总的治国方略,巩固自己的地位。与先秦诸子百家出现于诸侯纷争之时不同,《吕氏春秋》正是应秦统一六国的需要而出现的。

对音乐发展史的记述在其他篇也有涉及,如《古乐》,但二者重点不同,《音初》篇介绍了各种音调由来,《古乐》篇则重点介绍了古典乐舞。《吕氏春秋》中有大量关于先秦音乐方面的资料记载,还记载了我国平乐律的六律六吕及其计算方法,对研究先秦音乐有重要价值。

【延伸阅读】

《本生》段主要论及了文艺的生理功能,不同的文艺,对人的生理有不同的影响,有的"利于性",有的"害于性"。

《适音》本段解释了"适音"之"适"也即中和无过,并提出观音之俗、观政知主的观点,强调了音乐的教化作用。

《音初》本段内容介绍了东西南北四方及秦音的产生源头。

本生(节录)

今有声于此,耳听之必慊已,听之则使人聋,必弗听。有色于此,目视之必慊已,视之则使人盲,必弗视。有味于此,口食之必慊已,食之则使人瘖,必弗食。是故圣人之于声色滋味也,利于性则取之,害于性则舍之,此全性之道也。世之贵富者,其于声色滋味也多惑者,日夜求,幸而得之则遁焉。遁焉,性恶得不伤。万人操弓,共射其一招,招无不中。万物章章,以害一生,生无不伤;以便一生,生无不长。故圣人之制万物也,以全其天也。

适音(节录)

何谓适?衷,音之适也。何谓衷?大不出钧,重不过石,小大轻重之衷也。黄钟之宫,音之本也,清浊之衷也。衷也者,适也,以适听适则和矣。乐无太,平和者是也。故治世之音安以乐,其政平也;乱世之音怨以怒,其政乖也;亡国之音悲以哀,其政险也。凡音乐通乎政,而移风平俗者也,俗定而音乐化之矣。故有道之世,观其音而知其俗矣,观其政而知其主矣。故先王必托于音乐以论其教。《清庙》之瑟,朱弦而疏越,一唱而三叹,有进乎音者矣;大飨之礼,上玄尊而俎生鱼,大羹不和,有进乎味者也。故先王之制礼乐也,非特以欢耳目、极口腹之欲也,将以教民平好恶、行理义也。

音初(节录)

夏后氏孔甲田于东阳萯山,天大风,晦盲,孔甲迷惑,入于民室。主人方乳,或曰:"后来,是良日也,之子是必大吉。"或曰:"不胜也,之子是必有殃。"后乃取其子以归,曰:"以为余子,谁敢殊之?"子长成人,幕动坼橑,斧斫斩其足,遂为守门者。孔甲曰:"呜呼!有疾,命矣夫!"乃作为《破斧》之歌,实始为东音。禹行功,见涂山之女,禹未之遇而巡省南土。涂山氏之女乃令其妾候禹于涂山之阳。女乃作歌,歌曰:"候人兮猗。"实始作为南音。周公及召公取风焉,以为《周南》、《召南》。周昭王亲将征荆,辛餘靡长且多力,为王右。还反涉汉,梁败,王及蔡公抎于汉中。辛餘靡振王北济,又反振蔡公。周公乃侯之于西翟,实为长公。殷整甲徙宅西河,犹思故处,实始作为西音,长公继是音以处西山,秦缪公取风焉,实始作为秦音。

许维遹《吕氏春秋集释》中华书局新编诸子集成本

【思考题】

1. 试述《适音》中提到的"中和"思想。
2. "凡音者,产乎人心者也",谈谈这种对音乐的认识对后世文艺理论的影响。

两汉卷

导言　秦汉文学理论概述

秦朝虽然是我国历史上第一个大一统王朝,但由于昏君暴政,导致短命而亡,文学文论的发展也未成气候。至汉代,文学在先秦萌芽的基础上继续发展,处于明朗前的过渡阶段。就整个汉代而言,结束了秦末农民战争、社会分崩的局面,建立了大一统的王朝,政局统一、国力强盛、经济发达,繁荣的经济为上层建筑奠定了基础,促进了文学的发展,出现了更丰富的理论形态和文学形式。先秦时诗乐论都散见于各家的哲学理论著作,属于只言片语,两汉时则有了较大的进步,具体的文学批评著作开始出现,如《毛诗》、《诗谱》、《楚辞章句》等,在理论方面进行了较全面的探索。文学形式也有创新,继承先秦时代屈原骚体文学的汉赋,经过汉初枚乘,发展到司马相如、扬雄等人,达到极盛,成为两汉时期代表性的文体。诗在形式上也有创新,乐府民歌蓬勃的发展,直接启发了东汉发展起来的五言诗,甚至其后出现的七言诗在此时也有迹象。散文也有发展,如贾谊的《过秦论》等。史传文学中出现了西汉司马迁《史记》和东汉班固《汉书》这两大高峰,并开始为文学家单独作传,《汉书·艺文志》更有专门对文学进行理论批评的篇章。虽然这一时期的"文学"仍然属于包括文化典籍等在内的杂文学,但上述各种文学体裁的创作日益增多,为魏晋时期出现的"文""笔"分离奠定了基础。文学越来越引起人们的关注和重视,并促进人们对文学的本质、社会功能及有关文学创作的问题进行更深入的探讨,文学的自觉有了进一步的发展。

西汉初期由于刚刚灭秦,战事之后社会凋敝,刘邦等早期统治者采取休养生息、"无为而治"的黄老政策,用轻徭薄赋养民,这一时期出现的文学作品也多带有道家思想,如刘安《淮南子》,继承老庄之道,用道家思想为统治者献计献策。安定的社会环境使经济渐渐复苏,并在武帝时达到至盛,西汉成为国富兵强的大国。文学也随之出现新的面貌,赋有了长足的发展,司马相如、扬雄等人的赋作成为这一时期的代表,并且出现了被称为"无韵之《离骚》"的司马迁的《史记》,其中所涉及的"发愤著书"、"实录"等概念和方法也成为文论史上重要的组成部分,与后来班固的《汉书》

并称这一时期史传文学的经典,同时确立了"罢黜百家,独尊儒术"的局面。全盛时期带来了大量的社会财富,统治者实行文治武功政策,由上而下推动了文学的发展,王公贵族中爱好文学者也不在少数,武帝时就"立乐府而采歌谣"(《汉书·艺文志·诗赋略序》),汉宣帝还曾为文学的发展辩解,梁孝王刘武、河间献王刘德、淮南王刘安以及刘向、刘歆等都善言能文,并招揽宾客集体创作,形成文学集团,也导致了第一批真正意义上文人团体的出现。汉朝经学的盛行,使其制约下的文学显现出为政权服务的特点,更多体现儒家的教化作用,但本身具有抒情达意作用的文学在经学笼罩之下仍然有自己的发展。到东汉时期,儒学早已成为定于一尊的统治思想,但由于社会动荡,儒家经学逐渐与谶纬结合,加深了神秘主义色彩,而王充等坚持唯物主义的文人也针锋相对提出无神论,用《论衡》来反对神鬼虚妄之论。文学在种种思想交锋的过程中继续着自身的因变。

先秦时已出现的文论思想在汉代继续演变,并且随着新文学形式的出现,汉代的文论也呈现出自己的特点。

一、"罢黜百家,独尊儒术"——儒学定于一尊

西汉初期为了安抚百姓,休养生息,实行道家"无为"政策,渐至全盛后,便开始实行儒家政策,汉武帝时"罢黜百家,独尊儒术",董仲舒起到了不可忽视的作用。《春秋繁露》集中体现了他的政治哲学思想,如"天人感应"、"屈民而伸君,屈君而伸天"等,董仲舒通过天命论将天与人联系起来,认为上天存在意志,人尤其是君主要顺天而为,天人合一,自然界的各种现象看起来各自生发没有联系,其实是同类相应的结果,也是天人感应的结果,君主应从自然现象中反求诸己身,思考自己的行为是否合乎天道,以便纠正自己。董仲舒的这一思想是对先秦儒家思想的新变,汉朝结束战乱局面后实现了天下大一统,为保持这种统一局面,防止诸侯国势力壮大而带来的威胁,需要强调天子的神圣威严来维护国家的长治久安,因此需"屈民而伸君",但又不能使君主的权力过分膨胀,因而又有"屈君以伸天"。天意为何?实则是儒家思想的显现,所以归根到底,"天人感应"就是要"罢黜百家,独尊儒术","邪辟之说灭息,然后统纪可一而法度可明,民知所从矣"(《汉书·董仲舒传》),因此,儒家思想超越其他各家思想占据主导地位,成为汉代统治者乃至中华民族的统治思想,同时也成为中华民族传统精神的主要内容。董仲舒以儒家思想统一了汉代的诸多思

想，使得汉代的政治实现并保持了统一局面。自此以后，儒家思想就成为封建王朝的主导思想，再未被动摇，尤其和经学结合以后，更成为统治者维护政权、控制百姓思想的有力工具。东汉时儒家经学逐渐与谶纬神学相结合，逐渐陷入唯心的神鬼论，促成了魏晋时期的思想解放。

二、今、古文之争——汉代经学文化生态

先秦时孔子修《诗》、《书》、《礼》、《易》、《春秋》等五经，体现了儒家学派的道德伦理主张和文学美学思想，到了汉武帝时儒学定于一尊，"罢黜百家，独尊儒术"，设立五经博士，将儒家经学和政治捆绑，儒家经学的位置得到巩固，经学和"天道"联系在一起，将封建统治者的王权神圣化，增加了其权威性，汉代经学更是得到了长足的发展。东汉时，由于统治者光武帝、明帝等身体力行用儒家经学巩固政权，经学达到了极盛，与当时的政治文化生活融为一体，深嵌其中。经生众多，"武帝为博士官置弟子五十人，复其身。昭帝增满百人。宣帝末，增倍之。元帝好儒，能通一经者皆复。数年，以用度不足，更为设员千人，郡国置五经百石卒史。成帝增弟子员三千人。平帝时，增元士之子得受业如弟子，勿以为员。……经生即不得大用，而亦得有出身，是以四海之内，学校如林。汉末太学诸生至三万人，为古来未有之盛事"（皮锡瑞《经学历史·经学极盛时代》）。汉武帝时设立太学，经学是主要的教学内容，光武帝刘秀将经学引入朝政讨论，明帝则经常亲自主持讲经活动，至明帝时今文经学都占据主导地位。到东汉章帝时，经学由于经历了长时间的发展，流派繁多，教义也各有不同，于是他主持召开了白虎观会议，讨论五经经义，并有《白虎通义》留传，这次会议统一了五经经义，将古文经学和今文经学的思想观点全部梳理汇总，更将整个前期汉代以来的经学发展成果整理在册，并将其作为政治统治思想，使经学的发展更有利于为巩固汉朝封建统治服务。这次会议以后，古文经学逐渐发展壮大，今文经学衰微。到东汉后期经学的发展逐渐谶纬化，谶纬是在天人感应的基础上，运用阴阳五行和看似神秘的图谶、预言等神学手段给经学涂上一层神鬼色彩，从而为特定的政治目的服务。这样就歪曲了经学原有的内容和思想，而在政治目的的引导下逐渐走向了最终的荒诞和虚无。

汉代经学的发展特点也影响到汉代文论的发展，对统治者绝对权威地位的强调使得许多文学家开始对君主歌功颂德，汉大赋的劝百讽一（如

司马相如《子虚赋》、《上林赋》,扬雄《甘泉赋》,班固《两都赋》等)以及《史记》、《汉书》等史书中的记载等就是明证,文艺作品增加了要"润色鸿业"的作用,并且逐渐成为主要作用。汉代统治者通过经学取士的方法也进一步加强了经学在国家政治生活中的地位。相应的,汉代许多文学家本身就是经学家,所以他们的创作不可避免地带有经学色彩,汉代赋体逐渐盛行以至到东汉时辞赋的铺张扬厉的风格不能不说是受到了经学繁复冗多特点的影响。

在汉代经学发展的过程中,有着古文经学和今文经学之争。古文经学是指秦始皇以前的儒家经典,多由古籀文抄写而成,今文经书则是由汉世通行的隶书抄写而成,这是从时间和文字上进行的区分。而进一步来看,今文经学家尊崇孔子为"素王",认为孔子是政治家、教育家和哲学家,认为六经都出自孔子之手,为"托古改制"而作,因此在学习经学时也多侧重六经的思想内容和其中的微言大义,信奉谶纬,主要流行于西汉。古文经学家则尊孔子为"先师",认为孔子是史学家,六经是古代的史料,因此在六经的学习方面注重训诂考证,在东汉时逐渐盛行起来。原本古文经学派是不信谶纬的,但由于东汉谶纬学说与经学的结合趋势,古文经学派也逐渐接受并利用谶纬学说治经学。今文经学家与古文经学家的不同在于,今文经学家多只治一经,重师法,导致门派众多,各执一说互不相让,这样就不利于儒家经学的进步和发展,反观古文经学家则重家法,大多遍习数经,不立门户,不囿于一经或一家学说,较为博学开明,因而使得儒家经典能较好地传承下去。

西汉初期,汉武帝时今文经学被立为官学,但由于今文经学的自身特点,导致发展到西汉末期时越发繁琐累赘,并与阴阳五行和谶纬之学结合,脱离考证基础,偏离原本经学教义,逐渐衰微。古文经学在西汉刘歆时逐渐兴起,虽然未被立为官学,但在民间不断发展壮大,并在两汉出现了几次与今文经学的论争,到东汉白虎观会议后,逐渐取代今文经学,成为汉代经学主流。古文经学派和今文经学派之争和最后的结果体现出汉代经学的发展特点,也侧面反映出汉代的政治生态,共同构成了汉代独特的学术环境。

三、依经立义——中国文论话语体系构建

两汉文论处于先秦萌芽到魏晋自觉之间的过渡阶段,由于儒家经学

思想的统治，"依经立义"成为这时期文论的一个重要方法，文论也未能摆脱经学思想附庸的地位。"依经立义"首见于王逸《楚辞章句叙》"依託五经以立义"，到刘勰《文心雕龙》正式简化定名为"依经立义"。所谓"依经立义"，就是在评论文章著作时，从儒家经义的角度出发作为批评标准，始于汉代从刘安开始的文人们对屈原作品进行的品评解读。有褒扬者，也有贬抑者，但双方的出发点都是以儒家经义为标准，从此确定了"依经立义"的文论方法。即便《毛诗序》或其他专门关于诗歌的批评著作，都贯穿着儒家经义的思想。汉儒建立了明道、征圣、宗经三位一体的传统文学观念，成为千百年来传统文论的固定模式。

四、"诗言志"传统的再发展——诗教观确立

两汉文论对"诗言志"之说作出了新发展，提出"以情辅志"的观念，"志"不再仅是包含感情的心志，而是有了更明确的概念。荀子曾提出"情志合一"，实际上已将"情"与"志"进行了分离。《毛诗大序》中进一步发展了"诗言志"的思想，"诗者，志之所之也，在心为志，发言为诗。情动于中而形于言，言之不足，故嗟叹之，嗟叹之不足故永歌之，永歌之不足，不知手之舞之，足之蹈之也"。此处虽然还是强调诗是对内心感情的抒发，但已经开始强调诗与乐的教化作用，即所谓的诗歌创作要"发乎情，止乎礼义"，"经夫妇，成孝敬，厚人伦，美教化，移风俗"，《毛诗大序》中对诗作用的总结突出了诗歌的教化作用。汉代儒家经学盛行，学儒为了维护儒道，提出了以"情"辅"志"的方式，实则是用"志"来限制"情"的发挥，要求"情"必须符合"温柔敦厚"的教化，主张中和之道。

郑玄也继承了"诗言志"的传统，认为诗歌有言志抒情功能，认识到诗歌认识社会的作用。他对诗歌所产生的历史时代进行考证也体现了诗歌的历史社会性质，从这个意义上说，通过诗歌便可以获知一时一地的民风民俗与社会面貌。《诗经》中的风、雅、颂分别记录的是不同时地，不同阶层人民的生活状态，也使郑玄得出"审乐知政"的观点。同时，郑玄也强调诗的美刺作用，"论功颂德，所以将顺其美；刺过讥失，所以匡救其恶"（《诗谱序》），认识到诗歌有美善讽恶、干预现实的作用。

五、"发愤著书"——中国文人心理模式形成的开端

汉代在史传文学方面有重要的成就。司马迁《史记》绝对是"究天人之际,通古今之变"的自成一家之言。在这部伟大的作品中,与作者生平息息相关的"发愤著书"说对后世文论来说是宝贵的财富。司马迁撰写《史记》时困难重重,尤其是汉武帝时因李陵一事被下狱遭受宫刑的屈辱,对其打击巨大。但他没有就此消沉或放弃,而是从祸难中汲取力量,在逆境中开悟人生,在左丘、韩非、孙膑、吕不韦等前人身上寻找精神支撑,尤其是屈原,最终写成《史记》之绝唱。他上承屈原"忧愁幽思而作《离骚》",在忧愁的同时更带有怨愤和批判的情感力量。司马迁认为,困境和屈辱是创作的动力,并且要适时将这种悲愤之情宣泄出去。这种"发愤著书"的精神对后世文学史产生了重要的影响。刘勰在《文心雕龙》中高度赞扬这种"发愤为作"的创作方法,钟嵘也曾提到"托诗以怨"的观点,唐代韩愈则提出了"不平则鸣"之说。另外,这种"发愤著书"的精神对中国传统文人的心理构成有重要作用,每逢战乱动荡时期都会出现以笔代伐的发愤诗人的创作,集中体现了这种文化心理的积淀。

六、重文或重质——一体两面的取舍

文学的发展离不开内容与形式的问题。先秦时诸子各家对"文"(形式)和"质"(内容)的关系都做出了自己的取舍判断,到汉代这一讨论也不绝于耳。随着汉初社会主体思想由道家向儒家的转变,加上经学统治地位的确立,关于文质关系的讨论随之而来。

《淮南子》中在"文"和"质"的关系方面有所阐释,其中多处提到"文"和"质",如"兵革羽旄,金鼓斧钺,所以饰怒也。必有其质,乃为之文"(《本经训》),"白玉不琢,美珠不文,质有余也"(《说林训》),是对"文质说"的发展,强调"质"相对于"文"来说是第一位的,形式与思想内容或感情一样,都应得到重视,但稍显偏重"质"。

扬雄在《法言》中多次直接或间接提到"文"与"质"。如"事胜辞则伉,辞胜事则赋,事、辞称则经"(《吾子》),其中"事"与"辞"实际上就是"文"与"质",而"其文是也,其质非也"则用有人冒充孔子的例子来强调"质"的重

要性。而关于辞赋的创作原则"丽以则"的原则实际上也是在说"文"与"质"的关系问题,"丽"指文辞华丽,是"文",而"则"则涉及辞赋的内容法度,"丽以则",强调既要有形式的美感,更不能缺少内容的深度,实则是对孔子"文质彬彬"观念的认同,在重质的基础上不轻文。

王充对文质关系也有自己的见解,作为一个唯物主义者,他坚持尊重客观规律和事实,反对虚妄之言,提出文章写作应"疾虚妄",以真为美。在《对作》篇中王充论述《论衡》一书的缘起时说:"是故《论衡》之造也,起众书并失实,虚妄之言胜真美也。故虚妄之语不黜,则华文不见息;华文放流,则实事不见用。故《论衡》者,所以铨轻重之言,立真伪之平,非苟调文饰辞,为奇伟之观也。"强调真实著书的重要性,反对一味地追求华美的形式,这其实是他追求真实,反对虚假的社会人格在著文方面的写照。因此,他反对那些只追求形式美感,不顾内容真实的文章,那样会使得文章流于形式主义。在批判这种形式主义的同时,他要求文章要"美善"兼具,尤其要注重文章的"质"。但是过分强调真实和客观有时也会过犹不及,丢掉文学本来应有的艺术性和想象力,在《艺增》篇中王充曾列举几处他认为违背客观事实的例子,如《诗经·大雅·云汉》中说到"子孙千亿",他对此作出纠正,这样会因过于强调真实和符合客观规律而显得吹毛求疵。

东汉时发生的分别以霍光和桑弘羊为代表之间的"盐铁论争"虽讨论的是政治经济方面的问题,但不少也涉及了文艺方面的思想。其中有一些内容也涉及文论当中"文"与"质"的关系,主要是桑弘羊所在的御史一派,他们从其思想倾向及坚持立场出发认为质重于文,如提到"故玉屑满箧,不为有宝;诗书负笈,不为有道。要在安国家,利人民,不苟繁文重辞而已"(《盐铁论·相刺》),"歌者不期于利声,而贵在中节;论者不期于丽辞,而务在事实"(《盐铁论·相刺》)等等,都反映出其重内容轻形式的主张,他们反对那些华丽的形式,追求朴素的实用主义,甚至还用音乐打比方,认为音乐的教化作用比较重要,而不应去关注声音的部分。这是对先秦以来"文""质"关系讨论的继续。

七、疾虚妄——唯物主义进步史观的发扬

司马迁在写作《史记》时遵循"实录"原则,这是史传文学的特点和要求,从客观事实的角度记录历史,这也是《史记》之所以有如此高文史价值的原因。东汉时唯物主义思想兴起,同样要求要尊重客观规律和事实,代

表人物王充就提出了"疾虚妄"的观点:"诗三百,一言以蔽之,曰:思无邪。《论衡》篇以数十,亦一言也,曰:疾虚妄。"(《论衡·佚文》)这是他对写文著书和文学批评的基本要求,反对虚妄之言。此处虚妄,不仅指那些虚假之事,也指虚假之情,作者不仅要依据事实根据去构造文章,其中更要投入真情实感。"如无闻见,则无所状",必须要以亲身经历或见闻为依据,因而十分鄙夷那些"群诸瞽言之徒,言事麤丑,文不美润,不指所谓,文辞淫滑"(《超奇》),内容粗劣虚假,文章就不会有美感,必须要言真实之事,文章才会显得有价值,不淫滑。而除了所录之事要真实可靠,不欺人,作者在写作过程中也必须投入自己的真实感情,这是写文章的必备要求。首先要以客观公正的态度对待所描写或批评之事,"采善不逾其美,贬恶不溢其过"(《感类》),这样的文章才是有价值的,是对阅读者的负责,因而自然会受到读者的欢迎。在写作时作者要有感而发,直抒胸臆,这样才会使文章显出真实,避免浮华和浮夸,只流于形式,"华伪之文灭,则纯诚之化日以孳"(《对作》)。其实"疾虚妄"从目的上来说,就是要讲求真美的原则,也涉及了古代文论中"文"与"质"的关系,推动其进一步发展。

汉代谶纬学说的发展将学术带上了唯心主义和神秘主义的方向,但与此同时,反对主观唯心和迷信主义的唯物主义思想也相应出现。随着儒家经学逐渐向谶纬靠拢,其内部也出现了分化,在王充之前,桓谭、扬雄、刘歆等人就反对谶纬神学,刘歆是古文经学的提倡者,扬雄的《法言》等文就是反对谶纬阐发儒学本旨之作,桓谭也有《新论》等旨在批判迷信思想的著作,提出"形灭神即灭"的观点。这些前人的观点都影响着王充,他继承了先秦朴素唯物主义的思想,反对天人合一,强调天人分离,肯定了天的自然属性,也就打破了天人感应的基础,"人不能以行感天,天亦不随行而应人"(《明雩》),建立了唯物主义的思想基础。他在著作《论衡》中提出的"疾虚妄"观点,就是在朴素唯物主义的基础上对虚假的天人感应和谶纬学说及具体的因果报应、灾异祥祸、鬼神迷信等的反击,强调要实事求是,有理有据。虽然在谶纬盛行的年代中王充的批判不免带有局限性,否定人格之神,却肯定自然之神,没能彻底地坚持无神论,但其"疾虚妄"思想对谶纬神学和神化儒学的直接打击成为了后世无神论思想的开端,对中国学术史的科学性发展有着重要的意义。

八、《淮南子》——先秦生态美学思想的继承和发展

汉代文学文论在先秦的基础上灿烂发展，成果颇丰，生态美学思想也得以继承和发展。《淮南子》成书于汉代初期，其时汉王朝刚建立，社会亟待重建，黄老思想当道，实行休养生息，本书正是在这样的政治背景下应运而生。《淮南子》继承老庄的道家思想，全书以"道"贯之，因而也就体现出浓厚的生态美学思想。"一生二，二生三，三生万物"（《天文训》）、"天地运而相通，万物归而为一"（《精神训》），认为道是"体圆而法方，背阴而抱阳"（《兵略训》）等内容都继承并发展了先秦道家的人与自然平等、和谐共生的思想观点。在人格修养方面也提出了"清净恬愉"、"仪表规矩"、"清净恬愉，人之性也；仪表规矩，事之制也"（《人间训》），形气神达到内在的和谐统一，这样才能"自养不勃"、"举错不惑"，"知人之性，其自养不勃，知事之制，其举错不惑"（《人间训》），在回归自然本性的同时也得到了精神和人格上的自由。在与自然的关系上则应遵循自然规律，"因其自然而推之"，有所为有所不为，合理利用改造自然。人文社会方面更是要"上下同心"、"父慈子孝、兄弟良顺"，达到"天下和洽"。总之，汉代的生态美学思想在先秦的基础上进一步发展，并体现出更进步的生态观念，对人与自我、人与他人、人与社会及人与自然的关系问题有了更加深刻的认识。

从先秦到两汉，社会经济不断发展，社会结构与形态不断变化，新的社会思想不断萌发，使中国文学理论逐渐向文学的自觉形式过渡。诸子百家争鸣使先秦时期文论思想丰富多彩且发出耀眼的智慧光芒，儒学定于一尊则为传统中国文论奠定了思想理论基础。文学和文学批评的发展在这一时期逐渐走向更成熟和辉煌的阶段，并逐步构建起中国传统文论的完整面貌。

周　礼

【作者简介】

关于《周礼》作者历来争议较大,主要说法有:一是出自周公,刘歆极力主张此书是"周公致太平之迹",周公姓姬,名旦,是周武王之弟,亦称叔旦。因采邑在周,称为周公。武王死后,他摄政当国,相传他制礼作乐,建立典章制度,对巩固和发展周王朝的统治起了关键性的作用,亦对中国历史的发展产生了深远影响,其言论多见于《尚书》。二是战国时人所做,汉代何休曾指出《周礼》是"六国所作之书",是"六国阴谋书";三是刘歆所伪造,此观点首先由南宋胡安国、胡宏提出,他们认为《周礼》是"王莽令刘歆撰",后来由康有为阐扬光大。各说皆有合理之处,亦有不通之处,时至今日,《周礼》的作者很难指实。

地官·大司徒(节录)

大司徒之职:掌建邦之土地之图[1],与其人民之数,以佐王安扰邦国。……因此五物[2]者民之常。而施十有二教焉:一曰以祀礼[3]教敬,则民不苟。二曰以阳礼[4]教让,则民不争。三曰以阴礼[5]教亲,则民不怨。四曰以乐礼[6]教和,则民不乖[7]。五曰以仪辨等,则民不越[8]。六曰以俗教安,则民不偷[9]。七曰以刑教中,则民不虣[10]。八曰以誓教恤,则民不怠[11]。九曰以度教节[12],则民知足。十曰以世事教能[13],则民不失职。十有一曰以贤制爵,则民慎德[14]。十有二曰以庸制禄,则民兴功[15]。……以乡三物教万民,而宾兴之[16]。一曰六德:知、仁、圣、义、忠、和[17]。二曰六行:孝、友、睦、媚、任、恤¹⁸。三曰六艺:礼、乐、射、御、书、数¹⁹。……以五礼防万民之伪,而教之中,以六乐防万民之情²⁰,而教之和。

地官·鼓人

鼓人:掌教六鼓四金之音声,以节声乐,以和军旅,以正田役²¹。教为鼓,而辨其声用,以雷鼓鼓神祀,以灵鼓鼓社祭,以路鼓鼓鬼享,以鼖鼓鼓军事,以鼛鼓鼓役事,以晋鼓鼓金奏²²。以金錞和鼓,以金镯节鼓,以金铙止鼓,以金铎通鼓²³。凡祭祀,百物之神,鼓兵舞帗舞者²⁴。凡军旅,夜鼓鼜,军动则鼓其众,田役亦如之²⁵。救日月,则诏王鼓。大丧²⁶,则诏大仆鼓。

地官·舞师

舞师:掌教兵舞,帅而舞山川之祭祀²⁷;教帗舞,帅而舞社稷之祭祀²⁸;教羽舞,帅而舞四方之祭祀²⁹;教皇舞,帅而舞旱暵之事³⁰。凡野舞,则皆教之³¹。凡小祭祀,则不兴舞³²。

春官宗伯·大司乐(节录)

大司乐:掌成均之法,以治建国之学政,而合国之子弟焉³³。凡有道者,有德者,使教焉;死则以为乐祖,祭于瞽宗³⁴。以乐德教国子:中、和、祇、庸、孝、友³⁵。以乐语教国子:兴、道、讽、诵、言、语³⁶。以乐舞教国子:舞《云门》、《大卷》、《大咸》、《大磬》、《大夏》、《大濩》、《大武》³⁷。以六律、六同、五声、八音、六舞,大合乐³⁸。以致鬼神示,以和邦国,以谐万民,以安宾客,以说远人,以作动物³⁹。乃分乐而序之,以祭,以享,以祀⁴⁰。乃奏黄钟,歌大吕,舞《云门》,以祀天神。乃奏大蔟,歌应钟,舞《咸池》,

以祭地示[41]。乃奏姑洗,歌南吕,舞《大磬》,以祀四望。乃奏蕤宾,歌函钟,舞《大夏》,以祭山川[42]。乃奏夷则,歌小吕,舞《大濩》,以享先妣。乃奏无射,歌夹钟,舞《大武》,以享先祖[43]。

凡六乐[44]者,文之以五声,播之以八音[45]。凡六乐者,一变而致羽物及川泽之示,再变而致臝物及山林之示,三变而示鳞物及丘陵之示,四变而致毛物及坟衍之示,五变而致介物及土示,六变而致象物及天神[46]。凡乐,圜钟为宫,黄钟为角,大蔟为徵,姑洗为羽,雷鼓雷鼗,孤竹之管,云和之琴瑟,《云门》之舞;冬日至,于地上之圜丘奏之,若乐六变,则天神皆降,可得而礼矣[47]。凡乐,函钟为宫,大蔟为角,姑洗为徵,南吕为羽,灵鼓灵鼗,孙竹之管,空桑之琴瑟,《咸池》之舞[48]。夏日至,于泽中之方丘[49]奏之,若乐八变,则地示皆出,可得而礼矣。凡乐,黄钟为宫,大吕为角,大蔟为徵,应钟为羽,路鼓路鼗,阴竹之管,龙门之琴瑟,《九德》之歌。《九磬》之舞,于宗庙之中奏之,若乐九变,则人鬼可得而礼矣[50]。

春官宗伯·乐师

乐师:掌国学之政,以教国子小舞[51]。凡舞,有帗舞,有羽舞,有皇舞,有旄舞,有干舞,有人舞[52]。教乐仪,以行《肆夏》,趋以《采荠》,车亦如之,环拜以钟鼓为节[53]。凡射,王以《驺虞》为节,诸侯以《狸首》为节,大夫以《采蘋》为节,士以《采蘩》为节[54]。

凡乐,掌其序事,治其乐政[55]。凡国之小事用乐者,令奏钟鼓[56]。凡乐成,则告备[57]。诏来瞽皋舞。及彻,帅学士而歌彻,令相[58]。飨食诸侯,序其乐事,令奏钟鼓,令相,如祭之仪[59]。燕射,帅射夫以弓矢舞[60]。乐出入,令奏钟鼓。凡军大献,教恺歌,遂倡之[61]。凡丧,陈乐器,则帅乐官。及序哭,亦如之[62]。凡乐官掌其政令,听其治讼[63]。

春官宗伯·大师

大师：掌六律、六同，以合阴阳之声[64]。阳声：黄钟、大簇、姑洗、蕤宾、夷则、无射；阴声：大吕、应钟、南吕、函钟、小吕、夹钟。皆文[65]之以五声：宫、商、角、徵、羽；皆播[66]之以八音：金、石、土、革、丝、木、匏、竹。教六诗[67]：曰风、曰赋、曰比、曰兴、曰雅、曰颂。以六德[68]为之本，以六律为之音[69]。大祭祀，帅瞽登歌，令奏击拊，下管播乐器，令奏鼓朄[70]。大飨，亦如之。大射，帅瞽而歌射节[71]。大师，执同律以听军声，而诏吉凶[72]。大丧，帅瞽而廞；作匶，谥[73]。凡国之瞽矇正[74]焉。

《周礼注疏》阮刻《十三经注疏》本

【题解】

《大司徒》此段文字出自《地官·司徒》，地官司徒为教官，主要职掌教典，所谓"乃立地官司徒，使帅其属而掌邦教，以佐王安扰邦国"，对礼乐文化进行管理是其主要职责，其包括大司徒、小司徒、鼓人、舞师、牧人、师氏等78个属官。大司徒的主要职责是掌管全国的版图及户籍，同时负责对百姓的教化。先秦时期的六艺和礼包含的范围都比较广，乐则包括诗歌、音乐和舞蹈，选文部分主要反映了六艺及乐对百姓的教化作用，"以乐礼教和"反映了音乐等艺术形式在和谐人际关系、疏导人们情欲及缓解各种争斗中起着重要的作用。

《鼓人》此段描述了鼓人的职责主要在于教导人们如何使用金鼓，金鼓在祭祀、战争、劳役、田猎等方面有重要作用，由此可见先秦时期金鼓乐器的使用情况。

《舞师》本段介绍了舞师的主要职责，由本段文字可见，舞蹈并非单纯的艺术，而主要运用于祭祀之中，舞蹈有娱神、娱人的作用，可从另一方面得知舞蹈艺术与原始祭祀之间的密切关系。

《大司乐》选自《春官宗伯》，春官宗伯的主要职责为掌管天神、地神、人鬼的祭祀，大司乐是其属官，其职责主要是对王朝中的子弟进行音乐教育。音乐教育包括乐德、乐语、乐舞等三方面内容：乐德指对子弟的思想情感教育，使其能达到中和的基本要求；乐语指思想情感借助诗歌的表达方式；乐舞指祭祀时的舞蹈，由此可知，音乐教育包括了诗歌。文中提供了最早的音乐制度，对不同音乐风格会对人产生的情感产生影响有较为清晰的认识。

《乐师》此段主要描述乐师的主要职责及周王朝用乐的诸多情况。"王以《驺虞》为节，诸侯以《狸首》为节，大夫以《采蘋》为节，士以《采蘩》为节"，可见音乐的使用在王朝内还存在等级的区分。

《大师》本段述说大师的主要职责，介绍了相关乐理，阐述了十二律、五声、八音的不同用途。从大师负责的奏乐中可见和诗演唱的情况，特别是文中提出的以"六诗"对统治者进行劝谏，涉及对古代诗歌的原初认知，是中国诗学史上重要的概念范畴，这对后代产生了重要影响。

【注释】

1. 图：即全国的地图。
2. 五物：指在山林、川泽、丘陵、坟衍、原隰等不同地理环境下生长的动物和植物。在作者看来，地理环境不同，会造成动物和植物生长的不同，而人生活在其中也同样会不同。
3. 祀礼：祭祀天地鬼神的礼节。贾公彦疏曰："凡祭祀者，所以追养继孝，事死如事生。但人于死者不见其形，多有致慢，故《礼》云'祭，极敬也'，是以一曰祀礼教敬，死者尚敬，则生事其亲不苟且也。"
4. 阳礼：乡射礼和饮酒礼，这两种礼节没有妇人参加，故称阳礼，这里指人们要按照长幼相互礼让，不产生争执。
5. 阴礼：男女婚姻之礼。郑玄注："婚姻以时则男不旷，女不怨。"
6. 乐礼：王念孙、孙诒让都认为"礼"是衍字。古代的乐，包括诗歌、音乐和舞蹈。古人认为"乐"可以陶冶人的性情。
7. 乖：违背。
8. 仪：指九仪。《春官·大宗伯》："以九仪之命，正邦国之位。一命受职，再命受服，三命受位，四命受器，五命赐则，六命赐官，七命赐国，八命作牧，九命作伯。"《秋官·大行人》："以九仪辨诸侯之命，等诸臣之爵。"郑玄注："九仪，谓命者五：公、侯、伯、子、男也；爵者四：公、卿、大夫、士也。"身份尊卑不同，所享受的礼仪也不同。不越：不越位。
9. 以俗教安：根据不同的风俗对百姓进行教化，使其安心。偷：苟且、懈怠。
10. 中：性情适中。虣：古"暴"字。
11. 以誓教恤：誓，军队誓师，有告诫的意思。恤：谨慎。怠：懈怠。
12. 度：制度，指衣服、宫室方面的制度，尊卑不同，制度也不同。节：节制。
13. 世事：士农工商技艺之事。
14. 贤：有德行的人。爵：爵位。慎德：矜其善德，劝为善也。

15. 庸:功勋。禄:俸禄。爵以显贤,禄以赏功。

16. 乡:依《周礼》记载,五家为比,五比为闾,五闾为族,五族为党,五党为州,五州为乡。三物:指德、行、艺。宾兴:以宾客之礼敬待贤人。

17. 知:通"智"。郑玄注:"知,明于事。仁,爱人以及物。圣,通而先识。义,能断时宜。忠,言以中心。和,不刚不柔。"

18. 孝:善于父母为孝。友:善于兄弟为友。睦:九族和睦。姻:"姻"的异文,亲戚和睦。任:朋友间相互信任。恤:怜悯救济贫困者。

19. 郑玄注:"礼,五礼之义。乐,六乐之歌舞。射,五射之法。御,五御之节。书,六书之品。数,九数之计。"御,通"驭"。书:六种造字法,象形、指事、会意、形声、假借、转注。数:算术。

20. 五礼:吉礼、凶礼、宾礼、军礼、嘉礼。伪:伪善。中:中正。六乐:《云门》《咸池》《大韶》《大夏》《大濩》《大武》六种音乐。

21. 鼓人:乐官,属司徒。其下属有中士六人、府二人、史二人、徒二十人。六鼓:指雷鼓、灵鼓、路鼓、鼖鼓、鼛鼓、晋鼓。四金:指金錞、金镯、金铙、金铎。音声,单出曰声,和比曰音,五声和合者。

22. 雷鼓:八面鼓。神祀:祀天神,天神称祀,地祇称祭,宗庙称享。灵鼓,六面鼓。社祭,祭地祇。路鼓,四面鼓。鬼享,享宗庙。鼖(fén)鼓,大鼓,长八尺,两面。鼛(gāo)鼓,长丈二尺,起役止役皆用鼛鼓。晋鼓,鼓长六尺六寸。金奏:金则钟也,奏则击也,谓乐作击编钟,即音乐开始打击的钟乐。

23. 錞(chún):錞于,圆如碓头,上大下小。作乐时,以金錞和于鼓。金镯,钲,形如小锤,军行鸣之,以为鼓节。铙,形如铃,无舌有柄,执而鸣之。铎,大铃,振之以通鼓。

24. 百物之神:指天神、地祇、人鬼以外的各种神。兵舞:古代有执干戚而舞者。帗(fú)舞:古人有执帗而舞者。帗:列五彩缯为之,有柄,皆舞者所执。

25. 鼛(qì):夜戒守鼓也。《司马法》:"昏鼓四通为大鼛,夜半三通为晨戒,旦明五通为发昫。"

26. 大丧:王及王后丧。

27. 舞师:乐官,属司徒。下属下士二人,胥四人,舞徒四十人。兵舞:乐舞名。山川之祭祀:对一般山神水神的祭祀。

28. 帗舞:帗,通"翇"。乐舞名,舞者持全羽以舞。指祭祀五岳(泰山、华山、恒山、嵩山、天柱山)、四镇(会稽山、沂山、医巫闾山、霍山)、四渎(长江、黄河、济水、淮水)及海。

29. 羽舞:乐舞名。舞者持散羽以舞。

30. 皇舞:古代雩祭中的乐舞。舞者以羽蔽其首,祭祀星辰。旱暵:干旱。

31. 野舞:谓民间能舞者。

32. 小祭祀:《司服》注:"群小祀,林泽坟衍四方百物之属。"兴:作。

33. 大司乐:乐官名,属春官宗伯,其下属有中大夫二人。成均:古之大学。国之子弟:指王太子、王子、群后之太子、卿大夫元士之嫡子,也包括一些地位低于前者但优秀的人才。

34. 有道者:有才艺者。有德者:有德行者。乐祖:为乐师所尊之祖。瞽宗:五学之一,设在国都西郊,又称西学。

35. 乐德:主要指音乐中思想情感方面的内容。中:同"忠",为人诚恳。和:性情刚柔适度。祗:恭敬。庸:行为举止有节度。

36. 乐语:音乐中诗歌使用的方法。兴:借诗比喻的一种表达方式,何晏引孔安国语:"兴,引譬连类。"道:通"导",借古讽今。讽:背诵。诵:有节奏地诵读。言:自己主动表达思想感情的语言。语:回答别人的语言。乐语中的言、语或如春秋时赋诗言志的做法。

37. 乐舞:包括诗歌音乐的舞蹈。大司乐教二十岁以上舞《大夏》等,为大舞。《云门》、《大卷》:相传为黄帝时音乐。《大咸》:即《咸池》,相传为尧时音乐。《大磬》:相传为舜时音乐,磬,通"韶"。《大濩》:汤时音乐。《大武》:武王时音乐。

38. 六律:指黄钟、太簇、姑洗、蕤宾、夷则、无射。六同:指六吕,指林钟、南吕、应钟、大吕、夹钟、中吕。五声:指宫、商、角、徵、羽。八音:指金、石、丝、竹、匏、土、革、木。六舞:亦名六乐,指上文所言黄帝、尧、舜、禹、商汤、周武王六个时代的音乐。大合乐:六代之乐同时演奏。

39. 致:招致。示:通"祗"。说:通"悦"。以作动物:用音乐感动各种动物。

40. 分乐:指分别使用不同时代的音乐。序:根据不同身份使用不同时代的音乐。贾公彦疏:"上总云六舞,今分此六代之舞,尊者用前代,卑者用后代,使尊卑有序,故云序。"

41. 奏黄钟:以黄钟之乐奏编钟,此在祭祀时为迎尸之乐。歌大吕:以大吕之调歌诗,此为降神之乐。《云门》:为荐献之后合乐时的舞蹈。天神:此指五方天帝(灵威仰、赤熛怒、含枢纽、白招拒、汁光纪)及日月星辰。地示:地祗,此指神州之神及社稷。

42. 四望:指五岳、四镇、四渎和海。函钟:即林钟。祭山川:五岳四渎以外的山川。

43. 先妣:周始祖姜嫄。先祖:周族的先王先公。

44. 六乐:指黄帝之乐《云门》、尧帝之乐《大咸》、舜乐《大韶》、禹乐《大夏》、汤乐《大濩》及武王乐《大武》。

45. 文:配合修饰之意。播:通"布",散布。

46. 变:通"遍",《文选·东都赋》薛综注:"凡乐一变为一成,则更奏。"羽物:羽禽类动物之神。示(qí),指神祗。赢物:无鳞无甲动物之神,赢同"裸"。鳞物:鳞甲类动物之神。毛物:皮毛类动物之神。介物:贝壳类动物之神。象物:龙凤龟麟。

47. 凡乐:以下三"凡乐"皆指大规模的祭祀活动,分别祭祀天神、地祗、人鬼。圜钟为宫:指将宫的音高定为圜钟。圜,同圆。圜钟,指六吕中的夹钟。靁鼓靁鼗(táo):靁,是"雷"的古字,鼓名,皆为八面鼓。孤竹之管,用单生竹子做成的乐器。云和之琴瑟:云和是琴瑟所用木头的产地名。圜丘:天然形成的圆形山,古人常在此地祭祀天神。六变,即六遍。礼,礼迎神灵。

48. 灵鼓灵鼗:皆为六面鼓的鼓名。孙竹之管:用旁生之竹制作的管乐器。空桑:山的名称。

49. 方丘:在水泽中天然形成的方形高地,古人在此祭祀地神。

50. 路鼓路鼗:两者为四面鼓的鼓名。阴竹之管:用生长在山北面的竹子来制作管乐器。龙门,山名。《九德》之歌,歌唱"九功"的歌曲,《左传·文公七年》:"九功之德皆可歌也,谓之《九歌》。六府、三事,谓之九功。水、火、金、木、土、谷,谓之六府。正德、利用、厚生,谓之三事。义而行之,谓之德礼。"《九磬》,即《九招》,舜帝时的乐舞名。

51. 乐师:辅佐大司乐之职官。其下属下大夫四人、上士八人、下士十六人、府四人、史八人、徒八十人。国学:指国中小学,在王宫之左。国子:贵族子弟,此指年龄在十三至十九岁者。小舞:即指下文之帗舞等。

52. 旄舞:执牦牛之尾的舞蹈。干舞:即兵舞。人舞:用于宗庙的舞蹈,手无所执以衣袖舞。

53. 乐仪:在重大仪式中,天子的行为举止和一定的音乐相配合。《肆夏》、《采荠》:皆乐章名,或曰古逸诗名。趋:小步急行。郑玄注:"行者,谓于大寝之中,趋位于朝廷。"

54. 《狸首》:逸诗篇名。《礼记·大射》:"上射揖,司射退,反位。乐正命太师曰:'奏《狸首》,间若一。'"郑玄注:"《狸首》,逸诗曾孙也。'狸'之言'不来'也。其诗有'射诸侯首不朝者'之言,因以名篇。后世失之,谓之《曾孙》。曾孙者头章也。《射义》所载诗曰'曾孙侯氏'是也。《狸首》见《礼记·射义》。《采蘋》、《采蘩》,皆为《诗经·召南》中篇名。这里都指与这些诗篇相配合的乐曲。

55. 序事:指乐器的陈列次序和乐章的演奏次序。

56. 国之小事:指小的祭祀活动,此类活动中不用舞蹈。

57. 成:指一个乐章结束。告备:告诉天子奏乐完成。

58. "诏来"句:谓招呼瞽者来奏乐,并告舞者来舞。瞽,通"鼓"。皋,通"告"。学士:指国子。歌彻:郑玄认为是《周颂·臣工之什》中的《雍》诗。令相:乐工为盲人,故出入由相者扶持。

59. 飨食诸侯:指天子享食诸侯。乐事:指天子享食用乐。

60. 燕射:享燕中的射仪。射夫:指参加燕享的射者。

61. 大献:指军队获胜后在祖庙献捷。恺歌:军队表达获胜喜悦的歌唱。恺,今通用作"凯"。倡:通"唱"。

62. 乐器:指明器。

63. 政令:指上文中乐政和禁令。治讼:又作辞讼,争讼。

64. 大师:春官宗伯下的属官,负责音乐演奏。六律六同:古代有十二音律,阴阳各六,阳称六律,即下文中的阳声,阴称六吕,即下文中的阴声。

65. 文:修饰。

66. 播：传播、传递。

67. 六诗：即"六义"，风、雅、颂、赋、比、兴，郑玄注《周礼》："风，言贤圣德治道之遗化也。赋之言铺，直铺陈今之政教善恶。比，见今之失，不敢斥言，取比类以言之。兴，见今之美，嫌于媚谀；取善事以喻劝之。雅，正也，言今之正者，以为后世法。颂之言诵也，容也，颂今之德，广以美之。"

68. 六德：即《周礼·春官宗伯·大司乐》中所说"中、和、祗、庸、孝、友"等六种乐德。

69. 以六律为之音：六律，即十二乐律中的阳律，黄钟、太簇、姑洗、蕤宾、夷则、无射。音，人的歌声。

70. 帅：率领。瞽：指盲人乐师。登歌：升堂而歌唱。击拊：拊，一种打击乐器，形似鼓。下管播乐器：在堂下演奏笙管等乐器。令奏鼓楝：楝(yǐn)，小鼓。用小鼓演奏配合。

71. 大射：射箭比赛。射节：指与射箭的节奏相配合。

72. 大师：大军出征。执同律以听军声：指大军出征时，将军张弓大呼，乐师以同律配合，由此听辨乐律而知战争的胜负。《左传·襄公十八年》："晋人闻有楚师，师旷曰：'不害，吾骤歌北风，又歌南风，南风不竞，多死声。楚必无功。'"诏吉凶：将吉凶报告国君。

73. 廞(xīn)：陈列乐器。作匶：指出殡。谥：加封谥号。

74. 瞽矇：盲人乐师。矇：指睁眼瞎。正：通"政"，指听从大师的政令。

【讲疏】

《周礼》原名《周官》，为汉武帝时河间献王刘德（卒于公元前 130 年）所得先秦古籍中之一种，据《〈汉书〉卷五十三·河间献王刘德传》中说："献王所得书皆先秦旧书，《周官》、《尚书》、《礼》、《礼记》、《孟子》、《老子》之属，皆经传说记，七十子之徒所论。"河间献王所得之《周官》分《天官》、《地官》、《春官》、《夏官》、《秋官》、《冬官》六篇，但缺《冬官·司空》，因此用《考工记》补之。然而，《周官》所记与周时制度很多不合，今文家疑为刘歆伪作，亦无确据。大约是经过刘德及其门下儒生整理加工并有补充或新撰。《周礼》为了合天地四时之数，将六官分为天官、地官、春官、夏官、秋官、冬官，各官皆有自己的职责，天官掌邦治，地官掌邦教，春官掌邦礼，夏官掌邦政，秋官掌邦禁，冬官掌邦务。六官之下又各有属官，达百官之多。其中，辅佐王的为天官，为六官之首，百官之长。可见，《周礼》中各官职层级分明，各司其职，带有儒家某种理想化的思想，后代多皆仿照《周礼》建制六部，因此《周礼》也成为后世儒家托古改制时的重要依据。

周礼中有关文艺方面的记载，涉及诗歌、音乐、舞蹈、绘画等各艺术门类，对这些艺术的功能做了充分的描述，比如《春官·乐师》中音乐被用于调节王侯大夫射箭比赛的节奏、速度,又如《地官·鼓人》中乐鼓可以"和军旅"、"鼓其众"、"正田役",由此可见这些艺术与当时政治制度、社会风俗、伦理道德、宗教祭祀等之间的密切关系。此外,《周礼》还体现出对文艺"中和"之美的重视,如《春官·典同》中认为鼓声过急或过缓都不好,应有中和之美,又如《冬官·考工记》中说"画缋之事,杂五色","杂四时五色之位以章之,谓之巧",指出了只有五色调配合适的绘画,才能称为"巧作"。另外,《周礼·春官》提出了著名的六诗说,《春官·大师》:"教六诗:曰风、曰赋、曰比、曰兴、曰雅、曰颂。以六德为之本,以六律为之音。"《周礼》所提出的"六诗",在《毛诗序》中顺序及名称未变,但被称为"六义",《周礼》虽然未对"赋、比、兴"的手法做进一步阐述,但却涉及了古代诗歌的创作方法和诗歌分类等问题,对《诗经》的研究具有开创性的意义,在中国诗学史上占有重要地位。《冬官·考工记》中还体现了艺术创作方面的一些重要思想,提出了"杂五色"的绘画主张,即多样统一产生美,对"巧"及"势"的论述,则涉及相关美学范畴,对"文章"的论述在给人带来审美感知方面与现代意义的"文章"有相通之处。

【关键词解读】

六诗和六义

《周礼·春官宗伯·大师》中提出的"风、赋、比、兴、雅、颂",在《毛诗序》中顺序及名称未变,并将其称为"六义",郑玄注《周礼》:"风,言贤圣治道之遗化也。赋之言铺,直铺陈今之政教善恶。比,见今之失,不敢斥言,取比类以言之。兴,见今之美,嫌于媚谀,取善事以喻劝之。雅,正也,言今之正者,以为后世法。颂之言诵也,容也,诵今之德,广以美之。""以六德为之本,以六律为之音"体现出对诗歌内容和形式音律方面的具体要求,"六德"即《周礼·春官宗伯·大司乐》中所说"中、和、祇、庸、孝、友"等六种乐德,"六律"指十二乐律中的阳律,即黄钟、太簇、姑洗、蕤宾、夷则、无射。历代对"六诗"和"六义"的解释都众说纷纭,唐代以前并没将"风雅颂、赋比兴"分开解释,"六义"既指诗歌的体裁,又指诗歌的创作方法,郑玄的说法即如此,《毛诗大序》中解释"风"的说法"上以风化下,下以风刺上,主文而谲谏,言之者无罪,闻之者足以戒,故曰风",刘勰在《文心雕龙》中解释"比"、"兴"说"比体云构","毛公述传,独标兴体","起情故兴体以立"(《比兴》),也同样是体、法并举。将"六义"分举为三体三法的则是唐人孔颖达疏《毛诗正义·诗大序》:"风雅颂者,诗篇之异体。赋比兴者,诗文之异辞。大小不同,而得并为六义者,赋比兴是诗之所用,风雅颂是诗之成形。用彼三事,成此三事,是故同称为义,非别有篇卷也。"至此,后人多持孔说。近人章炳麟则从入乐不入乐的角度提出了"六诗"都是诗歌的体裁,赋比兴是不入乐的诗体,而风雅颂是入乐之诗体。朱自清《诗言志辨》则认为:"风、赋、比、兴、雅、颂似乎原来都是乐歌的名称","大概赋原来就是合唱",比为"变旧调唱新辞",兴为"合乐开始的新歌",章说与朱说可作"六诗"说的另外参考。

【相关知识链接】

《周礼》是中国古代一部记录职官、政治、经济制度的文献,在汉代原名《周官》,司马迁《史记·封禅书》、班固《汉书·礼乐志》及刘歆《七略》都称其为《周官》,《汉书·艺文志》著录有《周官经》六篇,《周官传》四篇,《汉书·艺文志·乐家》记载:"孝文时,乐人窦公曾献《周官·大宗伯》之《大司乐》章。"荀悦《汉纪·成帝篇》云:"刘歆以《周官》十六篇为《周礼》,王莽时歆奏以为经,置博士。"陆德明《经典释文·叙录》说:"王莽时,刘歆为国师,始建《周官经》以为《周礼》。"由此可见"周礼"之名始于王莽时。《周礼》在西汉初年面世,却在西汉末年才真正得到官方的倡导,对此马融解释说:《周礼》"既出于山岩屋壁,复入于秘府,五家之儒莫得见焉。至孝成皇帝,达才通人刘向、子歆,校理秘书,始得列序,著于《录》、《略》"(《周礼正义序》)。近代以来,学者们从多方面考证后,多数认为《周礼》中较多作品为战国时期所作,但也不能排除汉儒对其的增删。时至今日,关于《周礼》的研究尚有需要更多深入的地方,包括《周礼》的作者及成书年代,《周礼》的性质及功用,《周礼》的礼乐及礼法问题,《周礼》与传统思想文化的关系,相关出土文献与《周礼》的关系等等,这些都有待学界的耕耘开掘。

《周礼》注本有(东汉)郑玄注、唐贾公彦疏《周礼注疏》、清孙诒让《周礼正义》等。通行本有清阮元《十三经注疏》本,中华书局影印,1980 年版。

【延伸阅读】

《周礼》中的《大胥》记载了对学舞管理者的情况。《小胥》记载对舞者的日常督促办法以及不同阶层用乐的规格。《春官》主要记录宗庙方面的事务,《瞽矇》和《典同》分别介绍了乐官和调音师的职能,强调了音乐对政治的重要作用。

《周礼》中《冬官》原本记载营造及社会生活方面的内容,但因缺失,河间献王刘德以《考工记》补之。内容丰富,涉及先秦时代的建筑水利、兵器、礼器制造等手工业技术,以及天文、化学、生物、物理等自然科学知识。《画缋》主要规定了绘画染色的原则标准及含义。

春官宗伯·大胥

大胥:掌学士之版,以待致诸子。春入学,舍采,合舞。秋颁学,合声。以六乐之会正舞位,以序出入舞者。比乐官,展乐器。凡祭祀之用乐者,以鼓征学士,序宫中之事。

春官宗伯·小胥

小胥:掌学士之征令而比之,觥其不敬者,巡舞列,而挞其怠慢者。正乐县之位,王宫县,诸侯轩县,卿大夫判县,士特县。辨其声。凡县钟磬,半为堵,全为肆。

春官宗伯·瞽矇

瞽矇:掌播鼗、柷、敔、埙、箫、管、弦、歌。讽诵诗,世奠系,鼓琴瑟。掌《九德》、六诗之歌,以役大师。

春官·典同

典同:掌六律、六同之和,以辨天地、四方、阴阳之声,以为乐器。凡声,高声硍,正声缓,下声肆,陂声散,险声敛,达声赢,微声韽,回声衍,侈声筰,弇声郁,薄声甄,厚声石。凡为乐器,以十有二律为之数度,以十有二声为之齐量。凡和乐,亦如之。

冬官·考工记·画缋

画缋之事,杂五色。东方谓之青,南方谓之赤,西方谓之白,北方谓之黑,天谓之玄,地谓之黄。青与白相次也,赤与黑相次也,玄与黄相次也。青与赤谓之文,赤与白谓之章,白与黑谓之黼,黑与青谓之黻,五采备谓之绣。土以黄,其象方,天时变。火以圜,山以章,水以龙,鸟、兽、蛇。杂四时五色之位以章之,谓之巧。凡画缋之事,后素功。

《周礼注疏》阮刻《十三经注疏》本

【思考题】

1. 谈谈你对"六诗"的理解。
2. 试述《周礼》中的主要文艺思想。

礼 记

【作者简介】

关于《礼记》的作者一般认为是由孔子的弟子及后学所作,但对各篇的具体作者认识存在较多争议,如孔颖达《礼记正义》认为《中庸》篇作者为子思,《淄衣》篇为公孙尼子。《隋书·音乐志》引沈约《奏答》说:"《乐记》取公孙尼子。"唐代张守节《史记正义》说:"《乐记》者,公孙尼子次撰也。"陆德明《经典释文序录》引郑玄所说认为《月令》作者是吕不韦,引卢植则说《王制》作者为汉代博士。《礼记》原有两部,分别由戴德和戴圣辑录,戴德所辑录的被称为《大戴礼记》,有八十五篇,大多亡佚。我们今天看到的《礼记》由戴德侄子戴圣所辑,称为《小戴礼记》,有四十九篇。蒋伯潜《十三经概论》认为:"《礼记》各篇,大都采自他书,要为周秦间作品,撰辑或始自叔孙通,后来亦必有所增损,而其为四十九篇之定本,则似在戴圣时也。"

乐 记

凡音之起,由人心生也[1]。人心之动,物使之然也。感于物而动,故形于声[2]。声相应,故生变。变成方,谓之音[3]。比音而乐之,及干戚羽旄,谓之乐[4]。

乐者,音之所由生也,其本在人心之感于物也。是故,其哀心感者,其声噍以杀[5];其乐心感者,其声啴以缓[6];其喜心感者,其声发以散[7];其怒心感者,其声粗以厉;其敬心感者,其声直以廉;其爱心感者,其声和以柔。六者非性也,感于物而后动。是故先王慎所以感之者。故礼以道其志，乐以和其声[8]，政以一其行，刑以防其奸。礼、乐、刑、政，其极一也，所以同民心而出治道也。

凡音者，生人心者也。情动于中，故形于声。声成文，谓之音[9]。是故治世之音安以乐，其政和；乱世之音怨以怒，其政乖；亡国之音哀以思，其民困。声音之道，与政通矣。宫为君，商为臣，角为民，徵为事，羽为物，五者不乱，则无怗懘之音矣[10]。宫乱则荒，其君骄；商乱则陂，其官坏[11]；角乱则忧，其民怨；徵乱则哀，其事勤；羽乱则危，其财匮。五者皆乱，迭相陵，谓之"慢"，如此，则国之灭亡无日矣。郑、卫之音，乱世之音也，比于慢矣[12]。桑间、濮上之音，亡国之音也[13]，其政散，其民流，诬上行私而不可止也[14]。

凡音者，生于人心者也；乐者，通伦理者也。是故，知声而不知音者，禽兽是也；知音而不知乐者，众庶是也。唯君子为能知乐。是故，审声以知音，审音以知乐，审乐以知政，而治道[15]备矣。是故，不知声者不可与言音，不知音者不可与言乐。知乐，则几于礼矣。礼乐皆得，谓之有德。德者，得也[16]。

是故，乐之隆，非极音[17]也；食飨之礼，非致味[18]也。《清庙》之瑟，朱弦而疏越，一倡而三叹，有遗音者矣[19]。大飨之礼[20]，尚玄酒而俎腥鱼[21]，大羹不和[22]，有遗味者矣。是故先王之制礼乐也，非以极口腹耳目之欲也，将以教民平好恶，而反人道之正[23]也。

人生而静，天之性也[24]；感于物而动，性之欲也。物至知知[25]，然后好恶形焉。好恶无节于内，知诱于外，不能反躬[26]，天理灭矣。夫物之感人无穷，而人之好恶无节，则是物至而人化物[27]也。人化物也者，灭天理而穷人欲者也。于是有悖逆诈伪之心，有淫泆作乱之事。是故，强者胁[28]弱，众者暴寡，知者诈愚，勇者苦怯，疾病不养，老幼孤独不得其所，此大乱之道也。

是故先王之制礼乐，人为之节。衰麻哭泣，所以节丧纪也[29]。钟鼓干戚，所以和安乐也。昏姻冠笄，所以别男女也。射乡食飨，所以正交接也[30]。礼节民心，乐和民声，政以行之，刑以防之。礼、乐、刑、政四达而不悖,则王道备矣[31]。

乐者为同,礼者为异。同则相亲,异则相敬。乐胜则流,礼胜则离[32]。合情饰貌者,礼乐之事也。礼义立,则贵贱等[33]矣;乐文[34]同,则上下和矣;好恶著,则贤不肖别矣。刑禁暴[35],爵举贤[36],则政均矣。仁以爱之,义以正之,如此,则民治行矣。

乐由中[37]出,礼自外作。乐由中出,故静;礼自外作,故文[38]。大乐必易[39],大礼必简。乐至则无怨,礼至则不争。揖让而治天下者,礼乐之谓也。暴民不作,诸侯宾服,兵革不试[40],五刑不用,百姓无患,天子不怒,如此,则乐达矣。合父子之亲,明长幼之序,以敬四海之内,天子如此,则礼行矣。

大乐与天地同和,大礼与天地同节[41]。和,故百物不失[42],节,故祀天祭地,明[43]则有礼乐,幽[44]则有鬼神。如此,则四海之内,合敬同爱矣。礼者,殊事[45]合敬者也,乐者,异文[46]合爱者也。礼乐之情同,故明王以相沿也。故事[47]与时并,名与功偕。故钟鼓管磬,羽籥[48]干戚,乐之器也。屈伸俯仰,缀兆[49]舒疾,乐之文也。簠簋俎豆[50],制度文章,礼之器也。升降上下,周还裼袭[51],礼之文也。故知礼乐之情者能作,识礼乐之文者能述[52]。作者之谓圣,述者之谓明。明圣者,述作之谓也。

乐者,天地之和也。礼者,天地之序也。和,故百物皆化[53],序,故群物皆别。乐由天作,礼以地制。过制则乱,过作则暴。明于天地,然后能兴礼乐也。

论伦[54]无患,乐之情也;欣喜欢爱,乐之官也。中正无邪,礼之质也;庄敬恭顺,礼之制也。若夫礼乐之施于金石,越于[55]声音,用于宗庙社稷,事乎山川鬼神,则此所与民同也。

王者功成作乐,治定制礼。其功大者其乐备[56],其治辩[57]者其礼具。干戚之舞,非备乐也;孰亨[58]而祀,非达礼也。五帝殊时,不相沿乐;三王异世,不相袭礼。乐极则忧,礼粗则偏[59]矣。及夫敦[60]乐而无忧,礼备而不偏者,其唯大圣乎?

天高地下,万物散殊[61],而礼制行矣。流而不息[62],合同而化,而乐兴焉。春作夏长,仁也;秋敛冬藏,义也。仁近于乐,义近于礼。乐者敦和[63],率神而从天;礼者别宜[64],居鬼而从地。

故圣人作乐以应天,制礼以配地。礼乐明备,天地官⁶⁵矣。

天尊地卑,君臣定矣。卑高已陈,贵贱位矣。动静有常,小大殊矣。方⁶⁶以类聚,物以群分,则性命不同矣。在天成象⁶⁷,在地成形⁶⁸,如此,则礼者,天地之别也。地气上齐⁶⁹,天气下降,阴阳相摩,天地相荡,鼓之以雷霆,奋之以风雨,动之以四时,煖⁷⁰之以日月,而百化⁷¹兴焉。如此,则乐者,天地之和也。

化不时则不生⁷²,男女无辨⁷³则乱升,天地之情也。及夫礼乐之极乎天而蟠⁷⁴乎地,行乎阴阳而通乎鬼神,穷高极远而测深厚。乐著大始,而礼居成物⁷⁵。著不息者天也,著不动者地也。一动一静者,天地之间也。故圣人曰"礼乐"云⁷⁶。

昔者,舜作五弦之琴以歌《南风》⁷⁷,夔始制乐以赏诸侯。故天子之为乐也,以赏诸侯之有德者也。德盛而教尊⁷⁸,五谷时熟,然后赏之以乐。故其治民劳者,其舞行缀远⁷⁹;其治民逸者,其舞行缀短。故观其舞,知其德;闻其谥,知其行也。《大章》,章之⁸⁰也。《咸池》,备矣。《韶》,继也。《夏》,大也⁸¹。殷周之乐,尽矣。

天地之道,寒暑不时则疾,风雨不节则饥。教⁸²者,民之寒暑也,教不时则伤世。事⁸³者,民之风雨也,事不节则无功。然则先王之为乐也,以法治也,善则行象德⁸⁴矣。夫豢豕为酒⁸⁵,非以为祸也,而狱讼益繁,则酒之流生祸也。是故先王因为酒礼⁸⁶,一献之礼,宾主百拜,终日饮酒而不得醉焉,此先王之所以备酒祸也。故酒食者,所以合欢也。

乐者,所以象德也,礼者所以缀⁸⁷淫也。是故先王有大事,必有礼以哀之;有大福,必有礼以乐之。哀乐之分⁸⁸,皆以礼终。乐也者,圣人之所乐也,而可以善民心,其感人深,其移风易俗,故先王著其教⁸⁹焉。

夫民有血气心知之性,而无哀乐喜怒之常,应感起物⁹⁰而动,然后心术形⁹¹焉。是故志微、噍杀⁹²之音作,而民思忧,啴谐、慢易⁹³、繁文、简节⁹⁴之音作,而民康乐。粗厉、猛起、奋末、广贲⁹⁵之音作,而民刚毅。廉直、劲正⁹⁶、庄诚之音作,而民肃敬。宽裕、肉好⁹⁷、顺成、和动之音作,而民慈爱。流辟、邪散、狄成、涤滥[98]之音作,而民淫乱。

是故,先王本之情性,稽之度数[99],制之礼义。合生气之和[100],道五常之行,使之阳而不散,阴而不密,刚气不怒,柔气不慑[101],四畅交于中而发作于外,皆安其位而不相夺也。然后立之学等[102],广其节奏,省其文采,以绳[103]德厚。律小大[104]之称,比终始之序,以象事行[105]。使亲疏、贵贱、长幼、男女之理,皆形见于乐,故曰:"乐观其深矣[106]。"

土敝则草木不长,水烦[107]则鱼鳖不大,气衰则生物不遂[108],世乱则礼慝[109]而乐淫。是故其声哀而不庄,乐而不安;慢易以犯节[110],流湎以忘本;广则容奸[111],狭则思欲;感条畅之气,而灭平和之德。是以君子贱之也。

凡奸声感人,而逆气[112]应之,逆气成象[113],而淫乐兴焉。正声感人,而顺气应之,顺气成象,而和乐兴焉。倡[114]和有应,回邪曲直,各归其分。而万物之理,各以类相动也。是故,君子反情[115]以和其志,比类[116]以成其行。奸声、乱色,不留聪明,淫乐、慝礼,不接心术,惰慢、邪辟之气不设[117]于身体,使耳目鼻口心知百体[118],皆由顺正以行其义。

然后发以声音,而文[119]以琴瑟,动以干戚,饰以羽旄,从以箫管,奋至德[120]之光,动四气之和,以著万物之理。是故清明象天,广大象地,终始象四时,周还[121]象风雨。五色成文而不乱,八风从律而不奸,百度[122]得数而有常,小大相成,终始相生。倡和清浊,迭相为经[123]。故乐行而伦清[124],耳目聪明,血气和平,移风易俗,天下皆宁。

故曰:"乐者,乐也。"君子乐得其道,小人乐得其欲。以道制欲,则乐而不乱;以欲忘道,则惑而不乐[125]。是故,君子反情以和其志,广乐[126]以成其教。乐行而民乡[127]方,可以观德矣。德者,性之端也;乐者,德之华也。金石丝竹,乐之器也。诗,言其志也。歌,咏其声也。舞,动其容也。三者本于心,然后乐器从之。是故情深而文明[128],气盛而化神[129]。和顺积中,而英华发外[130],唯乐不可以为伪。

乐者,心之动也。声者,乐之象[131]也。文采节奏,声之饰也。君子动其本,乐其象,然后治其饰,是故先鼓以警戒[132],三步以见方[133],再始以著往,复乱以饬归[134]。奋疾而不拔,极幽而不隐[135]。独乐其志,不厌其道,备举其道[136],不私其欲。是故情见而义立,乐终而德尊。君子以好善,小人以听过[137]。故曰:"生民之道,乐为大焉。"

乐也者,施[138]也。礼也者,报也。乐,乐其所自生[139],而礼反其所自始[140]。乐章德,礼报情,反始也[141]。所谓大辂[142]者,天子之车也。龙旂九旒[143],天子之旌也。青黑缘者,天子之宝龟[144]也。从之以牛羊之群,则所以赠诸侯也。

乐也者,情之不可变者也。礼也者,理之不可易者也。乐统同,礼辨异。礼乐之说,管[145]乎人情矣。穷本知变,乐之情也。著诚去伪,礼之经也。礼乐偩[146]天地之情,达神明之德,降兴上下之神,而凝是精粗之体[147],领父子君臣之节。

是故,大人举礼乐,则天地将为昭焉。天地䜣合[148],阴阳相得,煦妪[149]覆育万物,然后草木茂,区萌达[150],羽翼奋,角觡[151]生,蛰虫昭苏,羽者妪伏[152],毛者孕鬻[153],胎生者不殰[154],而卵生者不殈[155],则乐之道归焉耳。

乐者,非谓黄钟大吕弦歌干扬也,乐之末节也,故童者舞之[156]。铺筵席,陈尊俎,列笾豆,以升降为礼者,礼之末节也,故有司掌之。乐师辨乎声诗,故北面而弦[157];宗祝辨乎宗庙之礼,故后尸[158];商祝辨乎丧礼[159],故后主人。是故,德成而上,艺成而下[160];行成而先,事成而后。是故先王有上有下,有先有后,然后可以有制于天下也。

魏文侯问于子夏曰:"吾端冕而听古乐,则唯恐卧[161];听郑卫之音,则不知倦。敢问古乐之如彼,何也?新乐之如此,何也?"

子夏对曰:"今夫古乐,进旅退旅,和正以广,弦、匏、笙、簧,会守拊鼓,始奏以文,复乱以武,治乱以相,讯疾以雅[162]。君子于是语,于是道古[163],修身及家,平均天下,此古乐之发也。今夫新乐,进俯退俯,奸声以滥,溺而不止,及优、侏儒,獶杂子女[164],不知父子。乐终,不可以语,不可以道古,此新乐之发也。

今君之所问者乐也,所好者音也。夫乐者,与音相近而不同。"

文侯曰:"敢问何如?"

子夏对曰:"夫古者,天地顺而四时当,民有德而五谷昌,疾疢不作而无妖祥,此之谓大当。然后圣人作,为父子君臣以为纪纲,纪纲既正,天下大定。天下大定,然后正六律,和五声,弦歌《诗》、《颂》,此之谓德音,德音之谓乐。《诗》云:'莫其德音,其德克明。克明克类,克长克君。王此大邦,克顺克俾。俾于文王,其德靡悔。既受帝祉,施于孙子[165]。'此之谓也。今君之所好者,其溺音乎?"

文侯曰:"敢问溺音何从出也?"子夏对曰:"郑音好滥淫志,宋音燕女溺志,卫音趋数烦志,齐音敖辟乔志[166]。此四者,皆淫于色而害于德,是以祭祀弗用也。《诗》云:'肃雍和鸣,先祖是听[167]。'夫肃肃,敬也;雍雍,和也。夫敬以和,何事不行?为人君者,谨其所好恶而已矣。君好之,则臣为之;上行之,则民从之。《诗》云:'诱民孔易[168]。'此之谓也。然后,圣人作为鞉、鼓、椌、楬、埙、篪[169],此六者,德音之音也。然后钟磬竽瑟以和之,干戚旄狄[170]以舞之。此所以祭先王之庙也,所以献酬酳酢[171]也,所以官序贵贱各得其宜也,所以示后世有尊卑长幼之序也。钟声铿,铿以立号,号以立横,横以立武。君子听钟声,则思武臣。石声磬,磬以立辨,辨以致死[172]。君子听磬声,则思死封疆之臣。丝声哀,哀以立廉,廉以立志。君子听琴瑟之声,则思志义之臣。竹声滥,滥以立会,会以聚众。君子听竽笙箫管之声,则思畜聚之臣[173]。鼓鼙之声讙[174],讙以立动,动以进众。君子听鼓鼙之声,则思将帅之臣。君子之听音,非听其铿锵而已也,彼亦有所合之也。"

宾牟贾侍坐于孔子,孔子与之言,及乐,曰:"夫《武》之备戒[175]之已久,何也?"对曰:"病不得其众也。""咏叹之,淫液[176]之,何也?"对曰:"恐不逮事也。""发扬蹈厉之已蚤[177],何也?"对曰:"及时事也。""《武》坐,致右宪左[178],何也?"对曰:"非《武》坐也。""声淫及商[179],何也?"对曰:"非《武》音也。"子曰:"若非《武》音,则何音也?"对曰:"有司失其传也。若非有司失其传,则武王之志荒[180]矣。"子曰:"唯! 丘之闻诸苌弘[181],亦若吾子之言是也。"

宾牟贾起,免席[182]而请曰:"夫《武》之备戒之已久,则既闻命矣,敢问迟之迟而又久[183],何也?"子曰:"居! 吾语汝。夫乐者,象成者[184]也。总干而山立[185],武王之事也;发扬蹈厉,大公之志[186]也。《武》乱皆坐,周、召之治也[187]。且夫《武》,始而北出[188],再成而灭商,三成而南,四成而南国是疆,五成而分周公左,召公右,六成复缀[189]以崇。天子夹振之而驷伐[190],盛威于中国也。分夹而进,事蚤济[191]也。久立于缀,以待诸侯之至也。

"且女独未闻牧野[192]之语乎?武王克殷反商。未及下车而封黄帝之后于蓟[193],封帝尧之后于祝[194],封帝舜之后于陈[195]。下车而封夏后氏之后于杞[196],投殷之后于宋。封王子比干之墓,释箕子之囚,使之行商容而复其位[197]。庶民弛政,庶士倍禄[198]。济河而西,马散之华山之阳而弗复乘;牛散之桃林之野而弗复服。车甲衅[199]而藏之府库而弗复用。倒载干戈[200],包之以虎皮。将帅之士,使为诸侯,名之曰'建櫜[201]'。然后,天下知武王之不复用兵也。散军而郊射,左射《狸首》,右射《驺虞》[202],而贯革之射息也。裨冕搢笏,而虎贲之士说剑也[203]。祀乎明堂,而民知孝。朝觐,然后诸侯知所以臣。耕藉[204],然后诸侯知所以敬。五者,天下之大教也。食三老、五更[205]于大学,天子袒而割牲,执酱而馈,执爵而酳,冕而总干[206],所以教诸侯之弟也。若此,则周道四达,礼乐交通,则夫《武》之迟久,不亦宜乎?"

君子曰:礼乐不可斯须去身。致乐以治心,则易直子谅之心[207]油然生矣。易直子谅之心生则乐,乐则安,安则久,久则天,天则神。天则不言而信,神则不怒而威,致乐以治心者也。致礼以治躬,则庄敬,庄敬则严威。心中斯须不和不乐,而鄙诈之心入之矣,外貌斯须不庄不敬,而易慢之心入之矣。故乐也者,动于内者也;礼也者,动于外者也。乐极和,礼极顺。内和而外顺,则民瞻其颜色而弗与争也,望其容貌而民不生易慢焉。故德辉[208]动于内,而民莫不承听,理发诸外,而民莫不承顺。故曰:"致礼乐之道,举而错[209]之,天下无难矣。"

乐也者，动于内者也；礼也者，动于外者也。故礼主其减，乐主其盈[210]。礼减而进，以进为文[211]；乐盈而反[212]，以反为文。礼减而不进则销，乐盈而不反则放[213]。故礼有报而乐有反。礼得其报则乐，乐得其反则安。礼之报，乐之反，其义一也。

夫乐者，乐也，人情之所不能免也。乐必发于声音，形于动静，人之道也。声音动静，性术之变，尽于此矣。故人不耐[214]无乐，乐不耐无形，形而不为道，不耐无乱。先王耻其乱，故制《雅》、《颂》之声以道之，使其声足乐而不流，使其文足论而不息[215]，使其曲直、繁瘠、廉肉[216]、节奏，足以感动人之善心而已矣，不使放心邪气得接焉，是先王立乐之方也。

是故乐在宗庙之中，君臣上下同听之则莫不和敬；在族长乡里之中，长幼同听之则莫不和顺；在闺门之内，父子兄弟同听之则莫不和亲。故乐者，审一以定和，比物以饰节[217]，节奏合以成文，所以合和父子君臣，附亲万民也，是先王立乐之方也。

故听其《雅》、《颂》之声，志意得广焉。执其干戚，习其俯仰诎伸，容貌得庄焉。行其缀兆[218]，要其节奏，行列得正焉，进退得齐焉。故乐者，天地之命，中和之纪，人情之所不能免也。

夫乐者，先王之所以饰[219]喜也，军旅铁钺者，先王所以饰怒也。故先王之喜怒，皆得其侪[220]焉。喜则天下和之，怒则暴乱者畏之。先王之道，礼乐可谓盛矣。

子赣见师乙[221]而问焉，曰："赐闻声歌各有宜也，如赐者，宜何歌[222]也？"师乙曰："乙，贱工也，何足以问所宜？请诵其所闻，而吾子自执[223]焉。宽而静、柔而正者宜歌《颂》[224]。广大而静、疏达而信[225]者宜歌《大雅》。恭俭而好礼者宜歌《小雅》。正直而静、廉而谦者（《史记·乐书》作"正直清廉而谦者"）宜歌《风》。肆直[226]而慈爱者宜歌《商》。温良而能断者宜歌《齐》。夫歌者，直己而陈德[227]也。动己而天地应焉，四时和焉，星辰理焉，万物育焉。故《商》者，五帝之遗声也（"宽而静"至此一段文字，原简失序，据《史记·乐书》订正），商人识之，故谓之《商》。《齐》者，三代之遗声也，齐人识之，故谓之《齐》，明乎《商》之音者，临事而屡断；明乎《齐》之音者，见利而让。临事而屡断，勇也。见利而让,义也。有勇有义,非歌孰能保此？故歌者,上如抗,下如队,曲如折,止如槀木,倨中矩,句中钩,累累乎端如贯珠[228]。故歌之为言也,长言之也[229]。说[230]之,故言之;言之不足,故长言之;长言之不足,故嗟叹之;嗟叹之不足,故不知手之舞之,足之蹈之也。"子贡问乐。

经　解

孔子曰:"入其国,其教可知也。其为人也,温柔敦厚,《诗》教也;疏通知远,《书》教也;广博易良,《乐》教也;絜静精微,《易》教也;恭俭庄敬,《礼》教也;属辞比事,《春秋》教也。故《诗》之失愚[231],《书》之失诬[232],《乐》之失奢,《易》之失贼[233],《礼》之失烦,《春秋》之失乱[234]。其为人也,温柔敦厚而不愚,则深于《诗》者也;疏通知远而不诬,则深于《书》者也;广博易良而不奢,则深于《乐》者也;絜静精微而不贼,则深于《易》者也;恭俭庄敬而不烦,则深于《礼》者也;属辞比事而不乱,则深于《春秋》者也。"

天子者,与天地参,故德配天地,兼利万物,与日月并明,明照四海而不遗微小。其在朝廷,则道仁圣、礼义之序;燕处,则听《雅》《颂》之音;行步,则有环佩之声;升车,则有鸾和之音[235]。居处有礼,进退有度,百官得其宜,万事得其序。《诗》云:"淑人君子,其仪不忒。其仪不忒,正是四国[236]。"此之谓也。

发号出令而民说谓之和,上下相亲谓之仁,民不求其所欲而得之谓之信,除去天地之害谓之义。义与信,和与仁,霸王之器也。有治民之意而无其器,则不成。

礼之于正国也,犹衡之于轻重也,绳墨之于曲直也,规矩之于方圜也。故衡诚县,不可欺以轻重[237];绳墨诚陈,不可欺以曲直;规矩诚设,不可欺以方圜;君子审礼,不可诬以奸诈。是故隆礼、由礼,谓之有方之士[238];不隆礼、不由礼,谓之无方之民。敬让之道也。故以奉宗庙则敬,以入朝廷则贵贱有位,以处室家则父子亲、兄弟和,以处乡里则长幼有序。孔子曰:"安上治民,莫善于礼。"此之谓也。故朝觐之礼,所以明君臣之义也;聘问之礼,所以使诸侯相尊敬也;丧祭之礼,所以明臣子之恩也。乡饮酒之礼,所以明长幼之序也;昏姻之礼,所以明男女之别也。夫礼,禁乱之所由生,犹坊止水之所自来也[239]。故以旧坊为无所用而坏之者,必有水败;以旧礼为无所用而去之者,必有乱患。故昏姻之礼废,则夫妇之道苦,而淫辟之罪多矣;乡饮酒之礼废,则长幼之序失,而争斗之狱繁矣;丧祭之礼废,则臣子之恩薄,而倍死、忘生者众矣;聘觐之礼废,则君臣之位失,诸侯之行恶,而倍畔[240]、侵陵之败起矣。

故礼之教化也微,其止邪也于未形,使人日徙善远罪而不自知也,是以先王隆之也。《易》曰:"君子慎始。差若豪氂,谬以千里。"此之谓也。

孔子闲居(节录)

孔子闲居,子夏侍[241]。子夏曰:"敢问《诗》云'凯弟君子,民之父母',何如斯可谓民之父母矣[242]?"孔子曰:"夫民之父母乎,必达于礼乐之原,以致'五至'而行'三无',以横于天下,四方有败,必先知之。此之谓民之父母矣[243]。"

子夏曰:"民之父母,既得而闻之矣,敢问何谓'五至'?"孔子曰:"志之所至,《诗》亦至焉;《诗》之所至,礼亦至焉;礼之所至,乐亦至焉;乐之所至,哀亦至焉。哀乐相生[244]。是故正明目而视之,不可得而见也;倾耳而听之,不可得而闻也,志气塞乎天地。此之谓'五至'[245]。"

子夏曰:"'五至'既得而闻之矣,敢问何谓'三无'?"孔子曰:"无声之乐,无体之礼,无服之丧,此之谓'三无'[246]。"子夏曰:"'三无'既得略而闻之矣,敢问何诗近之?"孔子曰:"'夙夜其命宥密',无声之乐也[247]。'威仪逮逮,不可选也',无体之礼也[248]。'凡民有丧,匍匐救之',无服之丧也[249]。"

子夏曰:"言则大矣、美矣、盛矣!言尽于此而已乎?"孔子曰:"何为其然也。君子之服之也,犹有五起焉[250]。"子夏曰:"何如?"孔子曰:"无声之乐,气志不违;无体之礼,威仪迟迟;无服之丧,内恕孔悲[251]。无声之乐,气志既得;无体之礼,威仪翼翼;无服之丧,施及四国[252]。无声之乐,气志既从;无体之礼,上下和同;无服之丧,以畜万邦[253]。无声之乐,日闻四方;无体之礼,日就月将;无服之丧,纯德孔明[254]。无声之乐,气志既起;无体之礼,施及四海;无服之丧,施于孙子。"

《礼记正义》阮刻《十三经注疏》本

【题解】

《乐记》是《礼记》中的第十九篇,重点阐述了音乐的教化功能,关于《乐记》的作者,历来争议较多,《隋书·音乐志》引沈约《奏答》说:"《乐记》取公孙尼子。"唐代张守节《史记正义》说:"《乐记》者,公孙尼子次撰也。"另外的意见则认为出自汉武帝以前的汉代儒家学者之手,班固在《汉书·艺文志·六艺略》中说:"武帝时,河间献王好儒,与毛生等共采《周官》及诸子言乐事者,以作《乐记》。"

《经解》解,即解释分析之意,经解就是对"经"的分析。本篇是对六经的不同作用做出的分析,认为六经具有教育作用,并将其称为六教。孔颖达《正义》:"《经解》一篇,总是孔子之言。"但到底是否是孔子的话存在不同意见。《经解》一篇,首先论述"六经"的教化作用,又谈及天子的德行,最后归于礼。其中提出了著名的"温柔敦厚"说。

《孔子闲居》篇记录的是孔子与子夏的对话,主要是孔子讲授天子之德的话题。孔子多引用《诗经》中的内容,并提出了"三无"、"五至"和"五起"的内容,来说明统治者如何做到"民之父母"。又强调了诗和乐对人思想感情的启发作用,进一步发展了"诗言志"的思想,体现出孔子的文艺观念。

【注释】

1. 音:今之歌曲,包括有词的歌和无词的曲。
2. 声:指声音。按《乐记》中"音"和"声"是两个概念:宫、商、角、徵、羽五声相杂并按一定规律排列曰音;单出曰声。但二者的区别在《乐记》中并不十分严格。
3. 成方:犹言成曲调。
4. 干戚羽旄:都是古代的舞具。干:盾牌。戚:斧头。羽:野鸡毛。旄:旄牛尾。拿干戚的舞蹈叫作武舞,拿羽旄的舞蹈叫作文舞。乐:在《乐记》中是音乐和舞蹈相结合的总称。

5. 噍：急促。杀：音 shài，衰微。

6. 啴：音 chǎn，宽。

7. 发：扬。

8. 声：当作"性"。

9. 成文：同"成方"，参见 3。

10. 宫、商、角、徵、羽：我国古代的五声音阶，依次相当于现代乐谱上的 1(do)、2(re)、3(mi)、5(suo)、6(la)。怗懘：音 zhān chì，敝败不和貌。

11. 陂：倾。

12. 郑卫之音：春秋时郑国和卫国的音乐淫靡，孔颖达《礼记正义》："郑国之音，好滥淫志；卫国之乐，促速烦志。并是乱世之音也。"比：接近。慢：骄慢。

13. 桑间濮上之音：桑间，卫国地名，在濮阳南边。郑玄《礼记注》："濮水之上，地有桑间者，亡国之音于此之水出也。"《韩非子·十过》及《史记·乐书》均记载，卫灵公在去晋国的路上，经过濮水时，听见水中发出优美的音乐，因此叫乐师记录下来。到晋国后，演奏给晋平公听，还没演奏完，就被晋国乐师师旷匆忙打断了，师旷说这首曲子为殷纣时的乐师师延所作，是国家灭亡的靡靡之音。殷亡后，师延投濮水自杀，因此说"桑间濮上之音，亡国之音"。

14. 其政散，其民流，诬上行私而不可止也：指亡国之音会让国政散漫，民众流散，欺骗上司，行使私欲等世风不能禁止。

15. 治道：治国之道。

16. 德者，得也：指礼乐结合，二者兼得。

17. 隆：盛大。极音：穷尽一切乐音。

18. 食飨：用食物来祭祀神灵祖先。致味：追求一切美味。

19. 清庙：见《诗经·周颂·清庙》，是祭祀周文王的乐歌。朱弦：煮练素丝作为琴弦，声音重浊。疏越：将瑟的底孔豁通，使声音变得迟缓。《清庙》之音缓而浊，是质朴之声。一倡而三叹：叹，和也。指演唱《清庙》时，一人唱，三人和。祭祀文王的乐歌需要载歌载舞，节拍要符合舞蹈动作，因此节奏缓慢。

20. 大飨之礼：祭祀祖先所用的礼，又叫祫祭。

21. 尚玄酒：将代酒的清水放在尊显的位置。俎腥鱼：将未煮熟的鱼肉放在首位。

22. 大羹不和：祭祀用的肉汤，不加调料。

23. 平好恶：平，同"评"，评议。反：归返。节制人们的好恶之情，恢复其正常的情性。

24. 本段主要阐明"性"、"欲"之间的关系。人心本静，即为"性"；感于物，即为情，是人"欲"的体现。孙希旦《礼记集解》引朱熹话："性之欲，即所谓情也。"

25. 物至知知：前一"知"为名词，通"智"，心智；后一"知"为动词，察知。外物进入人的内心，被人心智所察知。

26. 知诱于外,不能反躬:面对外物的诱惑,不能返归人的性情。

27. 人化物:指人被物所同化。

28. 胁:逼迫。

29. 衰麻哭泣:衰麻,在此指代丧服制度。哭泣:活人哭死者,何时该哭,何时不该哭,以及何种哭法,都有规定。

30. 射乡:射,指射箭比赛之礼,《仪礼》中有《射乡礼》、《大射》。乡,指乡饮酒礼,可参看《仪礼·乡饮酒礼》。

31. 王道:儒家主张以仁礼治天下,称为王道,这是儒家理想的治国之道。

32. 乐胜则流,礼胜则离:胜,过度。流,无节制。离,分离不亲近。

33. 等:等级区别。

34. 乐文:乐曲。

35. 刑禁暴:用刑法来禁止暴力。

36. 爵举贤:用爵禄来举荐贤能。

37. 中:内心。

38. 文:仪式、礼节。

39. 易:平易。

40. 试:用。

41. 同节:天地有高低之分,大礼也有尊卑贵贱之别,即"同节"。

42. 失:丧失本性。

43. 明:在人世间。

44. 幽:阴间鬼神世界。

45. 殊事:指不同的礼节仪式。

46. 异文:不同的曲调。

47. 事:此处指礼制。

48. 籥:一种管乐器。

49. 缀兆:舞蹈的队列。

50. 簠簋俎豆:簠,簋,俎,豆,分别是四种不同盛放祭品的器具。

51. 还:同"旋"。裼,卷露袖口。袭:将露出的袖口掩上。这里均指行礼的各种动作。

52. 述:描述,陈述。

53. 化:化生万物。

54. 论伦:论,整理。伦,秩序。

55. 越:扬也。

56. 备:完善。

57. 辩:通"遍",普遍。

58. 孰亨:通"熟烹"。

59. 偏:不周全。

60. 敦:盛大完备。
61. 散殊:散乱各不一致。
62. 流而不息:指天地之气奔流不停息。
63. 敦和:促进和同。
64. 别宜:分门别类。
65. 官:发挥职能。
66. 方:指不同类的人。
67. 成象:日月星辰。
68. 成形:山川人物。
69. 上齐:上升。
70. 煖:同"暖"。
71. 百化:化生为万物。
72. 指乐的教化要合时宜,否则万物不生长。
73. 辨:用礼来区别。
74. 蟠:蔓延。
75. 著:处在。大始:即"太始",万物生长的天。
76. 本句指孔子《论语·阳货》中的"礼云,礼云,玉帛云乎哉? 乐云,乐云,钟鼓云乎哉?"
77. 《南风》:古歌的名称。
78. 教尊:教令尊严。
79. 舞行缀远:舞队的行列长远。
80. 《大章》:歌颂尧仁德的古乐。章:彰显。
81. 《咸池》:歌颂黄帝德行的古乐。《韶》:歌颂舜继尧政的古乐。《夏》:歌颂禹发扬尧舜之德的古乐。大:光大。
82. 教:乐教。
83. 事:礼事。
84. 善:乐教得宜。象:符合。
85. 豢豕为酒:养猪酿酒。
86. 为酒礼:制定酒的礼节。
87. 缀:通"辍",终止。
88. 分:限度。
89. 著其教:专门制定乐教。
90. 应感起物:感应外物。
91. 心术形:形成思想感情。
92. 志微、噍杀:细小急促。
93. 啴谐、慢易:宽和平缓。
94. 繁文、简节:去掉曲折,节奏舒缓。

95. 奋末、广贲:奋发激昂。
96. 廉直、劲正:正直端庄。
97. 宽裕、肉好:圆润宽畅。
98. 流辟、邪散、狄成、涤滥:流散邪乱,放纵疾速。
99. 度数:乐律。
100. 合生气之和:符合阴阳的顺畅和谐。
101. 慑:畏缩。阴、阳、刚、柔均为人之气质。
102. 立之学等:确立学习音乐的等级。
103. 绳:效法。
104. 律小大:十二律的高低。
105. 终始之序,以象事行:音节始终有序,可类比君臣上下关系。
106. 乐观其深:音乐能深刻反映考察社会。
107. 水烦:频繁入水打鱼。
108. 遂:生长。
109. 慝:邪恶。
110. 慢易以犯节:散漫多变而节奏紊乱。
111. 广:声调宽广。
112. 逆气:内心的违逆之气。
113. 成象:通过乐舞来表现。
114. 倡:同"唱"。
115. 反情:返回人的天性。
116. 比类:效法善良的同类。
117. 设:存在。
118. 百体:身体的各部位。
119. 文:演奏。
120. 至德:至高德行的天。
121. 周还:回旋起伏。
122. 百度:音乐的节奏。
123. 迭相为经:十二律中的每一律均可做宫音。
124. 伦清:伦理清晰。
125. 惑而不乐:只有迷惑而不欢乐。
126. 广乐:推广音乐。
127. 乡:通"向"。
128. 文明:文采出众鲜明。
129. 化神:曲调变化神奇。
130. 英华:曲调美好。
131. 象:表达方式。

132. 先鼓以警戒:乐舞开始前先击鼓做准备。
133. 三步以见方:顿脚三次表示开始。
134. 复乱以饬归:乱,终。饬,谨。二节结束后击打铙让舞者告退。
135. 奋疾而不拔,极幽而不隐:拔,节奏紊乱。奋力击打而不乱节奏,舞乐含蓄而不隐晦。
136. 备举其道:全面奉行仁义道德。
137. 听过:听闻乐曲后知晓自己的过错。
138. 施:施行恩德。
139. 乐其所自生:乐由快乐而生发。
140. 反其所自始:返回其开始的地方。
141. 乐章德,礼报情,反始也:乐因不求回报而彰显天地万物之仁德,礼以情相报,体现"反自其始"的特质。
142. 大辂:天子诸侯乘坐的大车。
143. 龙旂九旒:古代贵族出行仪仗中的绘龙大旂。旒,垂带。按古礼,公以上的龙旂有九条垂带,侯爵为七条,子、男爵为五条。
144. 青黑缘者,天子之宝龟:古时以龟甲为宝,天子问卜中所用的龟甲,周边为青黑色。缘,指龟甲周边或四周的垂肉。
145. 管:统摄。
146. 偩:体现。
147. 精粗之体:泛指万事万物。
148. 䜣合:䜣,通"欣",天地之气相互交合。
149. 煦妪:养育。
150. 区萌达:区,豆菽类植物。萌,稻谷类作物。达,生长。
151. 骼:角上生枝的动物。
152. 羽者妪伏:鸟类孵卵。
153. 鬻:通"育"。
154. 殰:动物死于胎中。
155. 殈:卵未孵化出来而开裂。
156. "非谓"句:干,盾形的舞具。扬,大斧形的舞具。指黄钟大吕都是乐的外在表现形式,是乐的次要环节,只要让儿童表演即可。
157. 北面而弦:坐南朝北弹琴。
158. 宗祝:掌管宗庙礼仪的官员。尸:代表死者接受祭祀的活人。
159. 商祝:周代丧礼承接商代制度。
160. 德成而上,艺成而下:掌握礼乐的内容形成了道德,掌握了礼乐的形式就形成了技艺,德上而艺下,说明内容居主,形式为次。
161. 端冕:身穿礼服。卧:打瞌睡。
162. "今夫古乐"后九句:旅,同。进旅退旅:指乐舞表演队列共同进退。和正以广,指音调平和中正宽广。会守拊鼓,指弦乐管乐的演奏要等击鼓。治乱以相,用击拊(鼓的种类)来处理乐曲的结尾。讯,同"迅"。雅,打击乐器,主要用于调节节奏。

163. 于是语:通过古乐论说君臣之道。道古:称颂先王。

164. 俯:弯曲。进俯退俯:表演不整齐。溺:沉迷。獶杂子女:獶,同"猱",男女演员。

165. 莫:同"漠"。引诗见《诗经·大雅·皇矣》。明:明辨是非。类:区分善恶。长:做师长。俾:原作"比"。悔:通"晦"。靡悔:不终止。帝祉:上天的福禄。

166. "郑音好滥淫志"等四句:好滥淫志,指音调杂乱,使人放纵。燕女溺志:音调缠绵,使人消沉。趋数烦志:音调急促,烦人心志。敖辟乔志:音调怪癖,使人傲慢。

167. 引诗见《诗经·周颂·有瞽》。肃雍,乐音庄重和谐。

168. 引诗见《诗经·大雅·板》。

169. 鞉、鼓、椌、楬、埙、箎:鞉,小鼓。椌、楬,均为木制的小鼓。埙,陶制的吹奏乐器。箎,竹制的管乐器。

170. 狄:通"翟",野鸡的尾巴。

171. 献酬酳酢:宾客间的相互敬酒。

172. 磬:通"硁",坚定有力的声音。辨:分辨。致死:视死如归。

173. 畜聚之臣:使百姓聚合团结在一起的臣子。

174. 讙:同"欢"。

175. 备戒:表演前击鼓,敦促表演者做好准备。

176. 淫液:拉长声调。

177. 发扬蹈厉之已蚤:蚤,通"早"。《武》舞开始后,舞人高举手臂,猛烈踏地,舞蹈由静没有过渡突然进入高潮,因此叫"已蚤"。

178. 《武》坐,致右宪左:坐,跪。致,通"至"。宪,不着地。指《武》舞表演时右膝着地,左膝不着地而跪。

179. 声淫及商:音调中出现商音,有杀伐之气。

180. 荒:年老昏聩。这里指出了今下所传的《武》乐并非当时的《武》乐,如以今下所传《武》乐来看,必然认为武王伐纣时因年老昏聩而有贪图商朝天下之野心。

181. 苌弘:周景王、敬王时的大夫,孔子曾向其学习雅乐。

182. 免席:离开席位。

183. 这里指表演者长时间站在舞蹈的位置上。

184. 象成:表现成功者事迹。

185. 揔:同"总",拿着。干:盾牌。

186. 大公:即姜太公,名望,字子牙。

187. 指《武》舞结束的末章,舞者全体下跪,以此表示周公、召公治理天下。

188. 始而北出:象征出发攻打北方的朝歌。

189. 成:章节。复缀:回到舞位。

190. 夹振之而驷伐:舞队两边有两人挥舞金铎,振奋表演者。驷伐:四伐,象征武王四方讨伐。

191. 分夹而进,事蚤济:舞队排成两列前进,象征战事早已取得成功。

192. 牧野:地名,武王克商的地方。

193. 蓟:地名,今北京附近。

194. 祝:祝阿,今山东长清县东北。

195. 陈:地名,今河南淮阳一带。

196. 杞:地名,今河南杞县。

197. 行商容:寻访商代的礼仪官。

198. 庶民弛政,庶士倍禄:减轻百姓繁重的徭役,增加一般士人俸禄。政,通"征"。

199. 衅:作"韬",收藏。

200. 倒载干戈:将干戈等兵器收藏起来。

201. 建櫜:建,即鞬,弓囊。櫜,箭囊。建櫜,有封藏之意。

202. 左射《狸首》,右射《驺虞》:东郊的射宫行射礼时唱《狸首》,西郊的射宫行射礼时唱《驺虞》。《狸首》,已亡佚。《驺虞》,见《诗经·国风·召南》。

203. 裨冕搢笏,而虎贲之士说剑:穿上礼服,戴上礼帽,腰插朝笏,勇武之士解除身上之剑。说,通"脱"。

204. 藉:藉田,周天子及诸侯的公田。

205. 三老五更:有德行的老人。

206. 冕而揔干:指周天子亲自头戴礼帽,手持盾牌为老者起舞。

207. 致:探究。易直子谅之心:平易、正直、慈爱、体谅之心。

208. 煇:同"辉"。

209. 错:同"措"。

210. 减:鞠节退让。盈:充实欢欣。

211. 以进为文:努力进入完善的境界。

212. 反:通"返",抑制。

213. 销:衰亡。放:放纵。

214. 耐:通"能"。

215. 文:乐章。论:通"伦",畅达有条理。息:停滞。

216. 繁瘠:音调繁复或简单。廉肉:音调清淡或丰腴。

217. 审一以定和,比物以饰节:审定宫音确定下一个和谐的音调,安排不同乐器来调节修饰音乐的节奏。

218. 行其缀兆:排列舞蹈位置。

219. 饰:表现、寄托。

220. 侪:通"齐",齐正。

221. 子赣:即子贡,孔子学生,姓端木,名赐。师乙:乐官,名乙。

222. 宜何歌:适合唱什么类型的歌。

223. 自执：自己决定。

224. 宽而静：性格宽厚沉静。《诗经》的《风》《雅》《颂》均有自身歌调，在曲调和韵律上有自身风格，人之性情，与所喜曲调能呼应，《颂》的音调宽厚沉静，柔顺正直，所以性格宽厚沉静的人适合歌《颂》。以下可类推。

225. 疏达而信：畅达诚信。

226. 肆直：坦率。

227. 直己而陈德：直接表达自己，陈现德行。

228. "故歌者"后八句：这里主要讲唱歌的发生方法，歌声高亢有如扛举，歌声低落有如坠落，歌声回转有如折断，歌声静止有如槁木，歌声小转有如矩角，歌声大转有如弯钩，音节整齐衔接就如整齐均匀的串珠。上，音调上升。抗，高亢有力。下，音调下降。队，通"坠"，沉着厚重。曲，音调转折。折，干净利落。倨，微直。矩，木工的曲尺。句，同"勾"，弯曲。鉤，画圆的工具。

229. 长言：拖长声音说话，唱歌如同说话，无非声音拖长而已。

230. 说：同"悦"。

231. 失：谓不能节其教者也。

232. 《书》之失诬：《书》广知久远，若不节制，则失在于诬。

233. 《易》之失贼：《易》精微，爱恶相攻，远近相取，则不能容人，近于伤害。

234. 《春秋》之失乱：《春秋》习战争之事，苦不能节制，失在于乱。

235. 鸾和：皆为车铃。

236. 《诗》云：以下诗句引自《诗经·曹风·鸤鸠》。

237. 县：通"悬"，悬挂。

238. 隆礼、由礼：重视礼，实行礼。

239. 坊：堤防。

240. 倍畔：今作"背叛"。

241. 子夏：孔子弟子，名卜商，字子夏，春秋时卫人。

242. "凯弟"二句出自《诗经·大雅·泂酌》，意为和乐平易的君子，它是民众的父母。凯弟：今本作"岂弟"，和乐平易。

243. "必达"句：必通晓礼乐的本质和原理。原：本原，原理，本质。本句体现了孔子的礼乐并重思想。"以横"句：将"五至"和"三无"推行到天下。拜：灾祸。

244. 此几句是孔子对"五至"的具体阐释，"志之所至，诗亦至焉"发展了《尚书·尧典》的"诗言志"说。"乐之所至，哀亦至焉"体现了孔子以音乐反映民生愿望的"民本"思想。

245. 志、诗、礼、乐、哀五者的辩证统一相依而生的关系内化为一种充满天地间但又看不见、摸不着的无形的东西。

246. 没有声音的乐，没有仪节的礼，没有孝服的丧，是孔子对他所崇尚的礼乐本质"三无"的解释。表现了孔子以心乐民、以心安民、以心化民而不重礼乐形式的思想。

247."夙夜"句:早晚谋划政教以安民。出自《诗经·周颂·昊天有成命》。其:本作"基",谋划。宥:宽大。密:静,安宁。

248."威仪"句:威仪安娴和顺,无可挑剔。出自《诗经·邶风·柏舟》。逮逮:今作"棣棣",郑玄注:"安和之貌。"选:挑剔。

249."凡民"句:凡是别人有死丧,我便努力去救助,出自《诗经·邶风·谷风》。无服之丧:指礼在丧礼中表现为丧服的使用,但又不等同于丧服,有悲忧之心而无服丧之举。

250."君子"句:君子实行"三无",还有五层意义。

251."无声"二句:没有声音的乐,说明志意不违民心。这是孔子对"无声之乐"第一层意义的概括,体现诗乐以民为本的思想。以下四层意义"气志既得"、"气志既从"、"日闻四方"、"气志既起"分别为:没有声音的乐说明志意得到实现、志意已顺从民意、志意每日传播到四方、志意已经盛行。迟迟:从容不迫。内恕孔悲:内心非常同情和悲伤。孔:很,非常。

252.翼翼:恭敬。施及四国:把仁爱推行到四方。

253.以畜万邦:用仁爱抚育各国。

254.日就月将:日益完善。孔颖达疏:"渐兴进也。"纯德孔明:纯粹的德行十分明显。

【讲疏】

《礼记》亦称《小戴礼记》或《小戴记》,儒家经典之一,是秦汉以前各种礼仪论著的选集,相当于《仪礼》的"易传"。《礼记》有《曲礼》、《檀弓》、《月令》、《礼运》、《学记》、《大学》、《中庸》、《经解》等四十九篇,大都为孔子弟子及其再传、三传弟子所记,内容庞杂,上至王室制度,下至民间礼俗,无不涉及,是研究我国古代社会文化的重要参考资料。其中,《经解》一篇提倡六艺之教,即温柔敦厚的"《诗》教",疏通知远的"《书》教",广博易良的"《乐》教",絜静精微的"《易》教",恭俭庄重的"《礼》教",属辞比事的"《春秋》之教";《礼运》一篇提出了"小康世"和"大同世"的理想,对后世影响深远;《大学》、《中庸》两篇在南宋时更与《论语》、《孟子》合编为"四书",同"五经"并列,成为蒙学必读的教科书。

《乐记》各章较为杂乱,并非一篇完整著作,但仍可以看作是儒家的一篇乐论,其主要内容有:

1. 乐的本源。该篇认为,音乐是情感受外在事物感染而产生,"人心之动,物使之然也","其本在人心感于物",但先秦的乐是诗、乐、舞的统一体,"感于物而动"也可看作文学的本源。

2. 乐的本质。《乐记》中把乐和礼结合起来讨论,指出了礼别贵贱,序尊卑,而乐主"和同",主要让人情感和谐。乐和礼互比,体现了《乐记》对礼和乐的本质认知。

3. 乐的功能。《乐记》指出了乐是教化人心的工具,有移风易俗的功能,对政治有辅助作用。

4. 乐的应用。《乐记》中有多处谈及对"乐"的使用问题,如子赣问师乙乐。大力推崇"古乐",反对"淫于声,害于德"的"新乐",体现了对雅正之乐的追求,有助于我们了解古代的乐舞体系。

《乐记》对《毛诗序》及"物感说"的产生有直接的影响。

【关键词解读】

温柔敦厚

《礼记·经解》中提出"温柔敦厚而不愚,则深于《诗》者也"。这是孔子的诗教思想之一,也是儒家的审美原则。温柔敦厚体现出《礼记》中贯穿的"中和"思想。"中和"是"尚中"和"尚和"思想的合并,是儒家思想的核心概念。孔子在礼崩乐坏的年代提出"中和"思想,是因为他认为中庸是解决矛盾的最佳方法,这样可以重建社会秩序,随着后来儒家思想地位的巩固,"中和"思想也成为传统文化中重要部分。"中和"是孔子希望社会秩序达到的理想状态,而要达到这种状态,就必须依靠礼乐教化。"温柔敦厚"是希望人们通过诗和礼乐的熏染,陶冶情操,培养高尚人格和温和的言行、风度,最终促进内在的和谐,自觉遵守社会规范。"温柔敦厚"本质上是一种政教思想,通过培养人们平和节制的心态,以服从统治者的管理,即使是不满,也要以一种温和的方式提出,这种温和的方式反映到诗歌的创作方法上,就是"六义"中的"比"和"兴"。

属辞比事

《礼记·经解》中提出"属辞比事,《春秋》教也"。"属辞"是文辞的连缀,也即对文辞史事的剪裁、排比;"比事"是对史事的排比比较。属辞比事的方式其实就是按照时间序列排比列举各国发生的事件,然后采用不同的文辞加以记载,比事有比同与比异,有比详及比略,通过比较文辞运用的不同而得出相关褒贬义例,从而达到教化的目的。《春秋》中的属辞比事需要既在同类事件中找出不同点,同时又要在不同事件中找出相同点,《春秋》对同类事件有不同的写作方式和手段,由此形成《春秋》笔法,去展现那个时代"礼崩乐坏"的特点,体现出要建立新秩序的诉求,从而达到教化的目的。

【相关知识链接】

《礼记》作为儒家经典之一,对儒家核心思想"礼"的阐释使其自产生之时就受到关注。东汉郑玄著有《礼记注》,在唐代被列为"九经"之一,唐孔颖达作《礼记正义》,宋代又列入"十三经",南宋朱熹将《大学》和《中庸》自《礼记》中单列出,与《论语》、《孟子》合为"四书",进一步奠定了《礼记》的地位;至清代研究《礼记》者众多,朱彬《礼记训纂》、孙希旦《礼记集解》可代表这一时期的成就,清代还产生了《礼记》的通行本即阮元《十三经注疏》本。近代以来,对《礼记》的注解研究之人也不在少数,有王文锦《礼记译解》,杨天宇《礼记校注》等。

【延伸阅读】

《礼运》本段主要阐述了对人情、人义的认知,提出了"美恶皆在其心,不见其色也"的论点。

《郊特性》本段提出了在祭祀中"贵质"的观点。

《祭统》本段提出了君子观"铭"的标准,即"既美其所称,又美其所为"。

《中庸》这段详细解释了"中和"之意,"中和"即是"中庸",但中庸并非我们惯常意义上所说的"取两用中"的折中主义,不是不偏不倚的中间状态,而是"喜怒哀乐之未发谓之中,发而皆中节谓之和"的最终和谐,是不断地反省学习,宣泄之后的净化。

《大戴礼记》也称《大戴记》或《大戴礼》,西汉礼学家戴德所作,全书一共八十五篇,现存三十九篇。《大戴礼记》原本与《礼记》(《小戴礼记》)并行,但由于后者在唐代被列为经书,因而遭到冷落,经北周卢辩注释得以流传。《大戴礼记·文王官人》主要讨论情志问题,提出民有五性,主张以情释性,从中可见情志与君子人格修养及德行也有着密切关系。

礼运(节录)

何谓人情?喜、怒、哀、惧、爱、恶、欲,七者,弗学而能。何谓人义?父慈子孝,兄良弟弟,夫义妇听,长惠幼顺,君仁臣忠,十者,谓之人义。讲信修睦,谓之人利;争夺相杀,谓之人患。故圣人之所以治人七情,修十义,讲信修睦,尚辞让,去争夺,舍礼何以治之? 饮食男女,人之大欲存焉;死亡贫苦,人之大恶存焉。故欲恶者,心之大端也。人藏其心,不可测度也,美恶皆在其心,不见其色也,欲一以穷之,舍礼何以哉? 故人者,其天地之德,阴阳之交,鬼神之会,五行之秀气也。

郊特性(节录)

先王之荐,可食也,而不可耆也。卷冕、路车,可陈也,而不可好也。武,壮而不可乐也。宗庙之威,而不可安也。宗庙之器,可用也,而不可便其利也。所以交于神明者,不可以同于所安乐之义也。酒醴之美,玄酒、明水之尚,贵五味之本也。黼黻、文绣之美,疏布之尚,反女功之始也。莞簟之安,而蒲越、稾鞂之尚,明之也。大羹不和,贵其质也;大圭不琢,美其质也。丹漆雕几之美,素车之乘,尊其朴也,贵其质而已矣。所以交于神明者,不可同于所安亵之甚也。如是而后宜。鼎俎奇而笾豆偶,阴阳之义也。黄目,郁气之上尊也。黄者,中也;目者,气之清明者也。言酌于中而清明于外也。祭天,扫地而祭焉,于其质而已矣。醯醢之美,而煎盐之尚,贵天产也。割刀之用,而鸾刀之贵,贵其义也,声和而后断也。

祭统(节录)

夫鼎有铭,铭者,自名也。自名,以称扬其先祖之美,而明著之后世者也。为先祖者,莫不有美焉,莫不有恶焉,铭之义,称美而不称恶。此孝子、孝孙之心也,唯贤者能之。铭者,论譔其先祖之有德善、功烈、勋劳、庆赏、声名,列于天下,而酌之祭器,自成其名焉,以祀其先祖者也。显扬先祖,所以崇孝也。身比焉,顺也。明示后世,教也。夫铭者,壹称而上下皆得焉耳矣。是故,君子之观于铭也,既美其所称,又美其所为。为之者,明足以见之,仁足以与之,知足以利之,可谓贤矣。贤而勿伐,可谓恭矣。

中庸(节录)

天命之谓性,率性之谓道,修道之谓教。道也者,不可须臾离也,可离非道也。是故君子戒慎乎其所不睹,恐惧乎其所不闻。莫见乎隐,莫显乎微,故君子慎其独也。喜怒哀乐之未发谓之中,发而皆中节谓之和。中也者,天下之大本也;和也者,天下之达道也。致中和,天地位焉,万物育焉。

仲尼曰:"君子中庸,小人反中庸。君子之中庸也,君子而时中。小人之中庸也,小人而无忌惮也。"

子曰:"中庸其至矣乎?民鲜能久矣!"

子曰:"道之不行也,我知之矣!知者过之,愚者不及也。道之不明也,我知之矣!贤者过之,不肖者不及也。人莫不饮食也,鲜能知味也。"

子曰:"道其不行矣夫!"

子曰:"舜其大知也与?舜好问而好察迩言,隐恶而扬善,执其两端,用其中于民。其斯以为舜乎!"

子曰:"人皆曰予知,驱而纳诸罟擭陷阱之中,而莫之知辟也。人皆曰予知,择乎中庸而不能期月守也。"

子曰:"回之为人也,择乎中庸,得一善,则拳拳服膺而弗失之矣。"

子曰:"天下国家可均也,爵禄可辞也,白刃可蹈也,中庸不可能也。"

子路问强。子曰:"南方之强与?北方之强与?抑而强与?宽柔以教,不报无道,南方之强也。君子居之,衽金革,死而不厌,北方之强也,而强者居之。故君子和而不流,强哉矫;中立而不倚,强哉矫;国有道,不变塞焉,强哉矫;国无道,至死不变,强哉矫。"

子曰:"素隐行怪,后世有述焉,吾弗为之矣。君子遵道而行,半塗而废,吾弗能已矣。君子依乎中庸,遯世不见,知而不悔,唯圣者能之。"

《礼记正义》《十三经注疏》本

大戴礼记·文王官人

　　三曰:诚在其中,此见于外,以其见占其隐,以其细占其大,以其声处其气。初气主物,物生有声。声有刚有柔,有浊有清,有好有恶,咸发于声也。心气华诞者,其声流散;心气顺信者,其声顺节;心气鄙戾者,其声斯丑;心气宽柔者,其声温好。信气中易,义气时舒,智气简备,勇气壮直。听其声,处其气,考其所为,观其所由,察其所安;以其前,占其后;以其见,占其隐;以其小,占其大。此之谓"视中"也。

　　四曰:民有五性,喜、怒、欲、惧、忧也。喜气内畜,虽欲隐之,阳喜必见;怒气内畜,虽欲隐之,阳怒必见;欲气内畜,虽欲隐之,阳欲必见;惧气内畜,虽欲隐之,阳惧必见;忧悲之气内畜,虽欲隐之,阳忧必见。五气诚于中,发形于外,民情不隐也。喜色由然以生,怒色拂然以侮,欲色呕然以偷,惧色薄然以下,忧悲之色纍然而静。诚智必有难尽之色,诚仁必有可尊之色,诚勇必有难慑之色,诚忠必有可亲之色,诚洁必有难污之色,诚静必有可信之色。质色皓然,固以安;伪色缦然,乱以烦;虽欲故之,中色不听也,虽变可知;此之谓观色也。

　　五曰:生民有霢阳,人有多隐其情,饰其伪,以赖于物,以攻其名也。有隐于仁质者,有隐于知理者,有隐于文艺者,有隐于廉勇者,有隐于忠孝者,有隐于交友者。如此者,不可不察也。小施而好大得,小让而好大事,言愿以为质,伪爱以为忠,面宽而貌慈,假节以示人,故其行以攻其名;如此者,隐于仁质也。推前恶忠府知物焉,首成功,少其所不足;虑诚不及,佯为不言;内诚不足,色示有余;故知以动人,自顺而不让;错辞而不遂,莫知其情;如是者,隐于知理者也。素动人以言,涉物而不终;问则不对,详为不穷;色示有余;有道而自顺,用之物,穷则为深:如此者,隐于文艺者也。廉言以为气,骄厉以为勇;内恐外悴,无所不至;敬再其说,以诈临人:如此者,隐于廉勇者也。自事其亲,好以告人;乞言劳醉,而面于敬爱;饰其见物,故得其名;名扬于外,不诚于内;伐名以事其亲戚,以故取利;分白其名,以私其身:如此者,隐于忠孝者也。阴行以取名,比周以相誉,明知贤可以征,与左右不同而交,交必重己;心说之而身不近之,身近之而实不至;而懽忠不尽,懽忠尽见于众而貌克:如此者,隐于交友者也。此之谓"观隐"也。

《四部丛刊》影明本

【思考题】

1. 谈谈对"温柔敦厚"诗教的理解。
2. 谈谈对"属辞比事"的理解。

毛 诗 序

【作者简介】

有关《毛诗序》的作者,历来存在争议,郑玄认为是子夏,范晔则认为是后汉卫宏,程颐认为是孔子所作,还有人认为是无名氏所作,至今尚无定论,但一般依据郑玄《诗谱》所言:"大序"为子夏所作,"小序"为子夏、毛公合作。另外,卫宏作《毛诗序》的说法亦受到学界关注。

诗大序

《关雎》,后妃之德也[1],风之始也[2],所以风天下而正夫妇也[3]。故用之乡人焉[4],用之邦国焉[5]。风,风也,教也;风以动之,教以化之[6]。

诗者,志之所之也[7],在心为志,发言为诗。情动于中而形于言[8],言之不足,故嗟叹之,嗟叹之不足,故永歌之,永歌之不足,不知手之舞之,足之蹈之也[9]。

情发于声,声成文谓之音[10]。治世之音安以乐,其政和;乱世之音怨以怒,其政乖;亡国之音哀以思,其民困[11]。故正得失,动天地,感鬼神,莫近于诗。先王以是经夫妇,成孝敬,厚人伦,美教化,移风俗[12]。

故诗有六义焉:一曰风,二曰赋,三曰比,四曰兴,五曰雅,六曰颂[13]。上以风化下,下以风刺上,主文而谲谏,言之者无罪,闻之者足以戒,故曰风[14]。至于王道衰,礼义废,政教失,国异政,家殊俗,而变风、变雅作矣[15]。国史明乎得失之迹[16],伤人伦之废,哀刑政之苛,吟咏情性,以风其上,达于事变而怀其旧俗者也。故变风发乎情,止乎礼义。发乎情,民之性也;止乎礼义,先王之泽也。是以一国之事,系一人之本,谓之风[17];言天下之事,形四方之风,谓之雅。雅者,正也,言王政之所由废兴也。政有小大,故有小雅焉,有大雅焉。颂者,美盛德之形容,以其成功告于神明者也。是谓四始,《诗》之至也[18]。

然则《关雎》、《麟趾》之化,王者之风,故系之周公[19]。南,言化自北而南也。《鹊巢》、《驺虞》之德,诸侯之风也,先王之所以教,故系之召公[20]。《周南》、《召南》,正始之道,王化之基[21]。是以《关雎》乐得淑女,以配君子,忧(原本作爱,据《文选》本改)在进贤,不淫其色。哀窈窕,思贤才,而无伤善之心焉[22],是《关雎》之义也。

《毛诗正义》阮刻《十三经注疏》本

【题解】

汉代传承《诗经》的有"三家诗"之说,分别为鲁诗(申公所传)、齐诗(辕固生所传)、韩诗(韩婴所传)三家,都立于官学。另外,鲁人毛亨、赵人毛苌也有传诗,世称"毛诗",未立于官学。在性质上,齐鲁韩三家诗为今文,而毛诗则为古文,三家诗到后来多有亡佚,只留下《韩诗外传》一种,但"毛诗"则得以留存。所选序文位于《国风》首篇《关雎》题下。《毛诗序》是作者在解读《诗经》时所作的序,又分为小序和大序,有人解释小序是每篇诗作前面的序,为的是解释具体诗作的意旨,而大序则是《关雎》前面的序,是对整部《诗经》精神所作的解读。

【注释】

1. 后妃之德也:后妃,天子之妻,旧说指周文王妃太姒。此处说《关雎》是称颂后妃美德的。"德",孔颖达《毛诗正义》说:"言后妃性行合谐,贞专化下,寤寐求贤,供奉职事,是后妃之德也。"此说对诗意有曲解。

2. 风之始也:风,指《诗经》中的十五国风。本指《关雎》为《诗经》的国风之首之意。孔颖达《毛诗正义》说:"言后妃之有美德,文王风化之始也。言文王行化始于其妻,故用此为风教之始。"

3. 风:读去声,教化。

4. 用之乡人焉：乡，一万二千五百家为一乡。"乡人"，指百姓。《仪礼·乡饮酒礼》载：乡大夫行乡饮酒礼时，以《关雎》合乐。所以《正义》释"用之乡人"为"令乡大夫以之教其民也"。

5. 用之邦国焉：《仪礼·燕礼》载：诸侯行燕礼，饮燕其臣子宾客时，歌乡乐《关雎》、《葛覃》等。故《正义》释为"令天下诸侯以之教其臣也"。

6. 动：感动。化：感化。

7. 志：志意、怀抱。志之所之：之，《说文》释为"出也"，言诗乃由志而产生。

8. 形：表现。

9. "言之不足"二句：发言之后，意犹未足，通过叹息来延续，嗟叹犹嫌未足，就要引声长歌。永：长。

10. 声成文谓之音：声，指宫、商、角、徵、羽；文，谓五音为曲，似五色成文。由五声和合而成的曲调，即为"音"。

11. 乖：乖戾、反常。

12. 以：用。经：常也，常道，用作动词，意为使夫妇之道归于正道。夫妇之道有常，男正位乎外，女正位乎内。失家离散，夫妻反目是不常。

13. 风：据下文的解释，含有风化、讽刺之义。赋：与"比"、"兴"为一组范畴，指《诗经》铺陈直叙的表现手法。郑玄注《周礼·太师》："赋之言铺，直铺陈今之政教善恶。"朱熹《诗集传》卷一："赋者，敷陈其事而直言之者也。"比：比喻。郑玄《周礼·太师》注："比者，比方于物也。"朱熹《诗集传》卷一："比者，以彼物比此物也。"兴：起的意思，指具有发端作用的手法。朱熹《诗集传》卷一释为"先言他物，以引起所咏之词也"。这种发端有时兼有比喻的作用，有时只为音律上的需要，而无关乎意义。古代"兴"义幽微，历来理解颇多分歧。雅：据下文的解释，有正的意义，谈王政之兴废。大小雅的配乐，时称正声。梁启超《释四诗名义》说："'雅'与'夏'古字通，……雅音即夏音，犹言中原正声云尔。"颂：周王朝和鲁、宋二国在祭祀时用以赞神的舞歌。据下文的解释，有形容之意，即借舞蹈表现诗歌的情态。清阮元《释颂》认为颂即舞诗。

14. 主文而谲谏：朱熹解为"主于文辞而托之以谏"（《吕氏家塾读诗记》卷三）。谲谏：以婉约的言辞进行谏劝，而不直言君王之过失。

15. 变风变雅：变，指时世由盛变衰，政教纲纪大坏。即"王道衰、礼义废"等；变风，指《邶风》以下十三国风；变雅，大雅中《民劳》以后的诗，小雅中《六月》以后的诗。二者虽有个别例外，但变风变雅大多是西周中衰以后的作品，相当于上文的所说"乱世之音"、"亡国之音"。

16. 国史：王室的史官。《毛诗正义》引郑玄答张逸言："国史采众诗时，明其好恶，令瞽矇歌之。其无作主，皆国史主之，令可歌。"

17. "是以……谓之风"：《正义》说："……言风雅之别，其大意如此也。一人者，作诗之人。其作诗者，道己一人之心耳，要所言一人心，乃是一国之心。诗人览一国之意以为己心，故一国之事系此一人，使言之也。"

18. 四始：《正义》引郑玄答张逸言："风也，小雅也，大雅也，颂也，此四者，人君行之则为兴,废之则为衰。"而司马迁《史记·孔子世家》认为:"《关雎》之乱,以为风始;《鹿鸣》为小雅始;《文王》为大雅始;《清庙》为颂始。"《毛诗序》开头说《关雎》"风之始也",与《史记》有关联。

19. 麟趾:是《国风·周南》的最后诗篇。《正义》说:"《关雎》《麟趾》之化,是王者之风,文王之所以教民也。王者必圣周公,圣人故系之周公。"

20. 《鹊巢》《驺虞》:《鹊巢》是《国风·召南》的首篇,内容为诸侯之女出嫁于诸侯事。《驺虞》是其末篇,写诸侯打猎事。《正义》说:"《鹊巢》《驺虞》之德,是诸侯之风,先王、大王、王季所以教化民也。诸侯必贤召公,贤人故系之召公。"

21. "正始之道"二句:《正义》:"《周南》、《召南》二十五篇之诗,皆是正其初始之大道,王业风化之基本也。"

22. "不淫其色"四句:窈窕,善良美好的意思。《关雎》:"窈窕淑女,君子好逑。"《论语·八佾》:"子曰:《关雎》乐而不淫,哀而不伤。"

【讲疏】

《毛诗序》所代表的是汉代古文经学家对《诗经》的理解,现在看来,多为牵强附会、扭曲事实之解。对《诗经》意旨的解读、对风雅颂性质的阐释、对某些篇目的歪曲解读都体现出将《诗经》刻意与政治相联的意图,如将本来表现男女之情的《关雎》总结为表现"后妃之德",并不符合实际。但《毛诗序》所体现出的一些文论思想却是极为可取的。它提出诗可以"经夫妇,成孝敬,厚人伦,美教化,移风俗",突出了诗歌的教化作用;其次提出了《诗经》的"六义"说,继承《周礼》对《诗》进行解析,促进了诗学的发展;同时还发展了"诗言志"的学说。儒家一直强调诗歌的社会功用,《毛诗序》中所体现的以政治角度解《诗》的特点实际上是儒家这一思想的具体表现。抛开那些牵强之处,《诗大序》中提到的有关诗歌的社会功用都具有积极意义,首先诗歌可以反映社会现实,对治世之音、乱世之音、亡国之音的叙述就是具体体现;其次,诗歌还有移风易俗的作用;最后,诗之"六义"中的"风"体现出其"美刺"作用,为后世文学可以发挥针砭时弊、干预政治的现实批判作用奠定了基础。

【关键词解读】

在心为志,发言为诗

《毛诗大序》中进一步发展了"诗言志"的思想,并将"志"扩大为心志、感情之意。"诗者,志之所之也,在心为志,发言为诗。情动于中而形于言,言之不足,故嗟叹之,嗟叹之不足,故永歌之,永歌之不足,不知手之舞之,足之蹈之也。"内心情感抒发时为志,用语言表达出以后变成了诗,由此可见诗是个人感情意志的抒发。"志"不仅仅指个人的政治抱负与志向,这一点上《毛诗大序》发展了《尚书·尧典》等作品中的"诗言志"之说,丰富了"诗言志"的含义与范围。同时还强调了诗与音乐等艺术的联系,"情发于声,声成文谓之音,治世之音安以乐,其政和;乱世之音怨以怒,其政乖;亡国之音哀以思,其民困",论证了先秦时诗乐合一的特征,也强调了诗与乐的教化作用。

经夫妇,成孝敬,厚人伦,美教化,移风俗

这是《毛诗大序》中强调的《诗经》的社会作用,认为诗是由个人至社会,由家庭到国家的传统伦理社会建构的重要力量,突出了"诗教"的观点。

变风变雅

《风》、《雅》、《颂》代表了西周王朝兴盛时的文学水平和社会状态,"雅"即"正",代表周朝王室礼乐制度之周正,由于周朝末年"王道衰,礼义废,政教失,国异政,家殊俗",礼崩乐坏,因而"变风、变雅作矣"。所以《风》、《雅》中反映周政衰乱时期的作品,体现出政治教化的衰败。

【相关知识链接】

关于《毛诗》和《毛诗序》的作者,历来众说纷纭。郑玄《诗谱》指出,《大序》乃子夏(卜商)作,《小序》乃子夏、毛公合作。范晔《后汉书·儒林传》:"初,九江谢曼卿善《毛诗》,乃为其训,(卫)宏从曼卿受学,因作《毛诗序》,善得风雅之旨,至今传于世。"卫宏作《毛诗序》可作参考。有关《毛诗序》作者的争论,还可参考马端临《文献通考·经籍考》、纪昀《四库全书总目提要》卷十五经部十五诗类一《诗序》提要、崔述《通论诗序》和皮锡瑞《经学通论》等。

【延伸阅读】

《诗小序》是《诗经》各篇篇首的简短文字,其主旨承接《诗大序》,是对《大序》的具体阐发和补充,强调了诗歌的风教和美刺等社会功用,其蕴含的文论思想值得我们关注。

皮锡瑞(1850—1908年),字鹿门,一字麓云,湖南善化(今湖南长沙)人,清末学者,经学家。因居师伏堂,世称"师伏先生"。今文经学大家,精通《尚书》,著有《今文尚书通论》《五经通义》《春秋讲义》等。《经学通论》主要对儒家经典的撰著、内容和流传方面的特点以及后代研究的得失进行了撰述,对《诗经》的理解主张从其本身入手,反对《毛诗序》将其纳入儒家伦理道德范围进行机械解读,认为"三家诗"更有价值。

诗小序(节录)

国风·卷耳

《卷耳》,后妃之志也。又当辅佐君子,求贤审官,知臣下之勤劳,内有进贤之志,而无险诐私谒之心,朝夕思念,至于忧勤也。

国风·汉广

《汉广》,德广所及也。文王之道被于南国,美化行乎江汉之域,无思犯礼,求而不可得也。

国风·凯风

《凯风》,美孝子也。卫之淫风流行,虽有七子之母,犹不能安其室。故美七子能尽其孝道,以慰其母心,而成其志尔。

国风·雄雉

《雄雉》,刺卫宣公也。淫乱不恤国事,军旅数起,大夫久役,男女怨旷,国人患之,而作是诗。

国风·新台

《新台》,刺卫宣公也。纳伋之妻,作新台于河上而要之,国人恶之,而作是诗也。

《十三经注疏》本

经学通论·论班固云"《关雎》哀周道而不伤为哀而不伤"之确解

皮锡瑞

子曰:"《关雎》乐而不淫,哀而不伤",称《关雎》以哀乐并言,自来莫得其解,《毛序》衍其说,曰:"是以《关雎》乐得淑女,以配君子,忧在进贤,不淫其色,哀窈窕,思贤才,而无伤善之心焉",其解"乐"、"哀"二字,殊非孔子之旨。自宋程大昌以后多疑之,谓:"与夫子之语,全不相似,当为卫宏所续,不出毛公,《郑笺》知其不可通也,乃云'哀'当为'衷'字之误也。"然"衷窈窕"仍不可通,且孔子明言"哀"而改为"衷",与孔子言"哀"不合。朱注《论语》:"求之未得,则宜其有寤寐反侧之忧,求而得之,则宜其有琴瑟钟鼓之乐,"孔子言"哀"不言"忧",朱以"哀"字太重而改为"忧",亦与孔子言"哀"不合。近儒刘台拱《论语骈枝》谓:"兼《关雎》之三而言之,《关雎》、《葛覃》乐而不淫,《卷耳》哀而不伤,"引《卷耳》诗"维以不永伤"为据。魏源驳之曰:"夫反侧忧劳,岂得谓专乐无哀,既哀矣,可不紬其所哀何事乎?文王化行二南之日,太姒归周已数十年,而犹求之不得,寤寐绸缪何为乎?若谓后妃求贤,则以文王之圣,又得太姒之助,即未更得贤嫔,岂遂反侧堪哀?且哀而恐至于伤乎?岐周国尽于渭地,不至河,而云'在河之洲',明为陕以东之风,非周国所采,而谓作于宫人女史,其可通乎?《关雎》房中之乐,后夫人侍御于君,女史歌之以节义序,岂惟有颂美无讽谕乎?"锡瑞案:魏氏驳刘,知《关雎》为讽谕,又以河洲非属岐周,正可为《关雎》非指文王太姒之证,而犹必以文王、太姒为说,故仍不得其解。窃尝以意解之,《关雎》一诗,实为陈古刺今,"乐而不淫"属陈古言,《韩诗外传》云"人君退朝,入于私宫,后妃御见,去留有度",此之谓"乐而不淫"。"哀而不伤"属刺今言,班固《离骚序》:"《关雎》哀周道而不伤",冯衍《显志赋》:"美《关雎》之识微兮,愍王道之将崩",哀即哀周道,愍王道之义,不伤谓婉而多讽,不伤激切,此之谓"哀而不伤",班氏于"哀而不伤"中加"周道"二字,义极明晰。"乐而不淫",《关雎》诗之义也,可见人君远色之正;"哀而不伤",作《关雎》诗之义也,可见大臣託讽之深。二义本不相蒙,后人并为一谈,又必专属文王、太姒而言,以致处处窒碍。谓君子求淑女,则必以为文王求太姒,夫国君十五而生子,文王生武王,年止十四,有何汲汲至寤寐反侧以求夫人?且娶妻如之何,必告父母,文王亦非可结婚自由,而自求夫人者,此说之必不可通者也。毛云"后妃之德",并未明指太姒,《序》言"忧在进贤",则已有后妃求贤女之意,郑《笺》遂以为后妃寤寐求贤女,其义亦本于三家诗。《列女·汤妃有㜪传》引《诗》云:"窈窕淑女,君子好逑",言"贤女能为君子和好众妾",《诗推度灾》曰:"《关雎》有原,冀得贤妃,正八嫔",是鲁齐诗已与郑《笺》意同,乃郑君之所本,然此亦是旁义而非正义。盖不妒忌,虽为后妃盛德,要不得为王化之原,未足以冠全诗。且古诸侯一娶九女,适夫人一姪一娣,左右媵各一姪一娣,是为九女,贵妾之数早定,不待后妃求之,故止可为旁义,而不得为正义也。论其正义,是诗人求淑女以配君子;论其旁义,是后妃求淑女以配君子,皆不指定文王太姒。朱子知其不可通也,以为宫中之人,于其始至,见其有幽闲贞静之德,为作是诗,如其说,不知宫人为何人。以为文王之宫人,不应适夫人未至,而已先有宫妾。以为王季之宫人,尤不应知世子寤寐反侧之隐,且适夫人之得不得,尤非宫人之所能求。是皆求其说而不得,从而为之辞者。

中华书局本

【思考题】

1. 请谈谈对"在心为志,发言为诗"的理解。
2. 谈谈你对"变风变雅"的理解。

韩婴　韩诗外传

（西汉）韩婴

【作者简介】

韩婴，生卒年不详。西汉经学家，燕（今河北）人，文帝时为博士官，景帝时为常山太傅，韩诗一派的创立者，齐鲁韩三家诗中的"韩"即是指韩婴。曾作内、外《传》数万言，但只有《外传》留传下来，《内传》在两宋之间佚散。《汉书·儒林传》中有其小传："武帝时，婴尝与董仲舒论于上前，其人精悍，处事分明，仲舒不能难也。"其思想属于儒家一派，但对荀、孟等人又都有发展，主张"性善论"和"法先王"，其对儒家思想的推广为汉代社会思想统一起到了推动作用。

第一卷第十六章

古者天子左五钟，右五钟[1]。将出，则撞黄钟，而右五钟皆应之。马鸣中律[2]，驾者有文，御者有数。立则磬折[3]，拱则抱鼓[4]，行步中规，折旋中矩。然后太师奏升车之乐[5]，告出也。入则撞蕤宾[6]，而左五钟皆应之，以治容貌。容貌得则颜色齐[7]，颜色齐则肌肤安。蕤宾有声，鹄震马鸣[8]，及倮介之虫[9]，无不延颈以听。在内者皆玉色[10]，在外者皆金声[11]。然后少师奏升堂之乐[12]，即席告入也[13]。此言音乐相和，物类相感[14]，同声相应之义也。《诗》云："钟鼓乐之[15]。"此之谓也。

　　　　　　　　　　许维遹《韩诗外传集释》中华书局本

【题解】

《韩诗外传》是韩婴教授《诗经》时的著作，三家诗中，只有"韩诗"得到留存,"齐诗魏代已亡,鲁诗亡于西晋,韩诗虽存,无传之者"(《隋书·经籍志》)。现今留传的《外传》共十卷,每卷约三十章,每章字数都不多,篇幅短小,其中多是汇集古代故事和其他各家学说,通过介绍一些精彩生动的故事和神话传说,然后在篇末引诗以证,以达到针砭社会和考证得失的目的,"考风雅之政变,知王政之兴衰"。明代王世贞也曾言《外传》的写作目的主要是"引《诗》以证事,非引事以明《诗》"(《弇州山人四部稿·读韩诗外传》),可见《韩诗外传》虽是解《诗》之作,目的却还是要归于社会功用上。

【注释】

1. 古时音乐分为十二律,阳律有六:即黄钟、太簇、姑洗、蕤宾、夷则、无射。阴律有六:大吕、林钟、南吕、应钟、夹钟、中吕。依照十二律各造一钟。天子的宫殿,把黄钟、蕤宾悬挂在南面和北面,其他十个钟分别挂在东面和西面。
2. 中律:符合音律。
3. 磬:乐器,用玉石做成,形状像矩。磬折:身体弯曲如磬,表示恭敬。
4. 拱:拱手,两手相合以表敬意。
5. 太师:乐官长。
6. 蕤宾:十二律之一。
7. 得:得体,恰如其分。齐,庄重肃静。
8. 鹄震:鹄,鸟名,一名天鹅。震,同振,鹄鸟振翅而飞。
9. 倮介之虫:倮,同"裸"。无羽毛鳞甲蔽身的动物名叫倮虫。有甲壳蔽体的动物名叫介虫。
10. 玉色:玉的颜色是不变的,用来比喻人的操行坚贞。
11. 金声:金,指钟铍之类声音浑厚优美,用来比喻人的言语。
12. 少师:乐官,职位比太师低。
13. 即席:就位。
14. 物类:同类的事物。
15. 钟鼓乐之:见《诗经·周南·关雎》,用钟鼓奏乐使他快乐。

【讲疏】

《韩诗外传》中的内容,可分为社会政治类和个人修养类,符合儒家经学的传统。作为三家诗中仅留传下来的著作,是研究那一时期经学发展状况和《诗经》传播情况的宝贵材料,但由于当时毛诗的影响,导致《韩诗外传》并不怎么受到重视。从文学方面来讲,《外传》的艺术性也很高,其中所举事例生动形象,人物形象鲜明,旁引远喻,内容翔实,逻辑严密,讲求以理服人,情节设计巧妙,叙事性较强,因此可读性较高。语言方面也很有特色,词汇量丰富,文辞清婉。尤其是其叙事性的体裁,对后世叙事性文学的发展有较大影响。

【关键词解读】

音乐相和,物类相感

出自《韩诗外传》第一卷第十六章:"此言音乐相和,物类相感,同声相应之义也。"韩婴认为,音乐有"相和"之美,天子的日常生活中,左右钟声、马鸣声均能合律以鸣,同声相应,呈现出一种和谐美的效果。"物类相感"可与"物感说"相对照,"同声相应"则可看出与《淮南子》中"以类相从",董仲舒《春秋繁露》中"同类相动"之间的关联。

【相关知识链接】

《诗经》作为先秦时期儒家重要的经学典籍,对东汉经学兴盛起到很大作用。韩婴作为经学家,在对《诗经》的解读过程中,也体现出其儒家思想倾向。韩婴十分强调"礼"的作用,"礼者,治辩之极也,强国之本也,威行之道也,功名之统也。王公由之,所以一天下也。不由之,所以陨社稷也。"(《卷四·第十章》)《韩诗外传》作为一部带有叙事色彩的著作,其中包含许多带有神话色彩的故事和传说,这些故事内容虽有灵异色彩,但其目的与宗旨还是要彰显儒家思想。大至治国之术,小至个人修养,如"夫凤凰之初起也,翾翾十步,藩篱之雀,喔咿而笑之。及其升少阳,一诎一信,展羽云间,藩篱之雀超然自知不及远矣"(《卷九·第二十七章》),虽是将凤凰与藩篱之雀作对比,实质影射的却是个人要有"鸿鹄之志",有远大理想。此外韩婴主张先国后家,认为忠高于孝,提倡清正廉洁,任用贤才,主张不断学习。在他的思想中有美善刺恶的斗争精神,体现出进步的唯物观。

韩婴作为汉时的经学家,承继了儒家思想,《韩诗外传》对《诗经》的解读,也是为了更广泛地传播儒家思想,在《外传》中,或"引诗以证事",或"引事以明诗",目的都是要使《诗经》更具权威性和经典化。这种叙事性的讲经方式更利于人们接受,而结果也使得《诗经》意旨更伦理化,儒学也变得更加实用。

《韩诗外传》最早见于著录是在宋代,元以前的版本都几无所剩。至明清研究者和刻本渐多,有茅坤《鹿门茅先生批评韩诗外传》,黄从诚《韩诗外传旁注评林》,周廷寀《韩诗外传校注·附补逸校注拾遗》,陈士珂《韩诗外传疏证》，许瀚《韩诗外传校议》。近代以来则有赵善诒《韩诗外传补正》、许维遹《韩诗外传集释》、屈守元《韩诗外传笺疏》、赖炎元《韩诗外传今注今译》等。

【延伸阅读】

第三卷第二十五章和第二十六章集中阐述了韩婴本人对水的认知，水与智者品格一致，体现了对孔子思想的发挥，可见其秉承儒家思想的脉络。

第四卷第三十一章"言有中者必能见外"论及不管虚伪还是真诚，都会在形式上表现出来，可与孔子所言"有德者必有言"和"有言者不必有德"互为参证。

第五卷第六章伦扁斫轮的故事也出现在《庄子·天道》、《淮南子·道应》，"应乎心，动乎体"的论点涉及文艺创作中的领悟问题。

第七卷第二十六章中"贪狼"之音的故事论及知音对文艺鉴赏的作用。

第三卷第二十五章

问者曰：夫智者何以乐于水也？曰：夫水者，缘理而行，不遗小间，似有智者。动而之下，似有礼者。蹈深不疑，似有勇者。障防而清，似知命者。历险致远，卒成不毁，似有德者。天地以成，群物以生，国家以平，品物以正。此智者所以乐于水也。《诗》曰："思乐泮水，薄采其茆。鲁侯戾止，在泮饮酒。"乐水之谓也。

第三卷第二十六章

问者曰：夫仁者何以乐于山也？曰：夫山者，万民之所瞻仰也。草木生焉，万物植焉，飞鸟集焉，走兽休焉，四方益取与焉。出云道风，嵷乎天地之间。天地以成，国家以宁，此仁者所以乐于山也。诗曰："太山岩岩，鲁邦所瞻。"乐山之谓也。

第四卷第三十一章

伪诈不可长,空虚不可守,朽木不可雕,情亡不可久。《诗》曰:"鼓钟于宫,声闻于外。"言有中者必能见外也。

第五卷第六章

楚成王读书于殿上,而伦扁在下,作而问曰:"不审主君所读何书也?"成王曰:"先圣之书。"伦扁曰:"此直先圣王之糟粕耳。非美者也。"成王曰:"子何以言之?"伦扁曰:"以臣轮言之。夫以规为圆,矩为方,此其可付乎子孙者也。若夫合三木而为一,应乎心,动乎体,其不可得而传者也。则凡所传直糟粕耳。"故唐虞之法可得而考也,其喻人心不可及矣。诗曰:"上天之载,无声无臭。"其孰能及之?

第七卷第二十六章

昔者孔子鼓瑟,曾子子贡侧门而听。曲终,曾子曰:"嗟乎!夫子瑟声殆有贪狼之志,邪僻之行,何其不仁趋利之甚?"子贡以为然,不对而入。夫子望见子贡有谏过之色,应难之状,释瑟而待之。子贡以曾子之言告。子曰:"嗟乎!夫参,天下贤人也,其习知音矣。乡者丘鼓瑟,有鼠出游,狸见于屋,循梁微行,造焉而避,厌目曲脊,求而不得。丘以瑟淫其音。参以丘为贪狼邪僻,不亦宜乎!"《诗》曰:"鼓钟于宫,声闻于外。"

许维遹《韩诗外传集释》中华书局本

【思考题】

谈谈你对《韩诗外传》叙事的理解。

刘安　淮南子

（西汉）刘安

【作者简介】

刘安（前179—前122年），汉高祖刘邦孙子，淮南厉王刘长之子，刘长死后，袭父爵为淮南王。据《史记·淮南衡山列传》记载："淮南王安为人好读书鼓琴，不喜弋猎狗马驰骋，亦欲以行阴德拊循百姓，流誉天下。"刘安喜欢读书鼓琴，厌倦皇室盛行的歌舞游猎，又想积阴德，流芳百世，遂"招致宾客方术之士数千人，作为《内书》二十一篇，《外书》甚众，又有《中篇》八卷"（《汉书·淮南衡山济北王传》），成书《淮南子》，形成了当时的淮南文学集团。元狩三年（前122年），因谋反事败自杀。

原道训（节录）

夫道者，覆天载地，廓四方，柝八极[1]，高不可际[2]，深不可测。包裹天地，禀授无形[3]。原流泉浡[4]，冲而徐盈[5]；混混滑滑[6]，浊而徐清。故植之而塞于天地[7]，横之而弥于四海[8]，施之无穷而无所朝夕[9]。舒之幎于六合[10]，卷之不盈于一握。约而能张，幽而能明[11]，弱而能强，柔而能刚。横四维而含阴阳[12]，纮宇宙而章三光[13]。甚淖而滒，甚纤而微。山以之高，渊以之深，兽以之走，鸟以之飞，日月以之明，星历以之行，麟以之游，凤以之翔。

齐俗训(节录)

夫载哀者闻歌声而泣[14],载乐者见哭者而笑。哀可乐者,笑可哀者,载使然也,是故贵虚。

故水击则波兴,气乱则智昏。智昏不可以为政,波水不可以为平[15],故圣王执一而勿失,万物之情既矣,四夷九洲服矣。夫一者至贵,无适于天下。圣人託于无适,故民命系矣。为仁者必以哀乐论之,为义者必以取予明之。目所见不过十里,而欲遍照海内之民,哀乐弗能给也。无天下之委财,而欲遍澹万民,利不能足也。

且喜怒哀乐,有感而自然者也。故哭之发于口,涕之出于目,此皆愤于中而形于外者也。譬若水之下流,烟之上寻[16]也,夫有孰推之者?故强哭者虽病不哀[17],强亲者虽笑不和。情发于中,而声应于外。

诠言训(节录)

能有天下者必不失其国,能有其国者必不丧其家,能治其家者必不遗其身[18],能修其身者必不忘其心[19],能原其心者[20]必不亏其性[21],能全其性者必不惑于道[22]。故广成子曰:"慎守而内,周闭而外[23],多知为败,毋亲毋听。抱神以静,形将自正[24],不得之己而能知彼者,未之有也。"故《易》曰:"括囊,无咎无誉。"

修务训(节录)

夫圣人之心,日夜不忘于欲利人,其泽之所及者,效亦大矣。世俗废衰,而非学者多:"人性各有所修短,若鱼之跃,若鹊之駮[25],此自然者,不可损益。"吾以为不然。夫鱼者跃,鹊者駮也,犹人马之为人马[26]，筋骨形体，所受于天，不可变。以此论之，则不类矣[27]。夫马之为草驹之时[28]，跳跃扬蹄，翘尾而走，人不能制，龁咋足以口嚼肌碎骨[29]，蹴蹋足以破卢陷匈[30]。及至圉人扰之[31]，良御教之[32]，掩以衡扼[33]，连以辔衔[34]，则虽历险超壍，弗敢辞[35]。故其形之为马，马不可化[36]，其可驾御，教之所为也。马，聋虫也[37]，而可以通气志，犹待教而成，又况人乎？

且夫身正性善，发愤而成仁，帽凭而为义[38]，性命可说[39]，不待学问而合于道者，尧、舜、文王也。沉酗耽荒，不可教以道，不可喻以德，严父弗能正，贤师不能化者，丹朱、商均也。曼颊皓齿[40]，形夸骨佳[41]，不待脂粉芳泽，而性可说者，西施、阳文也。嘳腃哆噅[42]，籧篨戚施[43]，虽粉白黛黑，弗能为美者，嫫母、仳倠也。夫上不及尧、舜，下不及商均，美不及西施，恶不若嫫母，此教训之所谕也[44]，而芳泽之所施。且子有弑父者，然而天下莫疏其子，何也？爱父者众也。儒有邪辟者[45]，而先王之道不废，何也？其行之者多也。今以为学者之有过而非学者，则是以一饱之故[46]，绝谷不食，以一蹪之难，辍足不行，惑也。今有良马，不待策錣而行[47]，驽马，虽两錣之不能进，为此不用策錣而御，则愚矣。夫怯夫操利剑，击则不能断，刺则不能入；及至勇武攘捲一挡[48]，则摺胁伤干[49]；为此弃干将、镆邪而以手战[50]，则悖矣。所谓言者[51]，齐于众而同于俗[52]。今不称九天之顶，则言黄泉之底，是两末之端议[53]，何可以公论乎？夫橘柚冬生，而人曰冬死[54]，死者众；荠麦夏死，人曰夏生，生者众。江河之回曲，亦时有南北者，而人谓江河东流。摄提镇星日月东行[55]，而人谓星辰日月西移者，以大氐为本[56]。胡人有知利者[57]，而人谓之駤[58]；越人有重迟者[59]，而人谓之訬[60]，以多者名之。若夫尧眉八彩，九窍通洞[61]，而公正无私，一言而万民齐；舜二瞳子，是谓重明，作事成法，出言成章；禹耳参漏[62]，是谓大通，兴利除害，疏河决江；文王四乳[63]，是谓大仁，天下所归，百姓所亲；皋陶马喙[64]，是谓至信，决狱明白，察于人情；禹生于石，契生于卵，史皇产而能书[65]，羿左臂修而善射。若此九贤者，千岁而一出，犹继踵而生。今无五圣之天奉[66]，四俊之才难[67]，欲弃学而循性，是谓犹释船而欲蹙水也[68]。

泰族训(节录)

天设日月[69],列星辰[70],调阴阳,张四时[71]。日以暴之,夜以息之。风以干之,雨露以濡之。其生物也,莫见其所养而物长;其杀物也,莫见其所丧而物亡,此之谓神明。圣人象之,故其起福也,不见其所由而福起;其除祸也,不见其所以而祸除。远之则迩,延之则疏[72],稽之弗得[73],察之不虚。日计无算[74],岁计有余。夫湿之至也,莫见其形,而炭已重矣;风之至也,莫见其象,而木已动矣;日之行也,不见其移,骐骥背日而驰,草木为之靡[75],县燧未转,而日在其前。故天之且风,草木未动而鸟已翔矣;其且雨也,阴噎未集[76]而鱼已唵矣[77],以阴阳之气相动也。故寒暑燥湿,以类相从,声响疾徐,以音相应也。故《易》曰:"鸣鹤在阴,其子和之。"

刘文典《淮南鸿烈集解》中华书局新编诸子集成本

【题解】

《原道训》是《淮南子》的第一篇,"原"是"探究"的意思,"原道"就是探究道的本源。主要是继承并发挥老庄道家思想,对"道"进行更为全面的剖析与阐释,包括对"道"的本质解读以及"道"运作的形式与规律的阐发。"道"是天地万物应遵循的规则,它既无形,"覆天载地,廓四方,柝八极,高不可际,深不可测。包裹天地,禀受无形",看不见摸不着却又寓于各种有形的事物中,主宰着宇宙天地间万事万物的变化发展,与山川鸟兽不相离。因此人必须遵守"道"而行事,远古伏羲和神农二皇就是因为掌握了"道"的关键所在,能够顺应道而为,所以能够滋润万物,统领天下。遵循这一规律,作者阐释了人与自然、与他人以及人与自我应有的关系问题,进一步丰富了道家学说思想。

"齐俗"之"齐",杨树达先生认为"齐"当释为"侪",意为齐同、一致之意,"俗"即风情民俗。"齐俗"就是以"道"为原则,同一地看待不同地域、民族的风俗人情。以"道"为原则,即是说世间万物存在都有合理性,在其产生之时都遵循着"道"的规律来变化发展,因此并没有优劣之分,应平等地去看待,不可以区分高低。这种齐俗观念也可从一般事理上升到治国治世,根据"世异则事变,时移则俗易"的规律,统治者应遵循自然无为之道来安定社会秩序,使人民自觉体道返性,从而天下大治。

"诠"即诠释,"言"此处指道家之言。顾名思义,就是对道家之言的理解与诠释。本篇由万物初始之时说起,道是万物发生的根本,也是万物发展的规律;言及人,则强调要遵循"天命",即"道",要无为做人才能端正;再上升到君主,则认为"天下不可以智为也,不可以慧识也,不可以事治也,不可以仁附也,不可以强胜也",必须要遵守"道"以有德,要无为而治,做到返璞归真,这样就有了治理国家的根本,同时还强调了道的至高无上和不可抗拒性。

修,乃勉励,务,乃驱使,"修务"即是劝勉人们要不断学习,加强自我修养,统治者更要发奋,励精图治,造福百姓。作者继承道家的"无为"思想并有所发展,认为无为并不是消极待命,而是要"循理而举事",不依仗自己的"智"而肆意妄为,要在遵循规律的基础上发挥主观能动作用,强调了学习的重要性。个人修养方面,要不断刻苦地学习,"学不可以已",才能提高品行,尤其对统治者来说,更要发愤图强,自强不息,才能获得治理国家的才能,得以建功立业。

泰族,原注题解"泰言古今之道,万物之指,族于一理,明其所谓也,故曰'泰族'"。曾国藩曾解释:"泰族者,聚而又聚者也。"因此本篇可看作对全书内容的归纳和总结。前面各篇的主要论点与思想在此处都有重现。作者提倡道家之"道",对其运用并发挥,最终落脚到政治治理上,本篇即是作者政治主张的集中表现,治政之道关键在于"仁","仁义者,治之本也,今不知事修其本,而务知其末,是释其根而灌其枝也"。君主必须以仁义道德去感化民众,使民众体道悟性,达到无为而治。除了"仁"之外,君主还应主动运用智者和贤人,从这点看,有儒道融合的倾向,这也正是作者提倡的积极"无为"思想的体现。

【注释】

1. "廓四方"两句:廓、柝:都是张开、伸展的意思。八极:八方之极,指非常远。
2. 际:至。
3. 禀:给,授予。万物之未形者皆生于道,故同禀授无形。
4. 原:源。浡:涌。
5. 冲:虚,不满。盈:满。

6. 混混滑滑：混浊的样子。滑，读为骨。

7. 植：立。塞：满。

8. 弥：满。

9. 施：用。朝夕：盛衰。

10. 舒：散开。帱：覆盖。六合：四方上下为六合。

11. 约而能张，幽而能明：意思是能小能大，能暗能明。

12. 横：同"桄"，把线绕在桄子上。四维：维，绳。四维指神话中的地维。横四维是维系大地的意思。

13. 纮：古代系帽子上的带子，这里作动词用，系的意思。章：明。三光：指日、月、星。

14. 载：负载，充满。

15. 智昏：当为"昏智"，与后文"波水"对应。既昏之智不可以为正，已波之水不可以为平。

16. 寻：通"燂"，亦作"㶣"，缓慢。

17. 病：哭得很厉害。

18. 遗：遗失。

19. 忘：忘记。

20. 原：本也。

21. 亏：亏缺。

22. 惑：疑惑。

23. 闭：掩闭。

24. 形：指自身。

25. 駮：通"驳"，驳杂。

26. 人马：人和马。

27. 不类：不伦不类。

28. 草驹：指野马。

29. 龁咋：啃咬。

30. 破卢陷匈：头破胸裂。卢，同"颅"。匈，同"胸"。

31. 圉人：养马人。

32. 良御：技艺高超的御马者。

33. 掩以衡扼：戴上衡轭。扼，同"轭"。

34. 齐衔：马缰勒口。

35. 历险超堑：腾越险坡和深沟。

36. 不可化：不可改变。

37. 蠢虫：指无知的动物。

38. 帽凭：慷慨激昂的样子。

39. 性命可说：德性令人怡悦。说，同"悦"。

40. 曼颊:脸部肌肤细腻。
41. 形夸骨佳:指形体美好。
42. 啳睽:同"䏏朕",丑陋的样子。哆噅:口大而歪。
43. 籧篨:鸡胸。戚施:驼背。
44. 教训之所谕也:意谓教育所能训谕好的。
45. 邪辟:奸邪不正。
46. 饱:王念孙认为"饱"为"鲌"字误,"鲌"同"喑"。
47. 策錣:用鞭抽,用锥刺。
48. 攘捲一捣:挥拳一击。捲,同"拳"。
49. 摺肋伤干:肋骨折断,身子受伤。
50. 干将、镆邪:一对名剑。
51. 言:指立言。
52. 齐于众:合于众。
53. 两末之端议:两个极端的议论。
54. 冬死:指植物冬天死。
55. 摄提镇星:指岁星和土星。
56. 大氐为本:指以大多数星辰向西运行为根据。
57. 知利:懂得营利。
58. 駤:痴呆。
59. 重迟:呆滞。
60. 訬:狡猾。
61. 九窍通洞:九窍通于内心。
62. 耳参漏:耳朵有三个孔。参,同"叁"。
63. 四乳:四个乳头。
64. 马喙:马嘴。
65. 产而能书:生下来就能写字。
66. 天奉:上天帮助。
67. 四俊:四位贤人。
68. 㲿:涉水。
69. 设:设立。
70. 列:排列,分布。
71. 张四时:形成之意。
72. 延:扩展之意。
73. 稽:考察。
74. 算:数目,数量。
75. 靡:披靡。
76. 喑:音翳,阴天有风。

77. 唫：音检，鱼嘴上下开合。

【讲疏】

《淮南子》又称《内书》或《淮南鸿烈》，是刘安与其门客集体编著而成的。《汉志》著录为杂家，其思想虽杂，有儒、墨、名、法、阴阳，但仍以道家为主，与汉武帝"独尊儒术"是相对立的。东汉高诱《淮南子·叙目》："鸿，大也；烈，明也。以为大明道之言也。"唐代刘知几《史通·自叙》言其"牢笼天地，博集古今"，书中内容涉及广泛，包括天文、地理、政治、哲学、史学、自然科学等众多方面，是一部体系完备的治国方略。思想上主要以道家思想为统摄，高诱："其旨近《老子》，淡泊无为，蹈虚守静，出入经道"，可见是对老庄道家思想的继承和发挥。全书共21篇，几乎每篇都有对"道"的论述，头篇《原道训》论述"道"的本质，其后各篇分而论述"道"的作用及在宇宙万物发展过程中所起的作用，《齐俗训》主要提倡同一对待不同的风俗民情；《诠言训》则强调"天道无亲，为德是与"，要顺应自然；《修务训》则强调积极的"无为"，论证修养和学习的重要性；《泰族训》则又对全书进行总结，并将其运用于治国方法上，点明其作为向统治者献计的目的。

作为一部政治性兼具文学性的著作，《淮南子》继承先秦诸子的文章风格，尤其似《庄子》，汪洋肆意，语言修辞方面，既有向辞赋发展的倾向，又极具韵律美，受老庄等道家影响，又多浪漫手法与绮丽文辞。

《淮南子》比较看重文艺对真情实感的抒发，反对儒家将文艺工具化，因此提出了"因自然、贵真情"的文艺主张。就文艺中的"文质"及"形神"关系有比较深入的探究，看重不待文饰的"质"，提出了"君形"的传神观点。特别是对"文"有独到的阐释，如"兵革羽旄，金鼓斧钺，所以饰怒也。必有其质，乃为之文"（《本经训》），"白玉不琢，美珠不文，质有余也"（《说林训》），"文者，所以接物也；情，系于中而欲发外者也。以文灭情则失情，以情灭文则失文。文情理通，则凤麟极矣"（《缪称训》）等，文情并举，是对先秦以来"文质说"的进一步发展深化，认为形式和思想情感都应当得到重视，就文质而言，相对比较看重"质"。《淮南子》对儒家诗教传统做了较多批判，但又肯定《礼》、《乐》、《诗》、《书》所产生的"通道略物"功用，"诵《诗》、《书》者期于通道略物，而不期于《洪范》、《商颂》"（《修务训》）。在文艺的审美接受方面，提出了"同气相动"的艺术共鸣主张，并进一步推动了"境界理论"，强调审美主体要超越美丑，进入"玄同"之境中。因其道家思想较浓，故比较崇尚自然大美，反对人工修饰之美，其所蕴含的自然生态观念对我们了解古代的生态思想有较大助益。

《淮南子》从内容主旨上来讲,全书都离不开一个"道"字,从本义上来说,此处的"道"与先秦黄老时期阐述的"道"是基本相同的,但是又对其有进一步发挥。首先,道是统一宇宙并存在于万物之上的无形观念,"夫道者,覆天载地,廓四方,柝八极,高不可际,深不可测。包裹天地,禀授无形"(《原道训》),又是万物生长应遵循的规律,"道者,一立而万物生矣。是故一之理,施四海;一之解,际天地"(《原道训》),既适用于自然界万物,也适用于人,人要体道,才能保全身心、自在自得,在此基础上,也就会有更好的治国之道。本书对道家思想的发挥之处在于,老庄所强调的是通过消极的虚静无为、无法达到理想的效果,于治理国家无益,而本书更强调要发挥主观能动性,以道家的清静无为为主,融合其他各家思想如儒家的"仁义","观天地之象,通古今之事,权事而立制,度形而施宜"、"非循一迹之路,守一隅之指,拘系牵连之物,而不与世推移也"(《要略》),从而为统治者提供可行的治政理论。

【关键词解读】

阴阳相动　以类相从

《泰族训》中将自然界各种自然现象的变化,归结为阴阳二气相互作用的结果,这种作用还使得自然界内各种物象以类相聚,按照某种规律和谐地生长循环,体现出朴素的唯物主义思想以及和谐的自然宇宙观。董仲舒的《春秋繁露》中也有与此类似的"同类相动"的观点,《淮南子》中体现的是道家思想,而董仲舒则是儒家代表人物,可见不论儒道,汉代已经萌发了宇宙自然和谐的生态美学思想。

【相关知识链接】

《淮南子》成书于西汉初,其时刚刚结束战乱,民生凋敝,人民对战争的厌倦和对社会安定的要求,以及亟待发展的经济,使得统治者抛弃秦代的法家思想,用黄老"无为"思想来使人民休养生息,道家思想自然成为主导思想。与此同时在文化上也放宽限制,为学术思想的发展提供了良好契机。除了道家思想,其他各家思想如儒家、墨家、阴阳家等也都有相应的发展。刘安向汉代君主献《淮南鸿烈》,希冀以这种杂糅各家思想的道家思想治理国家,在前期的确起到一定作用,但是到汉武帝时,董仲舒提出"天人感应"三策,随后汉武帝实行"罢黜百家、独尊儒术",儒家思想由此开始成为统治阶级的主导思想,因此《淮南子》也就不再被人重视。

《淮南子》虽不受盛世的统治者重视,却对学术界有重要影响。司马谈《论六家要旨》赞道家"采儒墨之善,撮名法之要";刘向也深受其影响。东汉末年的战乱年代,有经学家为其作注,如许慎《淮南鸿烈闲诂》,高诱《淮南子注》。《淮南子》至清代后又重受重视,研究者众多,如王念孙、卢文弨、钱塘、钱坫、俞樾、陶方琦、胡适、刘文典、刘家立、吴承仕等。

【延伸阅读】

所选《俶真训》解释了何为"仁"、"义"和"德",并整理了德性与仁义的关系,强调德性的核心地位,德充内而形于外,德性操控着行为的发生与变化,所以培养德性是至关重要的。

所选《氾论训》中强调应时而动、世易时移的观点,对法度、礼仪要遵守但不可泥古,应根据当时当地特点,权宜变动,与时俱进。

俶真训(节录)

夫天不定,日月无所载;地不定,草木无所植;所立于身者不宁,是非无所形。是故有真人然后有真知。其所持者不明,庸讵知吾所谓知之非不知欤?今夫积惠重厚,累爱袭恩,以声华呕苻妪掩万民百姓,使知之䜣䜣然,人乐其性者,仁也。举大功,立显名,体君臣,正上下,明亲疏,等贵贱,存危国,继绝世,决挐治烦,兴毁宗,立无后者,义也。闭九窍,藏心志,弃聪明,反无识,芒然仿佯于尘埃之外,而逍摇于无事之业,含阴吐阳,而万物和同者,德也。是故道散而为德,德溢而为仁义,仁义立而道德废矣!百围之木,斩而为牺尊。镂之以剞劂,杂之以青黄,华藻镈鲜,龙蛇虎豹,曲成文章,然其断在沟中,壹比牺尊、沟中之断,则丑美有间矣。然而失木性,钧也。是故神越者其言华,德荡者其行伪,至精亡于中,而言行观于外,此不免以身役物矣。夫趋舍行伪者,为精求于外也。精有湫尽,而行无穷极,则滑心浊神,而惑乱其本矣。其所守者不定,而外淫于世俗之风,所断差跌者,而内以浊其清明,是故蹉踏以终,而不得须臾恬澹矣。

氾论训(节录)

古者大川名谷,冲绝道路,不通往来也,乃为窬木方版,以为舟航。故地势有无,得相委输。乃为鞮蹻而超千里,肩荷负儋之勤也,而作为之楺轮建舆,驾马服牛,民以致远而不劳。为鸷禽猛兽之害伤人,而无以禁御也,而作为之铸金锻铁,以为兵刃,猛兽不能为害。故民迫其难则求其便,困其患则造其备。人各以其所知,去其所害,就其所利。常故不可循,器械不可因也,则先王之法度有移易者矣。古之制,婚礼不称主人,舜不告而娶,非礼也。立子以长,文王舍伯邑考而用武王,非制也。礼三十而娶,文王十五而生武王,非法也。夏后氏殡于阼阶之上,殷人殡于两楹之间,周人殡于西阶之上,此礼之不同者也。有虞氏用瓦棺,夏后氏堲周,殷人用椁,周人墙置翣,此葬之不同者也。夏后氏祭于闇,殷人祭于阳,周人祭于日出以朝,此祭之不同者也。尧《大章》,舜《九韶》,禹《大夏》,汤《大濩》,周《武象》,此乐之不同者也。故五帝异道而德覆天下,三王殊事而名施后世,此皆因时变而制礼乐者。譬犹师旷之施瑟柱也,所推移上下者无寸尺之度,而靡不中音,故通于礼乐之情者能作音,有本主于中,而以知榘彟之所周者也。鲁昭公有慈母而爱之,死为之练冠,故有慈母之服。阳侯杀蓼侯而窃其夫人,故大飨废夫人之礼。先王之制,不宜则废之。末世之事,善则著之,是故礼乐未始有常也。

故圣人制礼乐,而不制于礼乐。治国有常,而利民为本。政教有经,而令行为上。苟利于民,不必法古;苟周于事,不必循旧。夫夏、商之衰也,不变法而亡。三代之起也,不相袭而王。故圣人法与时变,礼与俗化。衣服器械,各便其用;法度制令,各因其宜。故变古未可非,而循俗未足多也。百川异源,而皆归于海;百家殊业,而皆务于治。王道缺而《诗》作,周室废、礼义坏,而《春秋》作。《诗》、《春秋》,学之美者也,皆衰世之造也,儒者循之以教导于世,岂若三代之盛哉!以《诗》、《春秋》为古之道而贵之,又有未作《诗》、《春秋》之时。夫道其缺也,不若道其全也。诵先王之《诗》、《书》,不若闻得其言;闻得其言,不若得其所以言。得其所以言者,言弗能言也。故道可道者,非常道也。周公事文王也,行无专制,事无由己,身若不胜衣,言若不出口,有奉持于文王,洞洞属属,而将不能,恐失之,可谓能子矣。武王崩,成王幼少。周公继文王之业,履天子之籍,听天下之政,平夷狄之乱,诛管、蔡之罪,负扆而朝诸侯,诛赏制断,无所顾问,威动天地,声慑四海,可谓能武矣。成王既壮,周公属籍致政,北面委质而臣事之,请而后为,复而后行,无擅恣之志,无伐矜之色,可谓能臣矣。故一人之身而三变者,所以应时矣。何况乎君数易世,国数易君,人以其位达其好憎,以其威势供嗜欲,而欲以一行之礼,一定之法,应时偶变,其不能中权,亦明矣。

刘文典《淮南鸿烈集解》中华书局新编诸子集成本

【思考题】

谈谈你对《淮南子》文艺思想的认识。

董仲舒　春秋繁露

（西汉）董仲舒

【作者简介】

董仲舒（约前179—前104年），汉广川（今河北景县）人，西汉时期的政治思想家和哲学家。汉代儒家学派的代表人物，其思想上承孔子并作新变，对儒学的发展产生重要作用。景帝时任博士，讲授《公羊春秋》，汉武帝时提出著名的"天人三策"，主要论述了"天人感应"、"屈君而伸天"等论题，将天命论纳入阴阳学。《汉书·五行志》中称其"始推阴阳，为儒者宗"。著有《春秋繁露》，《汉书》有传。

玉杯（节录）

缘此以论礼[1]，礼之所重者在其志，志敬而节具[2]，则君子予之知礼[3]。志和而音雅[4]，则君子予之知乐；志哀而居约[5]，则君子予之知丧。故曰：非虚加之[6]，重志之谓也。志为质，物为文[7]。文著于质，质不居文，文安施质[8]？质文两备，然后其礼成。文质偏行[9]，不得有我尔之名。俱不能备而偏行之，宁有质而无文。虽弗予能礼，尚少善之，介葛卢来是也[10]。有文无质，非直不予，乃少恶之，谓州公寔来是也[11]。然则《春秋》之序道也[12]，先质而后文，右志而左物[13]。故曰："礼云礼云，玉帛云乎哉[14]？"推而前之[15]，亦宜曰：朝云朝云，辞令云乎哉？"乐云乐云，钟鼓云乎哉？"引而后之，亦宜曰：丧云丧云，衣服云乎哉？是故孔子立新王之道[16]，明其贵志以反和[17]，见其好诚以灭伪。其有继周之弊[18]，故若此也。

《春秋》之法,以人随君,以君随天[19]。曰:缘民臣之心,不可一日无君。一日不可无君,而犹三年称子者[20],为君心之未当立也。此非以人随君耶?孝子之心,三年不当。三年不当而踰年即位者,与天数俱终始也[21]。此非以君随天邪?故屈民而伸君,屈君而伸天[22],《春秋》之大义也。

精华(节录)

难晋事者曰:《春秋》之法,未踰年之君称子[23],盖人心之正也。至里克杀奚齐[24],避此正辞而称君之子,何也?曰:所闻《诗》无达诂[25],《易》无达占[26],《春秋》无达辞,从变从义,而一以奉人[27]。仁人录其同姓之祸,固宜异操。晋,《春秋》之同姓也。骊姬一谋而三君死之[28],天下之所共痛也。本其所为为之者,蔽于所欲得位而不见其难也。《春秋》疾其所蔽,故去其正辞,徒言君之子而已。若谓奚齐曰:嘻嘻!为大国君之子,富贵足矣,何必以兄之位为欲居之,以至此乎云尔。录所痛之辞也。故痛之中有痛,无罪而受其死者,申生、奚齐、卓子是也。恶之中有恶者,己立之,己杀之,不得如他臣之弑君者,齐公子商人是也[29]。故晋祸痛而齐祸重。《春秋》伤痛而敦重[30],是以夺晋子继位之辞与齐子成君之号,详见之也。

同类相动

今平地注水,去燥就湿;均薪施火[31],去湿就燥。百物去其所与异,而从其所与同,故气同则会,声比则应[32],其验皦然也[33]。试调琴瑟而错之[34],鼓其宫则他宫应之,鼓其商而他商应之,五音比而自鸣[35],非有神,其数然也[36]。美事召美类,恶事召恶类,类之相应而起也。如马鸣则马应之,牛鸣则牛应之。帝王之将兴也,其美祥亦先见[37];其将亡也,妖孽亦先见[38]。物故以类相召也,故以龙致雨,以扇逐暑,军之所处以棘楚[39]。美恶皆有从来,以为命,莫知其处所。天阴将雨,人之病故为之先动,是阴相应而起也;天将欲阴雨,又使人欲睡卧者,阴气也。有忧,亦使人卧者,是阴相求也;有喜者,使人不欲卧者,是阳相索也。水得夜益长数分[40],东风而酒湛溢[41],病者至夜而疾益甚,鸡至几明[42],皆鸣而相薄[43]。其气益精,故阳益阳,而阴益阴,阳阴之气因可以类相益损也。

天有阴阳,人亦有阴阳。天地之阴气起,而人之阴气应之而起;人之阴气起,而天地之阴气亦宜应之而起,其道一也。明于此者,欲致雨,则动阴以起阴;欲止雨,则动阳以起阳。故致雨,非神也。而疑于神者,其理微妙也。非独阴阳之气可以类进退也[44],虽不祥祸福所从生,亦由是也。无非己先起之,而物以类应之而动者也。故聪明圣神,内视反听[45],言为明圣,内视反听[46],故独明圣者知其本心皆在此耳。故琴瑟报[47]弹其宫,他宫自鸣而应之,此物之以类动者也。其动以声而无形,人不见其动之形,则谓之自鸣也。又相动无形,则谓之自然,其实非自然也,有使之然者矣。物固有实使之,其使之无形。《尚书大传》言[48]:"周将兴之时,有大赤乌衔谷之种,而集王屋之上者[49],武王喜,诸大夫皆喜。周公曰:'茂哉[50]!茂哉!天之见此以劝之也。'"恐恃之[51]。

苏舆《春秋繁露义证》中华书局新编诸子集成本

【题解】

《玉杯》篇通过《春秋》所记载的鲁文公、许止、赵盾、公子比等人的事件,认为《春秋》特别重视人们行为的动机"原心","《春秋》之论事,莫重于志","质文两备,然后其礼成",既要重视质的内容,也要重视文的形式,但"礼之所重者,在其志"。因此《春秋》体例安排也是先本质而后文饰,重心志而轻形式,并用曲笔的方法隐晦地写出来。

《精华》篇主要讨论了以下几个主要问题:一是有关《春秋》,认为《春秋》在属辞用字上是非常慎重讲究的,原则确立,等级分明,"《春秋》慎辞,谨于名伦等物者";而在原则基础上又有灵活运用,"固有常义,又应有变"。二是强调对动机的重视,即"原心定罪","志邪者不待成;首恶者罪持重;本直者其论轻"。另外还列举了举贤任能的重要性,强调贤者对国家政治太平的重要性。

"同类相动"是董仲舒"天人感应"说中的一个重要方面,认为宇宙万物中同类事物可以互相感应,"气同则会,声比则应"。用自然界各种事物同类相动的例子和自然对人事的感应推论出天人之间的感应,如帝王将兴,天降祥瑞;帝王将亡,天降灾异,以此告诫君主要通过自然事象的发生与变化反求诸己,察觉并反思自己的得与失,精进政治。

【注释】

1. 缘此:根据"重志"这一原则。
2. 志敬而节具:有礼敬之心志并礼节周备。具,通"俱"。
3. 予:赞许。
4. 志和而音雅:心志中和,音乐优美。
5. 志哀而居约:内心哀伤,生活简朴。
6. 非虚加之:加:指责。指《春秋》批评"文公以丧取"之事。
7. 文:文饰,形式。
8. 文著于质:形式依附于本质。著:显明,显出。质不居文,文安施质:本质如果不容纳形式,形式怎么能够彰显本质?施:显现、彰显。
9. 文质偏行:指偏重于文或质一个方面。
10. 介葛卢来:介,国名。葛卢,介国国君名。据《春秋·僖公二十九年》记载,介是东夷小国,不懂华夏礼仪,但一心向往中原华夏文明,因此《春秋》称呼其名。
11. 州公寔来:《春秋·桓公六年》记载:"六年春正月,寔来。"州是国名,公是爵号。州公路过鲁国而不拜见鲁桓公,是无礼表现,所以《春秋》不称呼州公的姓名,只记载"寔来"。寔,通"是",这,此。寔来:即这个人来。
12. 序道:序,排列顺序。道,法则。
13. 右志而左物:推崇志向而轻视形式。右:尊重,周人"尚右"。
14. 出自《论语·阳货》,意为:礼呀礼呀,难道仅仅是指玉帛之类的礼器而已吗?
15. 推而前之:往前类比推论。
16. 孔子立新王之道:公羊学派尊奉孔子为"素王",认为孔子为天下创立了新王的法则。
17. 反和:回到中和之道。反,通"返"。
18. 继周之弊:周代重文饰,这是周人欠缺的方面,因此孔子提倡"贵志"。
19. 随:服从,听从。
20. 三年称子:国君去世,嗣君即位,三年丧期间不称爵号,只称"子"。
21. 天数:自然法则,自然规律。董仲舒把"三"看成是自然规律与社会法则的高度概括,宇宙间的众多现象无不呈现为三或三的倍数。

22. 屈:抑制。伸:张扬。
23. 未踰年之君称子:即位不到一年的新君称"子"。
24. 里克杀奚齐:见《春秋·僖公十年》,里克:晋大夫。奚齐:晋献公之子。
25. 达诂:确切一致的诠释。
26. 占:占卜。
27. 奉人:卢文弨认为是"奉天"之误。
28. 骊姬:晋献公宠妃,生子奚齐。其妹陪嫁献公,生子卓子。三君:指太子申生、奚齐、卓子。骊姬谋害太子申生,立奚齐、卓子。后奚齐、卓子被里克所杀。
29. 公子商人:齐昭公之弟。齐昭公死,其子舍立为君。公子商人杀舍自立为君,是为齐懿公。
30. 敦:教诲。
31. 均薪:均匀铺开木柴。
32. 比:相同。
33. 验:效果。皦然:明亮、清晰。
34. 错:通"措",放置。
35. 五音:宫、商、角、徵、羽。
36. 数:规律。
37. 祥:祥瑞。
38. 妖孽:不祥之兆。
39. 棘楚:荆棘。
40. 水得夜益长数分:水和夜皆属阴性,同类而相感应。
41. 东风:春风。春风与酒也是同类而相感应。
42. 几明:将尽天明。
43. 相薄:相附和。
44. 以类进退:以阳益阳,以阴益阴,是"以类进";以阳克阴,以阴克阳,是"以类退"。
45. 内视反听:指断绝耳目之外听、外视,静心思虑,内向反省。
46. 言为明圣,内视反听:此句可能是衍文。
47. 报:合奏。
48. 《尚书大传》:据《汉书·艺文志》记载,《尚书大传》是西汉伏生所传授的著作。
49. 王屋:宫殿。
50. 茂:努力。
51. 恐悸之:此三字可能是衍文。

【讲疏】

《春秋繁露》是董仲舒的代表作,原名为《董仲舒书》,是后人将其著作汇编而成。《春秋繁露》集中体现了董仲舒的政治哲学思想。如"天人感应"、"屈民而伸君,屈君而伸天"等,董仲舒通过天命论将天与人联系起来,认为上天存在意志,人尤其是君主要顺天而为,天人合一,自然界的各种现象看起来各自生发没有联系,其实是同类相应的结果,这也是天人感应的结果,君主应从自然现象中反求诸己身,思考自己的行为是否合乎天道,以便纠正自己。董仲舒认为天子是听命于上天的,"人于天也,以道受命"(《春秋繁露·顺命》),而臣民百姓又必须听命于天子,"其于人,以言受命"(同上),因此说"屈民而伸君,屈君而伸天",这样既承认天子的神圣权利,又对其有所限制。董仲舒的这一思想是对先秦儒家思想的新变,汉朝结束战乱局面后使天下大一统,为保持这种统一局面,防止诸侯国势力壮大而带来的威胁,需要强调天子的神圣威严来维护国家的长治久安,因此需"屈民而伸君",同时又担忧君主的权力过分膨胀,因而又有"屈君以伸天"。天意何为?实则是儒家思想的显现,所以归根到底,"天人感应"就是要"罢黜百家,独尊儒术","邪辟之说灭息,然后统纪可一而法度可明,民知所从矣"(《汉书·董仲舒传》),因此,儒家思想超越其他各家思想占据主导地位,成为汉代及以后封建王朝的统治思想,同时也成为中华民族传统文化的主要内容。

【关键词解读】

《诗》无达诂

最早见于西汉董仲舒《春秋繁露·精华》篇:"《诗》无达诂,《易》无达占,《春秋》无达辞。""达",是明白、晓畅的意思;"诂",指以今人的语言解释古人的话。汉代的经生儒者,依据春秋时代"赋《诗》言志"、断章取义的用《诗》情形,进而提出阅读与阐释《诗经》可随个人心意变化运用,前提是能符合当时当地使用者的语境即可。从古代诗学的发展历程来看,"《诗》无达诂"当时在汉代有其存在的合理性,但却在一定程度上造成了对《诗经》的片面化和肢解化解读。从今天的语境来看,"《诗》无达诂"已经改变为"诗无达诂",意味着对文学作品的解读没有一定固定的模式和终极意义,只要是能够符合作品语境视域均可成立。

同类相动

这是董仲舒"天人感应"论中的重要内容,同类相动即是说宇宙天地间的事物是有类别的,而同类的事物可以相互感应,互相参照,"今平地注水,去燥就湿;均薪施火,去湿就燥",向平地注水,水一定流向湿润的地方而远离干燥的地方,将薪柴点燃,火也会趋向干燥的地方而避开湿润的地方,不仅是水火,世间事物都一样,"百物去其所与异,而从其所与同",所以说"气同则会,声比则应",气相同的事物会相互配合,频率相同的声音会发生共鸣。这种"同类相动"的观点与说法在其他著作中也有提到,如"类同相召,气同则合,声比则应"(《吕氏春秋·召类》);"同声相应,同气相求"(《周易·乾》)。而除了世间万物之间有联系感应外,董仲舒认为此理还适用于天人之间,上天和人之间可相互感应,他将其上升至政治层面,天象的不同,如祥瑞与灾异,会昭示帝王的命运转折,因此,君主应重视自然天相变化以省察自己的政治得失,纠正改过,从而巩固自己的统治。这同"物感说"有相通之处。

【相关知识链接】

董仲舒思想对后世影响很大,在汉代,刘向、王充等人都给予高度评价,刘向认为董之才超过晏子、管仲等人,王充也认为其"知在公卿之上"。南宋大儒朱熹也深受其影响,称其为"纯儒"。清代许多公羊家如龚自珍、魏源、康有为等对董仲舒也评价甚高。康有为还专门著书《春秋董氏学》以作研究。

《春秋繁露》共十七卷八十二篇,实存七十九篇。现存最早版本为南宋楼钥整理刊刻,后存于《永乐大典》。清朝乾隆年间诸臣修著四库全书,又成"聚珍版"。乾嘉年间出现两大校本——卢文弨校本和凌曙注本,二者参考不同。宣统年间苏州苏舆兼取卢、凌二本,编有《春秋繁露义证》,较为完善。

【延伸阅读】

《楚庄王》揭示了乐的教化功用,认为作乐要歌颂王者的恩德,并顺乎民意,同时要时移世异,体现了乐的时代性。

《正贯》论及知气、养志、知声、知物,提出了"明于情性,乃可与论为政",充分认识到情性与为文、为政之间的关系。

《立元神》提出了"奉天本"、"奉地本"、"奉人本"的"三本"说,将礼乐列为三本之一的"人本",强调了礼乐的教化功能,而这需要通过孝悌之性来体现。

《为人者天》中董仲舒描述天人关系,认为天和人可以互相感应并一一对应,人必须按照天的意志活动,称为受命。君受命于天,而民则受命与君,从而建立起天人感应,君权神授的人一君一天的严密结构。

《天辨在人》论及人有四气,天有四行,人的喜怒哀乐来自于天,这种说法在一定程度上促发了后世"物感说"的产生。

楚庄王(节录)

问者曰:物改而天授显矣,其必更作乐,何也?曰:乐异乎是。制为应天改之,乐为应人作之,彼之所受命者,必民之所同乐也。是故大改制于初,所以明天命也。更作乐于终,所以见天功也。缘下之所新乐而为之文曲,且以和政,且以兴德。天下未偏合和,王者不虚作乐。乐者,盈于内而动发于外者也。应其治时,制礼作乐以成之。成者,本末质文皆以具矣。是故作乐者必反天下之所始乐于己以为本。舜时,民乐其昭尧之业也,故《韶》。"韶"者,昭也。禹之时,民乐其三圣相继,故《夏》。"夏"者,大也。汤之时,民乐其救之于患害也,故《濩》。"濩"者,救也。文王之时,民乐其兴师征伐也,故《武》。"武"者,伐也。四者,天下同乐之,一也,其所同乐之端不可一也。作乐之法,必反本之所乐。所乐不同事,乐安得不世异?是故舜作《韶》而禹作《夏》,汤作《濩》而文王作《武》。四乐殊名,则各顺其民始乐于己也。吾见其效矣。《诗》云:"文王受命,有此武功。既伐于崇,作邑于丰。"乐之风也。又曰:"王赫斯怒,爰整其旅。"当是时,纣为无道,诸侯大乱,民乐文王之怒而咏之歌之也。周人德已洽天下,反本以为乐,谓之《大武》,言民所始乐者武也云尔。故凡乐者,作之于终,而名之以始,重本之义也。由此观之,正朔、服色之改,受命应天制礼作乐之异,人心之动也。二者离而复合,所为一也。

正贯(节录)

《春秋》,大义之所本耶?六者之科,六者之恉之谓也。然后援天端,布流物,而贯通其理,则事变散其辞矣。故志得失之所从生,而后差贵贱之所始矣。论罪源深浅,定法诛,然后绝属之分别矣。立义定尊卑之序,而后君臣之职明矣。载天下之贤方,表谦义之所在,则见复正焉耳。幽隐不相喻,而近之则密矣。而后万变之应无穷者,故可施其用于人,而不悖其伦矣。是以必明其统于施之宜,故知其气矣,然后能食其志也;知其声矣,而后能扶其精也;其知行矣,而后能遂其形也;知其物矣,然后能别其情也。故倡而民和之,动而民随之,是知引其天性所好,而压其情之所憎者也。如是则言虽约,说必布矣;事虽小,功必大矣。声响盛化运于物,散入于理,德在天地,神明休集,并行而不竭,盈于四海而讼咏。《书》曰:"八音克谐,无相夺伦,神人以和。"乃是谓也。故明于情性乃可与论为政,不然,虽劳无功。凤夜是瘩,思虑惓心,犹不能睹,故天下有非者。三示当中孔子之所谓非,尚安知通哉!

立元神(节录)

何谓本?曰:天、地、人,万物之本也。天生之,地养之,人成之。天生之以孝悌,地养之以衣食,人成之以礼乐,三者相为手足,合以成体,不可一无也。无孝悌则亡其所以生,无衣食则亡其所以养,无礼乐则亡其所以成也。三者皆亡,则民如糜鹿,各从其欲,家自为俗。父不能使子,君不能使臣,虽有城郭,名曰虚邑。如此,其君枕块而僵,莫之危而自危,莫之丧而自亡,是谓自然之罚。自然之罚至,裹袭石室,分障险阻,犹不能逃之也。明主贤君必于其信,是故肃慎三本。郊祀致敬,共事祖祢,举显孝悌,表异孝行,所以奉天本也。秉耒躬耕,採桑亲蚕,垦草殖谷,开辟以足衣食,所以奉地本也。立辟雍庠序,修孝悌敬让,明以教化,感以礼乐,所以奉人本也。三者皆奉,则民如子弟,不敢自专,邦如父母,不待恩而爱,不须严而使,虽野居露宿,厚于宫室。如是者,其君安枕而卧,莫之助而自强,莫之绥而自安,是谓自然之赏。自然之赏至,虽退让委国而去,百姓襁负其子随而君之,君亦不得离也。故以德为国者,甘于饴蜜,固于胶漆,是以圣贤勉而崇本而不敢失也。

为人者天（节录）

为生不能为人，为人者，天也。人之人本于天，天亦人之曾祖父也，此人之所以乃上类天也。人之形体，化天数而成；人之血气，化天志而仁；人之德行，化天理而义。人之好恶，化天之暖清；人之喜怒，化天之寒暑；人之受命，化天之四时；人生有喜怒哀乐之答，春秋冬夏之类也。喜，春之答也；怒，秋之答也；乐，夏之答也；哀，冬之答也，天之副在乎人。人之情性有由天者矣，故曰受，由天之号也。为人主也，道莫明省身之天，如天出之也。使其出也，答天之出四时，而必忠其受也，则尧舜之治无以加。是可生可杀，而不可使为乱，故曰："非道不行，非法不言。"此之谓也。传曰：唯天子受命于天，天下受命于天子，一国则受命于君。君命顺，则民有顺命；君命逆，则民有逆命。故曰："一人有庆，兆民赖之。"此之谓也。

传曰：政有三端：父子不亲，则致其爱慈；大臣不和，则敬顺其礼；百姓不安，则力其孝弟。孝弟者，所以安百姓也。力者，勉行之身以化之。天地之数，不能独以寒暑成岁，必有春夏秋冬。圣人之道，不能独以威势成政，必有教化。故曰：先之以博爱，教以仁也；难得者，君子不贵，教以义也。虽天子必有尊也，教以孝也；必有先也，教以弟也。此威势之不足独恃，而教化之功不大乎？

传曰：天生之，地载之，圣人教之。君者，民之心也；民者，君之体也。心之所好，体必安之；君之所好，民必从之。故君民者，贵孝弟而好礼义，重仁廉而轻财利，躬亲职此于上而万民听，生善于下矣。故曰："先王见教之可以化民也。"此之谓也。

衣服容貌者，所以说目也；声音应对者，所以说耳也；好恶去就者，所以说心也。故君子衣服中而容貌恭，则目说矣；言理应对逊，则耳说矣；好仁厚而恶浅薄，就善人而远僻鄙，则心说矣。故曰："行思可乐，容止可观。"此之谓也。

天辨在人(节录)

春爱志也,夏乐志也,秋严志也,冬哀志也。故爱而有严,乐而有哀,四时之则也。喜怒之祸,哀乐之义,不独在人,亦在于天,而春夏之阳,秋冬之阴,不独在天,亦在于人。人无春气,何以博爱而容众?人无秋气,何以立严而成功?人无夏气,何以盛养而乐生?人无冬气,何以哀死而恤丧?天无喜气,亦何以暖而春生育?天无怒气,亦何以清而秋杀就?天无乐气,亦何以疏阳而夏养长?天无哀气,亦何以激阴而冬闭藏?故曰:天乃有喜怒哀乐之行,人亦有春秋冬夏之气者,合类之谓也。匹夫虽贱,而可以见德刑之用矣。是故阴阳之行,终各六月,远近同度,而所在异处。阴之行,春居东方,秋居西方,夏居空右,冬居空左,夏居空下,冬居空上,此阴之常处也。阳之行,春居上,冬居下,此阳之常处也。阴终岁四移,而阳常居实,非亲阳而疏阴,任德而远刑与?天之志,常置阴空处,稍取之以为助。故刑者德之辅,阴者阳之助也,阳者岁之主也。天下之昆虫随阳而出入,天下之草木随阳而生落,天下之三王随阳而改正,天下之尊卑随阳而序位。幼者居阳之所少,老者居阳之所老,贵者居阳之所盛,贱者居阳之所衰。藏者,言其不得当阳。不当阳者臣子是也,当阳者君父是也。故人主南面,以阳为位也。阳贵而阴贱,天之制也。礼之尚右,非尚阴也,敬老阳而尊成功也。

苏舆《春秋繁露义证》中华书局新编诸子集成本

【思考题】

1. 谈谈董仲舒的"天人"观念对中国文论的影响。
2. 结合实例,谈谈你对"诗无达诂"的理解。

司马迁　太史公自序

（西汉）司马迁

【作者简介】

司马迁（前145—?），字子长，左冯翊夏阳（今陕西韩城）人。西汉著名史学家、文学家。汉武帝时，先官太史令，后因李陵事件遭罪入狱，并遭受宫刑，出狱后官至中书令，著《史记》130篇，后世有刘宋裴骃《史记集解》、唐司马贞《史记索隐》、张守节《史记正义》三种注本最为著名。《全汉文》收录其文。班固《汉书》中第六十二卷有《司马迁传》。

太史公自序（节录）

太史公曰："先人有言：'自周公卒五百岁而有孔子。孔子卒后至于今五百岁，有能绍明世，正《易传》，继《春秋》，本《诗》、《书》、《礼》、《乐》之际？'意在斯乎！意在斯乎！小子何敢让焉[1]？"

上大夫壶遂曰："昔孔子何为而作《春秋》哉[2]？"太史公曰："余闻董生曰[3]：'周道衰废，孔子为鲁司寇，诸侯害之，大夫雍之。孔子知言之不用，道之不行也，是非二百四十二年之中[4]，以为天下仪表，贬天子，退诸侯，讨大夫，以达王事而已矣。'子曰：'我欲载之空言，不如见之于行事之深切著明也[5]。'夫《春秋》，上明三王之道，下辨人事之纪，别嫌疑，明是非，定犹豫，善善恶恶，贤贤贱不肖，存亡国，继绝世，补弊起废，王道之大者也。《易》著天地、阴阳、四时、五行，故长于变；《礼》经纪人伦，故长于行；《书》记先王之事，故长于政；《诗》记山川、溪谷、禽兽、草木、牝牡、雌雄,故长于风;《乐》乐所以立,故长于和;《春秋》辩是非,故长于治人。是故《礼》以节人,《乐》以发和,《书》以道事,《诗》以达意,《易》以道化[6],《春秋》以道义。拨乱世反之正,莫近于《春秋》。《春秋》文成数万,其指数千[7]。万物之散聚[8]皆在《春秋》。《春秋》之中,弑君三十六,亡国五十二,诸侯奔走不得保其社稷者不可胜数。察其所以,皆失其本已。故《易》曰:'失之豪厘,差之千里[9]。'故曰:'臣弑君,子弑父,非一旦一夕之故也,其渐久矣[10]。'故有国者不可以不知《春秋》,前有谗而弗见,后有贼而不知。为人臣者不可以不知《春秋》,守经事而不知其宜,遭变事而不知其权[11]。为人君父而不通于《春秋》之义者,必蒙首恶之名。为人臣子而不通于《春秋》之义者,必陷篡弑之诛,死罪之名。其实皆以为善,为之不知其义,被之空言而不敢辞[12]。夫不通礼义之旨,至于君不君,臣不臣,父不父,子不子。夫君不君则犯,臣不臣则诛,父不父则无道,子不子则不孝。此四行者,天下之大过也。以天下之大过予之,则受而弗敢辞。故《春秋》者,礼义之大宗也。夫礼禁未然之前,法施已然之后;法之所为用者易见,而礼之所为禁者难知[13]。"

……

于是论次其文。七年[14],而太史公遭李陵之祸,幽于缧绁[15]。乃喟然而叹曰:"是余之罪也夫?是余之罪也夫!身毁不用矣!"退而深惟曰[16]:"夫《诗》、《书》隐约者,欲遂其志之思也[17]。昔西伯拘羑里,演《周易》[18];孔子厄陈、蔡,作《春秋》[19];屈原放逐,著《离骚》;左丘失明,厥有《国语》[20];孙子膑脚,而论兵法[21];不韦迁蜀,世传《吕览》[22];韩非囚秦,《说难》、《孤愤》[23];《诗》三百篇,大抵贤圣发愤之所为作也。此人皆意有所郁结,不得通其道也,故述往事,思来者。"于是卒述陶唐以来,至于麟止,自黄帝始[24]。

《史记》中华书局点校本

报任安书(节录)

夫人情莫不贪生恶死,念亲戚,顾妻子,至激于义理者不然[25],乃有不得已也。今仆不幸,蚤失二亲,无兄弟之亲,独身孤立,少卿视仆于妻子何如哉[26]?且勇者不必死节,怯夫慕义,何处不勉焉[27]!仆虽怯愞欲苟活,亦颇识去就之分矣,何至自湛溺累绁之辱哉[28]!且夫臧获婢妾犹能引决,况若仆之不得已乎[29]!所以隐忍苟活,函粪土之中而不辞者,恨私心有所不尽,鄙没世而文采不表于后也[30]。

古者富贵而名摩灭,不可胜记,唯俶傥非常之人称焉[31]。盖西伯拘而演《周易》;仲尼厄而作《春秋》;屈原放逐,乃赋《离骚》;左丘失明,厥有《国语》;孙子膑脚,《兵法》修列;不韦迁蜀,世传《吕览》;韩非囚秦,《说难》、《孤愤》。《诗》三百篇,大氐贤圣发愤之所为作也。此人皆意有所郁结[32],不得通其道,故述往事,思来者。及如左丘无目,孙子断足,终不可用,退而论书策以舒其愤,思垂空文以自见[33]。

仆窃不逊,近自托于无能之辞,网罗天下放失旧闻,考之行事,稽其成败兴坏之理[34]。上计轩辕,下至于兹[35],为十表、本纪十二、书八章、世家三十、列传七十("上计轩辕"至此,原文无,据《文选》补),凡百三十篇。亦欲以究天人之际,通古今之变,成一家之言。草创未就,适会此祸,惜其不成,是以就极刑而无愠色[36]。仆诚已著此书,藏之名山,传之其人通邑大都,则仆偿前辱之责,虽万被戮,岂有悔哉!然此可为智者道,难为俗人言也[37]。

《汉书·司马迁传》中华书局本

【题解】

《太史公自序》作于《史记》成书之后,是司马迁为自己作的传,也是对《史记》的创作缘起和目的的介绍与总结。现在看来,也可以作为《史记》的绪言,总之起到的是提纲挈领的作用。司马迁的父亲司马谈也是太史令,他感叹由秦至汉的社会巨大变化,目睹许多"明人主贤君忠臣死义之士",并以史官的责任感,想要记录这些历史。司马迁听取其父生前的嘱托"余死,汝必为太史,为太史,无忘吾所欲论著矣",因此任太史令时,以"小子何敢让焉"的使命感,历经磨难也不放弃,最终写成流传千古的《史记》。

《报任安书》是司马迁写给朋友任安的一封回信。司马迁因李陵之祸受宫刑获释后,任中书令。便有朋友因此想要其利用职务之便"推贤进士"。信中他从朋友的提议"推贤进士"落笔,主要讲述了自己因李陵事件而遭受奇耻大辱的经过,充满悲愤的感情,同时表达了自己忍辱负重,发愤著书的决心和毅力。全文情感饱满,气势浩荡而又迂回曲折,最后又回到"推贤进士"的主题上,首尾呼应,结构完整。这封信集中表述了司马迁的高尚人格和道德情操,虽是一篇书信体,但仍具有重要的史学价值。

【注释】

1. "小子"句:谓当完成父司马谈的志愿,继孔子而作史。本文相关注释参考了郭绍虞《中国历代文论选》(第一册)中相关引文注释,特此说明。

2. 壶遂:天文学家,汉文帝时,官詹事,上大夫是其官阶。太初元年(前140年),司马迁和壶遂共同制定新历(即太初历)。

3. 董生:即董仲舒(前179—前104年),广川人,西汉经学家,著有《春秋繁露》,司马迁曾向他学习。《史记》卷一百二十一、《汉书》卷五十六都有传。生,先生的简称。

4. "是非"句:指孔子作《春秋》。是非,褒贬义。

5. "子曰"二句:据司马贞《史记索隐》说见《春秋纬》,但纬书出于西汉末年,引文当别有所本,详不可考。此处意为,与其发为议论,不如采用《春秋》这种褒贬是非、因事见义的方式,更为深切而著名。

6. 道化:阐发阴阳四时五行变化之理。道:论述,上下文并同。

7. "文成数万"二句:董仲舒是今文经学家,习《公羊春秋》。《公羊春秋》合经传共四万四千余字,故云"文成数万"。传释经义,条例极繁,故云"其指数千"。

8. 万物之散聚:郭嵩焘曰:"物,犹事也。万物之散聚,谓会盟侵伐,散见各国,合而聚之,其事皆可观,而其义皆有可寻。下云弑君亡国,举其重者。"

9. "失之豪厘"二句:今本《周易》无此文,见《易纬·通卦验》。《礼记·经解》也引有此文,文字略有出入。

10. "臣弑君"四句:见《易·坤文言》,稍有节略。渐:由来的意思。

11. "守经事"二句:上句"宜"与下句"权"为对文,宜:指正常的道理。权:指应变的方法。

12. "其实皆以为善"三句:谓有些人主观上认为是本着善心去做的,但由于不明义理,往往陷于罪恶,于是不免在《春秋》留下不好记录。

13. "夫礼禁未然之前"四句:泷川资言《史记会注考证》:"《汉书·贾谊传》谊陈政事疏云:'夫礼者禁于将然之前,而法者禁于已然之后。是故法之所用易见,而礼之所为生难知也。'《大戴礼·礼察》篇同。盖古有此语,而史公用之也。"

14. "七年"句:李陵之祸,事见司马迁《报任安书》,载《汉书·司马迁传》。司马迁因李陵事件下狱在天汉二年(前99年),次年仍在狱中,上溯太初元年(前104年)为七年。

15. 缧绁:拘禁犯人的绳索,引申为囚禁。

16. 深惟:深思。

17. "诗书隐约"二句:意为古人著书,词意隐约,均为有感而发,表达自己的意志的。诗书:泛指下文所举各书。

18. "西伯"句:西伯,即周文王姬昌。据说文王曾被殷纣拘禁于羑里,将《易》之八卦演变为六十四卦。事见《史记·周本纪》。

19. "孔子"句:《史记·孔子世家》说孔子作《春秋》在鲁哀公十四年西狩猎获麟的一年,和此处有出入。

20. "左丘"二句:《国语》二十二卷,记载春秋列国史事,旧为左丘明所作,与《左传》相表里,故又称《春秋外传》,其成书可能在战国初期。

21. "孙子"二句:孙子即孙膑,战国时齐人,名字不可考。与庞涓同学兵法,庞涓为魏国将,嫉妒他的才能,刖其足。刖足为膑,所以后人称其为孙膑。《汉书·艺文志》兵权谋家著录"齐《孙子》八十九篇",注:"图四卷。师古曰:孙膑。"

22. "不韦"二句:吕不韦,秦庄襄王、秦始皇时为丞相,后被罢免,与全家都被迁徙于蜀,不韦服毒自杀。《吕氏春秋》成书在不韦迁蜀之前。

23. "韩非"二句:《说难》、《孤愤》,《韩非子》中篇名。韩非写二文时,在入秦之前,事见《史记·老庄申韩列传》。

24. "卒述陶唐"三句:谓《史记》所记述的内容,上起陶唐,下迄汉武帝时代。公元前122年,武帝至雍,获似鹿角兽,称其为麒麟,铸金作麟趾形,改元元狩。孔子作《春秋》,绝笔于获麟,此处借用"麟趾"的字面,以见著述之意。止,同趾,双关语。陶唐,指帝尧。尧初居陶丘,后迁于唐,号陶唐氏。

25. 激于义理:被正义和真理所激发。

26. 蚤失二亲:父母早亡。于妻子何如哉:对待妻子家世是怎样的呢?

27. 怯夫慕义:怯弱的人仰慕节义。何处不勉焉:在什么地方都会勉励自己为名节而死。

28. 去就:舍生就义。分:区别、界限。湛溺:陷身其中。

29. 臧获:泛指奴隶。扬雄《方言》:"荆淮海岱杂齐之间,骂奴曰臧,骂婢曰获。"婢妾:泛指女奴或奴仆。引决:是"引决自裁"的省略。

30. 幽:拘禁。粪土之中:指监狱。"恨私"二句是说,我所遗憾的是内心想做的事还未完成,所惭愧的是身死之后文章未能显露于世。

31. 不可胜记:无法全记。俶傥:才气卓越不受拘束。称焉:被人称扬而出名。

32. 郁结:忧愁郁闷不得抒发。

33. 及如:至于。论书策:论列己见,著书立说。垂:流传。空文:因不能建功立业,只能著文,故称空文。见:通"现"。

34. 逊:谦让。失:通"佚",散失。稽:考察、研究。

35. 轩辕：黄帝，传说为远古君王，因居轩辕之丘而得名。兹：今，指汉武帝时期。
36. 适会此祸：正巧遇上李陵之祸。极刑：指宫刑。愠色：愤怒的脸色。
37. 传之其人：留给那些能为自己传播论著的人。通邑大都：四通八达的城市。偿：补偿。责：通"债"。

【讲疏】

《史记》是我国第一部纪传体史书，记载了上至黄帝，下至汉武帝元狩元年共两千多年的历史。全书共一百三十卷，分为十二本纪，十表，八书，三十世家，七十列传，"原始察终，见盛观衰"，并"究天人之际，通古今之变"，最终"成一家之言"。纪传体不同于以往的编年体和国别体，以人物为中心，记录帝王、人臣及历史上大大小小人物的事迹，可谓"网罗天下放失旧闻"，规模宏大，内容丰富，体系完整，是一部百科全书式的著作，在史学、文学方面都有重要的价值。鲁迅称之为"史家之绝唱，无韵之《离骚》"。

【关键词解读】

发愤著书

司马迁撰写《史记》时困难重重，尤其是汉武帝时因李陵一事被下狱遭受宫刑的屈辱，对其打击巨大。但他没有就此消沉或放弃，而是从祸难中汲取力量，于逆境中开悟人生，在前人身上寻找精神支撑，左丘、韩非、孙膑、吕不韦等，尤其是屈原，最终写成《史记》之绝唱。如果说屈原作《离骚》是忧愁幽思之作，那么《史记》则更进一步，带有怨愤和批判的感情。司马迁认为，困境和屈辱是创作的动力，并且要适时将这种悲愤之情宣泄出去。这种"发愤著书"的精神对后世文学创作产生了重要的影响。刘勰在《文心雕龙》中高度赞扬这种"发愤为作"的创作方法，钟嵘也曾提到"托诗以怨"的观点，唐代韩愈则提出了"不平则鸣"之说，宋代欧阳修有"诗穷而后工"说，明代李贽有"不愤不作"说。另外，这种"发愤著书"的精神对中国传统文人的心理构成有重要作用，每朝每代但逢战乱动荡时期，便会出现一批这样的发愤诗人，以笔代戎，或叹国家之悲痛，或讨伐战争之罪恶，或抒发杀敌之豪情，如陆游、文天祥等等。

【相关知识链接】

《史记》对中国文学和史学有着不可磨灭的影响，而作者本人也希望其能够"藏之名山,传之其人"。后世对《史记》的研究之作不可胜数,甚至形成了《史记》学。自汉代始,对《史记》的批评研究之作便不在少数,最著名的是班固的《汉书》。由于《史记》的批判精神,在汉代多被视为"谤书"而遭压抑。魏晋时,研究《史记》,为其作注者渐多,《史记》的地位也得到平反。南朝宋裴骃的《史记集解》与后来唐代司马贞的《史记索隐》和张守节的《史记正义》被称为"《史记》三家注"。唐代时重视修史的风气和韩柳领导的古文运动则奠定了《史记》在文学、史学史上的地位。至明清时期,《史记》学不断发展,研究《史记》的书籍不断增加,并逐渐向考证方向发展,《史记》的传播范围和影响力也在不断扩大。近代社会发生重大变化,对《史记》的研究也具有时代色彩,这一时期主要是对《史记》研究成果的总结,更加宏观,学人及著作都颇多,对《史记》的评价也更高。

【延伸阅读】

《十二诸侯年表序》阐明了孔子作《春秋》的目的,即明王道,"约其辞文,去其烦重,以制义法,王道备,人事浃",同时历数了各类《春秋》著述,这对研究《春秋》的学术史有极其重要的意义。

《礼书》历数了"礼"的发展,阐明了自己对礼的看法,认识到审美的生理基础,即"目好五色,为之黼黻文章以表其能;耳乐钟磬,为之调谐八音以荡其心;口甘五味,为之庶羞酸咸以致其美",指出了文学艺术有"养情"的作用。

《乐书》陈述了历代之乱与音乐的关系,肯定了音乐"动荡血脉,通流精神而和正心"的作用,他从儒家的观念出发,强调了音乐要发挥"补短移化,助流政教"、"将欲为治"的作用。

《屈原贾生列传》中记述了屈原《离骚》乃是因忧愁幽思而作,并总结《离骚》"文约""辞微",但"其指极大,举类迩而见义远"的特点,对屈原洁身自好、不同流合污的自爱精神进行赞扬。

十二诸侯年表序(节录)

太史公读《春秋历谱谍》,至周厉王,未尝不废书而叹也。曰:呜呼,师挚见之矣!纣为象箸而箕子唏。周道缺,诗人本之衽席,《关雎》作。仁义陵迟,《鹿鸣》刺焉。及至厉王,以恶闻其过,公卿惧诛而祸作,厉王遂奔于彘,乱自京师始,而共和行政焉。是后或力政，强乘弱，兴师不请天子。然挟王室之义，以讨伐为会盟主，政由五伯，诸侯恣行，淫侈不轨，贼臣篡子滋起矣。齐、晋、秦、楚其在成周微甚，封或百里或五十里。晋阻三河，齐负东海，楚介江淮，秦因雍州之固，四海迭兴，更为伯主，文武所褒大封，皆威而服焉。是以孔子明王道，干七十余君，莫能用，故西观周室，论史记旧闻，兴于鲁而次《春秋》，上记隐，下至哀之获麟，约其辞文，去其烦重，以制义法，王道备，人事浃。七十子之徒口受其传指，为有所刺讥褒讳挹损之文辞不可以书见也。鲁君子左丘明惧弟子人人异端，各安其意，失其真，故因孔子史记具论其语，成《左氏春秋》。铎椒为楚威王传，为王不能尽观《春秋》，采取成败，卒四十章，为《铎氏微》。赵孝成王时，其相虞卿上采《春秋》，下观近势，亦著八篇，为《虞氏春秋》。吕不韦者，秦庄襄王相，亦上观尚古，删拾《春秋》，集六国时事，以为八览、六论、十二纪，为《吕氏春秋》。及如荀卿、孟子、公孙固、韩非之徒，各往往捃摭《春秋》之文以著书，不同胜纪。汉相张苍历谱五德，上大夫董仲舒推《春秋》义，颇著文焉。

太史公曰：儒者断其义，驰说者骋其辞，不务综其终始；历人取其年月，数家隆于神运，谱谍独记世谥，其辞略，欲一观诸要难。于是谱十二诸侯，自共和讫孔子，表见《春秋》、《国语》学者所讥盛衰大指著于篇，为成学治古文者要删焉。

礼书（节录）

太史公曰：洋洋美德乎！宰制万物，役使群众，岂人力也哉？余至大行礼官，观三代损益，乃知缘人情而制礼，依人性而作仪，其所由来尚矣。人道经纬万端，规矩无所不贯，诱进以仁义，束缚以刑罚，故德厚者位尊，禄重者宠荣，所以总一海内而整齐万民也。

人体安驾乘，为之金舆错衡以繁其饰；目好五色，为之黼黻文章以表其能；耳乐钟磬，为之调谐八音以荡其心；口甘五味，为之庶羞酸咸以致其美；情好珍善，为之琢磨圭璧以通其意。故大路越席,皮弁布裳,朱弦洞越,大羹玄酒,所以防其淫侈,救其雕敝。是以君臣朝廷尊卑贵贱之序,下及黎庶车舆衣服宫室饮食嫁娶丧祭之分,事有宜适,物有节文。仲尼曰:"禘自既灌而往者,吾不欲观之矣。"

周衰,礼废乐坏,大小相逾,管仲之家,兼备三归。循法守正者见侮于世,奢溢僭差者谓之显荣。自子夏,门人之高弟也,犹云"出见纷华盛丽而说,入闻夫子之道而乐,二者心战,未能自决",而况中庸以下,渐渍于失教,被服于成俗乎?孔子曰"必也正名",于卫所居不合。仲尼没后,受业之徒沈湮而不举,或适齐、楚,或入河海,岂不痛哉!

至秦有天下,悉内六国礼仪,采择其善,虽不合圣制,其尊君抑臣,朝廷济济,依古以来。至于高祖,光有四海,叔孙通颇有所增益减损,大抵皆袭秦故。自天子称号下至佐僚及宫室官名,少所变改。孝文即位,有司议欲定仪礼,孝文好道家之学,以为繁礼饰貌,无益于治,躬化谓何耳,故罢去之。孝景时,御史大夫晁错明于世务刑名,数干谏孝景曰:"诸侯藩辅,臣子一例,古今之制也。今大国专治异政,不禀京师,恐不可传后。"孝景用其计,而六国畔逆,以错首名,天子诛错以解难。事在袁盎语中。是后官者养交安禄而已,莫敢复议。

今上即位,招致儒术之士,令共定仪,十余年不就。或言古者太平,万民和喜,瑞应辨至,乃采风俗,定制作。上闻之,制诏御史曰:"盖受命而王,各有所由兴,殊路而同归,谓因民而作,追俗为制也。议者咸称太古,百姓何望?汉亦一家之事,典法不传,谓子孙何?化隆者闳博,治浅者褊狭,可不勉与!"乃以太初之元改正朔,易服色,封太山,定宗庙百官之仪,以为典常,垂之于后云。

礼由人起。人生有欲,欲而不得则不能无忿,忿而无度量则争,争则乱。先王恶其乱,故制礼义以养人之欲,给人之求,使欲不穷于物,物不屈于欲,二者相待而长,是礼之所起也。故礼者养也。稻粱五味,所以养口也;椒兰芬苾,所以养鼻也;钟鼓管弦,所以养耳也;刻镂文章,所以养目也;疏房床第几席,所以养体也；故礼者养也。

君子既得其养，又好其辨也。所谓辨者，贵贱有等，长少有差，贫富轻重皆有称也。故天子大路越席，所以养体也；侧载臭苴，所以养鼻也；前有错衡，所以养目也；和鸾之声，步中《武》《象》，骤中《韶》、《濩》，所以养耳也；龙旗九斿，所以养信也；寝兕持虎，鲛韅弥龙，所以养威也。故大路之马，必信至教顺，然后乘之，所以养安也。孰知夫（士）出死要节之所以养生也。孰知夫轻费用之所以养财也，孰知夫恭敬辞让之所以养安也，孰知夫礼义文理之所以养情也。

乐书（节录）

太史公曰：余每读《虞书》，至于君臣相敕，维是几安，而股肱不良，万事堕坏，未尝不流涕也。成王作颂，推己惩艾，悲彼家难，可不谓战战恐惧，善守善终哉？君子不为约则修德，满则弃礼，佚能思初，安能惟始，沐浴膏泽而歌咏勤苦，非大德谁能如斯！《传》曰"治定功成，礼乐乃兴"。海内人道益深，其德益至，所乐者益异。满而不损则溢，盈而不持则倾。凡作乐者，所以节乐。君子以谦退为礼，以损减为乐，乐其如此也。以为州异国殊，情习不同，故博采风俗，协比声律，以补短移化，助流政教。天子躬于明堂临观，而万民咸荡涤邪秽，斟酌饱满，以饰厥性。故云《雅》、《颂》之音理而民正，嘄噭之声兴而士奋，郑卫之曲动而心淫。及其调和谐合，鸟兽尽感，而况怀五常，含好恶，自然之势也？

治道亏缺而郑音兴起，封君世辟，名显邻州，争以相高。自仲尼不能与齐优遂容于鲁，虽退正乐以诱世，作五章以刺时，犹莫之化。陵迟以至六国，流沔沈佚，遂往不返，卒于丧身灭宗，并国于秦。

秦二世尤以为娱。丞相李斯进谏曰："放弃《诗》、《书》，极意声色，祖伊所以惧也；轻积细过，恣心长夜，纣所以亡也。"赵高曰："五帝、三王乐各殊名，示不相袭。上自朝廷，下至人民，得以接欢喜,合殷勤,非此和说不通,解泽不流,亦各一世之化,度时之乐,何必华山之骡耳而后行远乎?"二世然之。

高祖过沛诗《三侯之章》,令小儿歌之。高祖崩,令沛得以四时歌舞宗庙。孝惠、孝文、孝景无所增更,于乐府习常肄旧而已。

至今上即位,作十九章,令侍中李延年次序其声,拜为协律都尉。通一经之士不能独知其辞,皆集会五经家,相与共讲习读之,乃能通知其意,多尔雅之文。

汉家常以正月上辛祠太一甘泉,以昏时夜祠,到明而终。常有流星经于祠坛上。使僮男僮女七十人俱歌。春歌青阳,夏歌朱明,秋歌西暤,冬歌玄冥。世多有,故不论。

又尝得神马渥洼水中,复次以为《太一之歌》。歌曲曰:"太一贡兮天马下,沾赤汗兮沫流赭。骋容与兮跇万里,今安匹兮龙为友。"后伐大宛得千里马,马名蒲梢,次作以为歌。歌诗曰:"天马来兮从西极,经万里兮归有德。承灵威兮降外国,涉流沙兮四夷服。"中尉汲黯进曰:"凡王者作乐,上以承祖宗,下以化兆民。今陛下得马,诗以为歌,协于宗庙,先帝百姓岂能知其音邪?"上默然不说。丞相公孙弘曰:"黯诽谤圣制,当族。"

……

太史公曰:夫上古明王举乐者,非以娱心自乐,快意恣欲,将欲为治也。正教者皆始于音,音正而行正。故音乐者,所以动荡血脉,通流精神而和正心也。故宫动脾而和正圣,商动肺而和正义,角动肝而和正仁,徵动心而和正礼,羽动肾而和正智。故乐所以内辅正心而外异贵贱也;上以事宗庙,下以变化黎庶也。琴长八尺一寸,正度也。弦大者为宫,而居中央,君也。商张右傍,其余大小相次,不失其次序,则君臣之位正矣。故闻宫音,使人温舒而广大;闻商音,使人方正而好义;闻角音,使人恻隐而爱人;闻徵音,使人乐善而好施;闻羽音,使人整齐而好礼。夫礼由外入,乐自内出。故君子不可须臾离礼,须臾离礼则暴慢之行穷外;不可须臾离乐,须臾离乐则奸邪之行穷内。故乐音者,君子之所养义也。夫古者,天子诸侯听钟磬未尝离于庭,卿大夫听琴瑟之音未尝离于前,所以养行义而防淫佚也。夫淫佚生于无礼,故圣王使人耳闻《雅》《颂》之音,目视威仪之礼,足行恭敬之容,口言仁义之道。故君子终日言而邪辟无由入也。

屈原贾生列传(节录)

屈平疾王听之不聪也,谗谄之蔽明也,邪曲之害公也,方正之不容也,故忧愁幽思而作《离骚》。离骚者,犹离忧也。夫天者,人之始也;父母者,人之本也。人穷则反本,故劳苦倦极,未尝不呼天也;疾痛惨怛,未尝不呼父母也。屈平正道直行,竭忠尽智以事其君,谗人间之,可谓穷矣。信而见疑,忠而被谤,能无怨乎?屈平之作《离骚》,盖自怨生也。《国风》好色而不淫,《小雅》怨诽而不乱。若《离骚》者,可谓兼之矣。上称帝喾,下道齐桓,中述汤武,以刺世事。明道德之广崇,治乱之条贯,靡不毕见。其文约,其辞微,其志絜,其行廉,其称文小而其指极大,举类迩而见义远。其志絜,故其称物芳。其行廉,故死而不容。自疏濯淖污泥之中,蝉蜕于浊秽,以浮游尘埃之外,不获世之滋垢,皭然泥而不滓者也。推此志也,虽与日月争光可也。

《史记》中华书局点校本

【思考题】

1. 谈谈你对发愤著书说的理解。
2. 结合实例,谈谈司马迁史传笔法对后世文论的影响。

桓宽　盐铁论

（西汉）桓宽

【作者简介】

桓宽（生卒年不详），字次公，西汉文学家，汝南人，《汉书·艺文志》对其有简短记载。擅长《春秋》，专治公羊，官至庐江太守丞。博学善文，思想以儒家为主，主张行王道，注重德行仁义的作用。昭帝始元六年（前81年）参加了著名的盐铁会议，并在会后将其整理成《盐铁论》一书，具有重要的史学和文学价值。

相刺（节录）

大夫曰："文学言治尚于唐、虞，言义高于秋天，有华言矣，未见其实也[1]。昔鲁穆公之时[2]，公仪为相[3]，子思、子柳为之卿[4]，然北削于齐，以泗为境，南畏楚人，西宾秦国[5]。孟轲居梁，兵折于齐，上将军死而太子虏，西败于秦，地夺壤削，亡河内、河外[6]。夫仲尼之门，七十子之徒，去父母，捐室家，负荷而随孔子，不耕而学，乱乃愈滋[7]。故玉屑满箧，不为有宝；诗书负笈，不为有道[8]。要在安国家，利人民，不苟繁文众辞而已[9]。"

文学曰："虞不用百里奚之谋而灭，秦穆用之以至霸焉。夫不用贤则亡，而不削何可得乎？孟子适梁，惠王问利，答以仁义[10]。趣舍不合，是以不用而去，怀宝而无语[11]。故有粟不食，无益于饥；觌贤不用，无益于削[12]。纣之时，内有微、箕二子[13]，外有胶鬲、棘子，故其不能存。夫言而不用，谏而不听，虽贤，恶得有益于治也[14]？"

大夫曰："橘柚生于江南，而民皆甘之于口，味同也；好音生于郑、卫，而人皆乐之于耳，声同也[15]。越人子臧，戎人由余[16]，待译而后通，而并显齐、秦[17]，人之心于善恶同也。故曾子倚山而吟，山鸟下翔；师旷鼓琴，百兽率舞。未有善而不合，诚而不应者也[18]。意未诚与？何故言而不见从，行而不合也[19]？"

文学曰："扁鹊不能治不受针药之疾，贤圣不能正不食谏诤之君[20]。故桀有关龙逢而夏亡，纣有三仁而商灭[21]，故不患无由余、子臧之论，患无桓、穆之听耳。是以孔子东西无所遇[22]，屈原放逐于楚国也。故曰：'直道而事人，焉往而不三黜？枉道而事人，何必去父母之邦。'此所以言而不见从，行而不得合者也。"

……

大夫曰："所谓文学高第者[23]，智略能明先王之术，而姿质足以履行其道[24]。故居则为人师，用则为世法[25]。今文学言治则称尧、舜，道行则言孔、墨，授之政则不达[26]，怀古道而不能行，言直而行枉，道是而情非[27]。衣冠有以殊于乡曲，而实无以异于凡人[28]。诸生所谓中直者，遭时蒙幸，备数适然耳[29]，殆非明举所谓，固未可与论治也[30]。"

文学曰："天设三光以照记，天子立公卿以明治[31]。故曰：公卿者，四海之表仪，神化之丹青也[32]。上有辅明主之任，下有遂圣化之事[33]。和阴阳，调四时，安众庶，育群生，使百姓辑睦，无怨思之色，四夷顺德，无叛逆之忧[34]，此公卿之职，而贤者之所务也。若伊尹、周、召三公之才，太颠、闳夭九卿之人[35]。文学不中圣主之明举，今之执政，亦未能称盛德也[36]。"

王利器《盐铁论校注》中华书局新编诸子集成本

【题解】

《盐铁论》之"论"，乃辩论、争论之意，由东汉学者桓宽整理而成。昭帝元始六年，朝廷内部召开了一次盐铁会议，实际上是一场不同派系之间的斗争论辩，辩论双方分别是以桑弘羊为主的御史大夫、丞相田千秋一派，和以霍光为主的文学、贤良一派，两派就盐铁、平准、均输、酒榷等经济问题进行了论争。桓宽作为会议的参与者，在会上对此次会议进行了记录,并对其"增广条目,极其论难,著数万言,亦欲以究治乱,成一家之法焉"(《汉书·公孙刘田王杨蔡陈郑传》),作成《盐铁论》。有关《盐铁论》的内容,金蟠在《盐铁论辑注》中称其"上自礼乐刑法,下逮农耕商贾,内则少府颁赍,外及蛮夷战守",涉及社会生活的各个方面。《盐铁论》虽是经济论争的产物,但其中也涉及了许多文学方面的问题,《四库全书总目提要·盐铁论》指出:"所论皆食货之事,而言皆述先王,称六经,故诸史皆列之儒家。"《盐铁论》共六十篇,作为一部辩论体著作,前五十九篇都是论辩双方的争论内容,最后一篇《杂言》相当于全书的总序,其中多表达的是作者桓宽的观点。

【注释】

1. 尚:超过。唐虞:唐尧、虞舜。尚于唐虞:比唐虞还要古。华言:美丽的词句。实:事实、效果。
2. 鲁穆公:战国时鲁元公子,名显。
3. 公仪:即公仪休,鲁博士,相穆公,使食禄者不得与民争利。事见《史记·循吏传》。
4. 子思:孔丘孙,名伋。卿:春秋战国时高级官员。
5. 削:割地。泗:泗水。以泗为境,指泗水以北的国土都被齐侵占。宾:服从。
6. 地夺壤削:土地被敌人侵割。河内:黄河以东以北,今山西省西南及河南省西北一带。河外:黄河以西以南,今河南省西部、黄河以南及陕西省靠河边一带。
7. 门:门下,这里指学生。去:离开。捐:抛弃。室家:妻子。愈滋:更甚。
8. 屑:碎末。箧:箱子。诗书:泛指儒家学派用来做教材的所有经典著作。负笈:背着书箱。此处负笈与满箧对文,意为所读的书多得要用所背的书箱来计算。
9. 要:关键。繁、众:均表许多之意。繁文众辞:形容读书之多。
10. 事见《孟子·梁惠王上》。
11. 趣:通"取"。不合:不同。趣舍不合:指政见不同。不用:不被信任。宝:指儒家学派所谓的治国平天下之道而言。由于取舍不用,尽管孟轲有满腹经纶也没有发挥的机会。
12. 无益于削:不能帮助防止国家的削弱。
13. 微:微子,名启。箕:箕子,名胥余。微子和箕子均商纣王臣子,曾数谏纣王不听。事见《史记·周本纪》。
14. 恶得:怎么能够。也:通"耶"。
15. 好音:美好的音乐。郑:春秋时国名,在今河南新郑一带。卫:春秋国名,在今河北南部和河南北部一带。郑卫两国都以音乐著名。儒家学派却对郑卫之声很反感,称其为"淫声"、"乱世之音"。大夫则称其是"人皆乐之于耳"的"好音"。证明在音乐上,双方的"取舍"也不合。声:指人们对声音的感觉。

16. 由余：春秋时戎人，后降秦，为秦谋伐戎之策。
17. 译：翻译。待译而后通：越人和戎人都是少数民族，与中原语不同，故需要先翻译才能通话。
18. 诚：真心。
19. 意：意象、心愿。与：通"欤"。何故：什么原因，为什么。不见从：不被相应。
20. 不受针药之疾：指不治之症。正：纠正。不食：不接受。谏诤：直言规劝君主，使其改正错误。
21. 殷有三人：语本《论语·微子》。原作"三仁"，"人"、"仁"古字通。三人：指微子、箕子、比干。
22. 遇：遇合、知遇。
23. 高第：高等，才学优良。
24. 智略：智谋。姿智：通"资质"。
25. 居：家居，平常，指未做官。师：师表。用：指做官。世法：社会的楷模。
26. 道：称说。授：给予。政：政事。不达：不知道怎么去做。
27. 行之枉：行为不正直。情：内心。
28. 乡曲：穷僻的地方。实：真实情况。
29. 所谓：所为。直：通"值"。中值：当选，合格。遭时：碰上机会。蒙幸：被推举。备数：聊以充数。释然：偶然，碰巧。
30. 明举：指汉昭帝诏举贤良文学。所谓：诏令中提出的标准和要求，此言文学不合选举条件。
31. 三光：日、月、星。照记：即《淮南子·齐俗训》"日月之所照諰"。諰：告、信。照諰：照耀。
32. 表仪：即仪表，犹言法则。丹青：红绿色的绘画颜料，这里指图画。比喻公卿辨明万物善恶和绘画一样清楚。
33. 圣化：圣君的教化。事：任务，职分。
34. 众庶、群生：均指百姓。辑睦：和睦。怨：怨恨，不满意。思：有顾虑。
35. 太颠、闳夭：周朝贤臣，周文王四友之二，辅佐武王灭纣。
36. 不中：不相当、不符合。执政：掌握政权的人，指桑弘羊等。

【讲疏】

《盐铁论》虽是政治经济方面的著作，但其在文学史上也有其地位。其体裁为辩论体，内容多以辩论双方的对话为主，但与以往的对话体著作如《论语》不同的是，在记录对话的基础上，还增加了人物的表情神态与动作，场景描写更加细致具体，使得内容也更加丰富，文学性进一步增强，也促进了对话体文学的发展。《相刺》篇中"日月之光，而盲者不能见，雷电之声，而聋人不能闻。夫为不知音者言，若语于瘖聋"，则涉及文学鉴赏的规律。

【关键词解读】

歌者贵中节,论者务事实

出自《盐铁论·相刺》篇。《盐铁论》虽讨论的是政治经济方面的问题,但其中有一些内容涉及了文论当中"文"与"质"的关系,主要是桑弘羊所在的御史一派,他们从其思想倾向及坚持立场出发,认为质重于文,如提到"故玉屑满箧,不为有宝;诗书负笈,不为有道。要在安国家,利人民,不苟繁文重词而已","歌者不期于利声,而贵在中节;论者不期于丽辞,而务在事实"等等,都反映出其重内容轻形式的主张,他们反对那些华丽的形式,追求朴素的实用主义,并用音乐打比方,认为音乐的教化作用比较重要,而不应去关注声音的本身。这是对一直以来的文质关系讨论的继续。

【相关知识链接】

汉武帝时边疆战事繁多,军费支出巨大,国库渐空,因此在国内开始实行盐铁专卖等政策,增加财政收入,以支持军需。但专营政策也带来了严重的腐败问题,社会矛盾日益尖锐。至昭帝时,召集群臣,下令召开盐铁会议,讨论有关经济问题。但实则是御史大夫和大司马霍光之间的权力斗争。而从思想方面说,盐铁会议中的论争,实际上是王道与霸道的论争。桑弘羊等御史一派是霸道的坚持者,他们坚持法家思想,主张用法律和刑罚来治理国家,桑弘羊继承荀子思想,坚持利益至上和实用主义;霍光一派则多为贤良与文学,大都是儒生,坚持王道,主张以儒家德行治理天下,因此反对连年的战事和盐铁专卖,最后,霍光一派取得上风,一些专营政策被废除。盐铁会议讨论的是政治经济方面的问题,但背后折射出的却是社会主导思想的变化,并涉及文艺方面的一些问题,由此可见文学与政治经济之间的紧密关系以及政治经济的变化对文学生态的影响。

【延伸阅读】

《殊路》表达了两种截然相反的美学观念,即"至美素璞,物莫能饰也"的道家素朴美学观念和"和氏之璞,天下之美宝也,待礛诸之工而后明。毛嫱,天下之姣人也,待香泽脂粉而后容"的修饰观念,各有其合理性。

《杂论》是《盐铁论》的末篇,简单总结盐铁会议之人员状况,并解释了作者记录"盐铁会议"并作成本书的缘由,其中对中山刘子雍、九江祝生的推崇和对桑弘羊、车(田)千秋的微词体现出作者的态度倾向。

殊路(节录)

大夫曰:"至美素璞,物莫能饰也。至贤保真,伪文莫能增也。故金玉不琢,美珠不画。今仲由、冉求无檀、柘之材,隋、和之璞,而强文之,譬若雕朽木而砺铅刀,饰嫫母画土人也。被以五色,斐然成章,及遭行潦流波,则沮矣。夫重怀古道,枕籍《诗》、《书》,危不能安,乱不能治,邮里逐鸡,鸡亦无党也?"

文学曰:"非学无以治身,非礼无以辅德。和氏之璞,天下之美宝也,待礛诸之工而后明。毛嫱,天下之姣人也,待香泽脂粉而后容。周公,天下之至圣人也,待贤师学问而后通。今齐世庸士之人,不好学问,专以己之愚而荷负巨任,若无機舳,济江海而遭大风,漂没于百仞之渊,东流无崖之川,安得沮而止乎?"

大夫曰:"性有刚柔,形有好恶,圣人能因而不能改。孔子外变二三子之服,而不能革其心。故子路解长剑,去危冠,屈节于夫子之门,然摄齐师友,行行尔,鄙心犹存。宰予昼寝,欲损三年之丧。孔子曰:'粪土之墙,不可杇也','若由不得其死然。'故内无其质而外学其文,虽有贤师良友,若画脂镂冰,费日损功。故良师不能饰戚施,香泽不能化嫫母也。"

文学曰:"西子蒙以不洁,鄙夫掩鼻;恶人盛饰,可以宗祀上帝。使二人不涉圣人之门,不免为穷夫,安得卿大夫之名?故砥所以致于刃,学所以尽其才也。孔子曰:'觚不觚,觚哉,觚哉!'故人事加则为宗庙器,否则斯养之爨材。干、越之铤不厉,匹夫贱之;工人施巧,人主服而朝也。夫丑者自以为姣,故饰;愚者自以为知,故不学。观笑在己而不自知,不好用人,自是之过也。"

杂论(节录)

客曰:"余覩盐、铁之议,观乎公卿、文学、贤良之论,意指殊路,各有所出,或上仁义,或务权利。"

"异哉吾所闻。周、秦粲然,皆有天下而南面焉,然安危长久殊世。始汝南朱子伯为予言:当此之时,豪俊并进,四方辐凑。贤良茂陵唐生、文学鲁国万生之伦,六十余人,咸聚阙庭,舒《六艺》之风,论太平之原。智者赞其虑,仁者明其施,勇者见其断,辩者陈其词。闾闾焉,侃侃焉,虽未能详备,斯可略观矣。然蔽于云雾,终废而不行,悲夫!公卿知任武可以辟地,而不知广德可以附远;知权利可以广用,而不知稼穑可以富国也。近者亲附,远者说德,则何为而不成,何求而不得?不出于斯路,而务畜利长威,岂不谬哉!中山刘子雍言王道,矫当世,复诸正,务在乎反本。直而不徼,切而不燥,斌斌然斯可谓弘博君子矣。九江祝生奋由、路之意,推史鱼之节,发愤懑,刺讥公卿,介然直而不挠,可谓不畏强御矣。桑大夫据当世,合时变,推道术,尚权利,辟略小辩,虽非正法,然巨儒宿学恧然,不能自解,可谓博物通士矣。然摄卿相之位,不引准绳,以道化下,放于利末,不师始古。《易》曰:'焚如弃如。'处非其位,行非其道,果陨其性,以及厥宗。车丞相即周、吕之列,当轴处中,括囊不言,容身而去,彼哉!彼哉!若夫群丞相、御史,不能正议,以辅宰相,成同类,长同行,阿意苟合,以说其上,斗筲之人,道谀之徒,何足算哉。"

王利器《盐铁论校注》中华书局新编诸子集成本

【思考题】

谈谈你对《盐铁论》中"文与质"的看法。

刘向　说苑

（西汉）刘向

【作者简介】

刘向（前77—前6年），字子政，彭城（今徐州）人，西汉时期的文学家、目录学家，同时也是位经学家。刘向原名更生，是楚元王刘交的四世孙，历经宣、元、成三朝，官途坎坷，成帝时任光禄大夫，改名为向。《汉书·楚元王传》称其"为人简易无威仪，廉靖乐道，不交接世俗，专积思于经术。昼诵书传，夜观星宿，或不寐达旦"。文学方面著有《说苑》、《新序》和《列女传》；目录学方面则编成《别录》一书，是我国第一部综合性分类目录书，其子刘歆根据此书后编成《七略》一书。刘向还整理编辑成书《战国策》和《楚辞》。此外，他还是一位经学家，汉成帝时曾受命在天禄阁整理校勘《五经》，后成为一代经学大师。但从《新序》的内容看，许多都采自于其他史书或子书，刘向创作甚少，所以有学者认为刘向只能算是编者而不能算作者。明人辑有《刘中垒集》。

贵德（节录）

圣人之于天下百姓也，其犹赤子[1]乎！饥者则食之，寒者则衣之，将之养之，育之长之，唯恐其不至于大也。《诗》曰："蔽芾甘棠，勿翦勿伐，召伯所茇[2]。"《传》曰："自陕以东者，周公主之，自陕以西者，召公主之[3]。"召公述职[4]，当桑蚕之时，不欲变民事，故不入邑中，舍于甘棠之下而听断[5]焉。陕间之人，皆得其所。是故后世思而歌诵之。善之故言之，言之不足，故嗟叹之，嗟叹之不足，故歌咏之。夫诗，思然后积，积然后满，满然后发，发由其道而致其位焉。百姓叹其美而致其敬,甘棠之不伐也,政教恶乎不行?孔子曰:"吾于《甘棠》,见宗庙之敬也甚。尊其人,必敬其位,顺安万物,古圣之道几⁶哉!"

……

魏武侯浮西河而下⁷,中流⁸,顾谓吴起曰:"美哉乎,河山之固也,此魏国之宝也!"吴起对曰:"在德不在险。昔三苗氏左洞庭而右彭蠡,德义不修,而禹灭之。夏桀之居,左河、济而右太华,伊阙在其南,羊肠在其北,修政不仁,而汤放之。殷纣之国,左孟门,而右太行,常山⁹在其北,大河经其南,修政不德,武王伐之。由此观之,在德不在险。若君不修德,船中之人,尽敌国也。"武侯曰:"善。"

向宗鲁《说苑校证》中华书局本

【题解】

《贵德》是《说苑》中的第五卷,整卷的中心思想意在说明要重视礼仪道德,不论是君主还是臣民,都应尊德守礼,重视品德修养。本篇提出的"夫诗,思然后积,积然后满,满然后发,发由其道而致其位焉",解释了文学创作的基本特点,有了真情的集聚,才能外发为作品。魏武侯跟吴起的对话,由吴起认为国家的富强和巩固,在于修政以德,而不在江山的险固提出了"在德不在险"的观点,突出了德行的重要性。

【注释】

1. 赤子:婴儿。
2. 见《诗经·召南·甘棠》。蔽芾:树木茂盛的样子。茇:居住。
3. 见《公羊传·隐公五年》。
4. 述职:到任。
5. 听断:听讼断狱。
6. 几:冀,有希望。孔子语见《孔子家语·好生》。
7. 魏武侯:名击,魏惠文王的父亲。浮西河而下:泛舟于黄河而顺流南下。西河,指山西、陕西两省之间一段纵流而下的黄河。
8. 中流:半途。
9. 常山:在今河北曲阳西北与山西接壤处。汉、宋曾因避讳,改称常山。

【讲疏】

《说苑》,又名《新苑》,成书于鸿嘉四年(前17年),与《新序》一样,都是刘向在校书期间搜集的各种历史故事和奇闻异事，将其编纂后成书，主要记录战国至汉初这一时期的内容。"说"乃辩说、论说、述说之意，"苑"则有汇集、荟萃之意，可见其故事集结之本意，也体现出其进谏的主要目的。全书共二十卷，每卷有不同命名，包括《君道》《臣术》《建本》《立节》《贵德》《复恩》《政理》《尊贤》《正谏》《敬慎》《善说》《奉使》《权谋》《至公》《指武》《谈丛》《杂言》《辨物》《修文》《反质》，主要讲君臣之事，每卷都附有小标题，主旨清晰，内容丰富。目的是向统治者进言，要以德治国，以民为本，君臣之间一定要以德以礼相待，这样君主才能治理天下。刘向认识到古代"信史"的传统和风气，所以多用增删或修改后的上古传说或历史故事，并加以自己的解释或总结，这样会使得目标读者即统治者更容易信服，由此也就达到了他"谏书"的目的。以故事的形式进行叙述又具有情节动人、人物形象等特点，这也是吸引读者的手段之一。

【关键词解读】

贵德

《说苑》中将第五卷命名为《贵德》，即是在表明这一章的中心思想：君主与臣民都要以德相待，互为感召，才能治理国家，安邦定国。反映到文学上，则与"文以载道"之说有异曲同工之妙。《说苑》整部书的体例结构安排，都是先确定中心思想，而后根据这一中心进行材料选取、故事安排、人物缔造和主题点明，可说是"主题先行"，这一方面可以解释为何《说苑》中描述历史却又多与史实不符，另一方面，也是"文以载道"说的体现。

【相关知识链接】

刘向所生活的时期是西汉末年，社会动荡，矛盾尖锐，作为继秦之后的又一个大一统国家，秦朝灭亡的教训仍未散去，作为心怀国家的一代大儒，刘向的历史使命感促使其想要向统治者进言，而仕途的不顺与天禄阁校书的经历给了他著书立说的机会。古代人们进行著书方式各有不同，有的直接通过记录自己的语言或故事进行说理，如语录体、对话体等，代表有《论语》等诸子之说，另一种则是通过对历史事实的记录与编排，并加以自己的判断，借以表达自己的意图，《说苑》就是这种借助史的方式达到自己进言目的的著作。

"说"至魏晋时期被单列为一种文体，但在先秦时就已经出现了，如

《韩非子》中的《内储说》、《外储说》等,刘勰《文心雕龙·论说》:"说者,悦也;兑为口舌,故言资悦怿。""说"类文体一般都与讲述故事有关,内容题材上带有故事性,或言人或言事,最后归于作者想要表达的中心思想,这为古代叙事体裁文学发展尤其是古代小说的发展提供了基础。

《说苑》最早著录于《汉书·艺文志》,宋曾巩进行辑补校订,编为二十卷,分为二十类,有宋、元两种残本,清黄丕烈校宋本和四部丛刊本等。对《说苑》的研究至明清才渐多,主要有明黄从诚《说苑旁注评林》,清卢文弨《说苑拾补》,俞樾《说苑评议》,孙诒让《说苑札迻》,近代以来则更多。

【延伸阅读】

《尊贤》强调了文学创作中应当为情而发,即"夫言者所以抒其胸而发其情者也",选文中孔子主张对拑者、健者和口锐者的否定来说明德性的重要。有无德性可以从一个人的言行中看出来,所以对人的任用从察言观行中可以判断。

尊贤(节录)

哀公问于孔子曰:"人若何而可取也?"孔子对曰:"毋取拑者,毋取健者,毋取口锐者。"哀公曰:"何谓也?"孔子曰:"拑者大给利不可尽用;健者必欲兼人,不可以为法也;口锐者多诞而寡信,后恐不验也。夫弓矢和调,而后求其中焉;马悫愿顺,然后求其良材焉;人必忠信重厚,然后求其知能焉。今有人不忠信重厚而多知能,如此人者,譬犹豺狼与,不可以身近也。是故先其仁信之诚者,然后亲之;于是有知能者,然后任之。故曰:亲仁而使能。夫取人之术也,观其言而察其行。夫言者所以抒其匈而发其情者也,能行之士必能言之,是故先观其言而揆其行,夫以言揆其行,虽有奸轨之人,无以逃其情矣。"哀公曰:"善。"

向宗鲁《说苑校证》中华书局本

【思考题】

谈谈你对"说"类文体的理解。

刘向　新序

（西汉）刘向

【作者简介】

《新序》作者为刘向，刘向简介可参见《说苑》篇。

杂事（节录）

禹之兴也，以涂山[1]；桀之亡也，以末喜[2]。殷之兴也，以有莘[3]；纣之亡也，以妲己。文武之兴也，以任姒；幽王之亡也，以褒姒。是以《诗》正《关雎》[4]，而《春秋》褒伯姬[5]也。

楚威王问于宋玉曰："先生其有遗行耶？何士民众庶不誉之甚也？"宋玉对曰："唯，然，有之，愿大王宽其罪，使得毕其辞。客有歌于郢中者，其始曰《下里》、《巴人》，国中属而和者数千人，其为《阳陵》、《採薇》[6]，国中属而和者数百人；其为《阳春》、《白雪》，国中属而和者，数十人而已也；引商刻角，杂以流徵[7]，国中属而和者，不过数人。是其曲弥高者，其和弥寡。故鸟有凤，而鱼有鲸。凤鸟，上击于九千里，绝浮云，负苍天，翱翔乎窈冥之上，夫卤田之鷃，岂能与之断天地之高哉？鲸鱼，朝发昆仑之墟，暴[8]鬐于碣石，暮宿于孟诸。夫尺泽之鲵[9]，岂能与之量江海之大哉？故非独鸟有凤而鱼有鲸也，士亦有之。夫圣人之瑰意奇行，超然独处，世俗之民，又安知臣之所为哉！"

钟子期夜闻击磬声者而悲[10]，且召问之曰："何哉！子之击磬若此之悲也？"对曰："臣之父不幸而杀人，不得生，臣之母得生,而为公家隶,臣得生而为公家击磬。臣不睹臣之母,三年于此矣,昨日为舍市而睹之,意欲赎之,无财,身又公家之有也[11],是以悲也。"钟子期曰:"悲在心也,非在手也,手非木非石也,悲于心而木石应之,以至诚故也[12]。"人君苟能至诚动于内,万物必应而感移[13],尧舜之诚,感于万国,动于天地,故荒外从风[14],凤麟翔舞,下及微物,咸得其所[15]。《易》曰:"中孚豚鱼吉[16]。"此之谓也。

石光瑛《新序校释》中华书局本

【题解】

《杂事》是《新序》前五卷的合称。作为一部历史故事集,《新序》所录之事内容杂多,种类各异,于是前五卷取名为《杂事》,刘向用许多事例阐明道理,实则也是在表明自己的政治主张,如从钟子期和人的对话中可看出真诚的重要性,音乐感人是因为有真情实感在里面,而推及政治上也是一样的道理。

【注释】

1. 禹:夏禹,夏代开国国君,以治水闻名。涂山:国名,禹娶涂山氏之女女娇。
2. 桀:发之子,名癸,在位三十六年。末喜:桀妃,《晋语》作妹喜。《吕氏春秋·慎大览》:"桀迷惑于末嬉,好彼琬琰,不恤其众。众志不堪,上下相疾。"
3. 《后汉书·文苑列传·崔琦》注引《列女传》:"汤娶有莘氏女,德高而明,伊尹为之媵臣,佐汤致王,训正后宫,嫔御有序,咸无嫉妒也。"
4. 正:始也。
5. 伯姬:鲁宣公之女,嫁宋共公,后为守义被烧死,事见《列女传》。
6. 《阳陵》、《採薇》:当作《阳阿》、《采菱》。
7. 流徵:变徵之音。
8. 暴:同"曝"。
9. 鲵:小鱼。
10. 钟子期:颜师古:"伯牙、钟子期,皆楚人也。伯牙鼓琴,子期听之。及子期死,伯牙破琴绝弦,终身不复鼓琴。"
11. 此句意为闵母年老为奴,待赎之,无财,而身亦隶于公家,不得赎也。
12. 此言人之悲存于心,不在手,至于木石,更非心所附着,乃人心感于此,而木石应于彼。
13. 万物:当为"万民",推言及君,民会感动。
14. 荒外:荒服之外,要服外五百里,谓之荒服。

15. 微物:微小之物。得其所:得其处所。
16. 《易·中孚》卦辞。孔颖达《周易正义》:"信发于中谓之中孚。鱼者,虫之幽隐,豚者,兽之微贱。人主内诚信,则虽微隐之物,信皆及矣,莫不得所而获吉,故曰豚鱼吉。"

【讲疏】

《新序》是刘向编著的一部历史故事集,成书于阳朔元年(公元前24年),主要记录舜帝至汉代这一历史区间内的故事和传说。原书30卷,后有佚散,北宋曾巩对其作了整理校订,编为10卷,其中《杂事》5卷,《刺奢》1卷,《节士》1卷,《义勇》1卷,《善谋》2卷。艺术方面,由于是故事集,《新序》的文章大都情节生动、人物鲜活,故事性强,某些章节还具有虚构成分,对我国古代叙事性文体的发展具有推动作用。《新序》的许多内容来自已有的史传,通过刘向的取舍和编辑可看出他的思想主张,政治上他坚持仁政、以人为本等思想,如《杂事·第四》:"君者,舟也;庶人者,水也。水则载舟,水则覆舟。"刘向编写这一故事集的目的,也是在为统治者思考如何才能维持政权。他站在统治阶级的立场上,看到统治者与民众日益尖锐的矛盾冲突,通过批评统治者一些穷奢极侈的生活方式,暴露出统治者的贪得无厌,建议统治者采取一些措施缓和阶级矛盾来避免极端状况的发生,对普通民众,应尽量避免战争,轻徭役、省刑罚,而对统治者自己,则应戒奢戒淫,并要举贤任能,任用贤德之人帮助自己治理朝政。

【关键词解读】

至诚

刘向对文学注重其感情性的价值,"悲在心也,非在手也,手非木非石也,悲于心而木石应之,以至诚故也"。音乐需要诚挚的感情投入,同样他认为用至诚之心写出的才是好文章,这是对诗经以来"诗言志"思想的继续,文学创作是内心情感的自由宣泄和发挥:"夫诗,思然后积,积然后满,满然后发。"(《说苑·贵德》)但是,刘向作为统治阶级的代表,仍然不能跳出"志"所包含的政治和道德因素,他所说的"情"还是要受道德伦理的约束,即要"贵德",要将仁义道德标准置于文学的感性美之上。但反过来,对文学作品道德层面的要求也说明刘向对"人"的关注,他讽刺统治者不顾民生疾苦的骄奢淫逸,要求统治者应以人为本,这种关注现实的批判精神在后世发展成为一种重要的文学思想。

【相关知识链接】

刘向《新序》中的故事虽然大都来自史书或子书,但其本身并不具备上述两者的性质。《新序》在描述某些史实的过程中进行了增删和修改,其中有些故事与史实存在出入,并不严密,甚至有些故事与他的另外一部同样是历史故事集《说苑》中的描述都不一样,可见记实并不是刘向的目的,他主要是通过这些故事讲述相关道理,宣扬某些思想;此外,《新序》中除了那些见于史书的故事,还有一些佚文异事,因为无从考证来源,因而就显出其虚构的性质,这增加了本书为叙事性文学的因素。刘向又吸收先秦诸子文章的风格,论辩性很强,使得《新序》的各篇文章主题都很明确,故事性强,通俗易懂,故事之后多有评论,作者的思想倾向也明白显现,体现出他"以著述当谏书"的目的。

《新序》在体裁方面也有创新:采用大量史实又主动作出修改,使用先秦诸子的行文风格却又不具备子书体例,在故事之后附上自己的议论以彰显行文目的,这些对后世文学尤其是叙事体文学的发展有重要的影响。如南朝刘义庆的《世说新语》就是仿照《新序》的体例著成。此外,《新序》的成书模式亦对后世的文学研究有启发意义,当对某一部或某一类著作进行分类有困难时,我们不妨从其产生的源头及与之相关的文体入手,弄清对其形成影响的各种来源,这样可以避免机械化地一而概之。

【延伸阅读】

本段以简短的语言记叙了一个后母杀子与义弟救兄的故事,体现出《新序》行文简洁流畅、叙事性强的特点,故事人物多用《诗经》之诗句委婉表达己意,侧面反映出《诗经》的隐言曲笔。

节士(节录)

卫宣公之子,伋也、寿也、朔也。伋,前母子也。寿与朔,后母子也。寿之母与朔谋,欲杀太子伋而立寿也,使人与伋乘舟于河中,将沈而杀之。寿知不能止也,因与之同舟,舟人不得杀。伋方乘舟时,伋傅母恐其死也,闵而作诗,《二子乘舟》之诗是也。其诗曰:"二子乘舟,汎汎其景,愿言思子,中心养养。"于是寿闵其兄之且见害,作忧思之诗,《黍离》之诗是也。其诗曰:"行迈靡靡,中心怊怊。知我者谓我心忧,不知我者谓我何求？悠悠苍天,此何人哉？"又使伋之齐,将使盗见载旌,要用杀之。寿止伋,伋曰:"弃父之命,非子道也,不可。"寿又与之偕行,寿之母知不能止也,因戒之曰:"寿无为前也。"寿又为前,窃伋旌以先行,几及齐,盗见而杀之。伋至,见寿之死,痛其代己死,涕泣悲哀,遂载其尸还,至境而自杀,兄弟俱死。故君子义此二人,而伤宣公之听谗也。

石光瑛《新序校释》中华书局本

【思考题】

简述《新序》的叙事性特点。

扬雄　法言

（西汉）扬雄

【作者简介】

扬雄（前53—18年），字子云，蜀郡成都人。西汉末年重要的文学家、语言学家与哲学家。文学方面，早年热衷作赋，模拟司马相如的作品，以一篇《甘泉赋》受到皇帝赏识，此外还有《长杨赋》、《羽猎赋》、《河东赋》；语言学方面则著有《方言》一书；在经学昌盛的西汉后期，成为著名儒学思想家，把儒家"明道、宗经、征圣"的文学观作了系统发展，著成《法言》、《太玄》。传见《汉书》卷七十八。

吾子（节录）

或问："吾子少而好赋？"曰："然。童子雕虫篆刻[1]。"俄而，曰："壮夫不为也。"

或曰："赋可以讽乎？"曰："讽乎！讽则已，不已，吾恐不免于劝也[2]。"

或曰："雾縠之组丽。"曰："女工之蠹矣[3]。"

或问："景差、唐勒、宋玉、枚乘之赋也，益乎？"曰："必也，淫[4]。""淫，则奈何？"曰："诗人之赋丽以则，辞人之赋丽以淫[5]。如孔氏之门用赋也，则贾谊升堂，相如入室矣[6]。如其不用何？"

或问："苍蝇红、紫？"曰："明视[7]。"问："郑卫之似？"曰："聪听[8]。"

或曰："朱、旷不世[9]，如之何？"曰："亦精[10]之而已矣。"

或问："交五声、十二律[11]也，或雅，或郑，何也？"曰："中正则雅，多哇[12]则郑。"请问"本"？曰："黄钟以生之[13]，中正以平之，确乎郑、卫不能入也。"

或曰："女有色，书亦有色乎？"曰："有。女恶华丹[14]之乱窈窕也，书恶淫辞之淈[15]法度也。"

或问："屈原智乎？"曰："如玉如莹，爰变丹青[16]。如其智！如其智！"

或问："君子尚辞乎？"曰："君子事之为尚。事胜辞则伉，辞胜事则赋，事、辞称则经。足言足容，德之藻矣[17]。"

或问："公孙龙[18]诡辞数万以为法，法与？"曰："断木为棊，捖革为鞠[19]，亦皆有法焉。不合乎先王之法者，君子不法也。观书者，譬诸观山及水，升东岳而知众山之逦迤也[20]，况介丘乎？浮沧海而知江河之恶沱[21]也，况枯泽乎？舍舟航而济乎渎者，未矣；舍五经而济乎道者，未矣。弃常珍而嗜乎异馔者，恶睹其识味也？委大圣而好乎诸子者，恶睹其识道也？山硁之蹊[22]，不可胜由矣；向墙之户，不可胜入矣。"曰："恶由入？"曰："孔氏。孔氏者，户也。"曰："子户乎？"曰："户哉！户哉！吾独有不户者矣？"

或曰："有人焉，自云姓孔，而字仲尼。入其门，升其堂，伏其几，袭其裳，则可谓仲尼乎？"曰："其文是也，其质非也。""敢问质？"

曰："羊质而虎皮，见草而说，见豺而战，忘其皮之虎矣。圣人虎别，其文炳也。君子豹别，其文蔚也。辩人狸别，其文萃也。狸变则豹，豹变则虎。好书而不要诸仲尼，书肆也。好说而不要诸仲尼，说铃[23]也。君子言也无择[24]，听也无淫。择则乱，淫则辟。述正道而稍邪哆[25]者有矣，未有述邪哆而稍正也。孔子之道，其较[26]且易也。"

或曰："人各是其所是，而非其所非，将谁使正之？"曰："万物纷错，则悬诸天，众言淆乱，则折诸圣。"或曰："恶睹乎圣而折诸？"曰："在则人，亡则书，其统一也。"

问道(节录)

或问"道"。曰:"道也者,通也,无不通也。"或曰:"可以适它与?"曰:"适尧、舜、文王者为正道,非尧、舜、文王者为它道。君子正而不它。"

或问"道"。曰:"道若塗若川,车航混混,不舍昼夜。"或曰:"焉得直道而由诸?"曰:"塗虽曲而通诸夏则由诸,川虽曲而通诸海则由诸。"或曰:"事虽曲而通诸圣则由诸乎?"

道、德、仁、义、礼,譬诸身乎?夫道以导之,德以得之,仁以人之,义以宜之,礼以体之[27],天也。合则浑,离则散,一人而兼统四体者,其身全乎!

或问"德表"。曰:"莫知作,上作下。"请问"礼莫知"。曰:"行礼于彼,而民得于此,奚其知!"或曰:"孰若无礼而德?"曰:"礼,体也。人而无礼,焉以为德?"

或问"天"。曰:"吾于天与,见无为之为矣!"或问:"雕刻众形者匪天与[28]?"曰:"以其不雕刻也。如物刻而雕之,焉得力而给诸?"

老子之言道德,吾有取焉耳。及搥提仁义[29],绝灭礼学,吾无取焉耳。吾焉开明哉?惟圣人为可以开明,它则苓[30]。大哉,圣人言之至也!开之,廓然见四海;闭之,閛然不觌墙之里。

圣人之言,似于水火。或问"水火"。曰:"水,测之而益深,穷之而益远;火,用之而弥明,宿之而弥壮[31]。"

允治天下[32],不待礼文与五教,则吾以黄帝、尧舜为疣赘。

或曰:"太上无法而治,法非所以为治也。"曰:"鸿荒之世,圣人恶之,是以法始乎伏牺,而成乎尧。匪伏匪尧,礼义哨哨[33],圣人不取也。"

或问:"八荒之礼,礼也,乐也,孰是?"曰:"殷之以中国[34]。"或曰:"孰为中国?"曰:"五政之所加,七赋之所养[35],中于天地者,为中国。过此而往者,人也哉。"

圣人治天下也,砥诸以礼乐[36]。无则禽,异则貊[37]。吾见诸子之小礼乐也,不见圣人之小礼乐。孰有书不由笔,言不由舌?吾见天常为帝王之笔、舌也。智也者,知也。夫智用不用,益不益,则不赘亏矣。深知器械、舟车、宫室之为,则礼由已。

或问"大声"。曰:"非雷非霆,隐隐耾耾[38],久而愈盈,尸诸圣[39]。"

问神(节录)

言不能达其心,书不能达其言,难矣哉!惟圣人得言之解,得书之体,白日以照之,江、河以涤之,灏灏[40]乎其莫之御也!面相之,辞相适,捈中心之所欲,通诸人之嚍嚍者[41],莫如言。弥纶[42]天下之事,记久明远,著古昔之㖧㖧[43],传千里之忞忞者[44],莫如书。故言,心声也;书,心画也。声画形,君子小人见矣。声画者,君子小人之所以动情乎?

寡见(节录)

或问:"《五经》有辩[45]乎?"曰:"惟《五经》为辩。说天者莫辩乎《易》,说事者莫辩乎《书》,说体者莫辩乎《礼》,说志者莫辩乎《诗》,说理者莫辩乎《春秋》。舍斯,辩亦小矣。"

春木之芚[46]兮,援我手之鹑[47]兮。去之五百岁,其人若存兮。或曰:"譊譊[48]者天下皆说也,奚其存?"曰:"曼是为[49]也,天下之亡圣也久矣。呱呱之子,各识其亲[50];譊譊之学,各习其师[51]。精而精之,是在其中[52]矣!"

或曰:"良玉不彫,美言不文[53],何谓也?"曰:"玉不彫,玙璠不作器[54]。言不文,典谟不作经[55]。"

或问:"司马子长有言,曰《五经》不如《老子》之约[56]也,当年不能极其变[57],终身不能究[58]其业。"曰:"若是,则周公惑,孔子贼。古者之学耕且养,三年通一。今之学也,非独为之华藻[59]也,又从而绣其鞶帨[60],恶在《老》不《老》[61]也?"或曰:"学者之说可约邪[62]?"曰:"可约解科[63]。"

或问:"君子听声乎?"曰:"君子惟正之听。荒乎淫,拂[64]乎正,沈而乐[65]者,君子不听也。"

君子(节录)

或问:"君子言则成文,动则成德,何以也?"曰:"以其弸中而彪外[66]也。般[67]之挥斤,羿之激矢[68],君子不言,言必有中[69]也;不行,行必有称[70]也。"

或曰:"仲尼之术,周而不泰[71],大而不小[72],用之犹牛鼠[73]也。"曰:"仲尼之道,犹四渎[74]也,经营中国,终入大海[75]。它人之道者,西北之流[76]也,纲纪夷貊[77],或入于沱,或沦于汉。"

淮南说之用[78],不如太史公之用也。太史公,圣人将有取焉[79];淮南,鲜取焉尔[80]。必也,儒乎!乍出乍入[81],淮南也;文丽用寡,长卿也;多爱不忍,子长也[82]。仲尼多爱,爱义也;子长多爱,爱奇也。

或问:"圣人之言,炳若丹青,有诸?"曰:"吁!是何言舆?丹青初则炳,久则渝,渝乎哉?"

汪荣宝《法言义疏》中华书局本

【题解】

《吾子》篇是扬雄文艺思想和观点的体现,此篇中,扬雄论述了自己对辞赋和音乐的看法。扬雄早年喜欢作赋,并模仿司马相如,但他也看到当时汉赋存在的问题,认为其根本缺点是由"讽"变成了"劝",铺张扬厉,劝百讽一,不再是犀利的讽喻和批判现实的利器,而流于对统治者歌功颂德的阿谀。于是对这种现象提出了不满和批评,他提出"讽"应该反映现实矛盾,揭露政治弊病,批评当政者的错误和不良的社会现象,积极地为改良政治而服务。扬雄对诗赋提出的"讽谕"要求,就是要求继承诗歌的现实主义传统,坚持诗歌与政治结合,发挥社会教化的作用。

扬雄的"问道"之"道"不是原意上的道路通道,也非道家学说中的化成万物之"道",而是引申为君主治理国家的治国之道,即正道。扬雄认为尧、舜、文王、周公等人的道才是正道,其他的都是它道、邪道,体现其"征圣"的思想。在问道如何得"道"时,他建议要遵循封建社会中那些仁义礼乐等法度,并要君主身体力行,进而上行下效。同时,扬雄也认为道应随着社会发展而发展,"可则因,否则革",最后,对庄周、邹衍、申不害、韩非等人的学说也进行了批评。

《问神》篇中的"神"主要指精神、心神言意等方面。扬雄认为人们利用"心"即情感意志可以深入了解天地与世界,并提出了"言为心声、书为心画"的著名命题,认为通过言语与文章,可以体现一个人的内心,这样就可以区分君子和小人。此处的"书"是相对"言"而说,即言辞的书面记载。

《寡见》篇主要是对儒家五经的性质和内容作了总结和归纳,并对其作出高度评价,同时也对其他人的不同意见进行了反驳。另外对如何达成圣人之道也作了自己的理解。

《君子》篇主要是对何为圣人和君子的问答,从中可以看出儒家思想的主要内容,另外也涉及儒家的一些人物,从判断其是否可以成仙的角度入手,扬雄对这些人物进行了评价,由此可以看出儒家学派的流变和发展。

【注释】

1. 雕虫篆刻:虫,指虫书。刻,指刻符。秦的文字用小篆,虫书、刻符属于小篆八体中的两种,汉初,十七岁以上的学童应该学习。故说虫书、刻符都是学童学习的玩意儿。

2. "讽则已"三句:已,同语气词矣。劝,勉励,奖励。《汉书·司马相如传》:"扬雄以为靡丽之赋,劝百而讽一。"《汉书·艺文志》:"大儒孙卿及楚臣屈原离谗忧国,皆作赋以风,咸有恻隐古诗之义。其后宋玉、唐勒,汉兴枚乘、司马相如,下及扬子云,竞为侈丽闳衍之词,没其风谕之义。是以扬子悔之。"

3. "雾縠之组丽"二句:雾縠,如云雾一样轻细的丝织品。组,编织。这两句谓雾縠虽丽,但蠹害女工,喻辞赋虽巧,内容无益。

4. 淫:烦滥放荡,华丽而内容不正当。

5. "诗人之赋"二句:诗人之赋指《诗三百篇》,辞人之赋指上文所说的宋玉、唐勒、枚乘之赋。"丽"是赋体的共同性。"则"(法则,法度)与"淫"是诗人之赋与辞人之赋的不同特性。

6. "贾谊升堂"二句:贾谊(前200—前168年)西汉文学家,工辞赋。相如即司马相如(约前179—前118年)。升堂入室,赞扬人在学问方面有高深的造诣。

7. "苍蝇红、紫"两句:古人以苍蝇污白。古代服色以青、黄、赤、白、黑为正色,红紫绿等杂色为间色。苍蝇与红紫等色都能淆混正色,所以需要辨察分明。

8. "郑卫之似"二句:郑卫,指郑卫之音。似,似是而非之意。郑卫之音乱雅,需要以听觉辨明。

9. 朱、旷:朱指离朱,即离娄,传说中目力最强的人,能视百步之外,见秋毫之末。旷即师旷,春秋时晋国典乐太师,传说中的善听者,《左传·襄公十八年》记述他能从鸟声和乐调中听察出敌军阵营中的变化动静。

10. 精:精思。

11. 交五声、十二律:交,配合。宫、商、角、徵、羽为五声;黄钟、太簇、姑洗、蕤宾、夷则、无射、林钟、南吕、应钟、大吕、夹钟、中吕等为十二律。

12. 哇:淫声。

13. 黄钟以生之:黄钟,十二律之首,《汉书·律历志》:"五声之本,生于黄钟之律。"

14. 华丹:华,铅华,妇女搽脸的粉。丹,口脂。

15. 溷:浑浊。

16. "如玉如莹"二句:如玉如莹,即如玉之莹。爰变丹青,当为奚变丹青。玉色久而不变,丹青则否,故云如玉如莹,奚变丹青。

17. "足言足容"二句:足,足够,充足。容,表现。《法言·君子》也有:"君子言则成文,动则成德。"

18. 公孙龙:战国名家代表人物,著有《公孙龙子》。

19. "断木为棊"二句:棊,即棋,弈具。捖,剜。鞠,类似现在的皮球。

20. 逦迤:原作屵迆,山势绵延不断的样子。

21. 恶沱:多泥而浑浊。

22. 山嵁之蹊:两山之间的陋道。

23. 说铃:铃声轻小,比喻言论轻微,没有分量。

24. 择:衰落,凋残。

25. 哆:同邪。

26. 较:通"皎",洁白明亮。

27. 体:分。

28. 匪:通"非"。

29. 搋提:抛弃。

30. 苓:通"零",谓所见者渺小。

31. 宿:寄存。

32. 允:信。

33. 哨哨:多言的样子。

34. 殷:正。

35. 五政:五常之政。七赋:五谷与桑、麻。

36. 碍：限制，阻碍。

37. 貊：指野蛮。

38. 隐隐耾耾：重车声，大声。

39. 尸：主。

40. 灏灏：通"浩浩"，形容盛大的样子。

41. 噩噩：愤愤。

42. 弥纶：综括、贯通。

43. 晤晤：目所不见。

44. 恋恋：茫昧的样子。

45. 辩：文辞丰富，辩析透辟。

46. 芚：草木初生。

47. 鹑：通"纯"，纯美。

48. 譊譊：争辩。

49. 曼是为：曼，不要。不要出此言论。

50. 呱呱之子，各识其亲：婴儿出生只认识自己的双亲，比喻汉代儒者只识其家法师承。

51. 譊譊之学，各习其师：争辩中的汉代儒者只识其师法，非师即争。

52. 精而精之，是在其中：汉代儒者只要对儒家学说精益求精，就能从中探索出正道。

53. 不文：不加修饰。

54. 玙璠不作器：玙璠，鲁国的玉器，指玉器不加雕琢就无法成为器玩之物。

55. 典谟不作经：典谟，《尚书》中的两种文体，如《尧典》、《皋陶谟》。指如果不用文辞修饰，它们就不能成为儒家经典。

56. 约：简约。

57. 当年：毕生。极：通晓。

58. 究：探究。

59. 华藻：华美的藻饰。

60. 绣其鞶（pán）帨（shuì）：鞶，皮做的束衣带。帨，佩巾。比喻为经书做注。

61. 恶在《老》不《老》：怎么能说比得上或比不上《老子》的简约？指《老子》虽然简约，但如果以研究《五经》的方法来研读《老子》，必定繁复无穷。相反如果以务实的态度来研读《五经》，则可以化繁为简，亦又难治。

62. 可约邪：可以化繁为简不？

63. 解科：条分缕析，简明扼要。

64. 拂：违背。

65. 沈而乐：沉迷音乐，以此为乐。

66. 甹中而彪外：甹，才德充实。彪，文采。

67. 般：公输般，古代著名的木匠。

68. 激矢：猛力射箭。这里指君子言必成文，动则有德。

69. 中：内容确切。

70. 称：德行相称。

71. 周而不泰：广博而有所不通。

72. 大而不小：虽大而不能用于小处。

73. 牛鼠：用牛捕鼠。

74. 四渎：渎，大川。指长江、黄河、淮河、济水等四条流入大海的江河。

75. 终入大海：比喻唯儒家学说能探索大道理。

76. 西北之流：儒学之外的学说，像流向西北的小江河，难堪大用。

77. 纲纪夷貊：纲纪，引导，影响。夷貊，文化落后的地区。指儒家之外的学说只能影响落后地区（与儒家"经营中国"对应）。

78. 淮南：淮南王刘安。用，对社会的作用。

79. 太史公，圣人将有取焉：指司马迁的学说杂取各家，但仍以儒家为主，故有可取之处。

80. 淮南，鲜取焉尔：指淮南王刘安以道家思想为主，故少有可取之处。

81. 乍出乍入：淮南王刘安的思想时而入于儒家，时而脱离儒家，游离不定。

82. 多爱不忍，子长也：指司马迁对儒家学说之外的道、墨、法等思想及滑稽、游侠均有涉及却不忍舍弃。

【讲疏】

《法言》是作者模仿《论语》所写的一本著作，《汉书·扬雄传》："以为经莫大于《易》，故作《太玄》，传莫大于《论语》，故作《法言》。"书名"法言"也是取自《论语》"法语之言，能无从乎"，意在表明这是判断事物是非的准则之言。此外，《法言》在体例上也模仿《论语》，全书分十三卷，后附一篇自序，为语录体，多用问答，内容广泛，涉及政治、经济、哲学、科技、文学、艺术、军事等各方面。文字简约，体现出一些先秦诸子文章的特点，但语言略显生硬晦涩。思想内容上，从儒家思想观点出发，用其批判当时的"悖言"，以维护封建君主的统治。因此，扬雄在《法言》中将指出的许多当时社会上存在的弊病与问题的解决办法都寄托在君主身上。而对于当时流行的天命论，扬雄也有不同的看法，他强调后天的学习与努力，要多去感知，"多闻则守之以约，多见则守之以卓。寡闻则无约也，寡见则无卓也"（《吾子》）。但是作为封建君主制的维护者，他强调的学习是学习封建制度，不断规范自己，以适应封建社会的发展，还要通过"潜心于圣"，努力使自己成为善人，这样就可以去掉陋习，继而纠正那些社会弊端，达到以正歪风的目的。在文学方面，扬雄主要从儒家正统思想出发，依据"原道、征圣、宗经"原则，以"舍五经而济乎道者末矣"为出发点，对辞赋写作原则、文质关系、言意关系等都进行了批评。尤其在辞赋方面,用"诗人之赋丽以则,辞人之赋丽以淫"的原则强调辞赋创作要像诗一样,既要华丽文辞,又要有讽谏的准则,由此提出辞赋应继承诗歌的现实主义的传统,发挥其讽刺作用,积极与时政相结合。他还提出了著名的"言,心声也;书,心画也。声画形,君子小人见矣。声画者,君子小人之所以动情乎",认为不同的言语和文章可以表示人的不同内在思想感情,因而可以区分君子和小人。

【关键词解读】

诗人之赋丽以则,辞人之赋丽以淫

这是扬雄对辞赋的评价,语出《法言·吾子》:"或问:'景差、唐勒、宋玉、枚乘之赋也,益乎?'曰:'必也,淫。''淫,则奈何?'曰:'诗人之赋丽以则,辞人之赋丽以淫。'"扬雄在《法言》中多次直接或间接提到文与质,如"事胜辞则伉,辞胜事则赋,事辞称则经"(《吾子》)中"事"与"辞"实际上就是"文"与"质",而"其文是也,其质非也"则用有人冒充孔子的例子来强调"质"的重要性,对文质的强调恰好体现出扬雄对汉赋内容失去讽谏,形式靡丽的批判,他把屈原为代表的赋称为"诗人之赋",而把景差、唐勒、宋玉、枚乘之赋称为"辞人之赋",体现出扬雄的文体辨别意识。扬雄认为赋的共同特点是"丽","丽"指文辞华丽,是"文","则"涉及辞赋的内容法度,主要指儒家教化的法则,"丽以则"的原则实际上也是在说"文"与"质"的关系问题,强调既要有形式的美感,更不能缺少内容的深度,体现了对孔子"文质彬彬"观念的认同,在重质的基础上不轻文。"诗人之赋丽以则,辞人之赋丽以淫"的提出是汉代赋家创作经验的总结,理论性和针对性较强,具较强的说服力,后世对屈原和汉赋的评价基本都要涉及扬雄的这个评价。班固说"扬雄以为靡丽之赋,劝百而风一,犹骋郑卫之声,曲终而奏雅,不已戏乎"(《汉书·司马相如传赞》),刘勰提出的"为情而造文"、"为文而造情"(《文心雕龙·情采》)均是"诗人之赋丽以则,辞人之赋丽以淫"的进一步发挥。

心声心画

《法言·问神》中说:"故言,心声也;书,心画也。声画形,君子小人见矣。声画者,君子小人之所以动情乎?"这是扬雄对言、书和心关系的论述。言、书在汉代指包含文艺作品在内的典籍著作,心,指人的内心思想

感情,在扬雄看来,言和书都是人内心真实感情的表现,有什么样的思想感情,就有什么样的言和书,人们通过察言、观书,就能判别君子和小人,亦能明断善恶是非。扬雄的论述形象阐明了文学艺术是人的思想感情的真实流露,在一定程度上肯定了声画的社会功用,但他显然没看到文艺是社会生活反映的属性,可看作后世"文如其人"、"书如其人"的先声。

【相关知识链接】

关于扬雄及其思想著作,后代历来对其有不同看法。桓谭评价说:"今扬子之书文义至深,而论不诡于圣人,若使遭遇时君,更阅贤知,为所称善,则必度越诸子矣。"(《汉书·扬雄传》)此后王充、张衡、刘勰、唐代韩愈都对其推崇赞赏,却在宋代受到苏轼、程朱等人的贬抑,苏轼有言:"扬雄好为艰深之辞,以文浅易之说,若正言之,则人人知之矣。"(《答谢民师书》)

后代对《法言》的注本颇多,皆因其晦涩难懂。最早扬雄弟子侯芭《注》六卷,三国东吴宋衷《注》十三卷,晋李轨《解》一卷,隋朝辛德源《注》二十三卷,但隋朝以前的各家注解除李氏之《解》外,皆佚,未能流传。唐柳宗元有《注》,北宋宋咸有《重广注》十卷,吴祕有《注》,司马光汇集前人之说成《法言集注》十卷,即所谓"五臣注本",在宋代成为《法言》的通行本,清朝收入《四库全书》。而另一版本则是有人根据李轨之《解》所成《法言音译》,后收入清光绪年间浙江书局辑刊《二十二子》。另外,清代王念孙、王引之父子、孙星衍、俞樾、俞正燮、孙诒让等人都对其有所考订。近人汪荣宝有《法言义疏》二十卷。

【延伸阅读】

《汉书·扬雄传》中记录了扬雄的生平经历、思想主张及文学成就。

汉书·扬雄传(节录)

客曰:"然则靡《玄》无所成名乎?范、蔡以下何必《玄》哉?"扬子曰:"范雎,魏之亡命也,折胁拉髂,免于徽索,翕肩蹈背,扶服入橐,激卬万乘之主,界泾阳抵穰侯而代之,当也。蔡泽,山东之匹夫也,顩颐折頞,涕涶流沫,西揖强秦之相,搤其咽,炕其气,附其背而夺其位,时也。天下已定,金革已平,都于雒阳,娄敬委辂脱挽,掉三寸之舌,建不拔之策,举中国徙之长安,适也。五帝垂典,三王传礼,百世不易,叔孙通起于枹鼓之间,解甲投戈,遂作君臣之仪,得也。《甫刑》靡敝,秦法酷烈,圣汉权制,而萧何造律,宜也。故有造萧何律于唐虞之世,则诤矣;有作叔孙通仪于夏殷之时,则惑矣;有建娄敬之策于成周之世,则缪矣;有谈范、蔡之说于金、张、许、史之间,则狂矣。夫萧规曹随,留侯画策,陈平出奇,功若泰山,响若坻隤,唯其人之赡知哉,亦会其时之可为也。故为可为于可为之时,则从;为不可为于不可为之时,则凶。夫蔺先生收功于章台,四皓采荣于南山,公孙创业于金马,票骑发迹于祁连,司马长卿窃訾于卓氏,东方朔割(炙)于细君。仆诚不能与此数公者并,故默然独守吾《太玄》。"

雄以为赋者,将以风也,必推类而言,极丽靡之辞,闳侈钜衍,竞于使人不能加也,既乃归之于正,然览者已过矣。往时武帝好神仙,相如上《大人赋》,欲以风,帝反缥缥有陵云之志。繇是言之,赋劝而不止,明矣。又颇似俳优淳于髡、优孟之徒,非法度所存,贤人君子诗赋之正也,于是辍不复为。而大潭思浑天,参摹而四分之,极于八十一。旁则三摹九据,极之七百二十九赞,亦自然之道也。故观《易》者,见其卦而名之;观《玄》者,数其画而定之。《玄》首四重者,非卦也,数也。其用自天元推一昼一夜阴阳数度律历之纪,九九大运,与天终始。故《玄》三方、九州、二十七部、八十一家、二百四十三表、七百二十九赞。分为三卷,曰一二三,与《泰初历》相应,亦有颛顼之历焉,撰之以三策,关之以休咎,絣之以象类,播之以人事,文之以五行,拟之以道德仁义礼知。无主无名,要合《五经》,苟非其事,文不虚生。为其泰曼漶而不可知,故有《首》、《冲》、《错》、《测》、《摛》、《莹》、《数》、《文》、《掜》、《图》、《告》十一篇,皆以解剥《玄》体,离散其文,章句尚不存焉。《玄》文多,故不著;观之者难知,学之者难成。客有难《玄》大深,众人之不好也,雄解之,号曰《解难》。其辞曰:

客难扬子曰:"凡著书者,为众人之所好也,美味期乎合口,工声调于比耳。今吾子乃抗辞幽说,闳意眇指,独驰骋于有亡之际,而陶冶大鑪,旁薄群生,历览者兹年矣,而殊不寤。亶费精神于此,而烦学者于彼,譬画者画于无形,弦者放于无声,殆不可乎?"扬子曰:"俞。若夫闳言崇议,幽微之涂,盖难与览者同也。昔人有观象于天,视度于地,察法于人者,天丽且弥,地普而深,昔人之辞,乃玉乃金。彼岂好为艰难哉?势不得已也。独不见夫翠虬绛螭之将登虖天,必耸身于仓梧之渊;不阶浮云,翼疾风,虚举而上升,则不能撠胶葛,腾九闳。日月之经不千里,则不能烛六合,耀八纮;泰山之高不嶕峣,则不能浡滃云而散歕氲。是以宓犠氏之作《易》也,绵络天地,经以八卦,文王附六爻,孔子错其象而象其辞,然后发天地之臧,定万物之基。《典》、《谟》之篇,《雅》、《颂》之声,不温纯深润,则不足以扬鸿烈而章缉熙。盖胥靡为宰,寂寞为尸;大味必淡,大音必希;大语叫叫,大道低回。是以声之眇者不可同于众人之耳,形之美者不可棍于世俗之目,辞之衍者不可齐于庸人之听。今夫弦者,高张急徽,追趋逐耆,则坐者不期而附矣;试为之施《咸池》,揄《六茎》,发《(箫)韶》,咏九成,则莫有和也。是故钟期死,伯牙绝弦破琴而不肯与众鼓;獿人亡,则匠石辍斤而不敢妄斲。师旷之调钟,竢知音者之在后也;孔子作《春秋》,几君子之前睹也。老聃有遗言,贵知我者希,此非其操与!"

雄见诸子各以其知舛驰,大氐诋訾圣人,即为怪迂,析辩诡辞,以挠世事,虽小辩,终破大道而或众,使溺于所闻而不自知其非也。及太史公记六国,历楚汉,(讫)麟止,不与圣人同,是非颇谬于经。敌人时有问雄者,常用法应之,譔以为十三卷,象《论语》,号曰《法言》。《法言》文多不著,独著其目:

天降生民,倥侗颛蒙,恣于情性,聪明不开,训诸理。譔《学行》第一。降周迄孔,成于王道,终后诞章乖离,诸子图微。譔《吾子》第二。事有本真,陈施于亿,动不克咸,本诸身。譔《修身》第三。芒芒天道,在昔圣考,过则失中,不及则不至,不可奸罔。譔《问道》第四。神心忽恍,经纬万方,事系诸道德仁谊礼。譔《问神》第五。明哲煌煌,旁烛亡疆,逊于不虞,以保天命。譔《问明》第六。假言周于天地,赞于神明,幽弘横广,绝于迩言。譔《寡见》第七。圣人聪明渊懿,继天测灵,冠于群伦,经诸范。

譔《五百》第八。立政鼓众,动化天下,莫上于中和,中和之发,在于哲民情。譔《先知》第九。仲尼以来,国君将相卿士名臣参差不齐,一概诸圣。譔《重黎》第十。仲尼之后,讫于汉道,德行颜、闵,股肱萧、曹,爰及名将尊卑之条,称述品藻。譔《渊骞》第十一。君子纯终领闻,蠢迪检押,旁开圣则。譔《君子》第十二。孝莫大于宁亲,宁亲莫大于宁神,宁神莫大于四表之骦心。譔《孝至》第十三。

赞曰:雄之自序云尔。初,雄年四十余,自蜀来至游京师,大司马车骑将军王音奇其文雅,召以为门下史,荐雄待诏,岁余,奏《羽猎赋》,除为郎,给事黄门,与王莽、刘歆并。哀帝之初,又与董贤同官。当成、哀、平间,莽、贤皆为三公,权倾人主,所荐莫不拔擢,而雄三世不徙官。及莽篡位,谈说之士用符命称功德获封爵者甚众,雄复不侯,以耆老久次转为大夫,恬于势力乃如是。实好古而乐道,其意欲求文章成名于后世,以为经莫大于《易》,故作《太玄》;传莫大于《论语》,作《法言》;史篇莫善于《仓颉》,作《训纂》;箴莫善于《虞箴》,作《州箴》;赋莫深于《离骚》,反而广之;辞莫丽于相如,作四赋:皆斟酌其本,相与放依而驰骋云。用心于内,不求于外,于时人皆曶之;唯刘歆及范逡敬焉,而桓谭以为绝伦。

中华书局本

【思考题】

1. 谈谈你对"诗人之赋丽以则,辞人之赋丽以淫"的理解。
2. 谈谈你对"心声心画"的理解。

诗 纬

【作者简介】

作者不详。

含 神 雾

孔子曰:"诗者,天地之心,君德之祖,百福之宗,万物之户也。刻之玉版,藏之金府。集微揆著,上统元皇,下叙四始,罗列五际。"

《艺文类聚》卷五十六

【题解】

《含神雾》是《诗纬》一种,从题名来看,"雾"作为自然界的一种现象,可看出其中内容与天地、自然有关,前面又加一"神"字,便增加了神仙灵异的色彩,反映出当时的谶纬迷信思想。而在内容上,也的确主要包括灾异祥祸等天人感应的征兆,并多言上古神仙之事,类似于《山海经》,显得神秘深奥,犹如雾般幽隐朦胧,所以称为《含神雾》。

【讲疏】

《诗纬》是汉时纬书的一种,与《诗经》相对,故称"纬",《诗纬》中除了对《诗经》进行解注外,还包括一些阴阳迷信、诡异虚假之说,所以后世常将"谶纬"连用,《诗纬》试图用这些谶纬之言阐释《诗经》,有将《诗经》引向荒诞虚无之嫌,因而在后世多被否定,也不受重视。除《诗纬》外,还有《易纬》、《尚书纬》、《礼纬》、《乐纬》、《春秋纬》、《孝经纬》、《论语纬》,《孝经纬》和《论语纬》又称《孝经谶》、《论语谶》,故有"谶纬"之书称。《诗纬》包括三种,分别是《推度灾》、《含神雾》和《记历枢》。《推度灾》主要是记述一些自然灾祸之事,根据当时流行的"天命论",这些灾祸被认为是违反了上天的意志,深层看实际是在为国家的政治担忧;《记历枢》则包括的是与历法和天文星座有关的一些内容。作为对《诗经》的讲解之作,尤其是《含神雾》,除了那些谶纬之说,实际上也有一些独特之处,其中涉及了《诗经》的本质特征、创作等问题,并提出一些"诗论"思想,如"《诗》者,天地之心","《诗》无达诂,《易》无达信"等,所以从这个意义上说,《诗纬》也算是研究解读《诗经》的一种。

【关键词解读】

诗者,天地之心

《诗纬·含神雾》中提出这一观点,顾名思义,就是说《诗》处于天与地之间的中间核心位置,既反映天道,也反映人心,能起到沟通天人的作用,暗合"天人感应"之说。这与前代对《诗》的本质和作用的理解是不同的,自孔子始,《诗经》历来被看作是"美刺"的工具,主要看重其讽刺和针砭的社会功用以及现实主义精神,而《含神雾》则主要从天地自然方面去理解《诗经》,某种程度上也是在肯定"在心为志、发言为诗"的性情说。

【相关知识链接】

汉代继短暂的秦朝之后又一次实现了国家的统一,并持续了几百年的时间,因此可以算是我国历史上第一个大一统的时代。国土的统一与疆域的广阔要求统治者必须采取一定的文化思想政策来管理民众。而在汉代,罢黜百家、独尊儒术的政策造成了经学的大繁荣,与此同时,君权神授的天命观也使得谶纬思想盛行,由"纬书"名称便可看出其与经书的关系。汉代对《诗经》的阐释与研究大肆兴盛,随之而来的"《诗》之纬学"也就相应而起,但由于其中的阴阳谶纬思想,使得纬学在当时乃至后代都受到抵制和抛弃,著作留传也甚少,但是,我们不能否定其合理的一面,它不仅对《诗经》学进行了完善,而且对汉代文化发展也有补充作用。

纬书至唐代几乎消亡殆尽,元明时期有人开始辑佚工作,今可见明代孙瑴《古微书》、清代马国翰《玉函山房辑佚书》,日本学者安居香山与中村璋八合编的《纬书集成》。

【延伸阅读】

《动声仪》指出了创作时的心理,诗歌创作来源于情感的集聚。

钱钟书结合郑玄《诗谱序》、《诗纬》、《毛诗序》等相关典籍,对"诗者,持也"作出了自己的阐释。

乐纬·动声仪(节录)

夫神守于心,游于目,穷于耳,往乎万里而至疾,故不得而不连,从胸臆之中而彻太极,援引无题,人神皆感,神明之应,音声相和。

《太平御览》卷一

诗人感而后思,思而后积,积而后滞,满而后作。言之不足,故嗟叹之,嗟叹之不足,故咏歌之,咏歌之不厌,不知手之舞之足之蹈之也。

《文选》卷五一王褒《四子讲德论》引

管锥编·毛诗正义·诗谱序

郑玄《诗谱序》:"《虞书》曰:'诗言志,歌永言,声依永,律和声';然则诗之道放于此乎";《正义》:"名为'诗'者,《内则》说负子之礼云:'诗负之',《注》云:'诗之为言承也';《春秋说题辞》云:'在事为诗,未发为谋,恬憺为心,思虑为志,诗之为言志也';《诗纬·含神雾》云:'诗者,持也。'然则诗有三训:承也,志也,持也。作者承君政之善恶,述己志而作诗,所以持人之行,使不失坠,故一名而三训也。"按此即并行分训之同时合训也。然说"志"与"持",皆未尽底蕴。《关雎序》云:"诗者,志之所之,在心为志,发言为诗",《释名》本之云:"诗,之也;志之所之也",《礼记·孔子闲居》论"五至"云:"志之所至,诗亦至焉";是任心而扬,唯意所适,即"发乎情"之"发"。《诗纬·含神雾》云:"诗者,持也",即"止乎礼义"之"止";《荀子·劝学》篇曰:"诗者,中声之所止也",《大略》篇论《国风》曰:"盈其欲而不愆其止",正此"止"

也。非徒如《正义》所云"持人之行",亦且自持情性,使喜怒哀乐,合度中节,异乎探喉肆口,直吐快心。《论语·八佾》之"乐而不淫,哀而不伤";《礼记·经解》之"温柔敦厚";《史记·屈原列传》之"怨诽而不乱";古人说诗之语,同归乎"持"而"不愆其止"而已。陆龟蒙《自遣诗三十首·序》云:"诗者,持也,持其情性,使不暴去";"暴去"者,"淫"、"伤"、"乱"、"愆"之谓,过度不中节也。夫"长歌当哭",而歌非哭也,哭者情感之天然发泄,而歌者情感之艺术表现也。"发"而能"止","之"而能"持",则抒情通乎造艺,而非徒以宣泄为快有如西人所嘲"灵魂之便溺"(seelisch auf die Toilette gehen)矣。"之"与"持"一纵一敛,一送一控,相反而亦相成,又背出分训之同时合训者。又李之仪《姑溪居士后集》卷十五《杂题跋》"作诗字字要有来处"一条引王安石《字说》:"'诗'从'言'从'寺',寺者法度之所在也。"(参观晁说之《嵩山文集》卷一三《儒言》八《诗》)倘"法度"指防范悬戒、儆恶闲邪而言,即"持人之行"之意,金文如《郊公望钟》正以"寺"字为"持"字。倘"法度"即杜甫所谓"诗律细"、唐庚所谓"诗律伤严",则旧解出新意矣。

中华书局本

【思考题】

谈谈你对纬书与文论关系的认识。

王充　论衡

（东汉）王充

【作者简介】

　　王充（27—约97年），字仲任，会稽上虞人。东汉学者，曾为太学生，师从班彪，曾仕功曹、治中等职，因屡谏争与上司不合，遂辞官归家，专心著述。他是汉代唯物主义学者，著有《讥俗》、《政务》、《养性》等书，均亡佚，最著名的是《论衡》一书。《后汉书》卷七十九有传。

艺增（节录）

　　世俗所患，患言事增其实，著文垂辞，辞出溢其真，称美过其善，进恶没其罪[1]。何则？俗人好奇，不奇，言不用也。故誉人不增其美，则闻者不快其意；毁人不益其恶，则听者不惬于心[2]。闻一增以为十，见百益以为千，使夫纯仆之事，十剖百判[3]；审然之语，千反万畔[4]。墨子哭于练丝，杨子哭于歧道，盖伤失本，悲离其实也。

　　蜚流之言，百传之语[5]，出小人之口，驰闾巷之间，其犹是也。诸子之文，笔墨之疏，人贤所著[6]，妙思所集，宜如其实，犹或增之。倪经艺之言，如其实乎？言审莫过圣人，经艺万世不易，犹或出溢，增过其实。增过其实，皆有事为，不妄乱误以少为多也。然而必论之者，方言经艺之增与传语异也[7]。经增非一，略举较著，令悦惑之人[8]，观览采择，得以开心通意，晓解觉悟。

　　……

《诗》云:"鹤鸣九皋,声闻于天[9]。"言鹤鸣九折之泽,声犹闻于天,以喻君子修德穷僻,名犹达朝廷也。(言)其闻高远,可矣;言其闻于天,增之也。彼言声闻于天,见鹤鸣于云中,从地听之,度其声鸣于地,当复闻于天也。夫鹤鸣云中,人闻声仰而视之,目见其形。耳目同力,耳闻其声,则目见其形矣。然则耳目所闻见,不过十里,使参天之鸣,人不能闻也。何则?天之去人以万数远,则目不能见,耳不能闻。今鹤鸣,从下闻之,鹤鸣近也。以从下闻其声,则谓其鸣于地,当复闻于天,失其实矣。其鹤鸣于云中,人从下闻之;如鸣于九皋,人无在天上者,何以知其闻于天上也?无以知,意从准况之也[10]。诗人或时不知,至诚以为然;或时知,而欲以喻事,故增而甚之。

《诗》曰:"维周黎民,靡有孑遗。"[11]是谓周宣王之时,遭大旱之灾也。诗人伤旱之甚,民被其害,言无有孑遗一人不愁痛者。夫旱甚,则有之矣;言无孑遗一人,增之也。

夫周之民,犹今之民也。使今之民也,遭大旱之灾,贫羸无蓄积,扣心思雨[12]。若其富人谷食饶足者,廪囷不空,口腹不饥,何愁之有?天之旱也,山林之间不枯,犹地之水,丘陵之上不湛也[13]。山林之间,富贵之人,必有遗脱者矣,而言"靡有孑遗",增益其文,欲言旱甚也。

……

《尚书》曰:"祖伊谏纣曰:'今我民罔不欲丧[14]。'"罔,无也,我天下民无不欲王亡者。夫言欲王之亡,可也;言无不,增之也。纣虽恶,民臣蒙恩者非一,而祖伊增语,欲以惧纣也。故曰:"语不益,心不惕;心不惕,行不易。"增其语,欲以惧之,冀其警悟也。

苏秦说齐王曰:"临菑之中,车毂击,人肩摩,举袂成幕,连衽成帷,挥汗成雨。"[15]齐虽炽盛,不能如此。苏秦增语,激齐王也。祖伊之谏纣,犹苏秦之说齐王也。

贤圣增文,外有所为,内未必然。何以明之?夫《武成》之篇,言"武王伐纣,血流浮杵[16]"。助战者多,故至血流如此。皆欲纣之亡也,土崩瓦解,安肯战乎?然祖伊之言"民无不欲",如苏秦增语。《武成》言"血流浮杵",亦太过焉。死者血流,安能浮杵？案武王伐纣于牧之野[17],河北地高,壤靡不干燥,兵顿血流[18],辄燥入土,安得杵浮？且周、殷士卒,皆赍盛粮,无杵臼之事,安得杵而浮之？言血流杵,欲言诛纣,惟兵顿士伤,故至浮杵。

超奇(节录)

通书千篇以上,万卷以下,弘畅雅闲,审定文读[19],而以教授为人师者,通人也。杼[20]其义旨,损益其文句,而以上书奏记,或兴论立说,结连篇章者,文人、鸿儒也。好学勤力,博闻强识,世间多有;著书表文,论说古今,万不耐一[21]。然则著书表文,博通所能用之者也。入山见木,长短无所不知;入野见草,大小无所不识。然而不能伐木以作室屋,采草以和方药,此知草木所不能用也。夫通人览见广博,不能掇以论说[22],此为匿生书主人,孔子所谓"诵《诗》三百,授之以政,不达"者也,与彼草木不能伐采,一实也。孔子得《史记》以作《春秋》,及其立义创意,褒贬赏诛,不复因《史记》者,眇思自出于胸中也[23]。凡贵通者,贵其能用之也,即徒诵读,读诗讽术,虽千篇以上,鹦鹉能言之类也。衍传书之意,出膏腴之辞[24],非俶傥之才,不能任也。夫通览者,世间比有;著文者,历世希然。近世刘子政父子、扬子云、桓君山,其犹文、武、周公,并出一时也。其余直有,往往而然,譬珠玉不可多得,以其珍也。

故夫能说一经者为儒生;博览古今者为通人;采掇传书,以上书奏记者为文人;能精思著文,连结篇章者为鸿儒。故儒生过俗人,通人胜儒生,文人踰通人,鸿儒超文人。故夫鸿儒,所谓超而又超者也。以超之奇,退与儒生相料[25],文轩之比于敝车[26],锦绣之方于缊袍也[27],其相过,远矣。如与俗人相料,太山之巅埵,长狄之项跖[28],不足以喻。故夫丘山以土石为体,其有铜铁,山之奇也。铜铁既奇,或出金玉。然鸿儒,世之金玉也,奇而又奇矣。奇而又奇,才相超乘,皆有品差。

儒生说名于儒门,过俗人远也。或不能说一经,教诲后生。或带徒聚众,说论洞溢,称为经明[29]。或不能成牍,治一说。或能陈得失,奏便宜,言应经传,文如星月,其高第若谷子云、唐子高者[30],说书于牍奏之上,不能连结篇章。或抽列古今[31],纪著行事,若司马子长、刘子政之徒,累积篇第,文以万数,其过子云、子高远矣。然而因成纪前,无胸中之造。若夫陆贾、董仲舒论说世事,由意而出,不假取于外;然而浅露易见,观读之者,犹曰传记。阳成子长作《乐经》,扬子云作《太玄经》,造于眇(原作助,孙诒让认为"助"当为"眇",形近而误。今据改)思,极窅冥之深[32],非庶几之才,不能成也。孔子作《春秋》,二子作两经,所谓卓尔蹈孔子之迹,鸿茂参贰圣之才者也[33]。

……

有根株于下,有荣叶于上[34];有实核于内,有皮壳于外。文墨辞说,士之荣叶、皮壳也。实诚在胸臆,文墨著竹帛,外内表里,自相副称,意奋而笔纵,故文见而实露也。人之有文也,犹禽之有毛也。毛有五色,皆生于体。苟有文无实,是则五色之禽,毛妄生也。选士以射,心平体正,执弓矢审固[35],然后射中。论说之出,犹弓矢之发也。论之应理,犹矢之中的。夫射以矢中效巧,论以文墨验奇。奇巧俱发于心,其实一也。

文有深指巨略,君臣治术,身不得行,口不能继[36],表著情心,以明己之必能为之也。孔子作《春秋》,以示王意。然则孔子之《春秋》,素王之业也[37];诸子之传书,素相之事也[38]。观《春秋》以见王意,读诸子以睹相指。故曰:陈平割肉,丞相之端见;叔孙敖决期思,令君(当为"尹")之兆著。观读传书之文,治道政务,非徒割肉决水之占也。足不强,则迹不远,锋不铦[39],则割不深。连结篇章,必大才智鸿懿之俊也[40]。

或曰:著书之人,博览多闻,学问习熟,则能推类兴文。文由外而兴,未必实才学(黄晖认为"学"当为"与")文相副也[41]。且浅意于华叶之言,无根核之深,不见大道体要,故立功者希。安危之际,文人不与,无能建功之验,徒能笔说之效也。

曰:此不然。周世著书之人,皆权谋之臣;汉世直言之士,皆通览之吏。岂谓文非华叶之生,根核推之也?心思为谋,集扎为文,情见于辞,意验于言。商鞅相秦,致功于霸,作《耕战》之书[42]。虞卿为赵,决计定说,行退作□□□□□(缺文)。《春秋》之思,起城中之议[43];《耕战》之书,秦堂上之计也[44]。陆贾消吕氏之谋,与《新语》同一意[45]。桓君山易晁错之策,与《新论》共一思。观谷永之陈说,唐林之宜言,刘向之切议,以知为本,笔墨之文,将而送之[46];岂徒雕文饰辞,苟为华叶之言哉?精诚由中,故其文语感动人深。是故鲁连飞书,燕将自杀;邹阳上疏,梁孝开牢。书疏文义,夺于肝心,非徒博览者所能造,习熟者所能为也。

……

高祖读陆贾之书,叹称万岁[47];徐乐、主父偃上疏,征拜郎中,方今未闻[48]。膳无苦酸之肴,口所不甘味,手不举以哜人[49]。诏书每下,文义经传四科,诏书斐然,郁郁好文之明验也。上书不实核,著书无义指,"万岁"之声,"征拜"之恩,何从发哉?饰面者皆欲为好,而运目者希;文音者皆欲为悲,而惊耳者寡。陆贾之书未奏,徐乐、主父之策未闻,群诸瞽言之徒,言事粗丑,文不美润,不指所谓,文辞淫滑[50],不被涛沙之谪,幸矣!焉蒙征拜为郎中之宠乎?

书解(节录)

或曰:士之论高,何必以文[51]?

答曰:夫人有文质乃成。物有华而不实,有实而不华者。《易》曰:"圣人之情见乎辞。"出口为言,集扎为文[52],文辞施设,实情敷烈[53]。夫文德[54],世服也。空书为文,实行为德,著之于衣为服。故曰:德弥盛者文弥缛[55],德弥彰者人弥明。大人德扩[56],其文炳;小人德炽,其文斑[57]。官尊而文繁,德高而文积。华而睆者[58],大夫之箦[59],曾子寝疾,命元起易[60]。由此言之,衣服以品贤,贤以文为差。愚杰不别,须文以立折。非唯于人,物亦咸然。龙鳞有文,于蛇为神;凤羽五色,于鸟为君;虎猛,毛蚡蜦[61]；龟知[62]，背负文。四者体不质，于物为圣贤。且夫山无林，则为土山；地无毛，则为泻土[63]；人无文，则为仆人。土山无麋鹿，泻土无五谷，人无文德，不为圣贤。上天多文而后土多理[64]，二气协和，圣贤禀受，法象本类[65]，故多文彩。瑞应符命，莫非文者。晋唐叔虞[66]，鲁成季友，惠公夫人号曰仲子，生而怪奇，文在其手。张良当贵，出与神会[67]，老父授书，卒封留侯。河神，故出图[68]；洛灵，故出书。竹帛所记怪奇之物，不出溝浍[69]。物以文为表，人以文为基。棘子成欲弥文[70]，子贡讥之。谓文不足奇者，子成之徒也。

著作者为文儒，说经者为世儒，二儒在世，未知何者为优。或曰：文儒不若世儒[71]。世儒说圣人之经，解贤者之传，义理广博，无不实见，故在官常位；位最尊者为博士[72]，门徒聚众，招会千里，身虽死亡，学传于后。文儒为华淫之说[73]，于世无补，故无常官，弟子门徒不见一人，身死之后，莫有绍传[74]。此其所以不如世儒者也。

答曰：不然。夫世儒说圣情，□□□□□（缺文），共起并验，俱追圣人。事殊而务同[75]，言异而义钧。何以谓之文儒之说无补于世？世儒业易为，故世人学之多，非事可析第[76]，故宫廷设其位。文儒之业，卓绝不循，人寡其书，业虽不讲，门虽无人，书文奇伟，世人亦传。彼虚说[77]，此实篇。折累二者，孰者为贤？案古俊乂著作辞说，自用其业，自明于世。世儒当时虽尊，不遭文儒之书，其迹不传。周公制礼乐，名垂而不灭。孔子作《春秋》，闻传而不绝。周公、孔子，难以论言。汉世文章之徒，陆贾、司马迁、刘子政、杨子云，其材能若奇，其称不由人[78]。世传《诗》家鲁申公，《书》家千乘欧阳、公孙[79]，不遭太史公，世人不闻。夫以业自显，孰与须人乃显？夫能纪百人，孰与廑能显其名[80]？

或曰：著作者，思虑间也[81]，未必材知出异人也。居不幽，思不至。使著作之人，总众事之凡[82]，典国境之职，汲汲忙忙，或暇著作？试使庸人积闲暇之思，亦能成篇八十数。文王日昃不暇食，周公一沐三握发[83]，何暇优游为丽美之文于笔札[84]？孔子作《春秋》，不用于周也；司马长卿不预公卿之事，故能作《子虚》之赋;杨子云存中郎之官,故能成《太玄经》,就《法言》。使孔子得王,《春秋》不作;长卿、子云为相,《赋》、《玄》不工籍。

答曰:文王日昃不暇食,此谓演《易》而益卦[85]。周公一沐三握发,为周改法而制。周道不弊[86],孔子不作,休思虑间也,周法阔疏[87],不可因也。夫禀天地之文,发于胸臆,岂为间作不暇日哉[88]?感伪起妄,源流气烝。管仲相桓公,致于九合[89];商鞅相孝公,为秦开帝业。然而二子之书[90],篇章数十。长卿、子云,二子之伦也。俱感,故才并;才同,故业钧。皆士而各著[91],不以思虑间也。问事弥多而见弥博,官弥剧而识弥泥。居不幽则思不至,思不至则笔不利,嚚顽之人有幽室之思[92],虽无忧,不能著一字。盖人材有能,无有不暇。有无材而不能思,无有知而不能著。有鸿材欲作而无起,(无)细知以问("问"疑当为"间")而能记。盖奇有无所因,无有不能言[93],两有无所睹,无不暇造作。

对作(节录)

或问曰:"贤圣不空生,必有以用其心。上至孔、墨之党,下至荀、孟之徒,教训必作垂文[94],何也?"

对曰:圣人作经,艺("艺"当作"贤")者传记,匡济薄俗,驱民使之归实诚也[95]。案《六略》之书,万三千篇[96],增善消恶,割截横拓[97],驱役游慢,期便道善,归正道焉。孔子作《春秋》,周民弊也。故采求毫毛之善,贬纤介之恶[98],拨乱世,反诸正,人道浃[99],王道备,所以检柙靡薄之俗者[100],悉具密致。夫防决不备,有水溢之害;网解不结,有兽失之患[101]。是故周道不弊,则民不文薄;民不文薄,《春秋》不作。杨、墨之学不乱传义,则孟子之传不造;韩国不小弱,法度不坏废,则韩非之书不为;高祖不辨得天下,马上之计未转,则陆贾之语不奏;众事不失实,凡论不坏乱[102],则桓谭之论不起[103]。故夫贤圣之兴文也,起事不空为,因因不妄作。作有益于化,化有补于正,故汉立兰台之官[104],校审其书,以考其言。董仲舒作道术之书,颇言灾异政治所失,书成文具，表在汉室。主父偃嫉之，诬奏其书。天子下仲舒于吏，当谓之下愚[105]。仲舒当死，天子赦之。夫仲舒言灾异之事，孝武犹不罪而尊其身，况所论无触忌之言，核道实之事，收故实之语乎？故夫贤人之在世也，进则尽忠宣化，以明朝廷；退则称论贬说，以觉失俗。俗也不知还，则立道轻为非[106]；论者不追救，则迷乱不觉悟。

是故《论衡》之造也，起众书并失实，虚妄之言胜真美也。故虚妄之语不黜，则华文不见息；华文放流，则实事不见用。故《论衡》者，所以铨轻重之言，立真伪之平，非苟调文饰辞，为奇伟之观也。其本皆起人间有非，故尽思极心，以机世俗。世俗之性，好奇怪之语，说虚妄之文。何则？实事不能快意，而华虚惊耳动心也[107]。是故才能之士，好谈论者，增益实事，为美盛之语；用笔墨者，造生空文[108]，为虚妄之传。听者以为真然，说而不舍；览者以为实事，传而不绝。不绝，则文载竹帛之上；不舍，则误入贤者之耳。至或南面称师[109]，赋奸伪之说；典城佩紫[110]，读虚妄之书。明辨然否，疾心伤之，安能不论？孟子伤杨、墨之议大夺儒家之论，引平直之说，褒是抑非，世人以为好辩。孟子曰："予岂好辩哉？予不得已！"今吾不得已也。虚妄显于真，实诚乱于伪，世人不悟，是非不定，紫朱杂廁，瓦玉集糅，以情言之，岂吾心所能忍哉！卫骖乘者越职而呼车[111]，恻怛发心，恐上之危也。夫论说者闵世忧俗，与卫骖乘者同一心矣也。愁精神而幽魂魄，动胷中之静气，贼年损寿，无益于性。祸重于颜回，违负黄、老之教[112]；非人所贪，不得已，故为《论衡》。文露而旨直，辞奸而情实[113]。其《政务》言治民之道。《论衡》诸篇，实俗间之凡人所能见，与彼作者无以异也。若夫九虚、三增、《论死》、《订鬼》[114]，世俗所久惑，人所不能觉也。人君遭弊，改教于上；人臣愚（"愚"当作"遇"）惑，作论于下。（下）实得，则上教从矣。冀悟迷惑之心，使知虚实之分。实虚之分定，而华伪之文灭；华伪之文灭，则纯诚之化日以孳矣。

或曰：圣人作，贤者述，以贤而作者，非也。《论衡》、《政务》，可谓作者。

曰：非作也，亦非述也，论也。论者，述之次也。五经之兴，可谓作矣。《太史公书》、刘子政序、班叔皮传[115]，可谓述矣。桓山君《新论》、邹伯奇《检论》，可谓论矣。今观《论衡》、《政务》，桓、邹之二论也，非所谓作也。造端更为[116]，前始未有，若仓颉作书，奚仲作车是也。《易》言伏羲作八卦，前是未有八卦[117]，伏羲造之，故曰作也。文王图八，自演为六十四[118]，故曰衍。谓《论衡》之成，犹六十四卦，而又非也。六十四卦以状衍增益，其卦溢，其数多。今《论衡》就世俗之书，订其真伪，辩其实虚[119]，非造始更为，无本于前也。儒生就先师之说，诘而难之；文吏就狱卿之事，覆而考之，谓《论衡》为作，儒生、文吏谓作乎？

上书奏记，陈列便宜，皆欲辅政。今作书者，犹（上）书奏记，说发胸臆，文成手中，其实一也。夫上书谓之奏，奏记转易其名谓之书。建初孟年[120]，中州颇歉[121]，颍川、汝南民流四散[122]。圣主忧怀，诏书数至。《论衡》之人，奏记郡守，宜禁奢侈，以备困乏。言不纳用，退题记草，名曰《备乏》。酒縻五谷，生起盗贼，沉湎饮酒，盗贼不绝，奏记郡守，禁民酒。退题记草，名曰《禁酒》。由此言之，夫作书者，上书奏记之文也，记谓之造作，上书（疑衍重，当删）上书奏记是作也？

自纪（节录）

充为人清重，游必择友[123]，不好苟交[124]。所友位虽微卑，年虽幼稚，行苟离俗，必与之友。好杰友雅徒[125]，不氾结俗材。俗材因其微过[126]，蜚条陷之，然终不自明，亦不非怨其人[127]。或曰："有良材奇文，无罪见陷，胡不自陈[128]？羊胜之徒，摩口膏舌；邹阳自明，入狱复出[129]。苟有全完之行，不宜为人所缺；既耐勉自伸，不宜为人所屈[130]。"答曰：不清不见尘，不高不见危，不广不见削，不盈不见亏[131]。士兹多口，为人所陷，盖亦其宜[132]。好进故自明，憎退故自陈[133]。吾无好憎，故默无言。羊胜为逸，或使之也；邹阳得免，或拔之也[134]。孔子称命，孟子言天,吉凶安危,不在于人。昔人见之,故归之于命¹³⁵,委之于时,浩然恬忽,无所怨尤。福至不谓己所得,祸到不谓己所为。故时进意不为丰,时退志不为亏。不嫌亏以求盈¹³⁶,不违险以趋平¹³⁷;不鬻智以干禄,不辞爵以吊名¹³⁸;不贪进以自明,不恶退以怨人。同安危而齐死生,钧吉凶而一败成,遭十羊胜,谓之无伤¹³⁹。动归于天,故不自明¹⁴⁰。

充性恬澹,不贪富贵¹⁴¹。为上所知,拔擢越次,不慕高官¹⁴²。不为上所知,贬黜抑屈,不恚下位¹⁴³。比为县吏,无所择避¹⁴⁴。或曰:"心难而行易,好友同志,仕不择地,浊操伤行,世何效放¹⁴⁵?"答曰:可效放者,莫过孔子。孔子之仕,无所避矣。为乘田委吏,无於邑之心;为司空相国,无说豫之色¹⁴⁶。舜耕历山,若终不免¹⁴⁷;及受尧禅,若卒自得¹⁴⁸。忧德之不丰,不患爵之不尊;耻名之不白,不恶位之不迁¹⁴⁹。垂棘与瓦同椟¹⁵⁰,明月与砾同囊¹⁵¹,苟有二宝之质,不害为世所同。世能知善,虽贱犹显;不能别白,虽尊犹辱。处卑与尊齐操,位贱与贵比德¹⁵²,斯可矣。

……

充既疾俗情,作《讥俗》之书¹⁵³;又闵人君之政,徒欲治人,不得其宜,不晓其务,愁精苦思,不睹所趋,故作《政务》之书¹⁵⁴。又伤伪书俗文多不实诚,故为《论衡》之书。夫贤圣殁而大义分,蹉跎殊趋,各自开门¹⁵⁵。通人观览,不能钉铨¹⁵⁶。遥闻传授,笔写耳取,在百岁之前¹⁵⁷。历日弥久,以为昔古之事,所言近是¹⁵⁸,信之入骨,不可自解,故作实论。其文盛,其辩争,浮华虚伪之语,莫不澄(孙诒让认为"澄"当为"證")定。没华虚之文,存敦庞之朴;拨流失之风,反宓戏之俗¹⁵⁹。

充书形露易观。或曰:"口辩者其言深,笔敏者其文沉¹⁶⁰。案经艺之文、贤圣之言,鸿重优雅,难卒晓睹¹⁶¹。世读之者,训古¹⁶²乃下。盖贤圣之材鸿,故其文语与俗不通。玉隐石间,珠匿鱼腹,非玉工珠师,莫能采得。宝物以隐闭不见,实语亦宜深沉难测。《讥俗》之书,欲悟俗人,故形露其指,为分别之文¹⁶³。《论衡》之书,何为复然?岂材有浅极,不能为(深)覆¹⁶⁴?何文之察，与彼经艺殊轨辙也[165]？"答曰：玉隐石间，珠匿鱼腹，故为深覆。及玉色剖于石心，珠光出于鱼腹，其犹隐乎？吾文未集于简札之上，藏于胸臆之中，犹玉隐珠匿也。及出荚露，犹玉剖珠出乎[166]！烂若天文之照，顺若地理之晓，嫌疑隐微，尽可名处[167]。且名白，事自定也。《论衡》者，论之平也。口则务在明言，笔则务在露文。高士之文雅，言无不可晓，指无不可睹。观读之者，晓然若盲之开目，聆然若聋之通耳[168]。三年盲子，卒见父母，不察察相识，安肯说喜[169]？道畔巨树，堑边长沟，所居昭察，人莫不知[170]。使树不巨而隐，沟不长而匿，以斯示人，尧、舜犹惑。人面色部七十有余[171]，颊股明潔，五色分别，隐微忧喜，皆可得察，占射之者，十不失一。使面黔而黑丑，垢重袭而覆部，占射之者，十而失九。

夫文由语也，或浅露分别，或深迂优雅，孰为辩者？故口言以明志，言恐灭遗[172]，故著之文字。文字与言同趋，何为犹当隐闭指意？狱当嫌辜，卿决疑事[173]，浑沌难晓，与彼分明可知，孰为良吏？夫口论以分明为公，笔辩以荚露为通，吏文以昭察为良。深覆典雅[174]，指意难觌，唯赋颂耳。经传之文，贤圣之语，古今言殊，四方谈异也。当言事时，非务难知，使指（意）闭隐也。后人不晓，世相离远，此名曰语异，不名曰材鸿。浅文读之难晓，名曰不巧，不名曰知明。秦始皇读韩非之书，叹曰："犹独不得此人同时！"其文可晓，故其事可思。如深鸿优雅，须师乃学，投之于地，何叹之有？夫笔著者，欲其易晓而难为，不贵难知而易造[175]，口论务解分而可听，不务深迂而难睹。孟子相贤，以眸子明瞭者[176]；察文，以义可晓。

黄晖《论衡校释》中华书局新编诸子集成本

【题解】

《论衡》中有三增，分别为《语增》、《儒增》、《艺增》，《艺增》是最后一篇，是"三增"的总结之篇。艺乃六艺，王充理解的六艺是《诗》、《书》、《礼》、《易》、《乐》、《春秋》，通过对这些名篇的解读，主要批判儒家思想中夸大事实的弊病。"世所俗患，患言事增其实，著文垂辞，辞出溢其真"，王充在开篇就提到了世俗的通病:言过其实,夸张不真实,而儒家经典中这种现象也存在,他列举了《诗经》、《论语》中的某些篇章进行批判,有些具有进步意义,如《诗经》中说的"靡有孑遗"的情况并不属实。但多数批评都流于细枝末节,没有什么新意。不过难能可贵的是他敢于向社会教条质疑的精神。

超奇,乃超奇之人,超等奇才。本篇列出了四种人:儒生、通人、文人、鸿儒,并做了等级上的划分,儒生"能说一经",通人"博览古今",文人"采掇传书,以上书奏记",鸿儒则可以"精思著文,连结篇章","故儒生过俗人,通人胜儒生,文人逾通人,鸿儒超文人"。"鸿儒"是王充所谓的超奇之人,他们都胸怀天下,有雄才大略,治国之方,因此文章也气势恢弘,有"深指巨略",在他看来能算作鸿儒的有阳成衡、扬雄、桓谭、周长生,但他们由于实事求是、敢于直言却经常被埋没,这充分反映出王充对独尊儒术社会风气的反抗,有进步意义。但从反面讲,也夸大了儒生的地位和作用。

"书解"之"书",指儒家五经之外的被统治者忽视的各家著书,"解",指辩解。顾名思义,即是为儒家经典以外的文章著作辩解。全篇由问答体写成,故名《书解》。对于世俗皆以文儒不如世儒之说,王充论证说经之世儒不如著作之文儒,因为世儒之说皆为虚说,而文儒之作都是"卓绝不循"之作,因而"书文奇伟,世人亦传"。而在以经为本的当时社会,他还提出"书亦为本,经亦为末,末失事实,本得道质"。在创作方面,王充认为作文著书并不在于是否有"闲暇之思",而要"感伪起妄,源流气烝",体现出唯物主义的思想。

《对作》篇是王充对《论衡》写作缘起和目的的总结,可看作是全书的绪言或总述,从中可以概括出王充的思想主张。他一再强调作《论衡》的目的是为了批判社会上"众书并失实,虚妄之言胜真美"的歪风邪气,最终是为了"解释世俗之疑,辩照是非之理,使后进晓见然否之分"。王充的思想观点体现了唯物主义思想,对当时流行的"天命论"和谶纬迷信等唯心主义提出挑战,具有进步意义。在本篇最后,王充强调本书"无诽谤之辞",为的是希望"造作如此,可以免罪矣",体现出其阶级局限性。

《自纪》篇是王充晚年写的一篇自传,后被放于《论衡》书末,也是对全书的总结。文章从自己的家世出生开始,言及青少年时期学习经历、后为官时期的遭遇生平,表明自己的思想形成过程和性格好恶,也谈及《论衡》等书的成书目的,"充既疾俗情,作《讥俗》之书;又闵人君之政,徒欲治人,不得其宜,不晓其务,愁精苦思,不睹所趋,故作《政务》之书。又伤伪书俗文多不实诚,故为《论衡》之书"。并对那些对自己的诋毁与攻击进行了回应。

【注释】

1. 进恶没其罪：没，过。言某人之恶，超出了其实际罪行。
2. 不慊于心：慊，满足。谓不满意。
3. 十剖百判：谓将事实一再分割，遂失其真。
4. 千反万畔：畔，背叛。意为背离原话，越来越远。
5. "蜚流之语"二句：蜚，同飞。蜚流之语，即蜚语流言。百传之语，经过千百人辗转传说的话。
6. 人贤：据刘盼遂《论衡集释》说当作"贤人"。吴承仕说当作"大贤"。
7. "方言经艺之增"句：王充认为经书中的"增"与传语中的"增"是有区别的，并倾向于肯定经书中的"增"，否定"蜚流之言"与"百传之语"中的"增"。
8. 悦惑：迷惑之意。
9. "鹤鸣九皋"二句：《诗经·小雅·鹤鸣》："鹤鸣于九皋，声闻于天。"毛传："皋，泽也。"陆德明《释文》："《韩诗》云：'九皋，九折之泽。'"
10. 准况：推测、猜想的意思。
11. "维周黎民"二句：见《诗经·大雅·云汉》。"维周"原句作"周余"。
12. 扣心思雨：扣同叩，意为声。
13. "犹地之水"二句：地之水，水灾。湛，淹没。谓丘陵之上不被水灾所淹没。
14. "祖伊谏纣"句：见《尚书·西伯戡黎》。不，今《尚书》作"弗"。祖伊，商臣。
15. "苏秦说齐王"七句：见《战国策·齐策》。临菑：齐国都，今山东临淄。毂击：车多拥挤，毂与毂相击。衽：衣襟。
16. "《武成》之篇"三句：《武成》，《尚书》篇名。杵：舂米的木棒。
17. 牧之野：即牧野，古地名。周武王打败纣军于此。
18. 兵顿：兵，原训为兵器，引申为兵士。顿，坏。兵顿，兵士伤坏。
19. "弘畅雅闲"二句：弘，大。畅，通达。闲，熟悉。读，句读。此二句意为：博大通达，熟悉各种典籍，能够透彻了解文义。
20. 杼：借作"抒"。
21. 万不耐一：耐，通"能"，此句谓万人中难得一人。
22. 掇：拾取。此处作选取解。
23. 眇思：即妙思。
24. 膏腴之辞：文采丰富的文辞。
25. 料：衡量。
26. 文轩：华美的车子。
27. 缊袍：以新棉合旧絮的袍子。
28. 巅壃：绝顶。长狄：传说中的巨人。项：头的后部。跖：足。泰山的绝顶，长狄的全身，用以形容其高大。

29. 经明：精通经书。
30. 谷子云：即谷永，《汉书》卷八十五有传。唐子高：即唐林，《汉书》卷七十二有传。
31. 抽：通"籀"，讽诵书。列：累列。
32. 窅冥：深远难见之貌。
33. 鸿茂：鸿，大。茂，美。贰，副。贰圣：次于圣人的大贤。
34. 荣叶：花叶。
35. 审固：审，指准确地辨别目标。固，指牢固有力地弯弓。
36. 口不能绁：谓口不能言之。孙诒让认为"绁"当为"泄"，形声相近而误。
37. 素：空。素王：言有王者之道而无王者之位。
38. 素相：无相之位而有相之业者。传是经传之传，《春秋》为经，《左传》为传。
39. 铦：锋利。
40. 懿：美。
41. 副：相称。
42. 耕战之书：《史记·商鞅传赞》："余尝读商君《开塞》、《耕战》书。"《开塞》，《商君书》篇名。耕战政策，是商鞅的治国纲要。
43. "春秋之思"二句：意为虞卿所著《虞氏春秋》的观点，与他谏赵王不要以六城送秦国的言论是一致的。"起"当作"赵"。
44. "耕战之书"二句：谓商鞅《农战》篇的主张，就是他与秦孝公在朝堂上晤谈中定下的耕战之策。
45. 陆贾消吕氏之谋：陆贾曾为陈平献策消灭吕禄、吕产等的叛乱。汉高祖刘邦时，陆贾奉命述秦亡汉兴之故，成《新语》十二篇。
46. 将：助。
47. "高祖读陆贾之书"二句：《史记·郦生陆贾列传》：陆贾作《新语》十二篇，"每奏一篇，高帝未尝不称善，左右呼万岁"。
48. 方今未闻：方今现时。此句指章帝时还没有听到像陆贾、徐乐、主父偃那样被重视的事。
49. "膳无苦酸之肴"三句：《楚辞·招魂》："大苦咸酸，辛甘行些。"古人做肴，苦酸和辛甘，都可以和味，这里以苦酸概括各种味道。此三句意为没有苦酸调味的菜肴，是不适口味的，手也不拿它来请人吃。啖：吃。
50. "言事粗丑"四句：文不美润，指文词不美好，没有经过加工。不指所谓，不能说明该文所说的意义何在。淫滑：华而不实。
51. 以：凭借、依靠。
52. 札：古代写字用的竹简或木牍。
53. 敷：布、陈列。烈：通"列"，罗列。敷烈：充分表达出来，显现。
54. 文德：体现德行的文采，即礼义规定的文饰，主要表现在衣服上。
55. 弥：越。缛：繁，多采。

56. 大人：官大位尊的人。扩：充、盈。

57. 斑：华丽。

58. 睆：光滑。

59. 箦：席子。

60. 元：曾元，曾参的儿子。易：更换。命元起易：据《礼记·檀弓上》，曾参临死前还睡在季氏赏赐的席子上，一个伺候他的童子说："多么华丽的席子啊，只有大夫才能享用！"曾参听后认为自己不是大夫，赶忙叫曾元把它换掉。刚换过还未躺好，曾参就死了。

61. 蚡蝹：同"纷纶"，花纹很多的样子。

62. 知：通"智"。龟知：古人用龟甲占卜吉凶，因此迷信的人就认为龟有智慧，能先知。

63. 泻土：不生草木的盐碱地。

64. 文：指日月星。后土：地。理：纹理，指山陵川谷等。

65. 法象：仿效。

66. 晋唐叔虞：周武王的儿子，名虞，封于唐，后唐改为晋，故又称晋唐叔虞。

67. 出与神会：传说张良在下邳时曾遇见一石头变的老人黄石公送给他一本《太公兵法》，后张良凭借此书帮助刘邦取得天下，封留侯。参见《论衡·纪妖》篇。

68. 图：指河图。传说伏羲时，有图从黄河中出现。

69. 洿：通"污"。潢洿：小水坑。

70. 棘子成欲弥文：据《论语·颜渊》记载，棘子成认为只要具有遵守礼仪的思想就行了，不必要表面的礼仪。子贡讥讽他说，如果把毛去掉，虎豹皮和犬羊皮就没法区别了。弥，废。

71. 文儒：指学识渊博、能撰文著书的儒生。世儒：指从事宣扬天人感应、灾异迷信的今文经学儒生。

72. 博士：指汉武帝时开始设立的教授儒家经书的五经博士。

73. 华淫之说：华而不实的言论。

74. 绍：继续。绍传：继承。

75. 殊：不同。务：勉力从事。

76. 非事：不急之务，平凡的事情。析：区分。第：等级、高下。

77. 虚说：荒诞无稽的言论。

78. 称：名声。

79. 欧阳：欧阳生，西汉千乘人，字和伯，以精通《尚书》闻名。

80. 廑：通"仅"。能够记载一百个人的事迹，与仅仅能使自己出名的人相比，哪个更高明呢？

81. 间：通"闲"，闲暇，有空闲。

82. 总：总揽。凡：大要，要领。

83. 一沐三握发：传说周公礼贤下士，忙于接待，洗一次头发就要中断三次。见

《史记·鲁周公世家》。

84. 优游：悠闲自在。

85. 谓：通"为"。

86. 周道：指周代的礼仪制度。弊：败坏。

87. 阔疎：粗略，不周密。

88. 不暇日：不荒废日月。

89. 九：形容次数多。九合：指多次召集诸侯开会结盟。

90. 二子之书：指《管子》和《商君书》。两书实为后人所编。

91. 士：通"仕"，做官。

92. 嚚：顽固。顽：愚笨。

93. 奇有无所因，无有不能言：奇才有无从下笔的，没有不会写的。

94. 教训：教导。垂：自上而下。垂文：指内容在于教诲、开导的文章。

95. 匡：纠正。济：挽救。薄俗：不良的风俗。

96. 《六略》：指西汉末年刘歆根据汉代国家藏书编成的目录书《七略》。全书包括辑略、六艺略、诸子略、诗赋略、兵书略、术数略、方技略七个部分，其中辑略是总论。基本保存在《汉书·艺文志》中，共著录13296卷。

97. 割截：制裁、阻止。横拓：横行、放纵。

98. 贬：贬斥，指责。介：通"芥"，小草。纤介：形容细微。

99. 浃：周全。

100. 检柙：矫正、纠正。靡薄：奢侈轻薄。

101. 失：通"佚"，奔逃。

102. 凡论：社会舆论。

103. 桓谭之论：指桓谭的著作《新论》。

104. 兰台：汉代宫中藏书的地方。

105. 当：判罪。

106. 立：树立、伸张。轻：轻视、指责。

107. 华虚：指华而不实的文章和言辞。

108. 造生：制作、编造。

109. 南面：面朝南而坐，指居于尊位。南面称师：指当老师的人。

110. 典：掌管。典城：泛指地方长官。紫：指印章上的紫色丝带。佩紫：汉代相国、丞相、太尉、将军、列侯用的印章上都束有紫色丝带。典城佩紫：泛指各级官吏。

111. 骖乘：陪主人乘车的人。

112. 负：背弃。黄老之教：指汉初黄老学派主张的自然无为的人生哲学。

113. 奸：通"干"，直率。

114. 九虚：指本书中《书虚》、《变虚》、《异虚》、《感虚》、《福虚》、《祸虚》、《龙虚》、《雷虚》、《道虚》等九篇文章。三增：指本书中《儒增》、《艺增》、《语增》等三篇文章。

115. 班叔皮传：指班彪著作《史记后传》。

116. 造端：起头，开创。更：另外。为：创作。

117. 前是：在这以前。

118. 演：推演，发展。传说文王把八卦两两相配成六十四卦。

119. 辩：通"辨"，辨别。

120. 建初：汉章帝年号，公元76—88年。孟年：初年。

121. 中州：即中土、中原，指今河南一带。歉：歉收。

122. 颍川：郡名，在今河南中部。汝南：郡名，在今河南东南部和安徽西北部。流：流亡。

123. 游：交游，结交朋友。

124. 苟交：乱交朋友。

125. 杰友：才能出众的朋友。雅徒：品德高尚的人。

126. 因：凭借。

127. 蜚：通"飞"。蜚条：匿名帖子。陷：诬陷。非：责怪。

128. 胡：何，为什么。陈：陈述、申辩。

129. 羊胜：西汉人，梁孝王刘武的门客，曾为梁孝王阴谋策划当帝位继承人。参见《汉书·梁孝王传》。摩：砥砺、磨炼。膏：润。摩口膏舌：形容一个人的嘴巴厉害，善于挑拨是非，诬陷别人。邹阳：西汉人。据《史记·鲁仲连邹阳列传》记载，羊胜陷害邹阳，使其被梁孝王逮捕下狱，后因在狱中上书表白，获释。

130. 全完：完美无缺。耐：能。伸：表白。

131. 尘：污染。削：减。

132. 士：指有才能的人。兹：此，这样。多口：口舌多，指来自各方面的攻击诽谤。士兹多口：有才能有学问的人遭受各方面的攻击诽谤。

133. 进：做官、仕进。退：贬退、丢官。

134. 拔：解救。

135. 命：天命。

136. 嫌：嫌弃，讨厌。

137. 违：逃避。趋：追逐。

138. 鬻：卖。干：求、取。

139. 钧：通"均"。一败成：把失败和成功看成是一样的。

140. 动：动辄，往往。

141. 恬澹：淡泊，不追求名利。

142. 上：泛指上级官吏。拔擢：提拔。越次：越级。

143. 恚：恨。

144. 比：屡次。

145. 易：平常。地：职位。放：通"仿"，效法、学习。

146. 乘田：官名，掌管畜牧的小吏。委吏：管理粮仓的小吏。於邑：通"呜唈"，郁郁不乐。司空：官名，掌管土木工程的最高官吏。说豫：兴高采烈。

147. 历山：古山名。终：终生，一辈子。
148. 卒：终究。自：当然，应该。
149. 丰：厚，高尚。白：清白。迁：升迁。
150. 垂棘：春秋时晋国地名，产美玉。椟：匣子。
151. 明月：指珍珠。砾：碎石。
152. 显：高贵。比：并，同。比德：品德相同。
153. 疾：痛恨。
154. 闵：忧虑。务：事。《政务》之书：王充的著作之一，基本保存在《论衡》之中。
155. 蹉跎：失时，指耗时长久。各自开门：个人自立门户，指形成不同学派。
156. 通人：博古通今的人。钉铨：孙诒让认为"钉铨"当为"订诠"。
157. 遥：久远。取：听取。
158. 近是：大都是对的。
159. 没：消除。敦庞：敦厚。朴：原始的东西，指本质。流失之风：指当时流行的不正之风。宓戏之俗：指淳朴的习俗。
160. 笔敏者：擅长写文章的人。沉：深沉、含蓄。
161. 经艺：指《诗》《书》《礼》《易》《乐》《春秋》六部儒家经典，合称"六经"或"六艺"。卒：通"猝"，仓猝。
162. 训古：训诂，对古书字句加以注释。
163. 指：通"旨"，用意。
164. 覆：掩盖，含蓄。
165. 轨辙：车轮碾过的痕迹。殊轨辙：比喻截然不同。
166. 荴：敷，展开。荴露：展露。
167. 嫌疑：不清楚。隐微：不明白。名：说出名目。处：作出判断。
168. 晓然：形容明白清楚的样子。聆然：形容听得很真切的样子。
169. 察察：清楚的样子。
170. 堑：护城河。昭察：明显。
171. 色：气色。部：部位。人面色部七十有余：古代相面术认为人的面孔有七十多个部位，根据这些部位气色的变化，可以判断吉凶。
172. 言恐灭遗：意指说过的话恐怕遗忘消失。
173. 狱：狱吏，指负责审判的官吏。当：审判定罪。嫌辜：疑难案件。卿：指汉中央司法的高级官吏廷尉，九卿之一。
174. 典雅：引经据典、文辞优雅。
175. 此二句意为执笔著书，应力求作品读起来通俗易懂，但写的时候却很费力气，不应推崇那些读起来晦涩难懂而写时却不费力气的作品。
176. 眸子：瞳仁。

【讲疏】

《论衡》是唯物主义无神论思想家王充的代表作，因此全书都贯穿着反对唯心主义迷信思想的唯物主义主张。全书对唯心主义进行了犀利的批判。"天命论"等谶纬迷信思想发挥前代的天神思想,鼓吹君权神授和天人感应,赋予天以神圣的意志,主张"屈民以伸君,屈君以伸天",极具唯心主义色彩,王充对此反驳,在《物势》、《说日》、《自然》、《明雩》等篇中他依据自然科学知识证明天是自然而非神,以朴素唯物主义认知反对天人感应、鬼神谶纬、圣人先知等迷信思想,提出了"夫人,物也,虽贵为王侯,性不异于物。物无不死,人安能仙"(《道虚》)、"人(死)不为鬼,无知,不害人"(《论死》)的观点,并言圣人与常人一样,并不能先验,认识事物都要靠感知与学习,"不目见口问,不能尽知也"(《实知》),强调实践经验对认知的重要作用。

在文学方面,王充也有感于谶纬之风盛行之下的"著文垂辞,辞出溢其真,称美过其善,进恶没其罪"的浮夸虚假文风,其时儒家为了迎合统治阶级的意志故意曲解经典,为自己赢得名誉与地位的同时,也导致鬼神迷信邪说盛行。王充不仅是位唯物主义者,同时也具有强烈的社会责任感,他严厉批判这种现象,提出文章写作应"疾虚妄",以真为美。在《对作》篇中王充论述《论衡》一书的缘起时说:"是故《论衡》之造也,起众书并失实,虚妄之言胜真美也。故虚妄之语不黜,则华文不见息;华文放流,则实事不见用。故《论衡》者,所以铨轻重之言,立真伪之平,非苟调文饰辞,为奇伟之观也。"强调真实著书的重要性,反对一味地追求华美的形式,这其实是他追求真实,反对虚假的社会人格在著文方面的写照。因此,他反对那些只追求形式美感,不顾内容真实的文章,那样会使得文章流于形式主义。在批判这种形式主义的同时,他要求文章要"美善"兼具,尤其要注重文章的"质"。但是过分强调真实和客观有时也会过犹不及,丢掉文学本来具有的艺术性和想象力,在《艺增》篇中王充曾列举几处他认为违背客观事实的例子,如《诗经·大雅·云汉》中说到"靡有孑遗",他对此作出纠正,这样会因过于强调真实和符合客观规律而显得吹毛求疵,价值不大。

【关键词解读】

疾虚妄

王充在《佚文》篇中提道:"'《诗》三百,一言以蔽之,曰:思无邪。'《论衡》篇以十数,亦一言也,曰:'疾虚妄。'"这是他对写文著书和文学批评的基本要求,反对虚妄之言。此处虚妄,不仅指那些虚假之事,也指虚假之情,作者不仅要依据事实根据去构造文章,其中更要投入真情实感。"如无闻见,则无所状"(《实知》),必须要以亲身经历或见闻为依据,因而十分鄙夷那些"群诸瞽言之徒,言事粗丑,文不美润,不指所谓,文辞淫滑"(《超奇》),内容粗劣虚假,文章就不会有美感,必须要言真实之事,文章才会显得有价值,不淫滑。而除了所录之事要真实可靠,不欺人,作者在写作过程中也必须投入自己的真实感情,这是写文章的必备要求。首先要以客观公正的态度对待所描写或批评之事,"采善不逾其美,贬恶不溢其过"(《感类》),这样的文章才是有价值的,是对阅读者的负责,因而自然而然会受到读者的欢迎。另外在综合组织写作时,作者也必须真正投入自己的感情,要有感而发,直抒胸臆,这样才会使文章显出真实,避免虚华和浮夸,只流于形式,"华伪之文灭,则纯诚之化日以孳"(《对作》)。其实"疾虚妄"从目的上来说,就是要讲求真美的原则,也涉及了古代文论中"文"与"质"的关系,推动了其进一步发展。

【相关知识链接】

王充所在的东汉初期,社会刚刚经历了农民动乱,结果是门阀豪族势力崛起,掌握国家大部分的经济、政治资源,思想上为巩固统治,提倡谶纬之学,使得经学盛行。为迎合统治阶级的需要,文人大都专心于解经作传,文学领域内盛行贵古贱今之风,社会上掀起复古风潮。王充出身于"细族孤门",在阶级出身上就与门阀势力对立,尽管他发奋读书,但在政治上不得建树,于是退而著文,潜心学术,希望为统治者提供一种他认为正确的指导思想。《论衡》作为反对当时《白虎通义》的著作,同时也具有治国方略的性质。从文学意义上讲,王充的"疾虚妄"的原则也是强调文学的社会功用,这对后世文学理论发展有重要影响。但王充同样也是地主阶级的代表,我们不可否认《论衡》具有阶级局限性以及矫枉过正的缺点,但其中进步的思想对后世影响极大。

《论衡》自出现后,对其进行校注研究者就大有人在,从蔡邕、葛洪,至唐代刘知几、宋代杨文昌、元代韩性等,明清更甚。各家对王充即《论衡》评价褒贬不一,《论衡》在其后流传过程中或有遗失,王充在其自传《自纪》篇中曾言有百篇之多,而范晔《后汉书·王充传》则记载:"充好论说,始若诡异,终有理实。以为俗儒守文,多失其真,乃闭门潜思,绝庆吊之礼,户牖墙壁各置刀笔。著《论衡》八十五篇,二十余万言,释物类同异,正时俗嫌疑。"而现存的各版本中也确实只有八十五篇,《隋书·经籍志·杂家》记为二十九卷,而《旧唐书·经籍志·杂家》则记为三十卷,此后多以三十卷为记。关于注本,北宋杨文昌对其作了较完善的整理校注,南宋洪适又根据杨本加以校正,但未能完整流传,元明两代又对其进行修补,此版本与明初刊印的《新刊王充论衡》都被藏于国家博物馆。坊间流行较广的是明嘉靖十四年(1535年)吴郡苏献可刻印的"通津草堂"本,其后各版本均依照此版本刻印。

【延伸阅读】

《书虚》篇中主要是对一些解经之书中"传书之言,多失其实"之处进行抨击,体现其"疾虚妄"的特点。

《佚文》篇因着重讨论朝廷如何大力征求亡佚书籍,故称"佚文",主要记述秦汉文章的盛衰,并贬秦褒汉,贬斥秦皇的焚五经和先秦诸子之文章,褒扬汉代的大修经书。强调儒家经籍对文化发展的重要作用。

书虚(节录)

世信虚妄之书,以为载于竹帛上者,皆贤圣所传,无不然之事,故信而是之,讽而读之。睹真是之传与虚妄之书相违,则并谓短书,不可信用。夫幽冥之实尚可知,沈隐之情尚可定,显文露书,是非易见,笼总并传非实事,用精不专,无思于事也。

夫世间传书诸子之语,多欲立奇造异,作惊目之论,以骇世俗之人,为谲诡之书。以著殊异之名。传书言:延陵季子出游,见路有遗金。当夏五月,有披裘而薪者。季子呼薪者曰:"取彼地金来!"薪者投镰于地,瞋目拂手而言曰:"何子居之高,视之下,仪貌之壮(孙诒让认为"壮"当作"庄"),语言之野也?吾当夏五月,披裘而薪,岂取金者哉!"季子谢之,请问姓字。薪者曰:"子皮相之士也,何足语姓字!"遂去不顾。世以为然,殆虚言也。夫季子耻吴之乱,吴欲共立以为主,终不肯受,去之延陵,终身不还,廉让之行,终始若一。许由让天下,不嫌贪封侯;伯夷委国饥死,不嫌贪刀钩。廉让之行,大可以况小,小难以况大。季子能让吴位,何嫌贪地遗金?

季子使于上国,道过徐。徐君好其宝剑,未之即予。还而徐君死,解剑带冢树而去。廉让之心,耻负其前志也。季子不负死者,弃其宝剑,何嫌一叱生人取金于地?季子未去吴乎,公子也;

已去吴乎,延陵君也。公子与君,出有前后,车有附从,不能空行于塗,明矣。既不耻取金,何难使左右,而烦披裘者?世称柳下惠之行,言其能以幽冥自修潔也。贤者同操,故千岁交志。置季子于冥昧之处,尚不取金,况以白日,前后备具。取金于路,非季子之操也。或时季子实见遗金,怜披裘薪者,欲以益之;或时言取彼地金,欲以予薪者,不自取也。世俗传言,则言季子取遗金也。

传书或言:颜渊与孔子俱上鲁太山。孔子东南望,吴阊门外有系白马,引颜渊指以示之,曰:"若见吴昌门乎?"颜渊曰:"见之。"孔子曰:"门外何有?"曰:"有如系练之状。"孔子抚其目而正(当为"止")之,因与俱下。下而颜渊发白齿落,遂以病死。盖以精神不能若孔子,强力自极,精华竭尽,故早夭死。世俗闻之,皆以为然。如实论之,殆虚言也。案《论语》之文,不见此言;考《六经》之传,亦无此语。夫颜渊能见千里之外,与圣人同,孔子、诸子,何讳不言?

佚文(节录)

王莽无道,汉军云起,台阁废顿,文书弃散。光武中兴,修存未详。孝明世好文人,并征兰台之官,文雄会聚。今上即令("令"疑为"命"),诏求亡失,购募以金,安得不有好文之声?唐、虞既远,所在书散;殷、周颇近,诸子存焉。汉兴以来,传文未远,以所闻见,伍唐、虞而什殷、周,焕炳郁郁,莫盛于斯!天晏旸者,星辰晓烂;人性奇者,掌文藻炳。汉今为盛,故文繁凑也。孔子曰:"文王既殁,文不在兹乎!"文王之文,传在孔子。孔子为汉制文,传在汉也。受天之文。

文人宜遵五经、六艺为文,诸子传书为文,造论著说为文,上书奏记为文,文德之操为文。立五文在世,皆当贤也。造论著说之文,尤宜劳焉。何则?发胸中之思,论世俗之事,非徒讽古经、续故文也。论发胸臆,文成手中,非说经艺之人所能为也。周、秦之际,诸子并作,皆论他事,不颂主上,无益于国,无补于化。

造论之人,颂上恢国,国业传在千载,主德参贰日月,非适诸子书传所能并也。上书陈便宜,奏记荐吏士,一则为身,二则为人。繁文丽辞,无上书文德之操,治身完行,徇利为私,无为主者。夫如是,五文之中,论者之文多矣,则可尊明矣。

孔子称周曰:"唐、虞之际,于斯为盛。周之德,其可谓至德已矣!"孔子,周之文人也,设生汉世,亦称汉之至德矣。赵他王南越,倍主灭使,不从汉制,箕踞椎髻,沉溺夷俗。陆贾说以汉德,惧以帝威,心觉醒悟,蹶然起坐。世儒之愚,有赵他之惑;鸿文之人,陈陆贾之说。观见之者,将有蹶然起坐赵他之悟。汉氏浩烂,不有殊卓之声!

文人之休,国之符也。望丰屋知名家,睹乔木知旧都。鸿文在国,圣世之验也。孟子相人以眸子焉,心清则眸子瞭。瞭者,目文瞭也。夫候国占人,同一实也。国君圣而文人聚,人心惠而目多采。蹂蹈文锦于泥塗之中,闻见之者莫不痛心。知文锦之可惜,不知文人之当尊,不通类也。

天("天"当为"夫")文人文文(后一"文"当为"章"),岂徒调墨弄笔,为美丽之观哉?载人之行,传人之名也。善人愿载,思勉为善;邪人恶载,力自禁裁。然则文人之笔,劝善惩恶也。谥法所以章善,即以著恶也。加一字之谥,人犹劝惩,闻知之者,莫不自勉。况极笔墨之力,定善恶之实,言行毕载,文以千数,传流于世,成为丹青,故可尊也。

扬子云作《法言》,蜀富(贾)人赍钱千("千"当为"十")万,愿载于书。子云不听,(曰):"夫富无仁义之行,(犹)圈中之鹿,栏中之牛也,安得妄载?"班叔皮续《太史公书》,载乡里人以为恶戒。邪人枉道,绳墨所弹,安得避讳?是故子云不为财劝,叔皮不为恩挠。文人之笔,独已公矣。贤圣定意于笔,笔集成文,文具情显,后人观之,见以正邪,安宜妄记?足蹈于地,迹有好丑;文集于礼("礼"疑为"札"),志有善恶。故夫占迹以睹足,观文以知情。"《诗》三百,一言以蔽之,曰:'思无邪。'"《论衡》篇以十数,亦一言也,曰:"疾虚妄。"

黄晖《论衡校释》中华书局新编诸子集成本

【思考题】

1. 试述王充的主要文艺思想。
2. 谈谈你对"疾虚妄"的认识。

班固　汉书

（东汉）班固

【作者简介】

班固（32—92年），字孟坚，扶风安陵（今陕西咸阳）人。东汉著名的史学家、文学家。其父为东汉史学家班彪，父死后继承父业修史著书，被明帝赏识，任为兰台令史，典校郎，后至中护军，行中郎将。因与外戚窦宪过从甚密，窦宪失势，班固遭连累，最后死于狱中。班固续写其父为《史记》所作后传，后名为《汉书》，至汉章帝时基本完成，但直至去世，"八表"和"天文志"部分也未能完成。此外，汉章帝于建初四年（79年）在白虎观召集儒生讨论五经，促使了经学与谶纬思想的融合，巩固了儒家思想统治地位，班固奉命将这次会议的结果整理为《白虎通义》。文学方面，班固著有《两都赋》等名篇，是东汉著名的辞赋家之一。明张溥辑《汉魏六朝百三家集》有《班兰台集》一卷，《全后汉文》二十四至二十六卷收其文，《后汉书》卷七十有传。

艺文志（节录）

昔仲尼没而微言绝[1]，七十子丧而大义乖。故《春秋》分为五[2]，《诗》分为四[3]，《易》有数家之传。战国从衡，真伪分争，诸子之言纷然殽乱。至秦患之，乃燔灭文章，以愚黔首[4]。汉兴，改秦之败，大收篇籍，广开献书之路。迄孝武世，书缺简脱，礼坏乐崩，圣上喟然而称曰："朕甚闵焉！"于是建藏书之策[5]，置写书之官，下及诸子传说，皆充秘府。至成帝时，以书颇散亡，使谒者陈农求遗书于天下。诏光禄大夫刘向校经传诸子诗赋，步兵校尉任宏校兵书,太史令尹咸校数术[6],侍医李柱国校方技[7]。每一书已,向辄条其篇目,撮其指意,录而奏之。会向卒,哀帝复使向子侍中奉车都尉歆卒父业。歆于是总群书而奏其《七略》,故有《辑略》[8],有《六艺略》,有《诸子略》,有《诗赋略》,有《兵书略》,有《术数略》,有《方技略》。今删其要,以备篇籍。

……

凡《易》十三家,二百九十四篇。

《易》曰:"宓戲氏仰观象于天,俯观法于地,观鸟兽之文,与地之宜,近取诸身,远取诸物,于是始作八卦,以通神明之德,以类万物之情。"至于殷、周之际,纣在上位,逆天暴物,文王以诸侯顺命而行道,天人之占可得而效,于是重《易》六爻,作上下篇。孔氏为之《彖》、《象》、《系辞》、《文言》、《序卦》之属十篇。故曰《易》道深矣,人更三圣[9],世历三古[10]。及秦燔书,而《易》为筮卜之事,传者不绝。汉兴,田和(何)传之。讫于宣、元,有施、孟、梁丘、京氏列于学官,而民间有费、高二家之说,刘向以中《古文易经》校施、孟、梁丘经,或脱去"无咎"、"悔亡",唯费氏经与古文同。

……

凡《书》九家,四百一十二篇。入刘向《稽疑》一篇。

《易》曰:"河出图,雒出书,圣人则之。"故《书》之所起远矣,至孔子纂焉,上断于尧,下讫于秦,凡百篇,而为之序,言其作意。秦燔书禁学,济南伏生独壁藏之。汉兴亡失,求得二十九篇,以教齐鲁之间。讫孝宣世,有《欧阳》、《大小夏侯氏》,立于学官。《古文尚书》者,出孔子壁中。武帝末,鲁共王坏孔子宅,欲以广其宫,而得《古文尚书》及《礼记》、《论语》、《孝经》凡数十篇,皆古字也。共王往入其宅,闻鼓琴瑟钟磬之音,于是惧,乃止不坏。孔安国者,孔子后也。悉得其书,以考二十九篇,得多十六篇。安国献之。遭巫蛊事,未列于学官。刘向以中古文校欧阳、大小夏侯三家经文,《酒诰》脱简一,《召诰》脱简二。率简二十五字者,脱亦二十五字,简二十二字者,脱亦二十二字,文字异者七百有馀,脱字数十。《书》者,古之号令,号令于众,其言不立具,则听受施行者弗晓。古文读应尔雅,故解古今语而可知也。

……

凡《诗》六家,四百一十六卷。

《书》曰:"诗言志,哥(歌)咏言。"故哀乐之心感,而哥(歌)咏之声发。诵其言谓之诗,咏其声谓之哥(歌)。故古有采诗之官,王者所以观风俗,知得失,自考正也。孔子纯取周诗,上采殷,下取鲁,凡三百五篇,遭秦而全者,以其讽诵,不独在竹帛故也。汉兴,鲁申公为《诗》训故,而齐辕固、燕韩生皆为之传。或取《春秋》,采杂说,咸非其本义。与不得已,鲁最为近之。三家皆列于学官。又有毛公之学,自谓子夏所传,而河间献王好之,未得立。

……

凡《礼》十三家,五百五十五篇。入《司马法》一家,百五十五篇。

《易》曰:"有夫妇父子君臣上下,礼义有所错。"而帝王质文世有损益,至周曲为之防,事为之制,故曰:"礼经三百,威仪三千。"及周之衰,诸侯将踰法度,恶其害己,皆灭去其籍,自孔子时而不具,至秦大坏。汉兴,鲁高堂生传《士礼》十七篇。讫孝宣世,后仓最明。戴德、戴圣、庆普皆其弟子,三家立于学官。《礼古经》者,出于鲁淹中及孔氏,学七十(与十七)篇文相似,多三十九篇。及《明堂阴阳》、《王史氏记》所见,多天子诸侯卿大夫之制,虽不能备,犹瘉仓等推《士礼》而致于天子之说[11]。

……

凡《乐》六家,百六十五篇。出淮南刘向等《琴颂》七篇。

《易》曰:"先王作乐崇德,殷荐之上帝,以享祖考。"故自黄帝下至三代,乐各有名。孔子曰:"安上治民,莫善于礼;移风易俗,莫善于乐。"二者相与并行。周衰俱坏,乐尤微眇,以音律为节,又为郑、卫所乱,故无遗法。汉兴,制氏以雅乐声津,世在乐官,颇能纪其铿锵鼓舞,而不能言其义。六国之君,魏文侯最为好古,孝文时得其乐人窦公,献其书,乃《周官·大宗伯》之《大司乐》章也。武帝时,河间献王好儒,与毛生等共采《周官》及诸子言乐事者,以作《乐记》,献八佾之舞,与制氏不相远。其内史丞王定传之，以授常山王禹。禹，成帝时为谒者，数言其义，献二十四卷记。刘向校书，得《乐记》二十三篇。与禹不同，其道寖以益微。

......

凡《春秋》二十三家，九百四十八篇。省《太史公》四篇。

古之王者世有史官。君举必书，所以慎言行，昭法式也。左史记言，右史记事，事为《春秋》，言为《尚书》，帝王靡不同之。周室既微，载籍残缺，仲尼思存前圣之业，乃称曰："夏礼吾能言之，杞不足征也；殷礼吾能言之，宋不足征也。文献不足故也，足则吾能征之矣。"以鲁周公之国，礼文备物，史官有法，故与左丘明观其史记，据行事，仍人道，因兴以立功，就败以成罚，假日月以定历数，藉朝聘以正礼乐。有所褒讳贬损，不可书见，口授弟子，弟子退而异言[12]。丘明恐弟子各安其意，以失其真，故论本事而作传，明夫子不以空言说经也。《春秋》所贬损大人当世君臣，有威权势力，其事实皆形于传，是以隐其书而不宣，所以免时难也。及末世口说流行，故有《公羊》、《谷梁》、《邹》、《夹》之《传》。四家之中，《公羊》、《谷梁》立于学官，邹氏无师，夹氏未有书。

......

凡小学十家，四十五篇。入扬雄、杜林二家二篇。

《易》曰："上古结绳以治，后世圣人易之以书契，百官以治，万民以察，盖取诸《夬》。""夬，扬于王庭"[13]，言其宣扬于王者朝廷，其用最大也。古者八岁入小学，故《周官》保氏掌养国子[14]，教之六书，谓象形、象事、象意、象声、转注、假借，造字之本也。汉兴，萧何草律，亦著其法，曰："太史试学童，能讽书九千字以上，乃得为史。又以六体试之，课最者以为尚书、御史、史书令史。吏民上书，字或不正，辄举劾。"六体者，古文、奇字、篆书、隶书、缪篆、虫书，皆所以通知古今文字，摹印章，书幡信也。古制，书必同文，不知则阙，问诸故老，至于衰世，是非无正，人用其私。

......

凡六艺一百三家，三千一百二十三篇。入三家，一百五十九篇；出重十一篇。

六艺之文:《乐》以和神,仁之表也;《诗》以正言,义之用也;《礼》以明体,明者著见,故无训也;《书》以广听,知之术也;《春秋》以断事,信之符也。五者,盖五常之道,相须而备,而《易》为之原。故曰"《易》不可见,则乾坤或几乎息矣",言与天地为终始也。至于五学,世有变改,犹五行之更用事焉。古之学者耕且养,三年而通一艺,存其大体,玩经文而已,是故用日少而畜德多,三十而五经立也。后世经传既已乖离,博学者又不思多闻阙疑之义[15],而务碎义逃难,便辞巧说,破坏形体[16];说五字之文,至于二三万言[17]。后进弥以驰逐,故幼童而守一艺,白首而后能言;安其所习,毁所不见[18],终以自蔽。此学者之大患也。

……

诸子十家,其可观者九家而已。皆起于王道既微,诸侯力政,时君世主,好恶殊方,是以九家之说(术)蠭出并作[19],各引一端,崇其所善,以此驰说,取合诸侯。其言虽殊,辟犹水火,相灭亦相生也。仁之与义,敬之与和,相反而皆相成也。《易》曰:"天下同归而殊塗,一致而百虑。"今异家者各推所长,穷知究虑,以明其指,虽有蔽短,合其要归,亦《六经》之支与流裔[20]。使其人遭明王圣主,得其所折中,皆股肱之材已。仲尼有言:"礼失而求诸野[21]。"方今去圣久远,道术缺废,无所更索[22],彼九家者,不犹瘉于野乎?若能修六艺之术,而观此九家之言,舍短取长[23],则可以通万方之略矣。

诗赋略(节录)

传曰:"不歌而诵谓之赋,登高能赋可以为大夫[24]。"言感物造耑[25],材知深美,可与图事,故可以为列大夫也。古者诸侯卿大夫交接邻国,以微言相感[26],当揖让之时,必称《诗》以谕其志,盖以别贤不肖而观盛衰焉。故孔子曰"不学《诗》,无以言"也[27]。春秋之后,周道寖坏[28],聘问歌咏不行于列国,学《诗》之士逸在布衣,而贤人失志之赋作矣。大儒孙卿及楚臣屈原离谗忧国[29]，皆作赋以风，咸有恻隐古诗之义[30]。其后宋玉、唐勒，汉兴，枚乘，司马相如，下及杨子云，竞为侈丽闳衍之词，没其风谕之义。是以杨子悔之，曰："诗人之赋丽以则，辞人之赋丽以淫。如孔氏之门人用赋也，则贾谊登堂，相如入室矣，如其不用何！"自孝武立乐府而采歌谣，于是有代赵之讴，秦楚之风，皆感于哀乐，缘事而发，亦可以观风俗，知薄厚云。（序）诗赋为五种[31]。

司马相如列传（节录）

司马相如字长卿，蜀郡成都人也。少时好读书，学击剑[32]，名犬子[33]。相如既学，慕蔺相如之为人，更名相如。以訾为郎，事孝景帝，为武骑常侍[34]，非其好也。会景帝不好辞赋，是时梁孝王来朝，从游说之士齐人邹阳、淮阳枚乘、吴严忌夫子之徒[35]，相如见而说之，因病免，客游梁，得与诸生游士居，数岁，乃著《子虚之赋》。

……

赞曰：司马迁称"《春秋》推见至隐，《易》本隐以之显，《大雅》言王公大人，而德逮黎庶，《小雅》讥小己之得失，其流及上。所言虽殊，其合德一也。相如虽多虚辞滥说，然要其归引之于节俭，此亦《诗》之风谏何异？"扬雄以为靡丽之赋，劝百而风一，犹骋郑卫之声，曲终而奏雅，不已戏乎！

司马迁传（节录）

迁既死后，其书稍出。宣帝时，迁外孙平通侯杨恽祖述其书，遂宣布焉。王莽时，求封迁后，为史通子[36]。

赞曰：自古书契之作而有史官，其载籍博矣。至孔氏篹[37]之，上继（断）唐尧，下讫秦缪。唐、虞以前，虽有遗文，其语不经[38]，故言黄帝、颛顼之事未可明也。及孔子因鲁史记而作《春秋》，而左丘明论辑其本事以为之传[39]，又纂异同为《国语》。又有《世本》，录黄帝以来至春秋时帝王、公、侯、卿、大夫祖世所出。春秋之后，七国并争，秦兼诸侯，有《战国策》。汉兴伐秦定天下，有《楚汉春秋》。故司马迁据《左氏》、《国语》，采《世本》、《战国策》，述《楚汉春秋》，接其后事，讫于大（天）汉。其言秦、汉，详矣。至于采经摭传[40]，分散数家之事，甚多疏略，或有抵梧[41]。亦其涉猎者广博，贯穿经传，驰骋古今，上下数千载间，斯以勤矣。又，其是非颇缪于圣人，论大道则先黄老而后六经，序游侠则退处士而进奸雄，述货殖则崇势利而羞贱贫，此其所蔽也。然自刘向、扬雄博极群书，皆称迁有良史之材，服其善序事理，辨而不华，质而不俚[42]，其文直，其事核[43]，不虚美，不隐恶，故谓之实录。乌呼！以迁之博物洽闻，而不能以知自全，既陷极刑，幽而发愤，书亦信矣[44]。迹其所以自伤悼，《小雅》巷伯之伦[45]。夫唯《大雅》[46]"既明且哲，能保其身"，难矣哉！

叙传（节录）

主人曰："何为其然也！昔咎繇谟虞，箕子访周[47]，言通帝王，谋合圣神；殷说梦发于傅岩[48]，周望兆动于渭滨[49]，齐甯激声于康衢[50]，汉良受书于邳沂[51]，皆俟命而神交，匪词言之所信，故能建必然之策，展无穷之勋也。近者陆子优繇[52]，《新语》以兴；董生下帷，发藻儒林；刘向司籍，辩章旧闻；扬雄覃思[53]，《法言》、《大玄》：皆及岂君之门闱，究先圣之壸奥[54]，婆娑虖术艺之场，休息虖篇籍之囿，以全其质而发其文，用纳虖圣听，列炳于后人，斯非其亚与！若乃夷抗行于首阳，惠降志于辱仕[55]，颜耽乐于箪瓢，孔终篇于西狩[56]，声盈塞于天渊，真吾徒之师表也。且吾闻之：壹阴壹阳，天墬之方；乃文乃质，王道之纲；有同有异，圣喆之常。故曰：慎修所志，守尔天符，委命共已，味道之腴，神之听之，名其舍诸[57]！宾又不闻龢氏之璧韫于荆石，随侯之珠藏于蜯蛤虖？历世莫眂，不知其将含景耀，吐英精，旷千载而流夜光也。

应龙潜于潢汙,鱼鼋媒之[58],不睹其能奋灵德,合风云,超忽荒,而躔颢苍也[59]。故夫泥蟠而天飞者,应龙之神也;先贱而后贵者,鯱、随之珍也;岂阄暗而久章者,君子之真也。若乃牙、旷清耳于管弦,离娄眇目于豪分[60];逢蒙绝技于弧矢,班输椎巧于斧斤;良、乐轶能于相驭,乌获抗力于千钧;鯱、鹊发精于鍼石,研、桑心计于无垠。仆亦不任厕技于彼列,故密尔自娱于斯文[61]。"

《汉书》中华书局本

【题解】

《艺文志》取自《汉书》第三十卷,是班固依据西汉刘歆的《七略》而成的一部目录著作,也是现存最早的书籍目录著作。主要收录了自先秦至西汉时期的著作596部,班固根据性质和内容不同将这些书分为六略:《六艺略》、《诸子略》、《诗赋略》、《兵书略》、《术数略》和《方技略》,每略下又分不同的小类共三十八种,涉及文、史、哲、政、经、军、农、医、天文历法等社会生活的各个方面,包罗万象。在结构安排上,《艺文志》先以前序概之,每略后附总序,每小类后又有小序,对其中涉及的各科内容的发生、发展、演变及特点都有清晰的介绍与总结,可谓"辨章学术,考镜源流",在目录学史上有着重要的地位。

《诗赋略》是《汉书·艺文志》中六略中的一种,主要包括屈原赋、陆贾赋、孙卿赋、杂赋和歌诗类五种,前三类都是以个人名义命名,属于个人专集,后两类则由于内容繁杂,以篇类辑。班固通过文体、文风等内容对上述作品进行划分,开启了后来文学分类的先河。

《司马相如列传》是班固为西汉文学家司马相如所作传记,主要记录司马相如的生平经历、性格思想及其在辞赋上尤其是汉大赋的重要成就,分为上下两卷。对其辞赋的评价方面,班固认为其继承了自《诗经》以来的讽谏传统,但讽刺之外又多虚美迎合之词,因此班固称其"多虚辞滥说"。

《司马迁传》主要是为司马迁作传,介绍他的生平经历及写成巨著《史记》的经过,材料来自《史记》中的《太史公自序》和《报任少卿书》等篇目,并在篇尾有自己的评点。其中对司马迁及《史记》不乏精准评价,如称赞其"辨而不华,质而不俚,其文直,其事核,不虚美,不隐恶"的"实录"精神,但由于班固与司马迁思想的不同,所以对其"缪于圣人"之处也进行了批评。

《叙传》是班固仿照司马迁为《史记》所作的《太史公自序》而作的一篇自传,位于《汉书》全书的最后。主要讲述了《汉书》的成书缘由及目的。

【注释】

1. 微言:精微要妙之言。
2. 分别为:《左氏》、《公羊》、《谷梁》、《邹氏》、《夹氏》。
3. 分别为:《毛氏》、《齐》、《鲁》、《韩》。
4. 黔首:秦谓人为黔首,言头黑,指平民百姓。
5. 藏书之策:刘歆《七略》曰:"外则有太常、太史、博士之藏,内则有延阁、广内、祕室之府。"
6. 数术:占卜之书。
7. 方技:医药之书。
8. 辑:通"集",谓书之总要。
9. 三圣:伏羲、文王、孔子。
10. 三古:伏羲为上古,文王为中古,孔子为下古。
11. 瘉:与"愈"同,胜也。
12. 此谓人执所见,各不同也。
13. 夬卦之辞。
14. 保氏:地官之属也。保:安。
15. 此谓为学之道,务在多闻,疑则阙之。
16. 破坏形体:破坏文字的构成形体。
17. 桓谭《新论》云:"秦近君能说《尧典》,篇目两字之说至十馀万言,但说'曰若稽古'三万言。"此处指说经的繁复。
18. 安其所习,毁所不见:颜师古曰:"己所常习则保安之,未尝所见者则妄毁诽。"
19. 蠭:通"锋"。
20. 《六经》之支与流裔:颜师古曰:"裔,衣之末也。其于《六经》,如水之下流,衣之末裔。"
21. 礼失而求诸野:颜师古曰:"言都邑失礼,则于外野求之,亦将有获。"
22. 索:求也。
23. 舍:废也。
24. "传曰"二句:章炳麟《国故论衡中·辨诗》:"登高孰谓?谓庙堂之上,揖让之时。赋者孰谓?谓微言相感,歌诗必类。"
25. 耑:"端"字的古写,这里指思绪。这句说因感于物而造文。
26. 微言:春秋时期,列国大夫在外交场合上,赋诗以表示意见,比较曲折隐微,所以说是微言。

27. 不学《诗》,无以言:见《论语·季氏》。
28. 寖:渐也。
29. 孙卿:即荀卿。
30. 咸有恻隐古诗之义:历代对此句无考释,阙疑。
31. 五种:"屈原赋"、"陆贾赋"、"孙卿赋"、"杂赋"、"歌诗"五种。
32. 击剑:以剑遥击而中之,非斩刺也。
33. 犬子:颜师古曰:"父母爱之,不欲称斥,故为此名。"
34. 訾:同"赀",赀,财也。武骑常侍:官职,秩六百石。
35. 严忌夫子:严忌本姓庄,当时尊尚,号曰夫子。
36. 史通子:应劭曰:"以迁世为史宜(官),通于古今也。"李奇曰:"史通国,子爵也。"
37. 篹:同"撰"。
38. 其语不经:非经典之说。
39. 辑:同"集"。
40. 摭:拾也。
41. 抵:抵触也。梧:颜师古曰:"相支柱不安也。"梧音悟。
42. 俚:粗鄙。
43. 核:坚实也。
44. 书亦信矣:颜师古曰:"言其报任安书,自陈己志,信不缪。"
45. 巷伯:颜师古曰:"巷伯,奄官也,遇谗而作诗,列在《小雅》。其诗曰:'萋兮菲兮,成是贝锦'是也。"
46. 《大雅》:《文选》注:"大雅,谓有大雅之才者,诗有大雅,故以立称焉。"
47. 访:谋划。
48. 说:传说也。
49. 望:指太公望,即吕尚也。
50. 齐甯激声于康衢:颜师古曰:"齐甯,甯戚也。声激,谓扣角所歌也。"郑玄曰:"五达曰康,四达曰衢。"
51. 沂:下邳水的岸边。
52. 优繇:不仕也。繇,音由。
53. 覃思:覃,大也,深也。
54. 壸奥:应劭曰:"宫中门谓之闱,宫中巷谓之壸。"
55. 夷抗行于首阳,惠降志于辱仕:颜师古曰:"夷,伯夷也。惠,柳下惠也。辱仕谓为士师三黜也。"
56. 孔终篇于西狩:谓孔子作《春秋》止于获麟也。
57. 舍:废也。诸:之也。
58. 应龙:龙之有翼者。潢汙:停水也。媟:谓侮狎之也。
59. 蹍:以足据持也。颢:颢天。元气颢汙,故曰颢天。其色苍苍,故曰苍天。

60. 牙：伯牙。旷：师旷。离娄：明目者也。眇：细视也。
61. 密：颜师古曰："静也，安也。"

【讲疏】

《汉书》是我国第一部断代史，记录了汉高祖刘邦至王莽时期的历史，而在结构上又仿照《史记》，包括十二本纪、八表、十志和七十列传，也属于纪传体，但在体例上与《史记》又有不同，相较于司马迁的草创，班固使得纪传体更加成熟，为后世纪传体的发展起到典范作用。后人一般好将《汉书》与《史记》作对比，思想上，相较于司马迁《史记》中的强烈反天道和迷信的思想，班固的观念比较保守，他从统治阶级的利益入手，宣扬儒家经学思想，以巩固刘氏的统治。但作为一部正统史书，《汉书》具有极高的价值，唐代司马贞称其为"近代诸儒共行钻仰"。汉书搜罗宏富，涉及范围之广，《叙传》有云："凡《汉书》，叙帝皇，列官司，建侯王。准天地，统阴阳，阐元极，步三光。分州域，物土疆，穷人理，该万方。纬《六经》，缀道纲，总百氏，赞篇章。函雅故，通古今，正文字，惟学林。"足可见《汉书》之包罗万象，不愧为反映西汉一朝历史风貌的百科全书。《诗赋略》中"感于哀乐，缘事而发"的观点启发了后世"诗缘事"的理论，与"诗缘情"的理论相对照，对研究中国古代诗歌叙事传统有重要的参考价值。

【关键词解读】

艺与文

《艺文志》作为目录学著作，是班固在刘歆《七略》的基础上编成的，但由于《七略》的佚散，所以《艺文志》就显得尤为宝贵，对目录学、文献学的研究价值极大。从文学意义上讲，"艺"和"文"就是班固对此前文学所做的分类，已经认识到文学作品与其他著作的不同之处。作为一名文学家，班固的辞赋成就也很高，尤其是当时流行的汉大赋，并对其内容与形式及其与产生时代之间的关系都有客观准确的描述。在《艺文志》中，班固将诗赋分为五类，由此可见，他看出诗赋之间存在不同，并且将诗与歌合并为一类，体现出对诗歌一体诗学观念的继承，同时，也承认诗歌有"言志"与考证得失的社会功用。

【相关知识链接】

《汉书》的产生有其历史原因。班固之父班彪本来就是东汉有名的史学家,他有感于《史记》之记录不全而有志于为其作《后传》,但未能完成便去世,后由其子班固接任。班固作为生长于史学之家的后人,从小饱读史书,又擅长辞赋创作,文学修养也很高,著成《汉书》的内部条件满足,而东汉初期,经历了动乱之后,统治者注意加强思想文化教育,将谶纬之说与儒家思想相结合,以巩固自身统治,在这样的社会文化背景下,《汉书》便适应时代发展之需要,成为宣扬汉统的经世著作。

《汉书》由于其极高的史学、文学价值,早在东汉时期就有人研究,如服虔、应劭等人作《汉书音义》,此后一直不断,至唐代,颜师古汇集前人注释,查缺补漏,作《汉书注》,至清代王先谦作《汉书补注》,代表了这一时期研究《汉书》的集大成者。

【延伸阅读】

范晔(398—445年),字蔚宗,顺阳(今河南南阳)人,南朝宋史学家、文学家,著有《后汉书》。《后汉书》分十纪、八十列传和八志,记述了自汉光武帝刘秀建武元年(25年),到汉献帝建安二十五年(220年)共一百九十多年的历史,与《史记》、《汉书》、《三国志》并称"前四史"。本段主要梳理了自先秦至汉代史书的笔法特点及因袭变化。

后汉书·班彪传(节录)

彪既才高而好述作,遂专心史籍之间。武帝时,司马迁著《史记》,自太初以后,阙而不录,后好事者颇或缀集时事,然多鄙俗,不足以踵继其书。彪乃继采前史遗事,傍贯异闻,作后传数十篇,因斟酌前史而讥正得失。其略论曰:

唐、虞三代,《诗》、《书》所及,世有史官,以司典籍,暨于诸侯,国自有史,故《孟子》曰:"楚之《梼杌》,晋之《乘》,鲁之《春秋》,其事一也。"定、哀之间,鲁君子左丘明论集其文,作《左氏传》三十篇,又撰异同,号曰《国语》,二十一篇,由是《乘》、《梼杌》之事遂暗,而《左氏》、《国语》独章。又有记录黄帝以来至春秋时帝王公侯卿大夫,号曰《世本》,一十五篇。春秋之后,七国并争,秦并诸侯,则有《战国策》三十三篇。汉兴定天下,太中大夫陆贾记录时功,作《楚汉春秋》九篇。孝武之世,太史令司马迁采《左氏》、《国语》,删《世本》、《战国策》,据楚、汉列国时事,上自黄帝,下讫获麟,作本纪、世家、列传、书、表凡百三十篇,而十篇缺焉。迁之所记,从汉元至武以绝,则其功也。至于採经摭传,分散百家之事,甚多疎略,不如其本,务欲以多闻广载为功,论议浅而不笃。其论术学,则崇黄老而薄《五经》;序货殖,则轻仁义而羞贫穷;道游侠,则贱守节而贵俗功:此其大敝伤道,所以遇极刑之咎也。然善述序事理,辩而不华,质而不野,文质相称,盖良史之才也。诚令迁依《五经》之法言,同圣人之是非,意亦庶几矣。

夫百家之书,犹可法也。若《左氏》、《国语》、《世本》、《战国策》、《楚汉春秋》、《太史公书》,今之所以知古,后之所由观前,圣人之耳目也。司马迁序帝王则曰本纪,公侯传国则曰世家,卿士特起则曰列传。又进项羽、陈涉而黜淮南、衡山,细意委曲,条例不经。若迁之著作,採获古今,贯穿经传,至广博也。一人之精,文重思烦,故其书刊落不尽,尚有盈辞,多不齐一。若序司马相如,举郡县,著其字,至萧、曹、陈平之属,及董仲舒并时之人,不记其字,或县而不郡者,盖不暇也。今此后篇,慎覈其事,整齐其文,不为世家,惟纪、传而已。传曰:"杀史见极,平易正直,《春秋》之义也。"

中华书局本

【思考题】

请谈谈《汉书·艺文志》所包含的文论思想。

王逸　楚辞章句叙

(东汉)王逸

【作者简介】

王逸(生卒年不详),字叔师,南郡宜城(今湖北宣城县)人。东汉学者,安帝元初年间曾任校书郎,顺帝时,官侍中,桓帝时,为豫章太守。《后汉书·文苑传》中有记录其生平。《楚辞章句》是现存最早的《楚辞》注本。

楚辞章句叙

昔者孔子,睿圣明喆,天生不群,定经术,删《诗》、《书》,正《礼》、《乐》,制作《春秋》,以为后王法。门人三千,罔不昭达[1]。临终之日,则大义乖而微言绝。

其后周室衰微,战国并争,道德陵迟,谲诈萌生,于是杨、墨、邹、孟、孙、韩之徒[2],各以所知,著造传记,或以述古,或以明世。而屈原履忠被谮,忧悲愁思,独依诗人之义,而作《离骚》,上以讽谏,下以自慰[3]。遭时闇乱,不见省纳,不胜愤懑,遂复作《九歌》以下凡二十五篇[4]。楚人高其行义,玮其文采,以相教传。

至于孝武帝,恢廓道训,使淮南王安作《离骚经章句》,则大义粲然。后世雄俊,莫不瞻慕,舒肆妙虑,缵述其词[5]。逮至刘向典校经书,分为十六卷[6]。孝章即位,深弘道艺,而班固、贾逵复以所见改易前疑[7],各作《离骚经章句》。其馀十五卷,阙而不说。又以"壮"为"状",义多乖异,事不要括。今臣复以所识所知,稽之旧章,合之经传,作十六卷章句。虽未能究其微妙,然大指之趣,略可见矣。

且人臣之义,以忠正为高,以伏节为贤。故有危言以存国,杀身以成仁。是以伍子胥不恨于浮江,比干不悔于剖心,然后忠立而行成,荣显而名著。若夫怀道以迷国[8],详愚而不言,颠则不能扶,危则不能安,婉娩以顺上,逡巡以避患,虽保黄耇,终寿百年,盖志士之所耻,愚夫之所贱也。

今若屈原,膺忠贞之质,体清洁之性,直若砥矢[9],言若丹青,进不隐其谋,退不顾其命,此诚绝世之行,俊彦之英也。而班固谓之"露才扬己","竞于群小之中,怨恨怀王,讥刺椒、兰,苟欲求进,强非其人,不见容纳,忿恚自沉",是亏其高明,而损其清洁者也。昔伯夷、叔齐让国守分,不食周粟,遂饿而死,岂可复谓有求于世而怨望哉?且诗人怨主刺上曰:"呜呼!小子,未知臧否。匪面命之,言提其耳[10]。"风谏之语,于斯为切。然仲尼论之,以为大雅。引此比彼,屈原之词,优游婉顺,宁以其君不智之故,欲提携其耳乎?而论者以为"露才扬己","怨刺其上","强非其人",殆失厥中矣。

夫《离骚》之文,依托五经以立义焉:"帝高阳之苗裔[11]",则"厥初生民,时惟姜嫄[12]"也。"纫秋兰以为佩[13]",则"将翱将翔,佩玉琼琚[14]"也。"夕揽洲之宿莽",则《易》"潜龙勿用[15]"也。"驷玉虬而乘鹥[16]",则"时乘六龙以御天[17]"也。"就重华而陈词[18]",则《尚书》咎繇之谋谟也。"登昆仑而涉流沙",则《禹贡》之敷土也[19]。故智弥盛者其言博,才益多者其识远。屈原之词,诚博远矣。自终没以来,名儒博达之士,著造词赋,莫不拟则其仪表[20],祖式其模范,取其要妙,窃其华藻。所谓金相玉质,百世无匹,名垂罔极,永不刊灭者矣。

洪兴祖《楚辞补注》中华书局本

【题解】

《楚辞章句叙》是王逸《楚辞章句》中的自序。《楚辞章句》是王逸为屈原《楚辞》所作的注,也是汉代研究《楚辞》的重要著作。《楚辞章句叙》中,王逸高度评价屈原的品行、情操和其《楚辞》的艺术及思想成就,其中也提到了屈原作《楚辞》的缘由和目的,"而屈原履忠被谮,忧悲愁思,独依诗人之义,而作《离骚》,上以讽谏,下以自慰",遭受谗言陷害后,屈原愤而著作,在此过程中又继承"诗言志"的传统,充满讽谏之情,希望给统治者以警告和提醒。

【注释】

1. "门人三千"二句:意谓孔门三千弟子,亲承指授,都能了解孔子论述六经的微言大义。昭达:明白通晓。本文注释参考了郭绍虞主编《历代文论选》中的相关注释,特此说明。

2. 杨、墨、邹、孟、孙、韩之徒:指杨朱、墨翟、邹衍、孟轲、孙卿、韩非。

3. 诗人之义:指书写怨诽之情,用以讽谏。

4. 九歌以下凡二十五篇:《九歌》,包括《东皇太一》、《云中君》、《湘君》、《湘夫人》、《大司命》、《少司命》、《东君》、《河伯》、《山鬼》、《国殇》、《礼魂》。班固《汉书·艺文志》著录屈原赋二十五篇。王逸《章句》于《离骚》、《九歌》、《天问》、《九章》外,列有《远游》、《卜居》、《渔夫》三篇,又《大招》一篇题作屈原或景差。

5. "舒肆妙虑"二句:指西汉时出现了很多的拟《骚》之作,如东方朔《七谏》、严忌《哀时命》、王褒《九怀》之类。舒肆妙虑:书写情怀。缵述其词:指继承《离骚》的创作体制。

6. 刘向首次把《楚辞》辑录成书,分十六卷,即王逸《章句》所依据的底本。

7. 贾逵:字景伯,东汉经学家。

8. 怀道以迷国:《论语·阳货》:"怀其宝而迷其邦,可谓仁乎?"意为有才能而不贡献于国家。

9. 直若砥矢:《诗经·小雅·大东》:"周道如砥,其直如矢。"

10. "呜呼小子"四句:见《诗经·大雅·抑》。小子:厉王。臧:善,即要教导厉王。

11. 帝高阳之苗裔:帝高阳,传说中远古帝王颛顼的称号。苗裔,后代子孙。高阳氏是楚族的远祖,屈氏是楚王室的分支,所以屈原自称是高阳氏后代。

12. "厥初生民"二句:见《诗经·大雅·生民》。厥,其。初,始。时,是。姜嫄,高辛氏之妃,后稷之母。指周族的先代是姜嫄所生。

13. 纫:贯串。佩:佩戴在身上的饰物。

14. "将翱将翔"二句:见《诗经·郑风·有女同车》。将,且。琼琚,佩玉名。指将翱翔之时,所配的玉是琼琚之玉。

15. 潜龙勿用:见《易·乾》初九。潜,隐伏。阳气潜伏在地下,故称潜龙,龙是阳的象征。《易》意谓圣人虽有龙德,但这时只应潜伏,不可用世。

16. 驷玉虬而乘鹥:驷,四匹马驾的车,此处作动词。玉,白色。虬,无角的龙。鹥,五彩的凤鸟。指以虬为马,以凤为车。

17. 时乘六龙以御天:见《易·乾》彖辞。六,《易》卦爻凡六位,六爻都是九,故称六龙。六位不失其时,随时而用,处则为潜龙,出则为飞龙。御天,登天。

18. 就重华而陈词:重华,舜名。陈,述。

19. 《禹贡》之敷土:《尚书·禹贡》:"禹敷土,随山刊木,奠高山大川。"敷,分布,分别治理九州水土。

20. 拟则:效法。仪表:形式。

【讲疏】

《楚辞章句》是王逸的代表作,是他对屈原《离骚》所作的注解,其中也包含了他的思想主张。王逸处于经学盛行的东汉时代,他本人也深受这种儒家思想的影响,因此在注解过程中也就不免以儒家思想的立场去认识《楚辞》的成就。"独依诗人之义"是王逸认为屈原作《离骚》的一个依据,王逸从"诗言志"理论出发,认为《楚辞》也具有这样的特点,这点不仅在《楚辞章句叙》,在其他篇章的《叙》中也有体现,如《七谏章句叙》:"故作此辞以述其志。"而在"志"中也包含着"情"的部分,由屈原忠而被谤的悲愤之情和忧国忧民的爱国之情均可证明。另外,王逸认为《楚辞》的一大艺术特色就是其讽谏精神,"上以讽谏,下以自慰",屈原对美的理想追求与黑暗的现实导致他愤而著书,其中不可能不包含对黑暗世事的讽刺,但最终目的还是想要上达统治者视听,以此为谏。但从根本上来说,仍旧可以归入儒家的"诗教",因为讽刺之义由《诗经》而来,王逸认为讽谏体现了屈原正道直行、为国为民的民族大义。此外,王逸还高度评价了《楚辞》语言等方面艺术成就,称其"智弥盛者其言博,才益多者其识远"。

【关键词解读】

依经立义

王逸认为屈原作《离骚》乃是"依託五经以立义",体现出其儒家思想的立场。王逸高度评价屈原忧国忧民的爱国精神和想要替君分忧的政治抱负,有感于屈原政治的人品和高洁的情操,用"诗言志"和讽谏精神来评价《离骚》的思想内涵,都是可取的,但由于受东汉时期儒家思想的影响,尤其是经学的影响,王逸认为屈原作《楚辞》乃是依经而作,并用儒家经义去刻意解释《楚辞》也是有失偏颇的。刘勰则认为屈原"虽取熔经意,亦自铸伟辞",研究《楚辞》应该"酌奇而不失其贞,翫华而不坠其实"(《文心雕龙·辨骚》)。"依託五经以立义"至刘勰《文心雕龙》中正式简称定名为"依经立义",并成为中国古代文论及文学批评中的一个重要话语模式。

【相关知识链接】

《诗经》和《楚辞》是先秦文学史上两颗璀璨的明珠,分别代表当时北方与南方的文学成就,前者注重写实,感情内敛朴实,是现实主义的代表;后者则重浪漫想象,是浪漫主义的先驱。西汉初期由于统治阶级与楚地的渊源关系,《离骚》也曾受宠,淮南王刘安著有《离骚传》,刘向也曾对屈原作品进行编著。但自武帝始,儒家思想占据统治地位,实行"罢黜百家,独尊儒术",尤其至东汉,经学盛行,儒家思想和谶纬学说结合成为统治思想的统治工具后,《诗经》由于其现实主义的风格备受儒家推崇,浪漫主义的《楚辞》则不受重视,当时的经学家都以儒家思想为正统,因而对其大加批判,对《楚辞》研究者也甚少。而王逸虽然也信奉儒家思想,但却没有继续对《楚辞》持狭隘的否定态度,而是看到了其中高超的艺术和思想成就,虽然是从儒家立场出发,认为《离骚》是"依託五经以立义",但对《离骚》评价极具独到之处,同时也提高了屈原及《离骚》在当时的地位,对屈原最终在中国文学史上地位的确立起到了很大作用。

【延伸阅读】

班固在《离骚赞序》解释了"离"和"骚"的具体含义,阐明乃是屈原遭忧患之作,介绍了《离骚》和《九章》等篇章的写作缘由和目的。

离 骚 赞 序

《离骚》者,屈原之所作也。屈原初事怀王,甚见信任。同列上官大夫妒害其宠,谗之王,王怒而疏屈原。屈原以忠信见疑,忧愁幽思而作《离骚》。离,犹遭也;骚,忧也。明己遭忧作辞也。是时周室已灭,七国并争,屈原痛君不明,信用群小,国将危亡,忠诚之情,怀不能已,故作《离骚》。上陈尧、舜、禹、汤、文王之法,下言羿、浇、桀、纣之失,以风。怀王终不觉寤,信反间之说,西朝于秦。秦人拘之,客死不还。至于襄王,复用谗言,逐屈原。在野又作《九章》赋以风谏,卒不见纳。不忍浊世,自投汨罗。原死之后,秦果灭楚。其辞为众贤所悼悲,故传于后。

洪兴祖《楚辞补注》中华书局本

【思考题】

王逸是如何评价屈原的?你对他的评价有何看法?

郑玄　诗谱序

(东汉)郑玄

【作者简介】

郑玄(127—200年),字康成,北海高密(今山东高密)人。曾入太学,后师从于张恭祖和马融。曾在乡里讲学,弟子众多。郑玄精通古、今文经学,是汉代经学的集大成者,世称其学为"郑学"。其文学思想集中反映了汉代经学家对文学的认识。著述众多,但流传者不多。曾对《毛诗》、《周礼》、《仪礼》、《礼记》作注,后被收入《十三经注疏》。《后汉书》中有其传记。

诗　谱　序

诗之兴也,谅不于上皇之世[1]。大庭、轩辕,逮于高辛[2],其时有亡,载籍亦蔑云焉[3]。《虞书》曰:"诗言志,歌永言,声依永,律和声[4]。"然则诗之道,放于此乎[5]?

有夏承之,篇章泯弃,靡有孑遗。迄及商王,不风不雅[6]。何者?论功颂德,所以将顺其美;刺过讥失,所以匡救其恶。各于其党,则为法者彰显,为戒者著明[7]。

周自后稷播种百谷,黎民阻饥,兹时乃粒,自传于此名也[8]。陶唐之末,中叶公刘亦世修其业,以明民共财[9]。至于大王、王季,克堪顾天[10]。文、武之德,光熙前绪[11],以集大命于厥身[12],遂为天下父母,使民有政有居[13]。其时诗,风有《周南》、《召南》,雅有《鹿鸣》、《文王》之属。及成王,周公致太平,制礼作乐,而有《颂》声兴焉,盛之至也。本之由此风雅而来,故皆录之,谓之诗之正经[14]。

后王稍更凌迟,懿王始受谮亨齐哀公[15]。夷身失礼之后[16],邶不尊贤[17]。自是而下,厉也,幽也,政教尤衰,周室大坏。《十月之交》、《民劳》、《板》、《荡》,勃尔俱作,众国纷然,刺怨相寻[18]。五霸之末,上无天子,下无方伯,善者谁赏,恶者谁罚,纪纲绝矣[19]!故孔子录懿王、夷王时诗,讫于陈灵公淫乱之事,谓之变风、变雅[20]。以为勤民恤功,昭事上帝,则受颂声,弘福如彼[21];若违而弗用,则被劫杀,大祸如此[22]。吉凶之所由,忧娱之萌渐,昭昭在斯,足作后王之鉴,于是止矣[23]。

夷、厉以上,岁数不明[24]。大史《年表》,自"共和"始[25]。历宣、幽、平王,而得春秋次第,以立斯《谱》[26]。欲知源流清浊之所处,则循其上下而省之[27];欲知风化芳臭气泽之所及,则傍行而观之[28]。此《诗》之大纲也。举一纲而万目张,解一卷而众篇明,于力则鲜,于思则寡。其诸君子,亦有乐于是与[29]?

《毛诗正义》《十三经注疏》本

【题解】

《诗谱》主要论述《诗经》作品产生的时代背景。根据史书记载事实,按序排列十五国风、二雅、三颂谱系,分别为《周南召南谱》,《邶鄘卫谱》,《王城谱》,《郑谱》,《齐谱》,《魏谱》,《唐谱》,《秦谱》,《陈谱》,《桧谱》,《曹谱》,《豳谱》,《大小雅谱》,《周颂谱》,《鲁颂谱》,《商颂谱》。《诗谱序》是郑玄为《诗谱》所作的总序,其中也形成"正变"之说。

【注释】

1. 谅:料想。上皇之世:指太古时代。孔颖达《正义》:"上皇,谓伏羲,三皇之最先者。"
2. 大庭:神农之别号,三皇之一。轩辕:黄帝,五帝之一,居轩辕之丘,故号轩辕氏。高辛:帝喾,五帝之一,初受封于辛,号高辛氏。
3. 有亡:有无。蔑:没有。
4. 《虞书》:《尚书》的第一部分。《正义》云:"《虞书》者,《舜典》也。"指所引文字在《虞书》中的《舜典》篇,此据《古文尚书》。《今文尚书》则在《虞书·尧典》。
5. 放:开始的意思。
6. "迄及商王"二句:孔颖达《正义》:"今无商风雅。唯有其颂,是周世弃而不录,故云'近及商王不风不雅',言有而不取之。"按《毛序》以为《商颂》为周太师所存的商代诗乐。后人多从此说。然据近人考证,《商颂》即《宋颂》,当是春秋时代的作品。

7. 论功颂德、刺过讥失:分别指《风》《雅》的美刺作用。党:亲族。"论功颂德"七句说明周室不存商代《风》《雅》的原因,其大意是说,周人自述其《风》《雅》之诗而美刺其亲族,用以彰显法度,引起警戒。对于先代,则不需存"彰显""著明"之意,故不复录其《风》《雅》;《颂》乃美盛德之诗,故敬先代而录《商颂》。

8. 后稷:名弃,为周人之始祖。阻饥:遭受饥饿。语本《尚书·尧典》:"帝(舜)曰:'弃!黎民阻饥。汝后稷,播时百谷。"兹时乃粒:粒,以谷米为食。语本《尚书·皋陶谟》禹曰:"暨稷播奏庶艰食。鲜食,懋迁有无化居。烝民乃粒,万邦作乂。"

9. 陶唐:尧。中叶:中世。公刘:后稷之后,当夏时为诸侯。因为后稷为尧臣,所以从陶唐说起。后稷至于大王,公刘居其中,故云"中叶"。世修其业:《史记·周本纪》载公刘"复修后稷之业,务耕种,行地宜"。明民共财:使百姓衣服有章,民同有财用。

10. 大王:即古公亶父,后追尊为太王。王季:即古公之少子季历,及立,为公季,后追尊为王季。克堪顾天:谓能够顺应天意。

11. 光熙:光大。前绪:指大王王季未竟之功业。

12. 以集大命于厥身:语本《尚书·太甲上》:"天监厥德,用集大命,抚绥万方。"大命,天命。

13. 使民有政有居:让百姓有贤明之政,有安乐之居。

14. "本之由此"三句:谓《周南》《召南》之风是言王化之基本,《鹿鸣》《文王》之雅诗言初兴之政教,及周公摄政,而有成功之颂,其颂乃由此风雅而来。诗之正经,相对于"变风变雅"而言。世衰则为"变",故以上之篇属为"正诗"。

15. 亨:同"烹",煮而杀之。《春秋公羊传·庄公四年》:"哀公亨乎周,纪侯谮之。"《史记·齐太公世家》:"哀公时,纪侯谮之周,周烹哀公而立其弟静,是为胡公。"

16. 夷身失礼:夷,周夷王。《礼记·郊特牲》云:"觐礼,天子不下堂而见诸侯。下堂而见诸侯,天子失礼也,由夷王以下。"

17. 邶不尊贤:邶国不尊重贤人。《邶风》为夷王时诗,其《柏舟》序曰:"《柏舟》,言仁而不遇也。"

18. 《十月之交》:《小雅》篇名,《毛诗序》云:"大夫刺幽王也。"《民劳》、《板》、《荡》:皆是《大雅》篇名,是讽刺诗。《毛诗序》云:"《民劳》,召穆公刺厉王也。""《板》,凡伯刺厉王也。""《荡》,召穆公伤周室大坏也。厉王无道,天下荡荡,无纲纪文章,故作是诗也。"相寻:连续不断。

19. 五霸:亦称五伯,即夏伯昆吾,殷伯大彭、豕韦,周伯齐桓公、晋文公。五霸之末:谓齐桓晋文之后。方伯:一方诸侯之长。

20. "故孔子"三句:《正义》:"懿王时诗,《齐风》是也;夷王时诗,《邶风》是也。"陈灵公淫乱之事:指灵公与大夫孔宁、仪行父皆与夏姬私通,乃至身着贴身内衣戏于朝廷之上,事见《左传·宣公九年》。又《陈风·株林》序曰:"《株林》,刺灵公也。淫乎夏姬,驱驰而往,朝夕不休息焉。"讫于陈灵公云,指变风止于《陈风》。《正义》:"变风《齐》《邶》为先,《陈》最在后,变雅则处其间,故郑举其终始也。"

21. 以为:依诗义而行事。勤民:尽力于民事。恤功:忧劳于民事。昭事:祭祀。弘福如彼:谓文武周王世修其德,乃致太平。

22. 违而弗用:《正义》:"谓不用《诗》义,则'勤民恤功、昭事上帝',是用《诗》义也。"大祸如此:指厉王被国人袭击而出奔,死于彘,幽王被犬戎围杀于骊山之下,陈灵公则为夏姬之子夏征舒所弑。

23. 凶之所由:谓用《诗》义则吉,违《诗》义则凶,吉凶之原由昭明于《诗》。忧娱之萌渐:谓《诗》之规谏在于防微杜渐,用《诗》则安,违《诗》则危,安危之机见于《诗》。昭昭在斯:谓吉凶忧娱此二事皆已昭示于《诗》。

24. 夷、厉以上,岁数不明:《正义》:"《本纪》夷王以上多不记在位之年,是'岁数不明'。"

25. 共和:厉王逃亡于彘,召公、周公二相摄政,号"共和"。《史记·十二诸侯年表》始于共和元年,即公元前841年。

26. "历宣、幽"三句:按《史记·周本纪》,共和十四年,厉王死于彘,宣王即位;四十六年,宣王崩,幽王立;十一年,幽王被杀,平王立;四十九年,当鲁隐公元年,为春秋之始。从共和元年至《春秋》之初,计一百一十九年。《春秋》之时,纪年分明,所以说从宣王至平王乃得《春秋》次第。谱,与《易·序卦》之"序"相类,有序次之意。《正义》:"列诸侯世及《诗》之次,故名'谱'也。"

27. "欲知源流"二句:《正义》:"述其土地之宜,显其始封之主,省其上下,知其众源所出,识其清浊也。"

28. "欲知风化"二句:《正义》:"属其美刺之诗,各当其君,君之化傍观其诗,知其风化得失,识其芳臭,皆以喻善恶耳。"

29. "其诸君子"二句:《公羊传·哀公十四年》:"(孔子)制《春秋》之义,以俟后圣,以君子之为,亦有乐乎此也。"郑玄取其意。

【讲疏】

在《诗谱序》中,郑玄继承"诗言志"的传统,认为诗歌有言志抒情功能,也认识到诗歌的认识社会作用。郑玄对诗歌所产生的历史时代进行考证也体现了诗歌的历史社会性质,从这个意义上说,通过诗歌便可以获知一时一地的民风民俗与社会面貌。《诗经》中的风雅颂分别记录的是不同时地、不同阶层人民的生活状态,也使郑玄得出"审乐知政"的理论。同时,郑玄也强调诗的美刺作用,"论功颂德,所以将顺其美;刺过讥失,所以匡救其恶",认识到诗歌有美善讽恶、干预现实的作用。

【关键词解读】

诗之大纲

郑玄提出研究诗之方法,即所谓的"诗之大纲":"欲知源流清浊之所处,则循其上下而省之;欲知风化芳臭气泽之所及,则傍行而观之。"意在说明探究诗歌意旨,并不能仅仅从诗歌本身入手,"循其上下"是要在时间范围内,通过了解诗歌产生的历史时期去判断,"傍行而观之"则是要在空间范围内,了解诗歌产生的地域及风土人情,这样通过横纵两个方面才能对诗歌有全面整体的把握,而这也是郑玄在《诗谱》中所做的工作。

【相关知识链接】

汉代自武帝始,采用董仲舒的"罢黜百家,独尊儒术"政策,儒家学说逐渐成为统治思想,黄老思想渐隐,儒家思想所提倡的礼乐道德等封建伦理体逐渐建立,董仲舒认为礼乐文化是封建社会稳固运行的基础,可使"子孙长久安宁数百岁"。经学与儒术的内在契合与统治者的推行使得经学不断发展壮大,逐渐成为儒家思想的核心。而在汉代还有一种不可不说的思想便是谶纬思想,这种原本是阴阳迷信的学说在东汉也得到了统治者的推广,并被逐渐吸收进儒家学说,成为统治者进行思想控制的工具。可以说汉代,儒学、经学、谶纬的有机结合造成了汉代正统思想的主要内容。郑玄所处的时代,正是这种儒学成为正统思想,并以经学为核心,礼乐文化深入人心,封建伦理内核逐渐形成的时代。郑玄受这种思想风气的影响,继承先秦儒家诗学思想的同时,加入自己的见解,对其进行进一步开拓,对《毛诗》和《诗序》进行了注解,并作《诗谱》,提出了许多具有进步意义的诗学观念。

【延伸阅读】

《诗谱·周南、召南谱》中介绍了《周南》和《召南》的历史由来、典故、内容及流变。

《经学通论》中从郑玄的人格特点与当时的现实背景解释了郑玄作《诗谱》之本意,以及《诗谱》中对《诗经》的解读。

诗谱·周南、召南谱

　　周、召者，《禹贡》雍州岐山之阳地名。今属右扶风美阳县，地形险阻而原田肥美。周之先公曰大王者，避狄难，自豳始迁焉，而修德建王业。商王帝乙之初，命其子王季为西伯。至纣，又命文王典治南国江、汉、汝旁之诸侯。于时三分天下有其二，以服事殷，故雍、梁、荆、豫、徐、扬之人咸被其德而从之。文王受命，作邑于丰，乃分岐邦。周、召之地，为周公旦、召公奭之采地，施先公之教于已所职之国。武王伐纣，定天下，巡守述职，陈诵诸国之诗，以观民风俗。六州者得二公之德教尤纯，故独录之，属之大师，分而国之。其得圣人之化者谓之《周南》，得贤人之化者谓之《召南》，言二公之德教自岐而行于南国也。乃弃其馀，谓此为风之正经。初，古公亶父"聿来胥宇，爰及姜女"。其后，大任"思媚周姜"，"大姒嗣徽音"，历世有贤妃之助，以致其治。文王刑于寡妻，至于兄弟，以御于家邦。是故二国之诗以后妃夫人之德为首，终以《麟趾》、《驺虞》，言后妃夫人有斯德，兴助其君子，皆可以成功，至于获嘉瑞。风之始，所以风化天下而正夫妇焉，故周公作乐，用之乡人焉，用之邦国焉。或谓之房中之乐者，后妃夫人侍御于其君子，女史歌之，以节义序故耳。射礼，天子以《驺虞》，诸侯以《貍首》，大夫以《采蘋》，士以《采蘩》为节。今无《貍首》，周衰，诸侯并僭而去之，孔子录诗不得也。为礼乐之记者，从后存之，遂不得其次序。周公封鲁，死谥曰文公，召公封燕，死谥曰康公，元子世之。其次子亦世守采地，在王官，春秋时周公、召公是也。问者曰："《周南》、《召南》之诗，为风之正经则然矣。自此之后，南国诸侯政之兴衰，何以无变风？"答曰："陈诸国之诗者，将以知其缺失，省方设教为黜陟。时徐及吴、楚僭号称王，不承天子之风，今弃其诗，夷狄之也。其馀江、黄、六、蓼之属，既驱陷于彼俗，又亦小国，犹邾、滕、纪、莒等，夷其诗，蔑而不得列于此。"

《毛诗正义》《十三经注疏》本

经学通论·论《郑谱》《郑笺》之义，知声音之道与政通

(清)皮锡瑞

郑《诗谱序》曰："勤民恤功，昭事上帝，则受颂声，宏福如彼；若违而弗用，则被劫杀大祸如此，吉凶之所由，忧娱之萌渐，昭昭在斯，足作后王之鉴，于是止矣。"《正义》曰："此言孔子录《诗》，唯取三百之意，'宏福如彼'，谓如文、武、成王世修其德，致太平也。'大祸如此'，谓如厉、幽、陈灵恶加于民，被放弑也。'违而不用'，谓不用《诗》义，则'勤民恤功，昭事上帝'，是用《诗》义也，互言之也，用《诗》则吉，不用则凶。'吉凶之所由'，谓由《诗》也。《诗》之规谏皆防萌杜渐，用《诗》则乐，不用则忧，是为'忧娱之萌渐'也。"陈澧案："《大序》云：'国史明乎得失之迹'，《小序》每篇言美某王某公，刺某王某公，郑君本此意以作《谱》，而于《谱序》大放厥辞，此乃三百篇之大义也，此《诗学》所以大有功于世也。《郑笺》有感伤时事之语，《桑扈》'不戢不难，受福不那'，《笺》云'王者位至尊，天所子也，然而不自敛以先王之法，不自难以亡国之戒，则其受福禄亦不多也'，此盖叹息痛恨于桓灵也。《小宛》'螟蛉有子，蜾蠃负之'，《笺》云'喻有万民不能治，则能治者将得之'，此盖痛汉室将亡，而曹氏将得之也。又'战战兢兢，如履薄冰'，《笺》云'衰乱之世，贤人君子虽无罪，犹恐惧'，此盖伤党锢之祸也。《雨无正》'维曰于仕，孔棘且殆'，《笺》云'居今衰乱之世，云往仕乎，甚急迮且危'，此郑君所以屡被征而不仕乎？郑君居衰乱之世，其感伤之语，有自然流露者，但笺注之体谨严，不溢出于经文之外耳。"锡瑞案：郑君作《谱序》，深知孔子录诗之意，陈氏引《郑笺》，深知郑君笺诗之意，在心为志，发言为诗，言为心声，非可勉强，声音之道与政相通，故曰"治世之音安以乐，其政和；乱世之音怨以怒，其政乖；亡国之音哀以思，其民困。"诗之世次难以尽知，何楷《世本古义》臆断某诗为某人某事作，《提要》以为大惑不解。即《毛序》某诗刺某君，朱子亦不深信。然今即以诗辞而论，有不待笺释，而知其时之为盛为衰，不必主名，而见其

政之为治为乱者,如《鱼丽》美万物众多,而《苕华》云"人可以食,鲜可以饱",则其民之贫富可知。《天保》云"群黎百姓,遍为尔德",而《兔爰》云"尚寐无吪",《苕华》云"不如无生",则其民之忧乐可知。是即不明言为何王之诗,而盛衰治乱之象,宛然在目,其君之应受宏福与受大祸,亦瞭然于前矣。朱子曰:"周之初兴时,'周原膴膴,堇荼如饴',苦底物亦甜;及其衰也,'牂羊坟首,三星在罶','人可以食,鲜可以饱',直恁地萧索",正得此意。

中华书局本

【思考题】

谈谈你对"诗之大纲"的理解。

应劭　风俗通义序

(东汉)应劭

【作者简介】

应劭(约153—196年),字仲远,汝南郡南顿县(今河南项城南顿镇)人,东汉学者。少时好学,博闻强识,曾任太山太守。著作丰富,著有《中汉辑序》、《汉官礼仪故事》、《风俗通义》、《春秋断狱》、《状人纪》等,还集解《汉书》,皆传于时。此外,应劭还是个法学家,著有驳议三十篇,后删定律令为《汉仪》。《后汉书》中有其本传。

风俗通义序

昔仲尼没而微言阙,七十子丧而大义乖[1]。重遭战国,约从连横[2],好恶殊心,真伪纷争:故《春秋》分为五;《诗》分为四;《易》有数家之传;并以诸子百家之言,纷然殽乱,莫知所从。

汉兴,儒者竞复比谊会意[3],为之章句,家有五六,皆析文便辞,弥以驰远[4];缀文之士,杂袭龙鳞[5],训注说难,转相陵高,积如丘山,可谓繁富者矣。而至于俗间行语,众所共传,积非习贯,莫能原察。今王室大坏,九州幅裂[6],乱靡有定,生民无几[7]。私惧后进,益以迷昧,聊以不才,举尔所知,方以类聚[8],凡一十卷,谓之《风俗通义》,言通于流俗之过谬,而事该之于义理也[9]。

风者,天气有寒煖,地形有险易,水泉有美恶,草木有刚柔也。俗者,含血之类[10],像之而生,故言语歌讴异声,鼓舞动作殊形,或直或邪,或善或淫也。圣人作而均齐之[11],咸归于正;圣人废,则还其本俗。《尚书》:"天子巡守,至于岱宗,觐诸侯,见百年,命大师陈诗,以观民风俗[12]。《孝经》曰:"移风易俗,莫善于乐。"传曰:"百里不同风,千里不同俗,户异政,人殊服。"由此言之:为政之要,辩风正俗,最其上也。

周、秦常以岁八月遣輶轩之使[13],求异代方言,还奏籍之,藏于秘室[14]。及嬴氏之亡,遗脱漏弃,无见之者。蜀人严君平有千余言[15],林间翁孺才有梗概之法[16],扬雄好之,天下孝廉卫卒交会,周章质问[17],以次注续,二十七年,尔乃治正,凡九千字,其所发明,犹未若《尔雅》之阂丽也,张竦以为悬诸日月不刊之书[18];予实顽闇,无能述演,岂敢比隆于斯人哉[19]!顾惟述作之功,故聊光启之耳[20]。

昔客为齐王画者,王问:"画孰最难?孰最易?"曰:"犬马最难,鬼魅最易。"犬马旦暮在人之前,不类不可,类之故难;鬼魅无形,无形者不见,不见故易。今俗语虽云浮浅,然贤愚所共咨论,有似犬马,其为难矣;并综事宜于今者,孔子称:"幸苟有过,人必知之。"俾诸明哲,幸详览焉。

王利器《风俗通义校注》中华书局本

【题解】

《风俗通义》中考证了历代名物制度、地理风俗等,还记录了大量的神话异闻,并加以评议,范晔谓其"以辩物类名号,释时俗嫌疑。文虽不典,后世服其洽闻"(《后汉书·应劭传》)。应劭认为,风俗是"风"与"俗"的统称,二者分别来自然和社会两个不同环境,由于"圣人作而均齐之",而后归"正",如若放任自流,则会产生不好的影响。由此可见"风俗"对社会的重要作用,因此"辩正风俗"是有教化作用的。同时那些俗言俗语、神仙鬼怪等民俗文化对社会也有重要作用。

【注释】

1. 没:通"殁",死亡。阙:通"缺"。七十子:孔子门生中的七十二位贤人。大义:谓有关诗书礼乐诸经的要义。乖:违背。
2. 约从连横:也作合纵连横。
3. 谊:通"义"。会意:古人分析汉字造字的理论,六书之一。
4. 章句:分章解说经义。汉代解释儒家经典的两种方法之一,另一种为训诂。析:分析。便:通"辨"。

5. 缀文:属文,即写文章。杂袭:混杂累积在一起。杂袭龙鳞:言排列如龙鳞。
6. 幅裂:分崩离析。幅:通"辐"。东汉末年,经过黄巾起义东汉王朝名存实亡,地方官吏在镇压过程中扩充实力,割据一方。
7. 乱靡有定:祸乱不止。靡:没有、无。定:止。生民:人民。
8. "举尔所知"二句:列举你所知道的,同类事物相聚一处。
9. 该:贯通。
10. 含血之类:含血的生灵。此指人类。
11. 作:兴起。
12. 百年:老年人。大师:太师。大:通"太",商、西周时或称乐官之长为太师。
13. 辀轩:轻车。辀轩之使:古时天子派出考察民情风俗的使者。
14. 秘室:又称秘府。古时收藏书籍簿册的地方。
15. 严君平:西汉隐士,名遵,字君平,蜀郡人,与王褒、扬雄齐名。著有《老子指归》,已佚。
16. 林间翁孺:扬雄之师,临邛人,博学洽闻,名重一时。梗概:粗略。
17. 周章:周遍。质问:核实询问。
18. 张竦:西汉大臣张敞之孙,河东平阳人,初为京兆史,后为丹阳太守。刊:消除。
19. 顽闇:愚拙而不明事理。闇,通"谙"。述演:阐述推演。
20. 顾惟:只是想。光启:犹言扩大。

【讲疏】

《风俗通义》作为一部史书,与其他史书不同的地方在于,它不去关注那些宏大历史事件,而是将目光转向日常生活,以社会风俗这些微观角度入手,从细微之处观察历史流变。作者注意到了儒家文化的作用,但是也看到汉代以来,对儒家文化进行解读的人"杂袭龙鳞","可谓繁富",但都只是"众所共传,积非习贯",未能解其中大义。并且,对其只进行形而上的解读也未能认识到儒家文化真正在社会上可以起到的作用。作者认识到风俗对社会发展所起的潜移默化作用,指出应该关注当下,齐风俗,正人心,也即要从思想方面入手去教化人民。《风俗通义》今本有十卷,体例上,每卷前有总序,陈述本篇主题,在介绍内容之时也偶或插入作者评议,点明主题。内容上,除了记录一些风土人情、山川地理等这些有价值的史料,还有些神怪故事的记载,加上语言上流畅简洁,叙事性强,已初具志怪、志人小说的特征。

【关键词解读】

辩风正俗

这是应劭作《风俗通义》的目的。应劭出身地主阶级,受到正统的儒家教育,坚持传统的礼乐政教思想。他看到民俗风情对政治的促进作用,因此希望通过书中对各地历史、地理、神怪风俗的介绍能齐风俗,明义理,正人心,最终达到政治教化的目的。作为史传文学,《风俗通义》继承先秦史传文学的特点,但又不囿于此,它继承了"《春秋》笔法"以"微言"隐"大义"的方法,将自己的政治目的融入这些风俗记载或神怪故事中。所谓"辩风正俗",正是要人们通过对风俗的了解弃恶扬善,更好地以儒家礼乐正统思想规范自己。

【相关知识链接】

《风俗通义》原本有三十一卷,《隋书·经籍志》及其以后目录学著作都将其收入子部,《新唐书》、《旧唐书》均有著录,但至宋代时只剩十卷,分别为《皇霸》、《正失》、《愆礼》、《过誉》、《十反》、《声音》、《穷通》、《祀典》、《怪神》、《山泽》。清代孙诒让和卢文弨曾做过补救整理工作。当代吴树平著有《风俗通义校释》。

【延伸阅读】

《声音》篇从上古时期音乐的起源说明了音乐的观风易俗的作用,解释了不同类型音乐的含义和作用,以及音乐也会随着社会风俗变迁而变迁的特点。

本段主要介绍琴这一乐器的产生以及如何打动人心,使善行恶禁,通过畅、操二曲的内涵所在以及伯牙、子期之间因琴而生的生死友情来阐明了琴乐的特点。

声音(节录)

《易》称:"先王作乐崇德,殷荐之上帝,以配祖考。"《诗》云:"钟鼓锽锽,磬管鎗鎗,降福穰穰。"《书》曰:"击石拊石,百兽率舞。"鸟兽且犹感应,而况于人乎?况于鬼神乎?夫乐者,圣人所以动天地,感鬼神,按万民,成性类者也。故黄帝作《咸池》,颛顼作《六茎》,喾作《五英》,尧作《大章》,舜作《韶》,禹作《夏》,汤作《濩》,武王作《武》,周公作《勺》。《勺》,言能斟勺先祖之道也;《武》,言以功定天下也;《濩》,言救民也;《夏》,大承二帝也;《韶》,继尧也;《大章》,章之也;《五英》,英华茂也;《六茎》,及根茎也；《咸池》，备矣。其后，周室陵迟，礼崩乐坏，诸侯恣行，竞悦所习，桑间、濮上，郑、卫、宋、赵之声，弥以放远，滔湮心耳，乃忘和平，乱政伤民，致疾损寿。重遭暴秦，遂以阙忘。汉兴，制氏世掌大乐，颇能纪其铿锵，而不能说其义。武帝始定郊祀，巡省告封，乐官多所增饰，然非雅正，故继其条畅曰《声音》也。

……

琴

谨按：《世本》："神农作琴。"《尚书》："舜弹五弦之琴，歌《南风》之诗，而天下治。"《诗》云："我有嘉宾，鼓瑟鼓琴。"雅琴者，乐之统也，与八音并行，然君子所常御者，琴最亲密，不离于身，非必陈设于宗庙乡党，非若钟鼓罗列于虡悬也，虽在穷阎陋巷，深山幽谷，犹不失琴，以为琴之大小得中，而声音和，大声不喧哗而流漫，小声不湮灭而不闻，适足以和人意气，感人善心。故琴之为言禁也，雅之为言正也，言君子守正以自禁也。夫以正雅之声，动感正意，故善心胜，邪恶禁；是以古之圣人君子，慎所以自感，因邪禁之适，故近之闲居，则为从容以致思焉，如有所穷困，其道闭塞，不得施行，及有所通达而用事，则著之于琴，以杼其意，以示后人；其道行和乐而作者，命其曲曰畅，畅者，言其道之美畅，犹不敢自安，不骄不溢，好礼不以畅其意也；其遇闭塞，忧愁而作者，命其曲曰操，操者，言遇菑遭害，困厄穷迫，虽怨恨失意，犹守礼义，不惧不慑，乐道而不失其操者也。伯子牙方鼓琴，钟子期听之，而意在高山，子期曰："善哉乎，巍巍若太山！"顷之间而意在流水，钟子又曰："善哉乎，汤汤若江、河！"子期死，伯牙破琴绝弦，终身不复鼓，以为世无足为音者也。今琴长四尺五寸，法四时五行也；七弦者，法七星也。大弦为君，小弦为臣，文王、武王加二弦，以合君臣之恩。（"大弦为君"以下二十一字，原文无，据《太平御览》补）

王利器《风俗通义校注》中华书局本

【思考题】

请谈谈风俗对文艺的影响。